Ror Wolf Raoul Tranchirers vielseitiger großer Ratschläger für alle Fälle der Welt

Beratungen, Hinweise, gesammelte Erkenntnisse und Ansichten für unterschiedliche Gelegenheiten, Früchte der Beobachtung und des Nachdenkens mit brauchbaren Auskünften aus dem Erfahrungsschatz des Verfassers, notwendiges Hilfsmittel zur Ausübung des geselligen Verkehrs, Mitteilungen über Personen, Dinge und ihre Umgebung, Anmerkungen zum Weltverkehr mit einer Beschreibung der Eisenbahn unter Berücksichtigung der Krümmungsverhältnisse, Anweisungen für Dienstboten und Hausfrauen, unvergeßliche Aussprüche und Anregungen, niedergeschrieben für die heutigen harten Zeiten zur Aufklärung von Mißverständnissen und zur Verdeckung des schlechten Geschmacks, Gedanken zur Hut- und Hosenfrage mit mehr als dreizehn Bemerkungen über die Luft und einer Beurteilung der unhaltbaren Zustände in O, Einführungen in die Verbesserung der Menschenkenntnisse und der geschlechtlichen Übungen zur Förderung der Zufriedenheit aller Beteiligten, samt einer Anleitung zur Ausführung des Bergführerberufs, nebst einleuchtenden Vorstellungen einer auf Tatsachen gegründeten freimütigen Erörterung der allgemein herrschenden Lage und einigen gründlichen Andeutungen über die Macht der Wahrheit und ihrer Benutzung im täglichen Leben, Aufklärungen über die Behandlung des Fleisches, Abhandlungen über das Verhalten zur Vermeidung von Übertreibungen und Betrachtungen zur Auffindung verschwundener Gegenstände, sowie Anhaltspunkte zur Bekämpfung der Erfolglosigkeit mit einer zuverlässigen Darstellung des Wetters und seiner Folgen, Empfehlungen zur Dämpfung der Unlust, Erläuterungen zur Lebensverlängerung, Nachrichten über die Umwälzungen im Weltall, Erörterungen der Straßenzustände zum Gebrauch für Spaziergänger und deren Begleitung, Überblicke über den heutigen Stand der Dinge, Naturwunder und Ländermerkwürdigkeiten, Handbuch für bessere Tage mit Anhaltspunkten für das persönliche Wohlergehen und Beispielen zur Unglücksverhütung, Enttäuschungsvermeidung, Entscheidungsverhinderung, mit einem Verzeichnis verblüffender Schicksalstips, Gesundheitsversuche, Vergnügungsübungen, Zerstreuungsangebote, Zimmerkunststücke, größerer Solo-Scherze und einer Anleitung zum Handeln in alphabetischer Reihenfolge.

Büchergilde Gutenberg

Lizenzausgabe für die Büchergilde Gutenberg,
Frankfurt am Main und Wien,
mit freundlicher Genehmigung
der Schöffling & Co. Verlagsbuchhandlung GmbH,
Frankfurt am Main
© Schöffling & Co. Verlagsbuchhandlung GmbH,
Frankfurt am Main 1999
© der Collagen: 1999 by Ror Wolf, Mainz
Alle Rechte vorbehalten
Satz & Lithographie: Reinhard Amann, Aichstetten
Umschlaggestaltung: Thomas Pradel,
unter Verwendung von Collagen Ror Wolfs
Druck & Bindung: Pustet, Regensburg
ISBN 3 7632 4954 0

**Raoul Tranchirers vielseitiger
großer Ratschläger
für alle Fälle der Welt**

Allgemeine Vorausbemerkungen & Winke
zum Gebrauch des vorliegenden Werkes

Für die Mannhaftigkeit des Deutschen spricht der Umstand, daß das Wort *Schlag* sich in unserer Sprache in vielen Zusammensetzungen bewährt hat. Anschläge, Abschläge, Handschläge, Totschläge, Umschläge sind uns geläufig. Man schlägt auf und schlägt zu, man schlägt ein und schlägt aus, aber man schlägt auch um und schlägt nach. Ich habe es zu meiner Aufgabe gemacht, Ratschläge zu erteilen. Mein großer *Ratschläger* ist aus dem Gedanken entstanden, alle jene Erfahrungen und Kenntnisse alphabetisch zu ordnen, welche den täglichen Aufenthalt in der Welt erleichtern oder überhaupt erst ermöglichen. Ein einziger Blick in das reich illustrierte Buch wird erkennen lassen, daß es kaum eine Frage, ein Bedürfnis, eine Lebensverlegenheit gibt, auf die ich nicht eine erschöpfende Antwort gefunden habe. Jedermann, der sich Zeit nimmt, in den Geist meines Werkes einzudringen, wird verblüfft sein über die Geschwindigkeit, mit der sich sein Leben ändert.

Man hat bisher häufig, namentlich in Machwerken, deren Hersteller ich hier ungenannt lassen will, den augenblicklichen Zustand der Welt mit den schwankenden Standpunkten der allgemeinen Tagesmeinungen in Verbindung gebracht und so die verhängnisvolle Meinung erweckt, als gäbe es andere Verhältnisse, als die von mir beschriebenen. Es ist meine Pflicht, diesem Irrtum auf möglichst vielen Gebieten zu widersprechen. Ich verzichte dabei auf die Fragwürdigkeiten auf dem Gebiet der Naturbeobachtung, auf alle pikanten Seitenblicke und schlüpfrigen Abbildungen, soweit sie nicht meinen Kampf gegen die täglichen Ausschweifungen unterstützen: die schadenbringenden Schnapskneipen, die Schundkunst und Luderschriftstellerei, die abortschüsselhaften Weltverhältnisse in diesem Zeitalter der Schwellungen und Verstopfungen, der Ernährungsverbrechen und Violinengefahren, der kalten Wahrheiten, der falschen Richtungen und der falschen Ratschläge, die in so reichem Maße die Welt verdunkeln.

Nun lasse ich meinen *Ratschläger* in die Öffentlichkeit hinausgehen und hoffe, daß er irgendwo in der Tiefe eine willkommene Aufnahme findet.

Raoul Tranchirer

Vorwort zur zweiten Auflage

Die überaus beifällige Aufnahme, die mein Werk in den weitesten Kreisen der unter Krankheit, Siechtum und Ratlosigkeit schmachtenden Menschheit fand, gibt mir die Veranlassung zur Veröffentlichung einer mit zahlreichen Ergänzungen versehenen neuen Ausgabe.

Es lag mir aus den verschiedensten Gründen daran, meinem ersten Buch die Tendenz einer reinen Familienschrift zu geben. Ich mußte es mir daher versagen, obwohl ich die Wichtigkeit des Gegenstandes für die leidende Menschheit erkannte, die geschlechtliche Frage und die mit ihr zusammenhängenden Aufgaben und Forderungen anders als mit der durchaus notwendigen Zurückhaltung in den Kreis meiner Betrachtungen zu ziehen. Diese neue Ausgabe bietet nun Raum für die eingehende Besprechung von Ausschweifungen und Verirrungen; und das scheint mir, angesichts der Erscheinung, welche wahrhaft unheimliche Ausbreitung diese Zustände in der Gegenwart gefunden haben, eine Notwendigkeit zu sein.

Mag auch vielleicht manchem Leser meine freie Aussprache nicht recht gefallen; mir, als Welthygieniker, muß das gleichgültig sein. Für Kinder ist allerdings dieses Werk nicht bestimmt. Dem Erwachsenen aber, der sich frei weiß von falschen Anwandlungen, möge der neue große *Ratschläger* ein Leitfaden sein zur Beurteilung wirklicher oder vermeintlicher Verirrungen auf allen Gebieten.

Die zahlreichen dem Text beigegebenen Abbildungen dienen nicht nur zur Befriedigung der gewiß vorhandenen Augenlust, sondern sollen vor allem den Sinn für das Selbstverständliche wecken, von dem wir umgeben sind.

Raoul Tranchirer

Vorwort zur dritten Auflage

Der Erfolg, welcher den beiden ersten Ausgaben dieses Werkes beschieden war, legt mir die Pflicht auf, meine Aufgabe noch weiter und gewissenhafter zu fassen als bisher. Abermals habe ich keine Anstrengungen gescheut, Verschönerungen nach allen Richtungen hin vorzunehmen. Der Zweck ist wiederum, dem Leser eine Fülle von Lebensregeln und Warnungen zur Verbesserung seiner Lage zu überreichen und auf abschreckende Abbildungen zu verzichten.

Ein Album mit zerlegbaren Körpern sollte die menschlichen Unterschiede anschaulich machen. Leider ist es meinen Gegnern und deren niederträchtigen Verleumdungen zum Opfer gefallen, worüber *der* sich nicht wundern wird, dem die Gemeinheit bekannt ist, mit dem im literarischen Leben der Alltag gepolstert ist. Wenn meine Gegner mir also wieder den Vorwurf machen, daß ich, im Gegensatz zu ihren Werken, die sich sehr bald von selbst als Nachahmungen enthüllen werden, eine schädliche Bestrebung unterstütze, indem ich zu viele Nacktheiten bringe und daher gefährlich wirke, so antworte ich: Unter den heutigen traurigen Gesundheitsverhältnissen ist es notwendig, den Körper und seine Umgebung zu zeigen. Meine treuen Leser wissen, daß der Körper nichts Abschreckendes an sich hat, sondern nur etwas Ungewohntes geworden ist unter seiner Bekleidung. Ich kann also mit aller Entschiedenheit über die Behauptungen meiner Gegner lächeln. Ich habe Beweise vor mir, die zeigen, wie von diesen der Neuzeit feindlich gesinnten Personen mein von ihnen geschmähtes Werk als Vorlage für die unlautersten Handlungen benutzt wurde.

So schicke ich nun mit großer Ruhe den *Ratschläger* in seiner schönen Neugestalt hinaus in der Zuversicht, daß das Gute in ihm wirken möge. Ich bringe wie immer nur das Wesentlichste und zwar so, daß meine Leser ihr eigenes Körper- und Tagesleben wirklich begreifen können, ohne den Kopf mit unnützen Dingen anfüllen zu müssen.

Raoul Tranchirer

Vorwort zur vierten veränderten Auflage

Unser Werk ist mit drei aufeinanderfolgenden Ausgaben in viele Familien gedrungen und hat sich als braver Hausfreund bewährt. In einer beispiellosen Verbreitung geht es inzwischen von Hand zu Hand, auf einem kräftigen schönen Papier, in vierzig Sprachen gedruckt und über fast alle Länder verbreitet. Wir haben das Buch auf den neusten Standpunkt der Wahrheit gebracht und nicht nur die Zahl der Insekten bedeutend vergrößert, sondern überhaupt die niederen Tiere stärker berücksichtigt, als in den verflossenen Jahren. Ein auf der Höhe der Zeit stehendes stark verschönertes Werk ist entstanden, das wir hiermit dem Publikum überreichen. Das Buch wird besorgten Personen ein vorzüglicher Wegweiser und Handreicher sein; wir senden es nun hinaus in die Welt, die sich angeblich drehen soll, und die doch so fest und so rund ist, so im wirklichen Sinne des Wortes verbruch *Fortsetzung unauffindbar.*

Vorwort zur fünften Auflage

Seit der Erscheinung der vierten Auflage ist wieder eine ganze Reihe von Nachahmungen dieses Werkes aufgetaucht, deren Fabrikanten – die Bezeichnung Autoren wäre bei diesen Menschen schlecht angebracht – mit den raffinierten Mitteln einer pomphaften Reklame zu ersetzen suchen, was ihrer Fabrikware an wahrer Vornehmheit und innerer Gediegenheit abgeht. Da muß Abhilfe geschaffen werden: Ähnliches ist nicht dasselbe. Anstatt sich wie bisher mit nichtigen, eigentlich beschämenden Machwerken abzugeben, sollte man allein dieser erweiterten Ausgabe vertrauen. Ich habe erkannt, worauf es ankommt: lediglich und in erster Reihe auf die Erwerbung und Behauptung der Wahrheit. Da muß man ansetzen. Der Amerikaner M. T. Finck macht die treffende Bemerkung, daß Unsitte eine Sünde und die erste Pflicht des Menschen die Pflege der feinen Sitte sei. Dies ist die Wahrheit. Man beachte das.

Meine Absicht ist es, den Gesichtskreis des Lesers zu erweitern und seinen Geist zu vervollständigen. Ich befleißige mich dabei absoluter Originalität. Eine andauernde und unbefangene Betrachtung wird so manchen Leser überzeugen, daß es sich hier um ein Prachtwerk von unvergleichlichem Wert handelt. Mir schwebt nichts Geringeres vor, als auf eine gefällige Weise zum beharrlichen Nachdenken über die Sitte anzueifern. Wir haben, gestehen wir es offen, noch eine Menge von Unterlassungssünden gut zu machen. Bisher hat die Menschheit gar zu viel gegen die feine Sitte gefrevelt, und es ist schon viel gewonnen, wenn wir unsere Nachlässigkeit einsehen und bekennen.

Raoul Tranchirer

A

Abbeißen. Das Abbeißen, sei es von Brot oder von sonst einem Nahrungsmittel, gilt als unzulässig; obwohl die Meinungen hier weit auseinandergehen.

Abbrechen der Beziehungen. Es kommt gelegentlich vor, daß man sich an Personen anschließt, die man bei näherer Bekanntschaft als Unwürdige erkennt. Da ist dann ein plötzliches brüskes Abbrechen weder passend noch klug; man möge sich vielmehr allmählich rückwärts konzentrieren, so daß es dem Betreffenden nicht entgehen kann, daß man eine Fortsetzung der Intimität nicht wünscht. Über die Gründe, wenn er nach solchen fragen sollte, ist man ihm keine Rechenschaft schuldig.

Abende, feste. Es empfiehlt sich, die mögliche Mahlzeit nicht allzu lange hinauszuschieben; denn erstens ist es nicht angenehm, mit leerem Magen zu tanzen, und ferner öffnen sich die Schleusen lebhafter Lustigkeit weit williger, wenn der Körper durch Speise und Trank erfrischt ist. Unter manchen Umständen ist eine ängstliche Beobachtung solcher Rücksichten gar nicht erst nötig. Die Gäste sitzen und stehen, sie wechseln beliebig die Plätze, sie stellen die Tassen selbst auf den Tisch und erwarten nicht, daß jemand kommt. Alles ist vorbereitet, die Zigarren dampfen, der feste Abend hat seinen Zweck erfüllt. Am Schluß ist jeder der Meinung, noch nie so vergnügt gewesen zu sein, wie heute. Es erwächst darüberhinaus dem Aufgeforderten nicht die Verpflichtung, fortwährend am Abend zu erscheinen: kommt er, so ist er willkommen; kommt er nicht, ist es auch nicht schlimm.

Abendgesellschaft. Vornehme Häuser pflegen mehrere Abendgesellschaften zu geben. Die Eingeladenen sind jedoch nicht verpflichtet, zu erscheinen oder abzusagen. Nur wenn man niemals kommt, ist eine höfliche Absage angebracht: siehe *Absage*. – Gespräche über Kunst, Literatur und das öffentliche Leben bilden die Unterhaltung der Abendgesellschaft. In der Regel sind auch musikalische und deklamatorische Produktionen zu erwarten; häufig schließt sich ein Tanz an: siehe *Tanzen*. Ein beliebter Schluß ist die Bowle, zu der Sandtörtchen oder andere Backwerke gereicht werden. Statt einer Bowle kann auch ein Grog bereitet werden. Siehe da.

Abendmahl. Beim Besuch des Abendmahls vermeide man auffälligen Luxus und lebhafte Farben. Man erscheine vielmehr in ernster Kleidung, schwarz oder doch dunkelfarbig, der Würde der Handlung angemessen. Höchst unziemlich wäre es, beim Gang zur Kirche oder nach Verlassen derselben zu scherzen, zu pfeifen, zu rauchen oder dergleichen, was die Beteiligung an dem gottesdienstlichen Akt als bloße Formalität erscheinen ließe.

Abendstunden. Es ist nicht ratsam, zu früh vom zu Bett Gehen zu sprechen; denn wenn dem Vorschlag nicht auch sogleich die Tat folgt, bringt er immer wieder eine gewisse Störung in die vielleicht belebte beliebte Unterhaltung und gerade hier, wo der eine Anwesende dieselben Rechte hat wie der andere, ist doppelte Rücksicht von jedem zu fordern. Also soll am Abend der Vorschlag, sich zurückzuziehen, mit der nötigen Vorsicht gemacht werden und mit Rücksicht auf die Gewohnheiten des Ortes, an dem man sich befindet. Ist jemand aus bestimmten Gründen in die Notwendigkeit versetzt, sich früher zurückzuziehen als die anderen, so soll er das ohne Aufsehen tun. Seine Entschuldigung, falls nach ihm gefragt werden sollte, wird der Wirt übernehmen.

Abgrund. Es ist gefährlich, zur Zeit eines Sturmes an einem Abgrund entlangzugehen. Ein unvermuteter Windstoß kann den Spaziergänger aus dem Gleichgewicht bringen oder ihm unversehens den Hut vom Kopf wehen. Der Spaziergänger will danach greifen, er stolpert, rutscht aus, fällt hinab und verliert am Ende das Leben. Es wird in diesem Fall nicht darauf ankommen, was danach passiert.

Abkühlung. Abkühlung erreicht man, indem man sich ruhig verhält, erfrischende säuerliche Getränke genießt, viel kaltes Wasser bereithält und trinkt, weil das Wasser die Schweißbildung fördert und durch das Verdunsten des Schweißes Abkühlung erzeugt wird. Nützlich sind außerdem Körpereinpackungen mit Namen: *das nasse Hemd* und *der spanische Mantel*.

Ablehnung. Wird jemand eine Gefälligkeit, eine Aufmerksamkeit, ein Dienst, ein Geschenk, eine Wohltat angeboten, so kommt es ganz auf die Natur des Angebotenen, die Art wie es angeboten wird, wie auch auf die betreffende Persönlichkeit und das gegenseitige Verhältnis an, ob man annehmen oder ablehnen soll. Man wird gut tun abzulehnen, wenn man merkt, daß der andere eine eigensüchtige Absicht da-

mit verbindet, oder daß er nicht aufrichtig, sondern bloß höflichkeitshalber das Angebot macht und auf Ablehnung rechnet, oder wenn mit der Annahme nachteilige Folgen für den einen oder den anderen Teil verbunden sind, oder wenn das Anerbieten nicht in angenommener Weise geschieht, namentlich aber, wenn es auf unzutreffenden Voraussetzungen beruht. In der Annahme von eigentlichen Wohltaten ist es sehr ratsam, vorsichtig zu sein. Man vergleiche dazu die feinen Bemerkungen des Philosophen Spinoza nebst Anmerkungen. – In jedem Fall aber erfordert der gute Ton, daß die Ablehnung auf verbindliche Weise geschieht. Womöglich soll die Ablehnung, namentlich wenn sie schriftlich geschieht, eine Begründung enthalten, doch darf diese weder unwahr noch verletzend sein. Allenfalls helfe man sich mit einer unbestimmten Redensart wie etwa: *So sehr ich Ihr liebenswürdiges Anerbieten dankbar zu schätzen weiß, so liegen doch die Verhältnisse derart, daß ich mich zu*

dessen Annahme nicht entschließen kann. Oder: so kann ich es dennoch mit meinen Grundsätzen nicht vereinigen, es anzunehmen. In mündlicher Ablehnung mache man nicht viel Worte, sondern lehne ab mit einem Danke bestens und dergleichen und einer entsprechend verbindlichen Gebärde. Wird das Anerbieten in aufdringlicher Weise wiederholt, so wiederhole man die Ablehnung in bestimmterem, entschiedenerem Ton. Ist man aber gesonnen, das Angebot anzunehmen, so ziere man sich nicht, indem man zuerst scheinbar ablehnt, sondern nehme an, aber in bescheidener Weise.

Abmagerung. Zuerst schwindet gewöhnlich das Fett. Dann werden Arme und Beine dünner, schlaffer und kraftloser, obgleich der Appetit noch lebhaft ist. Dauert die Abmagerung mehrere Jahre, so kann sie schließlich in Darrsucht oder Verdorrung übergehen und mit einem schnellen Tod enden. Inmitten von Wohlsein und Wohlleben sind die vom Zustand der Abmagerung betroffenen Personen vielfach der Meinung, daß man sich lediglich kräftiger ernähren müsse, als vorher. Man läßt dabei aber wenigstens zwei Umstände außer Betracht, auf die wir später zu sprechen kommen werden: siehe *Umstände in den Häusern der Vermögenden.*

Abnehmen des Hutes. Die nächstliegende Art des Grußes ist für den Herrn das Abnehmen des Hutes, und so einfach diese Bewegung an sich ist, gestattet sie doch, sie in anmutiger oder respektvoller Weise zu vollführen. Damen haben in Deutschland die Begrüßung durch den Herrn nur zu erwidern, indem sie das Haupt neigen. Im Sitzen, Stehen und Liegen soll das Hutabnehmen gesellschaftlich Höherstehenden gegenüber von einer Ehrerbietung ausdrückender Verbeugung begleitet werden.

Abreise. Einen abreisenden Gast, intimen Freund oder nahen Verwandten geleite man, wenn möglich, zum Bahnhof, wo man verweilt, bis der Zug, der den Scheidenden entführt, dem Gesichtskreis entschwunden ist. Damen pflegt man zur Abreise als zarte Aufmerksamkeit einen Blumenstrauß zu überreichen. Ehe man sich trennt, drückt man einander die Hand. Unter Umständen ist auch eine Umarmung am Platze. Nur unterlasse man allzu große Zärtlichkeiten vor anderen Leuten. Auch die häufigen Wiederholungen des letzten Händedrucks sind unpassend. Maßhalten auch in der Äußerung überströmender Gefühle ist ein Hauptgebot des guten Tons. Hat sich der Zug in Bewegung gesetzt, so zeigt sich der Scheidende womöglich am Waggonfenster und schwenkt das Taschentuch, letzteres tut auch der Zurückbleibende, bis man einander nicht mehr sieht.

Absätze, hohe. Über die Nachteile der hohen Absätze haben wir uns schon geäußert. Der Gang verliert an Sicherheit infolge der ständigen Gefahr des Umkippens. Man sieht oft entsetzliche Bilder auf der Straße. Die Körpererschütterungen sind vermehrt, die Unterleibsorgane senken sich und hängen hinab. In Anbetracht der Wichtigkeit gesunder Füße für die gesamten Verhältnisse schließen wir diese Betrachtung mit einer nochmaligen Bemerkung über das vielbesprochene Problem.

Absage einer Einladung. Ist man verhindert, einer Einladung Folge zu leisten, so schreibe man dankend unter Angabe des Grundes ab. Hat man anderweitige Ursache, dieselbe abzulehnen, so entschuldige man sich, verbindlich dankend, in höflichen unbestimmten Ausdrücken und bedaure, nicht in der Lage oder Stimmung zu sein, der ehrenvollen oder liebenswürdigen Einladung Folge leisten zu können, wenigstens nicht in der nächsten Zeit.

Abschied. Man empfiehlt sich mit einer regelrechten Verbeugung, unter Umständen reicht man einander die Hand, geht dann gemessen zur Tür, wiederholt die Verbeugung und achtet darauf, daß man beim Hinaustreten dem Besuchten den Rücken nicht zuwendet. Das Öffnen der Tür ist Sache des Besuchers. Man hüte sich aber, die Tür hinter dem Scheidenden mit Geräusch zuzuschlagen. Den Stuhl läßt der Besucher stehen.

Abschiedsveranstaltung. Zum Abschied scheidender Personen wird häufig eine gesellige Vereinigung, ein Schmaus, ein Gelage veranstaltet, wobei der Scheidende in ernsten und humoristischen Reden gefeiert wird. Dieser soll zumindest einmal das Wort ergreifen, um zu danken und seinen Gefühlen und Gesinnungen Ausdruck zu geben; aber niemals zuerst, sondern eher am Ende.

Abschneiden. Trifft man einen Erhängten, so schneide man den Strick ab, entferne die Kleider, lege das Ohr auf die Herzgegend und lausche. Man reinige Mund und Nase und blase, sofern nicht ausgesprochene Verwesungserscheinungen zu bemerken sind, Luft durch ein dünnes Tuch in den Mund. Der wieder ins Leben Zurückgerufene bedarf noch längere Zeit einer möglichst vorsichtigen Behandlung, die in der Befolgung der Vorschriften zu bestehen hat.

Abspannung. Die Abspannung, die sich nach vorausgegangenen körperlichen und geistigen Anstrengungen, nach Ausschweifungen und durchwachten Nächten einstellt, kann nicht Gegenstand der Betrachtung hinsichtlich einer dagegen einzuleitenden Heilbehandlung sein. Ruhe und Luft. Näheres später.

Abwaschungen. Man kann Abwaschungen im nackten Zustand ausführen und wird sich dabei sehr wohl fühlen. Danach läßt man den Körper abtropfen und reibt ihn mit weichen Tüchern möglichst trocken. Man bewegt sich dann einige Minuten energisch in der Stube: vor allem leicht frierende Menschen dürfen nicht ruhig sitzen, sondern müssen entweder ausgehen, rasch und entschlossen, also nicht schleichend und trippelnd, oder im Hause

kräftig herumhantieren: die Betten ordnen, das Sofa klopfen, die Kleider bürsten, die Tische wischen. Am besten aber bekleide man sich und besteige schnell einen nahen Berg; denn es gibt kein besseres Mittel zur Erwärmung. Befindet sich gerade kein Berg in der Nähe, dann denke man nicht weiter darüber nach, besonders wenn man sich in warmer Umgebung befindet, etwa in geschlossenen, mit Menschen gefüllten Räumen.

Abzapfen. Man beabsichtigt damit, jemandem eine Erleichterung zu verschaffen, indem man durch das Abzapfen von Flüssigkeiten die Beschwerden mildert, die durch den Druck von Flüssigkeiten hervorgerufen wurden. Mit einem Instrument, Trokar genannt, macht man einen Einstich in die betreffende Körperhöhle, aus der man die angesammelte Flüssigkeit entfernen will.

Adern. Die Adern sind das Kanalisationssystem, das den ganzen menschlichen Körper durchzieht; es handelt sich um eine Menge dickerer und dünnerer Röhren mit weichen elastischen Wänden, durch die eine rote Flüssigkeit, das Blut, ununterbrochen im Kreise herumgetrieben wird.

Äußere, das gefällige. Die gute Sitte erfordert, daß der Mensch womöglich immer ein gefälliges Äußeres zur Schau trage und nicht durch Vernachlässigung seiner äußeren Erscheinung einen widerwärtigen Eindruck mache. Man lasse sich aber von einem gefälligen, eleganten, noblen Äußeren nicht blenden und schaue immer auf den Kern, nicht auf die Schale.

Äußerlichkeiten im Briefverkehr. Wer einen Brief schreiben will, der lege den leeren Bogen so vor sich hin, daß er die geschlossene Seite zur Linken, die offene zu seiner Rechten hat. Mit der Sitte, zunächst beide Außenseiten zu beschreiben, können wir uns nicht befreunden, obwohl sie in manchen Kreisen viel Anklang gefunden hat. Man befleißige sich, möglichst in ziemlich geraden Linien zu schreiben. Wer diese Fertigkeit noch nicht erreicht hat, der nehme ein Linienblatt zu Hilfe. Nichts macht einen übleren Eindruck, als krumme, windschiefe Zeilen, die man allenfalls sehr gelehrten Leuten verzeiht, nicht aber einem Menschen, der den Anspruch erhebt, zur gebildeten Welt gezählt zu werden. Man richte es so ein, daß am Schluß der Seite keine Zerreißung von Worten stattfindet. Ort und Datum sind von Bedeutung, damit der Empfänger weiß, wo und wann der Brief geschrieben wurde und von wem. Unter Umständen können Ort und Datum sogar wesentlichen Einfluß auf den Eindruck haben, den der Inhalt des Briefes zu machen bestimmt ist.

After. Der After, durch den die Fäkalien nach außen befördert werden, ist oftmals Sitz von Vorfällen. Die umliegenden Schleimhäute sind entzündet und angeschwollen und treten ringförmig aus dem After heraus. Nach jedem Stuhlgang ist der Vorfall mittels eines gut eingeölten Fingers wieder in den Mastdarm zurückzustopfen.

Alkohol. In allen spirituösen Getränken ist es der Alkohol, welcher dieselben berauschend und beliebt macht. Diese Getränke wirken bei ihrem Genuß zunächst in höchst belebender Weise auf den menschlichen Körper ein. Dem Belebungseffekt folgt ein Lähmungseffekt. Aber das ist dem Leser schon aus der eigenen Erfahrung bekannt, durch Kindtaufen, Hochzeiten, Liebesmahle, Stiftungsfeste, landesväterliche Geburtsfeste und andere wichtige Ereignisse.

Alleingehen. Jüngere Damen sollten mit Einbruch der Dunkelheit, namentlich in größeren Städten, nicht allein gehen, um Tugend und guten Ruf nicht zu gefährden. In dringenden Fällen ist, in Ermangelung eines menschlichen Begleiters, die Begleitung eines Hundes anzuraten. Wird eine bei Nacht allein gehende Dame von einem Unbekannten angesprochen, so ist es sehr ratsam, denselben vollständig zu ignorieren und den Weg, ohne auffallende Zeichen von Ängstlichkeit, fortzusetzen; es wäre denn, daß etwa ein Fremder nach einer Straße fragt, in welchem Falle sie Auskunft geben soll, um sodann ihren Weg fortzusetzen.

Alpenbewohner. Es unterliegt keinem Zweifel, daß Wobser unter der Bezeich-

nung *Alpenbewohner* in seinen Aufzeichnungen nur halbverstandenen Berichten über die Bewohner mancher Alpengegenden Ausdruck gibt. Es ist zwar nicht zu verkennen, daß manches in der Erscheinung der Leute eine solche Anschauung auf den ersten Blick zu begünstigen scheint. Jeder, der auch nur flüchtig eine gewisse Zahl von Alpenbewohnern betrachtet, wird ohne weiteres etwas Gemeinschaftliches in ihrer äußeren Erscheinung entdecken, das ihn befähigt, mit Sicherheit Alpenbewohner aus der übrigen Weltbevölkerung herauszufinden, oder gar, wie das von anderen Gebirgsreisenden hervorgehoben worden ist, an der ganzen Bevölkerung einer Gegend die alpenländische Grundlage zu erkennen. Soviel ist wahr: der Bewohner der Alpen gleicht dem Bewohner anderer Berggegenden. Aber wenn es schon schwer fällt, sich mit Wobsers Behauptungen anzufreunden, so ist es mir völlig unmöglich, den Behauptungen anderer Gebirgsreisenden zu folgen; außerdem habe ich gerade aufgehört, mir über die Alpenbewohner Gedanken zu machen.

Alpenstöcke. Alpenstöcke, welche an ihren beiden Enden auf Stützen gelegt die ganze Körperschwere nicht ertragen können, sind nichts wert. Der Alpenstock soll seiner Höhe nach dem Träger bis zum Mund reichen, aus Eschenholz gefertigt sein und am unteren Ende eine Spitze tragen.

Alter. Damen verdrießt es, wenn sie bemerken, daß man ihr Alter höher schätzt, als es tatsächlich der Fall ist. Allerdings sind auch Herren befremdet, wenn man aus ihrem Aussehen auf einen wesentlich älteren Herrn schließt. Auf diesen Sachverhalt muß in der Konversation Rücksicht genommen werden.

Alter, menschliches. Das menschliche Alter ist ein äußerst bedenkliches Zeichen für den Gesundheitszustand der heutigen Menschheit. Der Mensch, der ja bekanntermaßen keine Ausnahmestellung in der Natur einnimmt, sondern gleichfalls einen tierischen Körper besitzt, müßte, gemessen an der Maus, die nach etwa acht Monaten ausgewachsen ist und etwa sechs Jahre alt wird, ein Durchschnittsalter von einhundertvierzig Jahren erreichen. Solche Fälle aber kommen heutzutage gar nicht mehr oder nur selten vor.

Ameisen. Um die Ameisen aus Wohnräumen zu vertreiben, bestreut man einen großen Schwamm mit etwas Zucker und legt ihn dahin, wo die Ameisen am lästigsten sind. Wenn man den Schwamm voll von Ameisen glaubt, wirft man ihn in kochendes Wasser. Dieses Verfahren wiederholt man, bis die Ameisen verschwunden sind. Wenn dieses Verfahren nicht hilft, lockt man sie auf ein mit Seife bestrichenes Tuch, das man zwischen den Fingern reibt, nachspült und zwischen einem anderen Tuch bügelt. Oder man legt frische Brennesseln umher, in denen sich die Tiere sammeln; danach verbrennt man die Brennesseln. Hilft auch das nicht, so legt man ein Stück Speck in ein Gefäß. Den Speck überbrüht man recht oft, bis sich keine Ameisen mehr zeigen.

Ameisenkriechen. Ameisenkriechen nennt man ein eigentümliches Gefühl in der Haut, eine Art Kribbeln, Prickeln oder Eingeschlafensein, das gewöhnlich entsteht, wenn eine äußere Einwirkung den Nervenstamm irritiert.

Anatomie. Die Fortsetzung des Beckens nach unten bilden die Beine. An der vorderen Halsgegend befindet sich ziemlich dicht unter der Haut, abwärts vom Kinn, das Zungenbein, und noch weiter abwärts der Kehlkopf. Die Grundlage des Oberleibs ist der knöcherne Brustkasten. Die Brusthöhle wird von der Bauchhöhle durch das fleischige Zwerchfell geschieden. Die Schultern, die höchsten Teile der Arme, bilden die seitliche Fortsetzung des Halses.

Anbieten. Das Anbieten einer Gefälligkeit oder Gabe muß in höflicher und zarter Weise geschehen. Wird es abgelehnt und glaubt man, daß die Ablehnung aus Schüchternheit oder Bescheidenheit erfolgt, so mag man es wiederholen, man dränge sich aber nicht auf. – Das Anbieten einer Prise ist bei Schnupfern gebräuchlich und oft die bequeme Einleitung eines Gesprächs.

Anekdoten. Man bringe eine Anekdote nicht zur Unzeit an, sei damit nicht aufdringlich und ziehe sie nicht an den Haaren herbei, wie Klomm, der seine Lieblingsanekdote von einem Schuß immer dadurch an den Mann brachte, daß er plötzlich rief: *Haben Sie nicht einen Schuß gehört?* Nein. *Nun, dann muß es wohl eine Täuschung gewesen sein. Aber weil wir gerade von einem Schuß sprechen, da fällt mir eine Anekdote ein.* Erzählt er nun aber diese Anekdote, die man schon kennt, so unterbreche man ihn nicht mit der Bemerkung, daß man sie schon gehört habe, da mancher Anwesende sie möglicherweise noch nicht kennt.

Anfall. Im Moment eines Anfalls ist eigentlich gar nichts zu machen, da der Anfall, einmal ausgelöst, nicht mehr zum Stillstand gebracht werden kann. Man warte ganz ruhig ab und achte darauf, daß sich der Mann nicht etwa an scharfen Gegenständen, die in der Nähe liegen, verletzt. Man öffne das Fenster, achte aber darauf, daß der Mann nicht hinausfällt.

Anfrage. Ein Leser schreibt mir in einem Brief: Sehr geehrter Herr, ich habe in Ihrem berühmten Werk gelesen, daß Sie nachts bei offenem Fenster und zwar direkt unter dem Fenster geschlafen haben. Ich bitte Sie höflichst, mir mitzuteilen, ob Sie das im gewöhnlichen Nachthemd tun oder darüber eine Weste tragen und eine Schneehaube, die den ganzen Kopf, Ohren, Schultern und Hals bedeckt. – Meine Antwort vom 6. Dezember lautet: In kalten Winternächten ziehe ich höchstens eine Minute lang die Decke über den Kopf, worauf ich sofort warm werde.

Angewöhnungsverstopfung. Angewöhnungsverstopfung wird häufig bei solchen Personen angetroffen, die es infolge zu großer Geschäftigkeit oder Bequemlichkeit unterlassen, den vielleicht etwas entlegenen Abort aufzusuchen, oder die aus Schamgefühl, Anstandsrücksichten oder

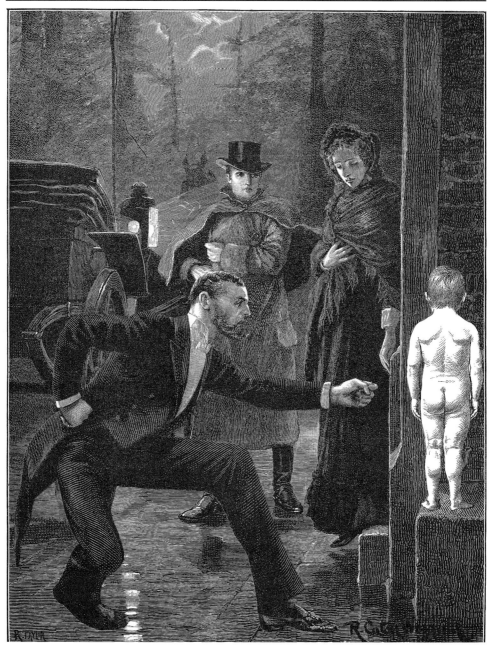

sonstigen Gründen das sich geltend machende Bedürfnis nach Stuhlentleerung nicht befriedigen. Den widernatürlich zurückgehaltenen Kotmassen wird durch das längere Verweilen im Dickdarm schließlich alle Feuchtigkeit entzogen, sie ballen sich zusammen, verhärten und können in diesem Zustand nur unter Schwierigkeiten, unter dem angestrengtesten Zusammenpressen ausgeschieden werden. Der

Kot ist nicht wurstförmig, sondern knollig, kugelförmig und von dunklem Aussehen.

Ankleiden eines Herrn. Bevor man den Herrn weckt, orientiere man sich über die herrschende Witterung. Danach wecke man den Herrn und teile ihm mit, ob es schönes oder schlechtes Wetter ist und frage ihn, welcher Anzug ihm angenehm sei. Hat der Herr die Art seines Anzugs bestimmt, hole man frisches Waschwasser herbei und lege die gewünschten Kleidungsstücke so geordnet hin, wie sie der Reihe nach benötigt werden. Die geputzten Schuhe stelle man derart auf, daß ein Hineinschlüpfen zum reinen Vergnügen wird. Handelt es sich um einen alten gebrechlichen Herrn, so wasche und trockne man ihn ab; dabei verfahre man vorsichtig. Man reiche ihm die Hose, wobei zu beachten ist, daß die Hosenträger von hinten aus übergelegt und befestigt sein müssen. Dann reiche man alle Gegenstände, die der Herr bei sich zu tragen pflegt, diesem zu und frage, ob noch etwas gewünscht wird. Hat der Herr die Absicht, auszugehen, so helfe man ihm in den Mantel, halte den Hut, den Stock oder Schirm bereit, begleite ihn bis zur Tür, öffne sie und schließe sie erst dann wieder, wenn der Herr außer Hörweite und Sehweite ist.

Anklopfen. Ein ganz besonderes Kapitel bildet das Anklopfen. Im allgemeinen ist es streng verboten, ein Zimmer zu betreten, ohne vorher angeklopft zu haben, es sei denn, daß es ausdrücklich erlaubt ist. – Man klopft mit dem rechten Zeigefinger leicht und doch gut vernehmlich an die Tür. Erhält man keine Antwort, so gehe man ja nicht dazu über, durch stärkeres Anklopfen seine Anwesenheit bemerkbar zu machen. Man warte etwas und klopfe, wie beschrieben, noch einmal an, mit dem rechten Zeigefinger, leicht und doch gut vernehmlich. Ein stärkeres Anklopfen kann gerade bei nervösen Personen unliebsame Folgen nach sich ziehen. Selbst zu einem intimen Freund trete man nicht ein, ohne vorher angeklopft und ein *Herein* vernommen zu haben, da man ihn möglicherweise in einer Situation oder Beschäftigung überrascht, die keine Zeugen duldet, oder bei welcher überrascht zu werden er in Verlegenheit kommt. Trägt aber die Tür, wie so häufig, das Plakat *Nicht anklopfen!* so öffne man sie gleichwohl nicht mit Ungestüm, sondern bedächtig.

Anlehnen: siehe *Sitzen*

Annäherung. Bekannte reichen sich nach gegenseitigem Hutabziehen die rechte Hand; nicht lau oder lässig, auch nicht derb oder kräftig: die goldene Mitte, ein leichter, warmer Händedruck mag auch hier als die Regel gelten. Damen sollen im Darreichen der Hand allerdings sehr vorsichtig sein, denn diese Art der Begrüßung gilt, wenn sie keine Auszeichnung ist, doch immerhin als ein Zeichen vollzogener Annäherung. Reicht sie ihre Hand einem Herrn, soll sie diese Berührung nicht durch auffallenden Druck begleiten, weil das leicht zu Mißdeutungen Anlaß geben könnte.

Annahme: siehe *Ablehnung*

Anrede. Sehr geehrter Herr, verzeihen Sie bitte, daß ich undsoweiter. Oder: Meine liebe Dame, es hat mir sehr leid getan und sofort. Falsch ist ein Punkt hinter der Anrede. Ein Punkt trennt stets das Vorhergehende gänzlich vom Nachfolgenden ab, was oft nicht der Fall sein darf; denn die Anrede ist kein selbständiger Gedanke, sondern nur der Anfang des ersten Gedankens. Also, um das Nötige zu sagen: lieber Freund, mein lieber bester Freund, sehr geehrter Herr, sehr verehrte gnädige Frau, hochgeschätzter Freund und Gönner, hochgeehrter und hochverehrter Herr oder hochverehrte gnädige Frau, geehrte Dame. Letzteres zeugt von Mangel an gesellschaftlichem Schliff.

Anreden. Personen, mit denen man nicht näher bekannt ist, namentlich aber vornehme Personen oder Vorgesetzte, dürfen nicht ohne dringende Gründe auf der Straße angeredet werden; eventuell hat man sich unter Angabe der Gründe zu entschuldigen. Im Restaurant, im Theater und im Konzertsaal und auf der Eisenbahn mag jeder den Nachbarn anreden. Erhält man eine einsilbige Antwort und zeigt der Angeredete, daß er zu einem Gespräch nicht geneigt ist, so hüte man sich, ihn mit der Fortsetzung der Konversation zu belästigen. Man fasse das aber nicht als Unhöflichkeit auf; oft ist man zu einer Unterhaltung nicht aufgelegt, oder man will seinen Gedanken nachhängen. Eine große Unart ist es, jemand in ein Gespräch zu verwickeln, wenn er in eine Beschäftigung vertieft ist, bei welcher eine Störung unwillkommen ist.

Anschauungen. Es geschieht ganz leicht, daß sich die Anschauungen eines alleinstehenden Herrn allmählich lockern; daß er beginnt, sich gehenzulassen und auf Bahnen gerät, die er zu Hause nie betreten haben würde. Um so gewissenhafter muß er sich an die Regeln klammern, die der *Ratschäger* für seine Leser aufstellt, um wenigstens hier einen Halt zu finden. Besondere Vorschriften gibt es nicht. Wer die Regeln befolgt und die Ratschläge beachtet, die in den Abschnitten unseres Anschauungshelfers zusammengetragen worden sind, wird nirgendwo anstoßen. Wir haben wiederholt Gelegenheit gehabt, darauf hinzuweisen, daß alle Stichworte, die wir unter dem Titel *Ratschläger* zusammengefaßt haben, ihren Ursprung und ihre tiefere Begründung in der Gesittung und Gesinnung haben. Hier wird sich ganz deutlich zeigen, wie manche scheinbare Äußerlichkeit und Kleinigkeit einen veredelnden Einfluß ausüben kann.

Anspielung. Man vermeide in der Konversation jede noch so entfernte Anspielung auf Dinge oder Ereignisse, die bei anderen Anwesenden unangenehme Erinnerungen wachrufen oder deren sie sich schämen.

Ansprechen. Dem Gruß des Hutabnehmens, der Verbeugung und dem Händedruck folgt das Ansprechen: Guten Morgen. Guten Tag. Guten Abend. Wie befinden Sie sich. Welch ein Vergnügen Sie zu sehen. Bei der Verabschiedung empfiehlt man sich mit: Empfehle mich Ihnen. Leben Sie wohl. Empfehlen Sie mich Ihrer Frau Gemahlin. Auf Wiedersehen. Bitte grüßen Sie Ihren Vater – und ähnliche Redensarten. Die Nennung des Eigennamens soll

beim Ansprechen mit Rücksicht auf zufällig Anwesende oder Vorübergehende stets umgangen werden, weil es dem Angesprochenen unter Umständen unangenehm sein kann, daß Dritte auf diese Weise seine Bekanntschaft machen und seinen Namen erfahren.

Ansprüche. Die erhöhten Ansprüche der Damen, die zumeist mit Rohheit und Gleichgültigkeit verbunden sind, machen uns nachdenklich. Wir befürchten die Zunahme unklarer Verhältnisse, das Anwachsen der Intriganz und der Lüsternheit. Klavierspiel, ein wenig Gesang, ein paar Blicke durchs Opernglas, die Fähigkeit im Umgang mit Konfekt und Romanen, das ist alles, was wir entdecken. Die Damen sehen ihre Lebensaufgabe in der Bequemlichkeit und im Herumliegen, so daß manche Züge des scharfen Bildes auf sie passen, das Wobser in seinem Buch *Moderne Probleme* im Kapitel *Die Ansprüche der Damen* entwirft. – Die Erfahrung bestätigt es: die von Wobser geschilderten Damen haben außer dem An- und Auskleiden kein wirkliches Tagesinteresse und stehen der Arbeit teilnahmslos gegenüber. Ihre Nützlichkeit oder ihr Nutzen, wie Lemm sagt, ist außerordentlich gering. Es ist der äußere Bildungsfirnis, der Naturbetrug, die in Pensionaten und Instituten gepflegte Flunkerkultur, welche die Damen gedankenlos lüstern macht. Ihr Gemüt ist verflacht, insgesamt führt alles zur oberflächlichen Schwellung und Rundung, zur Schlaffheit und Planlosigkeit, zum Geschrei, zum Herumtanzen und Herumreisen.

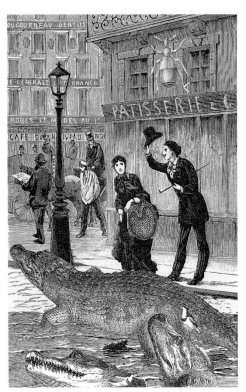

Anstoßen, eins. Anstoßen mit Gläsern ist eine gute deutsche Sitte, damit das Gehör beim Genuß des Weines nicht leer ausgeht und durch einen angenehmen Klang ergötzt wird. Beim Anstoßen ignoriere man nicht die anderen in der Nähe sitzenden Personen, namentlich, wenn man sie schon in die Unterhaltung gezogen hat. Ist die Zahl der Anwesenden groß, so beuge man sich, auch wenn die Betreffenden in weiter Entfernung sitzen, nicht mit dem Leib über die Tafel, eher mag man zu ihnen hingehen, oder man winke einander mit den Gläsern zu mit der Bemerkung: *Prost*. – Zu häufiges Anstoßen ist zu vermeiden.

Anstoßen, zwei. Das Anstoßen an hervorragende oder spitze Körper kann zuweilen Leben oder Gesundheit gefährden. Das kann nachts passieren, in der Dunkelheit, aber auch am Tage, bei kurzsichtigen oder in Gedanken versunken dahingehenden Personen. Nachts sollte man alle gefährlichen Hervorragungen hinter Polstern verstecken, die sich tagsüber wieder entfernen lassen. Diese Polster würden wenigsten die gröbsten Verletzungen beim Anstoßen verhüten.

Antwort. Eine Antwort ist man jedem schuldig, der in anständiger Weise das Wort an uns richtet oder eine Frage stellt, ohne Rücksicht auf dessen Stand. Jede Antwort sei kurz und bündig; man wiederhole nicht, was man schon einmal gesagt hat. Briefliche Antworten schiebe man nicht auf die lange Bank, namentlich in wichtigen Fällen. Wenn in der Familie der Vater oder die Mutter einen Auftrag erteilt, so gebe man durch entsprechende Antwort zu erkennen, daß man gehört hat und den Auftrag zu vollziehen bereit ist. Sich schweigend zu entfernen ist höchst unpassend.

Anzeigen. Wichtige Familienereignisse: Geburten, Vermählungen, Todesfälle, sollen den Bekannten angezeigt werden. Die Form solcher Anzeigen ist aus öffentlichen Blättern zur Genüge ersichtlich. Eine nicht nachahmenswerte Traueranzeige, welche vor einiger Zeit in einem oberbayerischen Lokalblatt erschien, lautet:

Heute morgen schied ins Land der Geister
an der Schwindsucht unheilbarem Weh
mein geliebter Mann, der Schneidermeister
Lemm, im dritten Jahre unsrer Eh.
Alle die den Frühverstorbnen kannten
wissen gut was ich an ihm verlor,
mit mir trauern alle Anverwandten,
mein Geschäft betreib ich wie zuvor.

Hochachtungsvoll und ergebenst
in tiefster Trauer
Anna L. im Namen sämtlicher Verwandten.

Den nächsten Verwandten soll man solche Familienereignisse brieflich und ausführlich anzeigen. Zur Anzeige von Todesfällen verwendet man schwarz gerändertes Papier und ebensolche Kuverts. Absolut notwendig sind aber solche Äußerlichkeiten nicht.

Anzündung eines Lichtes. Zwei Personen knien einander gegenüber; jede hält in der rechten Hand eine Kerze, von welchen die eine angezündet ist. Sie heben darauf den linken Fuß mit der linken Hand und versuchen nun, in dieser Stellung die eine Kerze mittels der anderen anzuzünden. Die mit der Lösung der Aufgabe verbundenen Schwierigkeiten werden in gleich hohem Grad die Ausübenden wie die Zuschauer amüsieren.

Apfelschälmaschine. Die neue amerikanische Apfelschälmaschine ermöglicht es, einen Apfel zu schälen, ihn in Scheiben zu schneiden und gleichzeitig das Kernhaus herauszustechen. Eine Leistung, die bei keiner der bisher vorhandenen Maschinen anzutreffen ist. Die Handhabung ist folgende: man steckt einen Apfel, und zwar an der Seite, an der der Stengel sitzt, auf die Gabel und dreht nun die Kurbel von links nach rechts herum. Sobald dieser Apfel am Messer vorübergleitet oder richtiger: sobald er geschält wird, wird er durch weiteres Drehen der Kurbel gegen ein zweites

Messer gedrückt, von diesem in Scheiben zerschnitten, während zugleich ein in der Mitte des Messers angebrachter Stecher das Kernhaus heraussticht. Am Ende des Vorgangs erscheint der Apfel glatt geschält, geschnitten und kernlos. Die ganze Arbeit ist freilich bedeutend kürzer, als diese Beschreibung zu schildern imstande ist. Man muß nur den Apfel aufstecken, die Kurbel drehen und den geschälten Apfel herabnehmen. Die Gabel wird dann an der Kurbel zurückgezogen; das Schälen des nächsten Apfels beginnt und wird fortgesetzt, solange man will.

Applaudieren. Das Beifallklatschen ist eine Äußerung des Enthusiasmus über hervorragende künstlerische Leistungen, besonders im Theater und Konzert. Für ein feinfühliges Ohr ist es freilich nicht erbaulich; Goethe hat seinerzeit in Weimar das Klatschen verboten. Indessen ist es nun einmal da und wirkt auch als Aufmunterung für die Künstler. Man applaudiere aber nicht bei jeder beliebigen Kraftstelle aus purer Lust am Händeklatschen. Auch klatsche man nicht mit Vehemenz, als ob man dem Nachbarn das Ohr zerschmettern wollte. Ganz unschicklich ist es, wenn Damen kräftig die Hände zusammenschlagen. Das Pochen mit den Stöcken auf den Fußboden ist geradezu eine Barbarei, die bei Indianern am Platze sein mag, nicht aber in europäischen Kreisen und Verhältnissen.

Arbeit. In manchen Kreisen ist die Anschauung vertreten, das Verrichten gewisser Arbeiten, namentlich schwerer Handarbeiten, verstoße gegen den guten Ton. Das ist grundfalsch. *Weder die Befriedigung der Eitelkeit, noch der fieberhafte Sinnentaumel – nichts gleicht jener ruhigen Freude, jener berechtigten Selbstzufriedenheit, welche die Arbeit dem Fleißigen als echten Lohn gewährt*, sagt Collunder.

Arbeiter. Was im Artikel *Dienstboten* über diese gesagt ist, gilt auch vom Verhältnis zwischen Arbeitgebern und Arbeitern jeder Art. Man dehne die Arbeitszeit nicht über Gebühr aus und schmälere nicht die Löhne der Arbeiter aus selbstsüchtigen Gründen. Auch hier gehen die moralischen Maximen mit dem eigenen Vorteil Hand in Hand; denn ein vom Geist wahrer Arbeiterfreundlichkeit erfülltes Etablissement steigert die Arbeitslust und erweckt Anhänglichkeit. – Man urteile mild, wenn Arbeiter in ihrer dürftigen gedrückten Lage sich manchmal zu unwirschen und derben Ausdrücken hinreißen lassen und bedenke, daß sie mit den gewählten Ausdrücken des Salons nicht vertraut sind.

Arm in Arm gehen. Zwischen Dame und Herrn setzt dies Vertraulichkeit voraus, weshalb ein Herr nur einer Dame, mit welcher er näher bekannt ist, den Arm bieten darf. Zwischen zwei Herren ist das Arm in Arm gehen weniger üblich. Eine Dame in den Armen zweier Herren ist unstatthaft, ebenso ein Herr mit zwei Damen an beiden Armen.

Armbewegung. Wenn ich zum Beispiel mit meinen Armen bei Tag oder bei Licht eine Bewegung mache, so trifft die Bewegung der reflektierenden Strahlen das Auge eines vielleicht zusehenden Mannes. Würde der gegenwärtig genannte Mann mir aber

den Rücken zukehren, so würde sein Hinterkopf die Bewegung gar nicht empfinden. – Eine solche Bewegung muß allerdings mit der größten Vorsicht geschehen, sie ist nichts für Unkundige. Die Erfahrung zeigt, daß ein ungeschicktes oder brutales Vorgehen sogar gefahrdrohend wirken kann. Der vielleicht zusehende Mann, ein Bahnwärter oder ein Badewärter, könnte sie vollkommen falsch auffassen.

Arme, ihre Verwendung beim Gehen. Durch die vollkommene Loslösung vom Erdboden wurden die Arme für die Fortbewegung des menschlichen Körpers nahezu überflüssig. Daher ist die beste Haltung der Arme beim Gehen die, den einen Arm gestreckt, den anderen gebogen zu halten, aber nicht so, daß ein spitzer Winkel entsteht. Die Bewegungen mit den Armen müssen weich und geschmeidig sein, weder eckig noch ungestüm, auch ohne Perpendikelspiel. Man achte darauf, daß die Bewegungen nicht mit dem Unterarm allein ausgeführt werden. Die Arme auf dem Rücken zu kreuzen ist unschicklich. Ganz unangebracht aber erscheint uns das Versenken der Arme in den Hosentaschen.

Asche: siehe *Rauchen*

Aschenbecher, hustender. Ein Aschenbecher, der auf die Folgen des Rauchens immer dann hinweist, wenn man eine Zigarette in ihm ausdrückt, ist soeben auf dem Markt erschienen; jedesmal wenn er benutzt wird, ertönt ein kräftiges anhaltendes Husten. Er ist für Freunde, Bekannte, aber auch für Sie selbst ein großes Vergnügen und zugleich eine ernste Mahnung; er bietet für jeden uneingeweihten Raucher immer wieder eine Quelle der Überraschung, denn er hustet und hustet.

Atem, übelriechender. Durch einen solchen kann man seiner Umgebung sehr unangenehm werden. Wer daran leidet, muß streng darauf halten, durch geeignete Mittel denselben zu beseitigen.

Atembedürfnisse. Stärkere körperliche Anstrengungen, die die Atembedürfnisse erhöhen, wie der Tanz, erzeugen ein mühsames Keuchen. Man hat unter der Bevölkerung der bayerischen Hochebene Gelegenheit zu beobachten, wie schädlich das wirken kann. Oft tritt eine rapide, das Ende ungemein beschleunigende Abmagerung ein.

Atembeklemmungen. Bei meinem letzten Aufenthalt am Meer traten bei starkem Aufwärtsgehen Atembeklemmungen auf, die ich früher nie verspürt hatte. Ich weiß sehr wohl, daß meine Ausführungen bei vielen Kollegen einen Entrüstungssturm hervorrufen werden. Das soll mich nicht davon abhalten, auch weiterhin Aufklärung zu betreiben.

Atmung. Schon an anderer Stelle haben wir hervorgehoben, wie wenige Menschen richtig atmen und wie diese scheinbar unglaubliche Tatsache durch angeborene

Schwäche oder durch Kleiderdruck entstanden ist. Auf Tafel XXXV zeigen wir in vortrefflicher Weise die vollkommene Atmung mit Hebung und Ausdehnung der ganzen Brust ohne Bevorzugung eines Teiles. Von links nach rechts gehend sehen wir bei der Einatmungsstellung die Wirbelsäule stärker gekrümmt als bei der Ausatmungsstellung, die Bauchdecke ist nach vorn gewölbt und sinkt beim Ausatmen ein. So sollen die Menschen atmen.

Aufblasen. Das Aufblasen mit dem Atem, wie es bei manchen Sachen, um sie zu vergrößern oder straff zu machen, geschieht, ist eine sehr schlechte Gewohnheit. So treiben Metzger mit ihrem Atem, also mit ihrer aus der Lunge gestoßenen, oft ekelhaften verpesteten Luft, Tierblasen und Gedärme auf, um sie mit Wurstmasse zu füllen. Sie blasen zuweilen auch Fleisch auf, um ihm ein frisches, festes und wohlschmeckendes Aussehen zu geben. Hier verbreitet sich der durch eine Öffnung in das noch warme oder erwärmte Fleisch hineingetriebene Atem durch die ganze Fett- und Fleischmasse, füllt die von Natur fehlenden Lücken aus und macht das Fleisch voller und runder. Dieses Verfahren ist nicht nur betrügerisch, sondern auch unappetitlich und kann der Gesundheit derjenigen Menschen nachträglich sein, die das Fleisch anschließend verzehren. Auch vom Aufblasen von Papiertüten, wie man es bei Krämern und Apothekern gelegentlich sieht, selbst vom Aufblasen

von Suppen und anderen Speisen, vornehmlich durch besorgte Mütter, die doch auch eine mit Krankheitsstoffen vermischte Luft von sich geben können, raten wir ab; ebenso vom Aufblasen von Handschuhen, siehe: *Handschuhe*, von Hüten, siehe: *Hüte*, von Empfindungen und von Gefühlen. Unser Artikel enthält alles, was *gegen* das Aufblasen zu sagen ist. Es gibt allerdings auch eine andere durchaus positive Beurteilung des Aufblasens, die wir in einem anderen Beitrag erörtern werden.

Aufbruch. Der Dame des Hauses obliegt es, den Aufbrechenden mit einigen verbindlichen Worten daran zu erinnern, doch noch ein Weilchen zu bleiben; was selbstverständlich als Zeichen zum Aufbruch zu verstehen ist. Man vermeide, sobald man sich zum Aufbruch erhoben und dadurch sämtliche Anwesenden zum Erheben veranlaßt hat, stehend die Unterhaltung weiterzuführen. Man verabschiede sich und gehe rückwärtsschreitend zur Tür, öffne sie derart, daß man der Gesellschaft niemals den Rücken zukehrt und in der Türöffnung, das Gesicht zum Salon gewendet, zum Stehen kommt. Man mache nun eine letzte Verbeugung, um dann die Tür endgültig hinter sich zu schließen.

Auf der Straße. Auffallendes Benehmen, hastige Bewegungen, sehr lautes Sprechen, Pfeifen und Vorsichhinsummen eines Liedes, auch das Herumfuchteln mit den Schirmen, das Schleifen mit den Schuhsohlen, das Wegwerfen brennender Zigarrenstummel, das Stehenbleiben, das Betrachten von Gegenständen und Personen, das Umsehen nach Vorübergehenden oder auch das unanständige *Pst*, das Anrufen aus großer Entfernung, alles das sind Unarten, die sich der Leser unseres *Ratschlägers* nicht zuschulden kommen lassen wird. Treffen mehrere Personen zusammen und knüpfen daran einen Wortaustausch, so kann das in belebten Straßen leicht zu Stockungen oder anderen Ärgernissen führen. Damen sollten einem solchen Gedränge aus dem Wege gehen, während umgekehrt Herren orientierend nähertreten werden, denn möglicherweise könnte ja ihre Hilfe erforderlich sein.

Aufdringlichkeit. Man vermeide jede Aufdringlichkeit, ob mit Geschenken, Diensten, Höflichkeiten, mit Freundschaft und geselligem Anschluß, oder mit Vorlesungen und künstlerischen Produktionen. Bemerkt man, daß dergleichen nicht ganz willkommen ist, so sehe man davon ab, aber ohne Kränkung und Groll zu zeigen. Eine üble Gewohnheit ist die Aufdringlichkeit der Dichter im Vorlesen ihrer Produkte. Nicht immer ist man aufgelegt, Verse anzuhören; bequemt man sich aber dazu, so mag man solche nicht gleich dutzendweise über sich ergehen lassen, mögen sie noch so hübsch sein. – Eltern sollten vermeiden, mit den Produktionen ihrer Kinder, mit Singen, Klavierspielen, Deklamieren, in aufdringlicher Weise Parade zu machen.

Aufforderung zum Bleiben: siehe *Besuch*

Auflegen der Ellbogen: siehe *Haltung*

Aufmerksamkeiten, kleine. Kleine Aufmerksamkeiten machen beliebt. Es gibt

hunderte von Gefälligkeiten und Artigkeiten, mit denen man anderen einen Dienst erweisen, eine Bequemlichkeit verschaffen, eine Freude bereiten kann, ohne daß man sich selbst benachteiligt. Finden wir aber eine uns bekannte Dame am Arm eines anderen Herrn, so haben wir auf jede weitere Aufmerksamkeit zu verzichten, wenn wir uns nicht der Gefahr aussetzen wollen, jenem Herrn gegenüber in eine schiefe Stellung zu geraten. Hüten müssen wir uns selbst dann, wenn dieser Herr der Gatte der Dame ist, auch wenn wir zu seinen Bekannten zählen.

Aufregung: siehe *Leidenschaft*

Aufrichtigkeit. Die Aufrichtigkeit und der gute Ton stehen gewöhnlich nicht auf dem besten Fuß, und doch sollen und können beide vortrefflich miteinander harmonieren. Die gesellschaftliche Heuchelei ist durchaus keine Anforderung des guten Tons. Wohl soll man nicht den Geradeheraus in derber plumper Weise spielen und den Leuten unangenehme Dinge ins Gesicht sagen, wenn es nicht sein muß. Andererseits aber soll man keine Gefühle affektieren und Meinungen äußern, die man nicht hat, oder Herzlichkeit heucheln, wenn das Herz sich entrüstet abwendet. Es gibt freilich Fälle, wo, um den Betreffenden nicht zu verletzen, eine harmlose Notlüge entschuldbar ist. So zum Beispiel wenn uns ein Schwerkranker fragt, was wir von seinem Zustand halten. – Wahrhaft sittlichen Naturen ist aber jede Lüge verhaßt und sie entschließen sich zu solchen Notlügen nur mit innerem Widerstreben und dem Bewußtsein, daß ein Ausnahmefall vorliegt.

Aufrichtung. Die Aufrichtung des männlichen Gliedes bezeichnet man als Erektion. Da es für jede reife und denkende Dame selbstverständlich ist, die Äußerungen des Geschlechtslebens zu verstehen, bringen wir hier auch über diesen Punkt die nötigen Erklärungen. Gelegentlich wird man bemerken, daß sich das Glied ganz von selbst hebt, größer und härter wird. Was hat diese Versteifung zu bedeuten? Nun: beim Mann tritt sie ein, wenn er geschlechtlich erregt wird; sie ist nötig, um den Samen in die dafür bestimmten Organe der Frau zu befördern. Tritt die Aufrichtung allerdings auch bei anderen Gelegenheiten, also ohne geschlechtliche Erregung auf, so ist sie eine Folge nervöser Erregtheit

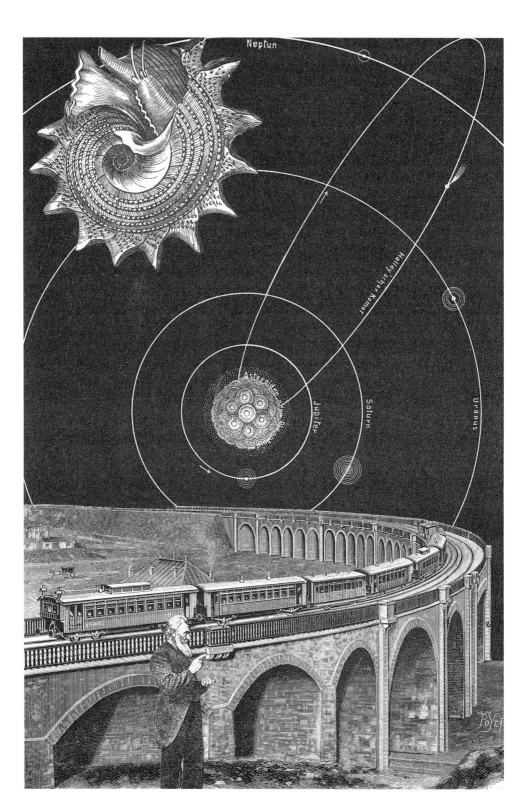

und keine normale Erscheinung. Eine derartige Aufrichtung sollte niemals unbeachtet bleiben. In besonders hartnäckigen Fällen wechsele man die Gegend.

Aufschlüsse. Für die Klärung unserer allgemeinen Anschauungen wird durch die Besichtigung der Luft und der durch die Luft fliegenden schwarzen Körper einiges an Erklärungsmöglichkeiten gewonnen; es kommt also zu sogenannten Enthüllungen oder Entdeckungen oder zu Aufschlüssen, wie man noch sagen könnte.

Aufstehen. Es gibt kein abstoßenderes Verhalten, als das gänzliche uneingeschränkte Sitzenbleiben. Die Gelegenheit, aufzustehen, sollte jeder ergreifen, wenn sie sich ihm bietet.

Aufstoßen. Bei der Umwandlung der Speisen im Magensack entwickeln sich mehr oder weniger starke Gase, die nach der Gegend des geringeren Widerstandes entweichen, also auf der kürzeren Strecke durch Speiseröhre und Mund. Je unvollkommener der Vorgang der Verdauung ist, um so mehr Gase entwickeln sich. Der als Aufstoßen bezeichnete Gasaustritt kann schmerzhaft und erschöpfend werden; bei nervösem Magenleiden sind die Gase geruchlos, geschmacklos und zuweilen fast unerschöpflich.

Augapfel. Das untere Bild zeigt den prächtig umpolsterten Augapfel, wie er im weichen Fettgewebe in der knöchernen Augenhöhle liegt. Wir sehen, wie er zur Seite rollt, nach allen Seiten, umgeben von der schimmernden weißen Augenhaut, die vorne die Bilder der Außenwelt aufnimmt, die ins Auge gelangen. Der über Pupille und Regenbogenhaut sich vorwölbende Teil der weißen Augenhaut heißt Hornhaut. Dahinter sehen wir einen großen kugligen Raum, gefüllt mit dem Glaskörper und austapeziert mit der Netzhaut. Wir bekommen auch einen guten Begriff vom Tränenapparat, denn wir sehen, wie die Tränenflüssigkeit hinabfließt und weiter über die Wangen am Kinn hinab in die Tiefe tropft.

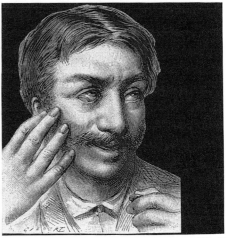

Augen. Man spricht bekanntlich von einer Augensprache, und wie die wirkliche Sprache, so kann auch diese Sprache sowohl anständig als unartig sein. Unverschämt ist es, wenn, was nicht selten geschieht, Herren auf der Straße Damen längere Zeit anstarren. Von jüngeren Damen fordert die Schicklichkeit und Sittsamkeit, daß sie auf der Straße nicht die voll aufgeschlagenen Augen herumgehen lassen.

Ausdrücke: siehe *Sprechen*

Ausdünstungen. Die Ausdünstungen der Menschen sind mehr unappetitlich als gefährlich, doch können sie Räume unbewohnbar machen, wenn sie sich in Gardinen und Tapeten festsetzen; Lüften ist hier das beste Mittel. Wissenschaftlich wäre dieses Thema wohl noch weiter zu erforschen, besonders der dumpfe Geruch, der trotz Lüftung die Nordzimmer erfüllt, wenn man zum Beispiel im Dunkeln in ein Hotel hineingeführt wird. Aber das ist ohnehin ein Fall für sich.

Auseinandersetzung. Ein gewisser Ernst, eine gewisse Festigkeit des Wollens, mit denen man die Auseinandersetzung für sich zu entscheiden sucht, sind selbstverständlich, wenngleich auch hier die höfliche, rücksichtsvolle Rede zur Voraussetzung gehört. Anders verhält sich die Sache, wenn bei einem vergnügten Zusammensein, also mehr zufällig, eine Auseinandersetzung zustandekommt. Dann ist jedes bemerkbare Bestreben, den Gegner zu besiegen, eine Unfreundlichkeit; zumal wenn es sich um eine grobkörnig geartete Person handelt. Jedes Ausnutzen einer Schwäche derselben muß unterbleiben. Jedes übereifrige Streben nach dem Sieg wird zur gesellschaftlichen Taktlosigkeit. Man muß mir schon glauben, daß alle anderen Verfahren viele Gefahren und große Unsicherheiten in sich bergen.

Ausflüge ins Freie. Bei gesellschaftlichen Ausflügen ins Freie oder in benachbarte Ortschaften herrscht ein freieres Benehmen als in der Gesellschaft, und es gehört eben zu den Annehmlichkeiten solcher Ausflüge, daß man sich des Zwangs der Etikette ledig fühlt. Aber auch da darf nichts geschehen, was anderen unangenehm ist, oder was Anstand, Sittlichkeit und Schamhaftigkeit verletzt. Eine Warnung vor zu vielem Trinken ist hier besonders am Platze. Sehr empfehlenswert ist es, wenn zu Ausflügen ein Vergnügungskomitee gewählt wird, welches das Programm für den Tag zum voraus feststellt. Dieses möge dann einen oder mehrere Ordner bestellen, denen es obliegt, dafür zu sorgen, daß alles programm- und ordnungsgemäß vonstatten geht.

Ausfluß. Über Ausfluß aus der Nase ist keine große Belehrung nötig. Aber wir können hier die Bemerkung nicht unterdrücken, daß unsere Welt allzu gern kratzt spült schabt tamponiert; wir empfehlen daher ein den wirklichen Umständen angemessenes Verhalten.

Ausfragen. Es ist äußerst geschmacklos, jemand nach seinen Privatangelegenheiten, welche diskreter Natur sind, auszufragen, sei es direkt oder indirekt. Das Ausfragen ist (siehe auch *Antwort*) genau gesagt geradezu verwerflich.

Ausgußrand. Auf den harten scharfen Ausgußrändern werden Porzellanschüsseln, Teller, Waschkannen und Vasen zerschlagen; deshalb klemme man als Ausgußschutz einen Gummischlauch auf den Ausgußrand, der nicht nur der Schonung des Geschirrs dient, sondern auch das Einschmutzen des Randes verhindert.

Auskehren. Das Auskehren des Zimmers in Anwesenheit von Personen ist auf das entschiedenste zu verbieten. Niemand kann das besser beurteilen, als der Schreiber dieser Zeilen.

Ausschlürfen: siehe *Speisen*

Ausschweifungen. Es ist eine nicht zu entschuldigende Unklugheit, wenn ein Herr seinen Ausschweifungen hemmungslos nachgeht. Zuweilen gibt es zwar keine folgenreichen Erscheinungen, keine Auffälligkeiten oder Beschwerden, deren Bedeutung namentlich zuerst von unserem Landsmann Lemm hervorgehoben worden ist. Der verständige Herr wird aber sicher auch in dieser Angelegenheit den Rat unseres Buches nicht ablehnen. Wir empfehlen gerade in dieser von falschen Empfehlungen strotzenden Zeit, mit Anstand und Feinfühligkeit auszuschweifen. Selbst bei einer stark entwickelten Neigung, diese Dinge, die wir in einem anderen Artikel ausführlich besprochen haben, leicht zu nehmen, kann man unter Umständen nach vorangegangener starker Anschwellung und Verdickung des gesamten Menschen mit leichter Besserung rechnen.

Ausspülen des Mundes. Jeder ordentliche Mensch wird des Morgens nach dem Aufstehen den Mund mehrmals mit frischem Wasser ausspülen, aus Gründen der Reinlichkeit wie der Gesundheit. Dasselbe sollte auch ein Ausgurgeln sein.

Austrocknen. Tram Auto Schnellzug Depesche Telephon Schreibmaschine Warenhaus Fahrstuhl Trust Reklame Kino Tango Varieté Boxkämpfe Ehescheidung kalte Füße überhaupt große Kälte, wer wollte das siebzig Jahre lang aushalten. Das sind in der Hauptsache zusammengefaßt die Erscheinungen, die zu einem allgemeinen Austrocknen führen, einem recht unangenehmen Übel, das sehr häufig auch durchaus ehrbare Ursachen hat. Ahnungslos lebt der Betroffene nach der bisherigen Weise weiter und meint, es sei alles in Ordnung. Da plötzlich bricht eines Tages das Unheil herein in einem Moment, wo es für Hilfe zu spät ist. Aus dem Gesagten geht deutlich hervor, wie wichtig es ist, alles zu meiden, was schaden könnte: Bier Wein Most von Branntwein gar nicht zu reden Fleisch Tee Kaffee Durchnässungen Aufregungen Salz Pfeffer Muskat und alle übrigen Gewürze Schmalz Butter Würste und Schinken Brot Mehl und Hülsenfrüchte Zigarren Tabak Geschlechtliches einschnürende Strumpfbänder drückende Hosen Kragen Krawatten, das alles kommt nicht in Betracht. Besserungen sind nicht unmöglich.

Ausweichen. Beim Ausweichen auf der Straße gehe jeder rechts. Diese in großen Städten, auf Bahnhöfen und öffentlichen Vergnügungsplätzen durch polizeiliche Maßnahmen unterstützte Vorschrift dringt

immer weiter durch. Es gilt mit Recht als ein grober Verstoß gegen den guten Geschmack, wenn man stehenbleibt und sich nach den Vorübergehenden umwendet; ebenso ungehörig ist es, den Bürgersteig mit Gepäckstücken zu beschreiten oder die Gegenstände, die als ein Teil der Kleidung zu betrachten sind, leichtsinnig herumzutragen: Schirme, Stöcke, auch Hüte. Sie verursachen in der Hand Ungeschickter oft derartige Belästigungen der Vorübergehenden, daß wir den Trägern den guten Rat geben, den Umgang mit solchen Gegenständen erst zu üben, bevor man sie öffentlich benutzt. Rücksichtslos und gefährlich ist das Umherfechten mit Stöcken; bei der Menschenmenge, die sich auf den Straßen der großen Städte bewegt, hat man im Augenblick einen anderen damit getroffen; auch für Personen, mit denen man geht, kann ein spielendes Schwenken überaus störend sein. Stöcke und Schirme sollten nach Möglichkeit nur am Griff oder in seiner Nähe angefaßt werden, immer mit der Spitze nach unten. Hat man dennoch das Unglück, jemand zu stoßen, so sei die Entschuldigung kurz und bündig.

Ausziehen. In großen Gesellschaften und auf Bällen, wo die Damen jetzt die beliebten langen Handschuhe tragen, umgehen sie das Ausziehen, indem sie beim Essen nur noch die Hand frei machen und den unteren Handschuhteil geschickt unter dem Armband befestigen. Sehr hübsch ist das aber nicht. Das Ausziehen des Handschuhs der rechten Hand ist erlaubt, sobald es begründet ist, also etwa beim Anfassen von Backwerk und Obst oder beim Umblättern einer Buchseite. Bevor man die Hand zur Begrüßung reicht, entblößt man sie. Die linke Hand bewahrt ihren Handschuh und bewahrt auch den Handschuh der rechten Hand, bis diese frei ist und sich wieder bekleidet. Diese sachgemäße einfache Lösung der scheinbar heiklen Frage findet überall Anwendung, sei es im Gasthaus, in der Gesellschaft oder im Eisenbahnwagen. Hier hängt es überhaupt vom Belieben ab, ob eine Dame die Hand entblößt oder nicht. So gut man es sich mit Hut und Mantel bequem macht, indem man sie auszieht, so gut kann man auch die Handschuhe fortlassen.

B

Backen. Unter Backen versteht man die Austrocknung des nassen Teiges durch die trockene Ofenhitze, wobei, besonders nach einer vorausgegangenen Gärung, auch Gase entweichen. Durch das Schlagen des Teiges mit einem breiten Holzlöffel erzielt man eine gute Vermengung und bringt Luft zwischen die Bestandteile.

Badebekanntschaften. Das Badeleben bietet für den Verkehr eine Menge Freiheiten, die in der Gesellschaft auf dem Trockenen nicht gestattet sind. Die Men-

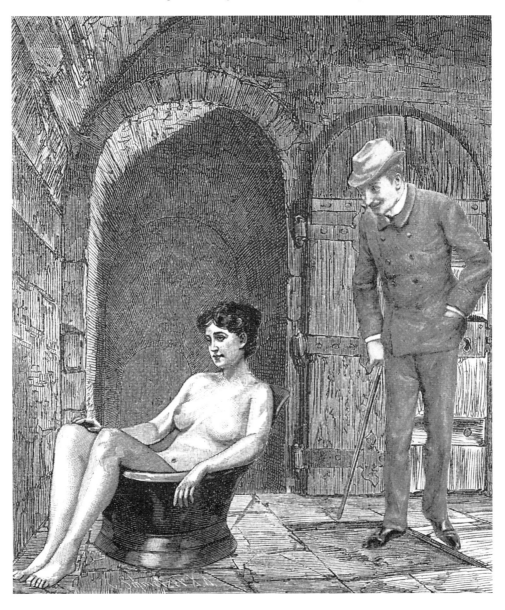

schen setzen sich über alle Formen, die sonst mit dem Anknüpfen von Bekanntschaften unvermeidlich verbunden sind, viel leichter hinweg. Die regelmäßigen Begegnungen am Wasser oder in der Nähe des Wassers, auf den Spaziergängen um das Wasser herum und am Wasser entlang, machen nicht nur mit Gesichtern in wenigen Tagen derart bekannt, als hätte man sich schon seit Jahren nähergestanden und berührt. Dem Anschauen folgt bald der Gruß, diesem die Anrede, die Erkundigung nach dem gegenseitigen Wohlergehen, der Art des Leidens, der Wirkung des Bades, schließlich die Berührung mit der Hand. Ausflüge in die Umgebung tun das übrige, um die Bekanntschaft zu vertiefen. Es sind aus solchem Umgang schon Verbindungen für das ganze Leben hervorgegangen. Der Grund für die allgemeine Annahme, daß die Badebekanntschaften keine dauernden sind, ist wohl darin zu suchen, daß das Badeleben mehr als ein anderes Verhältnis in der Welt dem äußeren Schein unterworfen ist. Es reisen ja Menschen ins Bad, nur um eine Abwechslung in den gewöhnlichen Gang ihres Lebens zu bringen. Gerade im Bade, wo der denkbar bunteste Zusammenfluß von Menschen stattfindet, glauben sie, die Eintönigkeit ihres sonstigen Lebens am leichtesten zerstreuen zu können. Der Gang zum Brunnen, das Konzert, das Meer, das sind alles Dinge und Mittel zum Zweck. – Eine andere Art sind diejenigen Menschen, die ins Bad reisen, weil andere Menschen auch ins Bad reisen. Vielleicht handelt es sich sogar um Bekannte der erstgenannten Menschen. Häufig werden Badereisen unternommen, in der Hoffnung, erwachsenen Töchtern zu einer Zukunft zu verhelfen. Darin liegt aber nun wieder eine große Gefahr für das Badeleben. Die Bäder sind nämlich Sammelpunkte von Abenteurern, die ihr Glück machen wollen. Gerade das Badeleben, das nach allen Richtungen hin die ausgiebigsten Freiheiten gestattet, erschwert es ungemein, die wahren Gesichter zu sehen. Darum heißt die erste Regel des Badelebens: Vorsicht. Doppelte Vorsicht haben besonders Damen zu beachten, wenn sie sich ohne Herrenbegleitung im Bad befinden. Schon die Aufmerksamkeiten, die sie sich von Herren erweisen lassen, geben Veranlassung zu allerlei Bemerkungen. Einfache Begegnungen am Brunnen sind dann schon Vergehen gegen den guten Ton, einsame Spaziergänge werden zum Verbrechen. Weiteres muß dazu nicht bemerkt werden.

Badeleben. Badegäste sollen sich nicht von einander abschließen, wenn es nicht der Gesundheitszustand erfordert, sondern ohne Rücksicht auf die Verschiedenheiten des Standes und Ranges sich zwanglos einander nähern und einander als Glieder einer Gesellschaft betrachten, solange sie am Kurort verweilen. Doch ist hier besondere Vorsicht geboten, da Kurorte häufig ein Sammelplatz von Abenteurern und Glücksrittern sind. Das Benehmen ist hier ein freieres, es herrscht mehr Ungebundenheit als in der eigentlichen Gesellschaft. Doch mögen jüngere Damen keinerlei Anlaß zu üblen Nachreden geben, da die Muße des Badelebens die Medisance besonders begünstigt. Daher mögen sie allzu häufige Begegnungen mit bestimmten Herren am Brunnen und auf der Pro-

Badewäschewärmer. Die Zeit der Badereisen hat begonnen und jeder, der sich in der angenehmen oder auch unangenehmen Lage befindet, Bäder benutzen zu müssen, ist darauf bedacht, es sich so behaglich wie möglich zu machen. Wir kennen alle das wenig zusagende Gefühl, aus der warmen Wanne in die große Kälte der Badewäsche zu steigen. Unser geschätzter Leser wird es daher gern sehen, wenn wir in einer Abbildung einen neuen Badewäschewärmer zur allgemeinen Kenntnis bringen, dessen Anschaffung dem Badenden viel Behaglichkeit verschafft.

menade, besonders aber einsame Spaziergänge vermeiden. Das Lesezimmer kann eine Dame allein besuchen.

Badereise. Die Meinung ist vielfach verbreitet, es gehöre zum guten Ton, in den Sommermonaten eine Badereise oder eine Reise in die Sommerfrische anzutreten, auch wenn durchaus kein Bedürfnis dazu vorliegt, ja selbst wenn Gründe zum Unterlassen der Reise hinlänglich vorhanden sind. Dieser Glaube ist ein Aberglaube. Kein vernünftiger Mensch wird Anstoß daran nehmen, daß man nicht reist, wenn man sich nicht dazu veranlaßt fühlt. Eine kostspielige Reise lediglich darum anzutreten, weil es Mode ist, also aus purer Nachahmungssucht oder Großtuerei, wäre eine offenbare Torheit.

Balancieren. Das Balancieren auf dünnen Körpern ist eine Kunst, die dem, der sie beherrscht sehr nützlich sein kann. Auf Bergreisen kann man in Situationen geraten, wo die Balancierkunst notwendig ist; ebenfalls bei Feuersbrünsten, besonders beim Retten von Menschen aus brennenden Häusern, beim Flüchten vor Feinden, wilden Tieren und anderen Gelegenheiten. Auch Maurern und Dachdeckern wäre zu empfehlen, vor dem wirklichen Anfang ihres Geschäfts sich mit der Bedeutung des Balancierens zu befassen. Dagegen raten wir Seiltänzern und Äquilibristen, sich einer nützlicheren Beschäftigung zuzuwenden, da viele von ihnen auf die bejammernswerteste Weise und zur Erheiterung des Publikums beim Balancieren zu Grunde gehen.

Ball. Der Ball ist das gesellschaftliche Vergnügen beziehungsweise das Tanzvergnügen auf seinem Höhepunkt. Zu einem Privatball soll man alle ballfähigen Personen einladen, mit denen man in freundschaftlicher Beziehung lebt. Man tue eher zu viel als zu wenig und übergehe niemanden, da solches als Kränkung aufgefaßt wird. Andererseits aber unterlasse man keine Einladung in der Befürchtung, sie könnte abgelehnt werden, da in der Ablehnung durchaus nichts Verletzendes erblickt zu werden braucht. Man erscheine in großer Gesellschaftstoilette. Zu empfehlen ist, daß man mit einem zweiten Handschuhpaar zur Reserve ausgerüstet ist. Ist das Tanzen zu Ende, so tut man gut daran, sich zu entfernen. Man mag auch Damen seine Begleitung anbieten, namentlich wenn die männliche Begleitung derselben sich bereits hinwegbegeben hat; aber man dränge sich nicht auf, wenn die Begleitung nicht willig angenommen wird.

Ballonfahrer. Ballonfahrer haben in der Luft Gefahren und Beschwerlichkeiten zu ertragen, von denen wir uns auf dem festen Boden keine Begriffe machen. Beim Herabsinken begrüßen wir sie deshalb mit einem herzlichen Applaus. Vom Herabfallen wollen wir hier nicht reden.

Bandwurm. Der Bandwurm, der König der Darmschmarotzer, kann eine Länge von mehreren Metern erreichen, ohne daß der Eigentümer viel davon weiß. Mit seinem hirsekorngroßen Kopf saugt er sich fest und läßt nun nach hinten den langen in viele Glieder sich teilenden Körper hervorwachsen. Die hintersten ältesten Glieder fallen ab und verlassen den Darm; ein Ereignis, das alle zwei Tage vorkommen kann, nicht nur auf Aborten, sondern, ohne daß man es merkt, auch beim Gehen und Stehen. Man findet die wie gekochte Makkaroni aussehenden Stücke hin und wieder am Boden der Wohnung und wundert sich über ihre Natur und Herkunft. Eines Tages entdeckt man das gleiche in seiner Wäsche oder im Stuhl und nun wird die Ursache klar. Man setze sich schnell auf ein mit kochender Milch angefülltes Nachtgeschirr, wo man den Bandwurm in aller Ruhe erwarten kann, ohne aber daran zu zerren; denn reißt der dünne Hals ab und bleibt der Kopf, das eigentliche Tier, zurück, so war alle Mühe umsonst.

Barometer. Das Barometer ist ein Wetteranzeiger, ein Instrument, das Schwankungen im Luftdruck anzeigt und daher Änderungen des Wetters vorher feststellen läßt. Feinfühlige Menschen, die sich in der Beobachtung des Wetters geübt haben, brauchen kein Barometer.

Bauch. Der Bauch liegt zwischen Brust und Becken und zeigt in seiner Form beachtenswerte Verschiedenheiten. Bei M, einem von Lemm beobachteten Mann, war die Hervorwölbung des Bauches durch seine große geradezu kautschukmannartige Beweglichkeit der Lendenwirbelsäulen hervorgerufen worden.

Bauchwassersucht. Das im Bauchraum sich ansammelnde Wasser kann weit über zehn Liter betragen; man hört es aber nicht plätschern im Leib, zumindest hört man es selten plätschern. Dafür sprechen die Untersuchungen eines so geübten und vorurteilsfreien Mannes wie Collunder.

Bauchweh. Klagt ein Mensch über Bauchweh, so bedenke man, was er sich unter die-

sem Wort alles vorstellen kann; denn der Bauch reicht fast bis zum Hals hinauf. Wir werden noch Zeit haben, das zu beweisen.

Bedienung. Die Dienstboten müssen stets ehrerbietig gegen die Herrschaft und höflich gegen jedermann sein. Wenn ein Auftrag gegeben ist, so sagen sie: *Zu Befehl*, nicht *Jawohl* oder *Ja*. Werden sie gerufen, sagen sie: *Wie befehlen*, nicht etwa *Was gefällig* oder gar *Was*. Haben sie etwas zu verlangen, so sagen sie: *Ich bitte um* und nicht *Seien Sie mal so freundlich*. Haben sie etwas anzubieten, was aber fast nur beim Servieren der Suppe vorkommt, da alles andere schweigend angeboten wird, sagen sie: *Befehlen gnädige Frau noch Suppe*. – Wenn bei Besuchen die Dienstboten zur Bedienung ins Zimmer kommen, so dürfen sie niemals grüßen, sie dürfen sich überhaupt um nichts kümmern, nichts sehen, nichts hören, nur das, was ihren Dienst betrifft, den sie so ruhig und still verrichten, als seien sie gar nicht da.

Befangenheit. Jede Befangenheit beruht auf der Befürchtung, man möchte seine Sache nicht recht machen. Es gibt kein besseres Mittel, sie zu überwinden, als die genaue Lektüre dieses *Ratschlägers*, denn alsbald wird man sich sicher fühlen und braucht nicht besorgt zu sein, sich einer Blamage auszusetzen.

Befehlen: siehe *Dienstboten*

Beflecken: siehe *Speisen*

Begattung: siehe *Beischlaf*

Begegnungen. Man hat eine zu begrüßende Person anzusehen und daher den Hut stets mit der Hand zu fassen, die von dem Begegnenden abgewendet ist. Da man

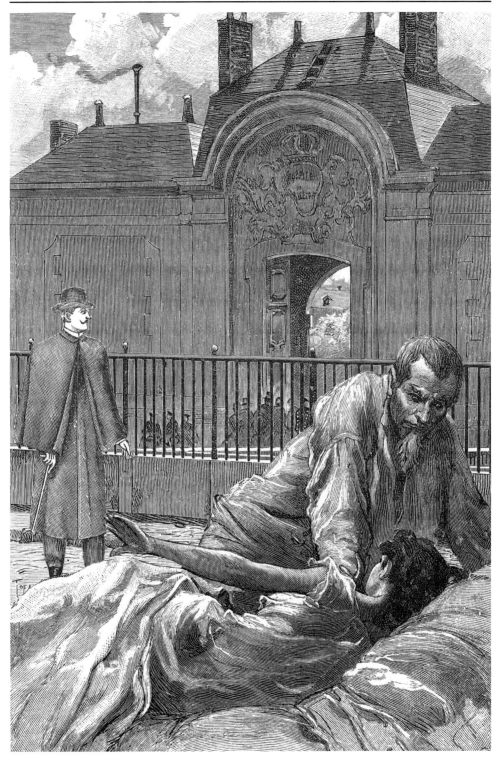

bei regelrechten Begegnungen stets rechts ausweicht, wird das Abnehmen des Hutes fast stets mit der rechten Hand geschehen. Bei Begegnungen auf Treppen und Gängen in öffentlichen Gebäuden findet zwischen Unbekannten kein Gruß statt.

Begierden. Gewisse Angewohnheiten, die geeignet sind, einen Mann ins Verderben zu werfen, nennt man Begierden. Eingewurzelten Begierden ist mit vernünftigen Vorstellungen selten beizukommen, denn ihre sinnliche Heftigkeit ist mächtiger, als der Eindruck, der durch das Denken hervorgerufen werden kann. Man hüte sich daher, eine Begierde zur Leidenschaft werden zu lassen, sondern zügle sie, solange es Zeit ist.

Begießen. Das Begießen von Topfgewächsen in nicht zu großen Töpfen erfordert viel Rücksicht; man muß sie mit Überlegung begießen, denn manche Pflanze geht durch das Wasser zugrunde.

Begleitung. In den Häusern großer Städte mit getrennten Etagen findet die Begleitung anderer Personen ihr Ende an der Grenze der Wohnung. Weiteres ist zu vermeiden und eine Geschmacklosigkeit.

Beglückwünschungen. Lange Beglückwünschungen vor dem Altar sind nicht zu empfehlen; das durch die heilige Handlung angeregte warme Gefühl drängt allerdings so lebhaft zu Äußerungen, daß in den meisten Fällen eine allgemeine Glückwunschszene stattfindet. Jeder, der unser Buch kennt, wird wissen, wie er sich hier zu verhalten hat.

Begräbnis. Ist ein Trauerfall in einer befreundeten Familie eingetreten, oder eine alleinstehende befreundete Persönlichkeit gestorben, so hat man sich persönlich am Begräbnis zu beteiligen oder im Verhinderungsfall durch ein Familienmitglied vertreten zu lassen, namentlich wenn der Fall durch einen Leichenbesorger angezeigt wurde. Auch die Beteiligung näherer Bekannten, besonders von Hausgenossen und Nachbarn, wird gern gesehen, denn ein imposanter Kondukt ist ehrenvoll für den Verblichenen wie für die Familie. Man erscheint im schwarzen Gesellschaftsanzug. Ob Gesellschaftsrock oder Frack gewählt werden soll, hängt vom Ortsgebrauch und dem Rang des Verstorbenen ab. Unschicklich ist es, wenn Damen mit bunten oder gar grellfarbigen Federn erscheinen. Freunde und Bekannte, auch entfernte, senden irgendeinen Blumen- oder Pflanzenschmuck ins Trauerhaus, womit der Sarg geschmückt wird, oder man bringt ihn selbst und gibt ihn im Trauerhaus ab, oder man trägt ihn beim Kondukt in der Hand und legt ihn am Grabe nieder. Die direkt Eingeladenen begeben sich ins Trauerhaus und drücken den Leidtragenden ihr Beileid aus. Man vermeide viele Worte; eine kurze Beileidsformel wie: *ich kondoliere von Herzen*, mit warmem Händedruck, ist das angemessenste. – Der Trauerzug bewegt sich entweder zu Fuß oder, besonders in großen Städten, im Wagen, oder er ist gemischt. Allgemeiner Brauch ist, daß die nächsten Angehörigen und der Geistliche, beziehungsweise die weiteren Grabredner, sich dem Sarge zunächst befinden. Bei Begräbnissen von Militärs marschieren die kommandierten

Truppenabteilungen zu Fuß hinter dem Leichenwagen her. Ebenso die Mitglieder eines Vereins, Gewerbes oder Fabrikwesens, wenn ein Mitglied zu Grabe getragen wird. Etwaige Trauermusik nimmt Aufstellung vor dem Leichenwagen und eröffnet den Zug. Findet die Funktion des Geistlichen im Freien statt, so entblößen die männlichen Anwesenden ihr Haupt. Bei schlechtem Wetter jedoch, oder wo Zugluft vorhanden ist, wird niemand Anstoß daran nehmen, wenn das Haupt nicht entblößt wird.

Behilflich. Behilflich sein soll man seiner Umgebung in allen Fällen, wo man kann und wo die Beihilfe als erwünscht vorausgesetzt werden darf.

Behörden, Umgang mit. Mit dem ersten Schritt außerhalb der Häuslichkeit wird jeder zum gleichberechtigten Bürger. Freilich raten wir jedem, die Ansprüche, die er im engeren Kreis zu stellen gewohnt ist, hier beiseite zu lassen. Das gilt besonders gegenüber Personen in amtlichen Eigenschaften, die für das Publikum angestellt sind. Auf der Polizei, dem Zoll, der Post, der Eisenbahn, der Steuerbehörde kommt man mit Höflichkeit viel weiter, als wenn man anspruchsvoll auftritt. Der Beamte mag an gesellschaftlichem Rang dem Fragenden und Auskunft Erbittenden oder sich Beschwerenden weit nachstehen, aber er ist niemals der Untergebene des Publikums; er hat keine Befehle entgegenzunehmen, sondern allenfalls Wünsche zu erfül-

len. – Auch gegenüber Mängeln an Höflichkeit auf Seiten des Beamten ist maßvolles, in den engsten Grenzen der Sachlichkeit bleibendes Verhalten das einzig richtige. Niemals lasse man sich auf persönliche Auseinandersetzungen ein, niemals versuche man, auf seine eigene Stellung, die mit der Sache gewöhnlich ja gar nichts zu tun hat, pochend, seinen Willen barsch durchzusetzen. Glaubt man Anlaß zu einer Beschwerde zu haben, so lasse man sich, wenn es Zeit und Umstände erlauben, zum nächsthöheren Beamten führen, andernfalls füge man sich; später kann man ja immer noch eine Beschwerde folgen lassen.

Beifall. Produziert sich jemand in einem gesellschaftlichen Zirkel, so unterlasse man es nicht, für die Freundlichkeit seinen Dank durch Beifall auszudrücken, sei es durch Bravo oder entsprechende Worte. Das Klatschen soll jedoch unterbleiben. Da in Privatgesellschaften kein strenger künstlerischer Maßstab angelegt wird, so gehören solche Beifallsäußerungen, die allerdings oft recht fragwürdigen Leistungen dargebracht werden, zu den harmlosen konventionellen Lügen. Die Vorführung in der Gesellschaft bezweckt nichts weiter, als eben die Gesellschaft zu unterhalten, und zwar in heiterer Weise; von diesem Standpunkt hat der Zuschauer das ihm Gebotene anzunehmen, in diesem Sinne allein darf er das Vorgeführte auffassen.

Beileid. Je nach der engeren oder minder engen Beziehung und der Schwere des Falls drückt man sein Beileid durch einen Besuch aus oder in einem eigentlichen Brief. Zur Abfassung solcher Briefe gehört Ge- schick und Takt. Wenn auch die wenigsten das Zeug dazu haben, gediegene, weise Trostgründe, dem Fall und der Individualität angemessen, vorzubringen und in die passende eindrucksvolle Form zu bringen, so soll doch das Trostschreiben mindestens Herzenswärme bekunden, nicht aber kalte Redensarten enthalten. Jemand auf seinen Verlust beim Begegnen auf der Straße anzusprechen, ist durchaus unpassend. Läßt sich ein Gespräch nicht vermeiden, so wird man natürlich seiner Teilnahme Ausdruck geben. Wer bis zum Schluß des Gespräches seine Teilnahme nicht bezeigt, von dem kann man annehmen, daß er sie auch nicht empfindet.

Beine. Betrachten wir, vorzugsweise mit Rücksicht auf das Stehen und Gehen, die Beine, die eigentlichen und ausschließlichen Bewegungsglieder des Menschen, etwas näher, so erscheinen sie als mehrfach gebrochene Stäbe, die an einem so gut wie unbeweglichen Knochenring des Beckens befestigt sind. Die Beine haben die Aufgabe, auf dem Boden zu stehen und dienen durch die Gehbewegungen zur Orstveränderung des Körpers. Darüberhinaus unterstützen sie den Rumpf bei seinen Erhebungen aus sitzenden und liegenden Stellungen.

Bein, offenes. Erst rötet und verdünnt sich die Haut, dann erblickt man eines Tages eine kleine offene Stelle, die sich bald zu einem ansehnlichen stark schmerzenden Geschwür erweitert, das in der Regel viel langsamer heilt, als es gekommen ist. Es gibt Geschwüre, die sich allmählich tiefer fressen, kraterförmig, mit einem schmierig belegten Grund, und die schließlich auch noch die Knochen anfressen; damit ist aber nur in ganz außergewöhnlichen Fällen zu rechnen. Das Leiden bleibt also fast stets auf die weichen Teile beschränkt. Die Sache hat freilich zwei Haken, auf die wir zurückkommen werden.

Beischlaf. Der Beischlaf gehört zwar zu den natürlichen Verrichtungen des ausgewachsenen Körpers, aber fast keine wirkt, wenn sie zu häufig ausgeübt wird, verderblicher für Körper und Geist, als diese Verrichtung. Unter der großen Anzahl an allgemeinen Erkrankungen, die von übermäßigem Geschlechtsgenuß herrühren, nehmen Willensschwäche, Nervenschwäche, Stumpfheit und in bezug auf die Geschlechtsteile aufgequollene Muttermundslippen, Entzündungszustände und andere traurige Folgen einen hervorragenden Platz ein; weiter ein großes Gebiet von Krämpfen und damit verbundenen Schmerzen, wie Kreuz-, Leisten-, Hüftschmerzen und Schmerzen an anderen Stellen, die wir hier der Knappheit wegen nicht nennen können, obwohl gerade diese Schmerzen nicht unerheblich sind.

Bekannte, nähere. Bekannte, denen man begegnet, grüßt man natürlich, worüber schon näheres mitgeteilt worden ist. Bleibt man stehen, um mit ihnen einige Worte zu wechseln, so tritt man zur Seite. – Begegnen sich nähere Bekannte und gehen aneinander vorüber, ohne stehenzubleiben und ein paar Worte zu wechseln, so begrüßen sie sich durch ein leichtes Lüften des Hutes, vielleicht begleitet von einem freundlichen Kopfnicken und einer winkenden Bewegung mit der Hand.

Bekanntmachung. Die Bekanntmachung ist die Formalität, durch welche unbekannte Personen in das Verhältnis der Bekanntschaft zueinander treten. Das geschieht, indem einer dem anderen den Namen, unter Umständen auch den Charakter mitteilt. Die Formel lautet bei der Selbstvorstellung: *Meine Name ist N in Firma X aus O. Darf ich mir gestatten* oder: *Ich gestatte mir, mich Ihnen vorzustellen, mein Name ist N* undsoweiter. Ein Dritter stellt mit den Worten vor: *Darf ich mir gestatten* oder: *Ich gestatte mir, die Herren miteinander bekannt zu machen: Herr N. Herr M* mit entsprechender Handbewegung. Die Antwort lautet: *Sehr angenehm. Freut mich sehr, Sie kennenzulernen. Ganz meinerseits.* Die Person, welche vorstellt, erhebt sich vorher. Die Vorgestellten verbeugen sich gegeneinander leicht und wenden sich wieder ihrer Beschäftigung zu.

Bekleidung. Das schlimmste an der Sache ist, daß der eigentliche Zweck der Bekleidung, unseren Körper vor Kälte, Regen und starker Hitze zu schützen, in der letzten Zeit immer mehr in den Hintergrund getreten ist.

Bekleidung, leichte. Q tritt auf der gegenüberliegenden Seite in seiner Originalkleidung auf. In dieser Bekleidung geht er nicht nur im Frühjahr, Sommer und Herbst, sondern auch im Winter bei Schnee und Kälte umher. Wenn er durch die ganzen Verhältnisse wandert, kann man sich vorstellen, daß er allgemeines Aufsehen erregt. Erst neulich sagte ein in einen dicken Pelz gehüllter Herr in meiner Gegenwart ein paar wegwerfende Worte zu Q. Ich widersprach ihm natürlich auf das Heftigste; und wenn ich auch hier nicht gerade zur Nachahmung rate, so möchte ich doch einen Wink geben, die dicke Bekleidung nach und nach abzulegen. Herr Q trägt weder Unterhose noch sonstiges und geht den ganzen Tag barfuß mit bloßem Kopf.

Belästigung. Jede Belästigung anderer, die nicht unvermeidlich ist, verstößt gegen den guten Ton. Es gibt ja so vieles, was man nicht gern entbehrt oder unterläßt. Belästigt man damit aber einen Nachbarn oder gar mehrere, so verzichte man auf seine Liebhaberei. Wie sehr werden doch sensible Menschen, besonders geistig beschäftigte, durch unangenehme Geräusche aller Art im Wachen und Schlafen belästigt, durch unzeitiges Singen und Klavierspiel, Hundegebell, Pochen und Poltern, Scheuern zur Unzeit und dergleichen. Da ist es denn eine Anforderung des guten Tons, daß man sich tunlichst in den andern schickt und das vermeidet, was ihn belästigt, namentlich wenn er höflich darum ersucht.

Beleidigung. Erfährt man eine Beleidigung, so lasse man sich nicht vom Jähzorn erfassen und zu Streit oder gar Tätlichkeiten hinreißen. Vielmehr zügle man seinen Unmut und rüge das Geschehene ruhig und würdevoll, oder man erwidere gar nichts und entferne sich, womit man sicherlich am meisten imponiert.

Beleuchtung. In der Beleuchtung hat die neueste Zeit, wie bekanntlich auf allen Gebieten, die kolossalsten Fortschritte gemacht. Das elektrische Licht hat den Unterschied von Tag und Nacht vollständig aus der Welt geschafft. Bei der Befestigung der Beleuchtung achte man darauf, daß man darunter dahingehen kann, ohne sich zu stoßen.

Benehmen. Das Benehmen hat in jeder Hinsicht tadellos zu sein. Je fremder ein Herr einer Dame gegenüber ist, desto vorsichtiger muß er sich ihr gegenüber benehmen. Bei aller Freiheit der äußeren Erscheinung und der Bewegung ist großes Maßhalten angebracht. Bei dieser Gelegenheit möchte ich darauf hinweisen, daß es zu

den Selbstverständlichkeiten gehört, daß sich der Herr, dem Zuschnitt der Festlichkeit entsprechend, zu bekleiden hat. Ebenso selbstverständlich sollte es sein, daß man zur rechten Zeit erscheint und die anderen Personen nicht warten läßt. Damit haben wir schon weit über die gesteckten Grenzen unserer Betrachtung hinausgeblickt.

Benekes Behauptung. Es war Beneke, der behauptet hat, und man sollte es kaum für möglich halten, daß ein Denker sich zu einer so auffallenden Theorie bekennen kann: daß der Schlaf etwas Nebensächliches, die Unermüdlichkeit dagegen etwas ganz Natürliches sei. Wir sind anderer Meinung. Die Irrlehre von der Unermüdlichkeit hat nun genug die Köpfe beherrscht. Napoleon zum Beispiel schlief lange und tief; bei Leipzig schlief er auf einer Trommel unter ganz freiem Himmel, während die Garde an ihm vorbeizog. Beneke übergeht es. Montaigne verschlief große Teile seines Lebens und sprach von der Notwendigkeit des Schlafes, wie auch Schopenhauer. Kant sagte dazu ebenso Treffendes wie Goethe; beide wurden oft schlafend angetroffen, und nur Beneke scheint das nicht zu wissen. Wetterstrand in Stockholm hat sich einen förmlichen Schlafsalon eingerichtet; er behauptet sogar, daß er denselben einem Vergnügungslokal vorzuziehen pflegt, weil der Schlaf stärkt und belebt. Kein Wort darüber bei Beneke. Das Erfassen des Schlafes ist Beneke nicht gelungen, obwohl selbst Insekten, selbst Fische im Wasser schlafen, sogar die Pflanzen, von denen Beneke gar nichts sagt. Auch daß, bevor der Mensch in Schlaf verfällt, ein Zustand eintritt, den wir als Schläfrigkeit bezeichnen, verschweigt Beneke. Er übergeht auch Blumenbachs Ansicht, daß während des Schlafes die Gehirnoberfläche blaß und das ganze Gehirn leicht geschrumpft ist: etwa bei Hunden, wie Mosse und Durham bei diesbezüglichen Untersuchungen herausfanden. Häufig tritt auch der Tod ein. Erst kürzlich kam ein Fall solcher Art zur Kenntnis des Schreibers. Aber Beneke sagt davon nichts.

Bergsteigen. Für Bergsteiger, bei denen es darauf ankommt, die freie Beweglichkeit aller Glieder nach Möglichkeit zu wahren, empfiehlt sich der in den Alpen übliche wenn auch nicht schöne so doch recht billige und überaus praktische Rucksack.

Beschreibungen. Ich habe schon oft von Beschreibungen gesprochen und von Forschern, die etwas beschrieben haben. Wobser zum Beispiel beschreibt in seinen Aufzeichnungen die Kälte. Lemm, den ich

schon früher erwähnt habe, liefert eine Beschreibung der Dunkelheit. Collunder beschreibt die Nächte und den Himmel in den Nächten und die Abwesenheit der Sonne. Eine andere Beschreibung, die Beschreibung des Mondes, die im wesentlichen mit der Beschreibung Collunders übereinstimmt, liefert Scheizhofer. Ich beschreibe das Licht, die Bewegungen und Gestalten des Lichts. Ich würde freilich kein Ende finden, wenn ich alle Bewegungen und Gestalten des Lichts beschreiben wollte. Also begnüge ich mich mit der Beschreibung des 12. Dezember. Am 12. Dezember war der Himmel im Süden so schön und so schrecklich gerötet, als ob Blut von oben herabflösse, vom Himmel, von der Spitze des Himmels. Der Himmel blutete aus und wurde am Ende ganz bleich, ganz schlaff, er hing ganz dünn herab, ganz faltig, das geschah ruckweise, in einer besonders sichtbaren Unruhe. – Das Licht, sagt Collunder, sei am 12. Dezember von einem eigenartigen Geräusch begleitet worden, von einem Knistern oder seidenartigen Rauschen, aber vielleicht scheint das nur so, vielleicht hat diese erwähnte Bewegung Collunder nur auf den Gedanken gebracht, daß es von einem Geräusch begleitet sein müsse, von einem Knistern oder seidenartigen Rauschen. Die neusten Beschreibungen haben übrigens bewiesen, daß kein Geräusch gehört worden ist, oder daß das Geräusch auch gehört werden kann, wenn das Licht längst erloschen ist, also einer ganz anderen Ursache, wahrscheinlich dem Rauschen der Wälder zugeschrieben werden muß, obwohl nicht zu leugnen ist, daß für die Existenz eines solchen Geräuschs auch die Zeugnisse anderer Forscher vorliegen, etwa von Bunsen, Edison, Röntgen, auch

Ohm hört ein Brausen, Dunbar will sogar ein Getöse gehört haben, wie von abgefeuerten Kanonen, nur Franklin hat niemals Geräusche gehört, trotz der gespanntesten darauf gerichteten Aufmerksamkeit, alles sei still gewesen, sagt Franklin, geräuschlos, kein Rauschen, nicht einmal ein Knistern.

Beschwerden. Merkwürdigerweise treten die Beschwerden ganz plötzlich auf, nämlich im Moment durch Erschütterungen beim Niesen oder beim Schneuzen, durch Aufquellen beim Waschen und Schwitzen, durch Ohrfeigen oder durch Ohrenküssen.

Besenstiel. Man gebe einem Mann, der den Scherz nicht kennt, einen Besenstiel oder einen anderen langen Stock in die Hände, lasse ihn das eine Ende gegen den Winkel zwischen dem Fußboden und der Wand stützen und bitte ihn, unter dem Teil des Stockes, der zwischen seinen Händen und dem unteren Ende liegt, ganz hindurchzukriechen. Er wird dann wahrscheinlich das Gesicht gegen die Wand kehren und bei dem Versuch, hindurchzukriechen, das Gleichgewicht verlieren. Kehrt er aber den Rücken gegen die Wand und stellt sich so, daß seine Füße, die Enden des Stockes und der Fußboden ein gleichschenkliges Dreieck bilden, ist die Ausführung leicht.

Beste. Das rege Interesse, welches die kultivierte Menschheit an unserem Erzeugnis nimmt; das Interesse, das auch den Prozessen gilt, die wir gegen eine bekannte Konkurrenzfirma zu führen gezwungen sind, veranlaßt uns, hiermit allen Freunden der Wahrheit die Zusicherung zu geben, daß wir nach wie vor an dem festhalten werden, was wir für richtig halten. Die Pflege der Welt und die Herstellung der dazu erforderlichen Mittel ist von zu großer Wichtigkeit, als daß man zusehen darf, wie untaugliche oder gar schädliche Schriften durch enorme Reklame als *gut* oder gar als das *Beste* bezeichnet werden. Wie bisher so ist auch in Zukunft das Beste der unseren Lesern endlich in dieser Form vorliegende *Ratschläger*.

Besteigen. Beim Besteigen hoher Berge und steiler Treppen läßt die Dame den Herrn vorangehen, desgleichen, wie sich von selbst versteht, an Plätzen, die in irgendwelcher Art Unsicherheiten oder auf Wegen, die Schwierigkeiten bieten.

Bestreichen. Das Bestreichen des Kopfes mit Salben oder mit Fliegenwasser kann sehr gefährlich sein, vor allem deshalb, weil wir die Bestandteile dieser Mittel in der Regel nicht kennen. Selbst das bloße Beschmieren mit Öl und Butter ist nicht ganz sicher. Nach dem Bestreichen des Kopfes mit Butter treten zuweilen Augenentzündungen auf. Bei den sogenannten zurücktreibenden Mitteln muß man erst Recht das Schlimmste befürchten. Erfahrungen haben gelehrt, daß Blindheit, Taubheit, Schlaganfälle, Konvulsionen und dergleichen die Folgen einer solchen unüberlegten Bestreichung waren.

Besuch, kurzer. Freunde und Freundinnen besuchen einander von Zeit zu Zeit, um sich nach dem gegenseitigen Befinden zu erkundigen, einander Erlebnisse zu berichten, Meinungen auszutauschen, überhaupt sich zu unterhalten. – Man läßt den Besuch, hat man die Absicht, ihn zu empfangen, am besten ins Wohnzimmer oder in den kleinen Salon eintreten. Natürlich sollte das Zimmer nicht den Eindruck eines Wasch- oder Bügelzimmers machen. Der Besucher lasse Überzieher, Überschuhe, Schirm oder Stock im Korridor, nicht aber den Hut; es wäre denn, daß ein Diener ihn abzunehmen die Weisung hat. Beim Schließen der Tür achte man darauf, daß man nicht rückwärts ins Zimmer tritt. Daß man die Tür möglichst geräuschlos schließt, ist selbstverständlich. Die Dame des Hauses empfängt den Besuch, indem sie ihren Platz auf dem Sofa verläßt und einige Worte des Willkommens spricht. Es folgen nun die allgemeinen Begrüßungen. In der Reihenfolge der auszutauschenden Höflichkeiten beachte man eine gewisse Form. Zuerst kommt das Händeschütteln, ein Ausdruck der Freude ist angebracht, darauf folgt die Frage nach dem Befinden. Diese Förmlichkeiten werden noch stehend abgemacht. Danach erst lädt man den Gast mit Handbewegungen und freundlichen Worten zum Sitzen ein. Herren lassen sich auf dem Stuhl, Damen auf dem Sofa nieder. Während des Besuchs unterbleibe jede Beschäftigung. Man beachte auch, daß man beim Sitzen den Anwesenden nicht den Rücken zukehrt.

Besuch auf längere Zeit. Die schöne Sitte der Gastfreundschaft ist mit dem Aufschwung des Gasthauswesens im Schwinden begriffen; doch es läßt sich nicht leugnen, daß damit Gästen und Gastgebern manche Unbequemlichkeiten erspart bleiben. Hat man sich aber einmal zu einer Einladung entschlossen, so treffe man alle Vorkehrungen, die erforderlich sind, um es dem Gast recht gemütlich zu machen. Eine gern gesehene Aufmerksamkeit ist es, an die Tür des Gastzimmers einen Kranz mit der Inschrift *Willkommen* anzubringen. Eine Unsitte ist es, den angekommenen Gast sogleich in ein langes Gespräch zu verwickeln: lasse man ihn zunächst etwas ausschnaufen. – Der Gast seinerseits mache sich bei den Kindern beliebt. Sind erwachsene Töchter im Haus, so lade er sie mitunter zu einem Spaziergang ein, unter Umständen auch die Dame des Hauses während der Geschäftsstunden des Mannes; aber ja nicht in einer Weise, daß Argwohn erregt wird. Der Gast mische sich nicht in die intimen Angelegenheiten der Gastgeber. Er schneide kein saures Gesicht

und zeige auch keine Unzufriedenheit, wenn nicht alles geboten wird, wie er es sich wünscht.

Besuch von Damen. Große Vorsicht ist zu beachten, wenn Damen genötigt werden, einem einzelnen Herrn einen Besuch zu machen. Die Fälle sind selten, weil Damen, wie ich schon früher bemerkt habe, solche Besuche überhaupt zu vermeiden haben, aber sie kommen vor. Hier ist jede Vertraulichkeit untersagt. Der empfangende Herr hat sich in achtungsvoller Entfernung niederzulassen und von jeglicher Annäherung abzusehen. Es gehört eine große Geschicklichkeit dazu, Berührungen zu verhüten. Bei solchen Besuchen ist es verboten, die Umhüllungen abzulegen, oder unter dem Vorwand etwaiger Ordnungs- oder Bequemlichkeitsbedürfnisse zum Ablegen der Umhüllungen aufzufordern, wenn es sich nicht um den Hut oder den vom Regen befeuchteten Mantel handelt. Verboten ist weiter das Ziehen der Haarnadeln; ebenso ein Gespräch über Gegenstände, die ich hier nicht erörtern will. Dennoch sollte die Dame den Herrn mit dem Bewußtsein verlassen, sich angenehm unterhalten zu haben.

Besuch von Herren. Daß Damen beim Empfang von Herrenbesuchen sehr vorsichtig sein müssen, wollen wir an dieser Stelle noch einmal betonen. Daß sie das Sofa, auf dem sie vielleicht der Bequemlichkeit wegen geruht haben, verlassen, ist durchaus notwendig. Der Empfang soll auch nicht im Schlafzimmer stattfinden, allenfalls in Fällen, die ein direktes Aufstehen nicht erlauben. – Es ist Sache des Gefühls und des Taktes, ob die Frau dem Besucher entgegeneilt oder nur einige Schritte entgegengeht; ihm mit herzlichen Worten die Hand reicht oder ihn mit einer kühlen Begrüßung empfängt. Die Art des Empfangs richtet sich nach dem Freundschaftsverhältnis, in dem die Frau zu dem Eintretenden steht. Liebkosungen und Zärtlichkeiten sind unbedingt zu unterlassen.

Bett. Die Betten sind unsere Nachtkleider; nur mit dem Unterschied, daß wir sie nicht mit uns herumtragen und daß sie uns locker umhüllen. Allen Schwachen, Kranken und Frierenden ist das Bett ein beliebter Zufluchtsort, wo sie Behagen, Erwärmung und den oft so ersehnten Schlaf finden. Sehr viele Menschen verbringen nahezu die Hälfte ihrer Lebenszeit im Bett; in erster Linie sind es die Frauen der wohlhabenden Stände. Zehn Stunden und mehr täglich im Bett, das ist gar nichts Besonderes. Da ist es dann wirklich nicht gleichgültig, wie diese Betten beschaffen sind. Die Betten können ein Sammelort für die Ausscheidungsstoffe des menschlichen Körpers werden, weil sie der täglichen Lüftung viel weniger unterliegen, als unsere Kleider, die mit uns ins Freie getragen werden, und weil sie niemals Gelegenheit haben, sich ohne uns mit reiner Luft anzufüllen. Das Bett steht immer unbewegt an der gleichen Stelle, die Sprungfedermatratzen verändern ihre Lage oft jahrelang nicht. Es gibt Leute, die sich darüber gar keine Gedanken machen. Wobser aber hat sich das

Verdienst erworben, eine höchst wohltätige Reform der Betten eingeführt zu haben, die sich inzwischen schon weit verbreitet hat und mit Hilfe unseres *Ratschlägers* noch weiter verbreiten wird. Unterfederbetten sind sofort zu beseitigen.

Beule. Die berühmteste Form der Quetschung ist die Beule, ohne welche wohl noch nie ein Mensch durch sein Leben gekommen ist. Die Beule ist ein Vorkommnis des täglichen Lebens und jeder kennt es. Ich erinnere mich an einen Mann, der von den Alpen stürzte und wie durch ein Wunder mit einer Quetschung davonkam, mit einer sogenannten und erwähnten Beule, die durch Ruhe und kühle Umschläge bald ganz von der Welt verschwunden war.

Bevorzugung. Jede Dame fühlt, wenn ihr eine Bevorzugung zu Teil wird, und sie weiß in der zartesten Weise ihre Neigung oder Abneigung zu erkennen zu geben. Eine Dame, die in den Aufmerksamkeiten eines Mannes mehr findet, als Höflichkeit, die jeder Dame gebührt, wird richtig handeln, wenn sie einer anderen Dame davon Mitteilung macht. Diese ist dann in der Lage, sich zu überzeugen, ob die Wahrnehmung begründet oder unbegründet ist und kann im ernsteren Fall ihre Maßregeln ergreifen.

Bewegungen. Eine Bewegung ist die Veränderung des Ortes bei Mensch und Tier, die die Forscher und Ratschläger immer wieder zu neuen Beobachtungen anregt. Wenn wir einen Schritt machen, um ein Ziel zu erreichen, dann haben wir eine Bewegung gemacht, eine bewußte und gewollte Bewegung. Wenn aber jemand unseren Arm vom Tisch schiebt, um vielleicht Platz zu schaffen für einen anderen Arm, dann haben wir eine nicht gewollte Bewegung gemacht.

Bewegungen, alltägliche. Wir reden viel zu wenig von den alltäglichen Bewegungen; das will ich an dieser Stelle nachholen. Eines Tages fuhr ich in einer Trambahn, wo mir ein Mann auffiel, durch dessen Gesicht es jeden Augenblick in großer Zerrissenheit fuhr. Ich hatte also ein wunderbares Beispiel alltäglicher zuckender Muskelkrämpfe vor mir, das hochinteressante Schauspiel einer beständigen Unruhe. An einem anderen Tag sah ich auf einer Straße die Leute zusammenlaufen. Was gab es zu sehen: am Boden wälzte sich heftig mit Armen und Beinen zuckend ein Mann. Ich erkannte sofort, daß es sich um einen Krampf handeln mußte, um eine einfache alltägliche Bewegung. Von diesem Moment an begegnete ich Krämpfen auf Schritt und Tritt im alltäglichen Leben. Ich sah Beine sich biegen und Arme sich drehen, die Körper bäumten sich auf und zuckten, und wenn ich die Männer ansprach, die zuckten, begegnete mir nur ein kalter verständnisloser Ausdruck. Ich hörte kein Wort. Um so wichtiger ist es, an dieser Stelle davon zu sprechen.

Bewegungen, innere. Im Frühjahr bietet sich uns in dem durchsichtigen Schwanz der jede Pfütze belebenden Froschlarve ein vortrefflich geeignetes außerordentlich zartes Objekt zur Untersuchung der inneren Bewegungen. In der Vergrößerung erscheint selbstverständlich auch der Raum und damit die Raschheit der Bewegungen

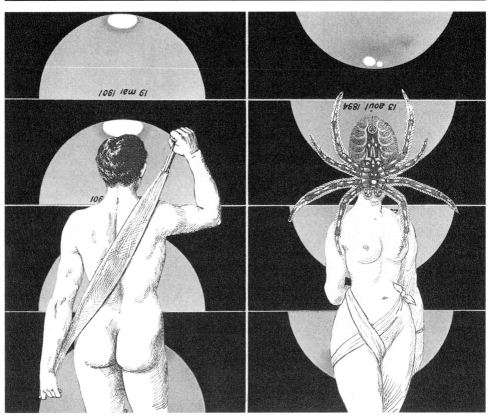

vergrößert. In Wirklichkeit aber ist die Geschwindigkeit der Bewegungen ziemlich gering; auch wenn Klomm in diesem Fall das Gegenteil behauptet.

Bewegungsgeschwindigkeiten. Bei gemäßigtem Gang trifft nach den Beobachtungen der Gebrüder Weber auf die Sekunde weniger als ein Schritt; bei schnellerem Gehen sahen sie beide die Schrittdauer sinken, bei Laufschritt noch tiefer. Während jedes Schrittes müssen die Muskeln der Beine sich zusammenziehen und erschlaffen. Sehr viel rascher sind die Bewegungen der Finger. In zehn Sekunden kann man zum Beispiel den Mittelfinger der rechten Hand 42 bis 48 Mal beugen und strecken, was, abgesehen von den Ermüdungserscheinungen, 240 Bewegungen in der Minute ergibt. Der Mittelfinger kann also im Jahr 126 Millionen 144 Tausend Mal, im ganzen Leben, rechnet man es zu siebzig Jahren, 8 Milliarden 830 Millionen 80 Tausend Mal gebeugt und gestreckt werden. Ein geübter Violinenspieler bringt es auf mehr als doppelt so viele Mittelfingerbewegungen. Beim Beugen und Strecken der Hand im Handgelenk nimmt freilich gegen Ende der ersten zehn Sekunden die Bewegungsgeschwindigkeit erheblich ab; aber auch die Hand hat eine überraschende Beweglichkeit: ein geübter Klavierspieler kann die Hand im Handgelenk in der Minute 360 Mal beugen und strecken, also 6 Mal in der Sekunde.

Bier. Man denke an die zahlreichen fürchterlichen Eisenbahnkatastrophen, die auf Versäumnisse oder Irrtümer von Bahnpersonal, dessen klare Urteilskraft durch Bier getrübt und deren Pflichtgefühl eingeschläfert war, zurückgeführt werden mußten. Daß sich der eine oder andere am nächsten Morgen das Leben nahm, als er sah, was er angerichtet hatte, nützte den Verunglückten wenig. Die Welt samt dem Bahnpersonal trinkt weiter, und jeder, der sich in ein Eisenbahncoupé setzt, läuft Gefahr, dem gleichen Umstand zum Opfer zu fallen.

Bild. Nähere Bekannte pflegen einander ihr Bild zu geben. Hat man sich mit jemand, von dem man das Bild erhalten hat, nachträglich entzweit, so sende man ihm das Bild nicht zurück, es sei denn, daß er es ausdrücklich zurückverlangt, was aber häufig nur ein Vorwand ist, eine Erörterung herbeizuführen, welche das alte Verhältnis wieder herstellen soll. Noch weniger hänge man es an einen unwürdigen Ort. – Damen seien mit ihren Bildern nicht zu freigiebig, namentlich gegen Personen, deren Charakter ihnen nicht bekannt ist.

Bildung. Bildung wird von jedem erwartet, der sich in der Gesellschaft bewegt. Wahre Bildung besitzt derjenige, welcher die verschiedenen Seiten seiner Persönlichkeit zu jenem Grad der Vollkommenheit ausgebildet hat, der bei dem jeweiligen Stand der Kultur unter normalen Verhältnissen erreicht werden kann. Darum gehört zur wahren Bildung eine gesunde Weltanschauung, verbunden mit einem gediegenen Wissen über Welt und Leben, Natur, Geschichte, Literatur und eine ernste, wohlerwogene Gesinnung über die zeitbewegenden Fragen; ferner Geschmack und Verständnis für das Schöne in Natur und Kunst; weiter und hauptsächlich gute Grundsätze, ein tüchtiger Charakter, verbunden mit einem menschenfreundlichen Sinn und einem guten Herzen; endlich gewisse Fähigkeiten und Fertigkeiten wie Schreiben, Lesen und die Formen des guten Tons.

Billett. Das Billett verwahre man, um den leicht vorkommenden, mitunter peinlichen Unannehmlichkeiten auszuweichen, stets an dem selben Ort. An dieser selbstverständlichen Stelle wird man es mit dem

gewohnten Griff finden, und schon kann es ohne Aufenthalt vorgezeigt werden.

Bittschriften. Der Gegenstand und die Ursache von Briefen, die Bitten enthalten, sind so mannigfaltiger Art, daß wir uns hier auf das Notwendigste beschränken müssen. Wir bitten um einen Rat, um eine Auskunft, um eine Gefälligkeit, um ein Darlehen, um eine Unterstützung. Wir bitten bekannte und fremde, geringere und höherstehende, größere und kleinere, ältere und jüngere und ganz andere Personen. Die Bitte setzt immer die Hoffnung auf Erfüllung voraus. Es wird deshalb naturgemäß auf die Darstellung des Inhalts das Hauptgewicht gelegt werden müssen. Die Menschenkenntnis, die wir schon im Vorhergehenden stark betont haben, spielt eine sehr bedeutende Rolle; doch haben auch der Gegenstand der Bitte und das Verhältnis des Bittenden zu dem Gebenden einen großen Einfluß. An die Veranlassung der Bitte hat sich also eine Darlegung der Gründe anzuschließen; dann berühren wir die Vorteile, die für uns selbst und die Verpflichtungen, die für den anderen daraus wachsen. Dabei soll niemals niedrigste Schmeichelei zum Vorschein kommen. Vorschriften lassen sich darüber allerdings schwer machen.

Blase. Damen entleeren aus Anstandsrücksichten oft halbe Tage lang ihre Blase nicht; durch die Größe und Schwere drückt sie dann die Gebärmutter nach hinten und kann bei vorhandener Schlaffheit Ursache einer allmählich entstehenden Knickung oder Verlagerung werden. Man vermeide Ausflüge und alle Getränke auf Ausflügen und sorge in passender Weise für rechtzeitige Entleerung. Hat man sich aber einmal zu einem Ausflug überreden lassen, dann meide man auf dem Weg liegende Wirtschaften mitsamt ihren abstoßenden Umständen. Etwa die entsetzlich riechenden Pissoirs, die oft dort eingerichtet sind, daß ein jeder, der eintritt, an ihnen vorbei muß. Hört man die brüllenden Gäste und betrachtet man ihre unausgesetzten Wanderungen zu diesem ekelhaften Ort, dann wird jedem ruhigen Beobachter klar, daß das Trinken nichts anderes ist, als eine vollständig überflüssige Anstrengung des Magens, der Nieren, der oben erwähnten Blase, sowie des Schluckapparates; und daß viel schwer erworbenes Geld nur deshalb in die Taschen des Wirtes fließt, damit sich da draußen die Tonnen und Gruben füllen. Dies zu vermeiden, liegt in der Hand eines jeden vernünftigen

Menschen. Damen fühlen sich zudem von den Blicken der Männer bei ihren Austritten beobachtet und von ihren Gesprächen und Gedanken belästigt. Ruhe und ungestörte Entleerung führen dagegen bald zum normalen Zustand zurück. Bei tieferen Störungen wende man Wechselduschen auf den Beckenboden an, ferner Erschütterungsmassagen des Rückens und Bauches; auch Kniespreizungen sind zu empfehlen, doch bedarf es dazu geübter Personen, wie wir auf Tafel XXXII zu zeigen versuchen.

Blasen, das. Das Behauchen oder besser Bepusten eines Gegenstandes, Körperteiles oder einer anderen geringfügigen Sache nennt man blasen. Auch der Wind bläst.

Blasen, die. Kleine Hervorragungen der Haut, mit Flüssigkeiten gefüllt, nennt man Blasen. Sie haben nicht viel zu bedeuten. Einige Schwitzpackungen, ein paar Monate strenger Pflanzenkost bei Vermeidung des Alkohols, Käses und Essigs, tägliche Halbbäder und Rückengüsse, hauptsächlich Zufuhr frischer Luft, Bettruhe und häufige Ausgänge, Sitzbäder, um die Blasen und Krusten aufzuweichen, anhaltende warme Aufschläge, heiße Sitzdämpfe mit kühlen Kreuzduschen, ferner Ganzpackungen bei Vermeidung von Fleischkost und allem Scharfen und Reizenden und der Vermeidung kratzender Kleidung werden sie bald vertreiben. Die zurückbleibenden Überreste wird man schließlich auch noch vergessen.

Blasenzerreißung. Eine Zerreißung der gefüllten Blase, die in der Folge äußerer Einwirkungen wie Stoß in die Blasengegend oder Fall aus beträchtlicher Höhe eintritt, ruft sehr bedrohliche Erscheinungen hervor. Man hat das Gefühl des Zerrissenseins in der unteren Bauchgegend und anderes mehr.

Blick. Den Blick wollen wir hier nicht unerwähnt lassen. Wird er nicht freundlich aufgenommen, so mag das als sicheres Zeichen dienen, daß man bei den Damen keine allzu beliebte Persönlichkeit ist. Die Ablehnung gilt ein für allemal. Aufdrängen wäre nun eine Taktlosigkeit. Am besten, man blickt in eine andere Richtung.

Blitz. Manchmal entkleidet der Blitz seine Opfer, zerstört die Kleider und schont den Körper. Manchmal zerstört er den Körper und schont die Kleider. Manchmal tötet er plötzlich und auf der Stelle, so daß der

Tote aufrecht bleibt, sitzend und reitend. Manchmal dagegen wird der Getroffene zwanzig Meter weit fortgeschleudert und man findet ihn in den Bäumen. Manchmal erreicht die Veränderung, die der Blitz hinterläßt, eine außergewöhnliche Ausdehnung mit der Zerreißung des Herzens und der Zerschmetterung der Knochen. Manchmal kann auch die sorgfältigste Untersuchung des Toten nicht die geringste Veränderung wahrnehmen. Manchmal scheint sich die Leiche den Gesetzen der Auflösung zu widersetzen. Manchmal tritt rasche Zersetzung ein.

Blumen. Es kann bei dem uns zu Gebote stehenden beschränkten Raum nicht unsere Aufgabe sein, eine vollständige Beschreibung sämtlicher Blumen zu liefern. Wir begnügen uns damit, ohne Rücksicht auf die botanische Ordnung, die Blumen ganz zu übergehen und weisen zugleich auf unser Werk: *Die besonders beliebten Blumen* hin, in dem die Lieblinge aller Blumenfreunde ausführlich beschrieben sind.

Blumentöpfe. In Blumentöpfen, die man mit Fleischbrühe oder mit Küchenspülwasser begossen hat, findet man zuweilen Maden. Ihre Vermehrung wird verhindert, wenn man die Töpfe mit Kalk, Asche und Kochsalz bestreut. Maden im Käse vertreibt man, indem man ihn in scharfen Essig taucht. Gegen die Maden im Schinken findet man im Artikel *Fleisch* die entsprechenden Mitteilungen.

Blut. Das aus Schlachtwunden fließende Blut sieht rot aus, es ist leichtflüssig und gerinnt zu einem Blutkuchen, der bald die Gestalt des Gefäßes, in dem es aufgefangen wird, annimmt. Die Gerinnung kann durch Umrühren verhindert werden. Wir halten das freilich in diesem Zusammenhang für ganz und gar überflüssig.

Blutegel. Blutegel sind dunkle, langgestreckte Tiere zu Tausenden in Teichen in allen Himmelsrichtungen verdorbene Säfte saugend. Es ist kein Wunder, daß unser hochelegantes Zeitalter von diesen Tieren nicht mehr viel wissen will.

Blutspucken. Wenn jemand beim Ausspeien in seinem Auswurf zufällig blutige Streifen oder Punkte entdeckt, pflegt er für gewöhnlich äußerst erschreckt und ängstlich zu sein. Zum Glück ist nur äußerst selten eine kurz bevorstehende Katastrophe zu befürchten, denn das Blut kann, insbesondere bei starkem Räuspern, wobei Blutgefäße bersten, aus der Rachenhöhle und dem Kehlkopf stammen, allerdings auch aus der Luftröhre und den Lungen. Entweder tritt nun der Tod ein, oder die Natur hilft sich selbst durch irgendwelche schon genannte Mittel.

Blutverlust. In jeder Minute werden einige Millionen neuer Blutscheiben fertiggestellt und dem allgemeinen Verkehr übergeben; es ist wunderbar, und nach einigen Wochen ist selbst der größte Blutverlust durch Früchte, Gemüse und Milch völlig ausgeglichen.

Blutwürste. Blutwürste sind eine vorzügliche Speise für Blutarme.

Brause. Selbst die einfachsten Anwendungen muß man einmal gesehen haben, um sie regelrecht ausführen zu können. Das gilt auch für das Wesen der Brause, wo aus kleinen Löchern Wasser aus einer gewissen Höhe auf die Brausenden fällt. Man stelle sich einmal entkleidet unter den Himmel in ein Gewitter hinein, unter das sich zu stellen manche Leute nicht gerade zu den Genüssen zählen. Ähnlich verhält es sich mit der Brause.

Brausepulver, neues. Ein neues Brausepulver, das im Mund knistert, den Gaumen kitzelt und wie ein kleines Feuerwerk knackt, kam jetzt in Hamburg auf den Markt.

Brautausstattung. An vielen Orten ist es Sitte, von den Ausstattungsgegenständen eine Ausstellung für Verwandte und Freunde zu veranstalten, und das Herz hüpft jeder Dame vor Freude, wenn sie auf den langen Tafeln das blendende Leinenzeug, die rauschenden Kleider und Morgenröcke, das Silber und Gold, ein jedes nach seiner Art zur Schau gestellt, sieht. In vielen Fällen gestattet man den Lieferanten, die Wäschestücke und Möbelstücke in ihren Geschäften auszustellen und benachrichtigt rechtzeitig alle Bekannten, die Gegenstände zu besichtigen. Die Ausstellung dauert gewöhnlich mehrere Tage. In bescheidenen Verhältnissen ist es gestattet, auch nützliche Dinge auszustellen, wie etwa Töpfe, Pfannen und Kuchenformen.

Brechbewegungen. Erbrechen findet oft zur Weihnachtszeit bei sonst gutem Befinden statt, verbunden mit einer großen wie zum Sterben führenden Übelkeit, aber ohne weitere Erscheinungen. Auch die Einwirkungen der Schiffs- oder Eisenbahnbewegungen auf das Leben, das allgemeine Schaukeln der Welt, wird von manchen Menschen nicht ertragen und mit starkem Würgen und Brechen beantwortet. Diese Brechbewegungen geschehen oft mit außerordentlicher Kraft. Es kann vorkommen, daß eine ganz reichliche Mahlzeit innerhalb von zwei Sekunden aus dem Mund geschleudert wird. Ich sah Männer ihren soeben getrunkenen Schoppen mit solcher Wucht herausschleudern, daß die Pfütze sich in meterweiter Entfernung vor ihnen am Boden befand. So erhielt ich einen starken Eindruck von der ungeahnten Macht dieses Vorgangs. Es kann sogar soweit kommen, daß der gesamte Darm bis hinunter zum Dickdarm seinen Inhalt rückwärts in einem großen Strahl aus dem Mund hinausbefördert, daß also sogar der Stuhl erbrochen wird. Das Ausräumen der Mundhöhle mit einem nassen Tuch beendet diese Notiz. Nach dieser Betrachtung wenden wir uns ab und dem nächsten Artikel zu.

Brief. Der Brief ist oft eine Ungezogenheit ersten Ranges. Im allgemeinen habe der Briefschreiber folgendes im Auge: der Brief darf nicht beschmutzt, sondern muß innen und außen reinlich sein; es wäre das so, als wolle man jemand mit schmutzigen Kleidern oder in Hemdsärmeln besuchen. Ferner sind die Regeln der Rechtschreibung einzuhalten und die Schriftzüge sollen möglichst hübsch erscheinen. Auch die nötigen Zeichen müssen gesetzt werden. Am Schluß des Briefes ist darauf zu achten, daß man nicht zu tief an das untere Ende des Papiers gerät, so daß noch hinlänglich Raum für die Schlußförmlichkeiten bleibt. Man pflegt da in der Regel noch etwas Verbindliches zu sagen, sich dem ferneren Wohlwollen, seine Angelegenheit einer gütigen Berücksichtigung zu empfehlen, man versichert seine Hochachtung, Dienstbereitschaft, Freundschaft und wünscht Lebewohl.

Briefe an unbekannte Personen. Es bedarf, ehe wir zu unserem eigentlichen Zweck des Schreibens übergehen, einer Erklärung darüber, warum wir uns die Freiheit genommen haben, an sie, die unbekannte Person, zu schreiben. Worin die Erklärung besteht, hängt natürlich mit dem Zweck des Briefes zusammen und muß den jeweiligen Umständen überlassen werden.

Briefunterschrift. Die Briefunterschrift hängt mit dem Schluß eng zusammen und ist sozusagen die Verbeugung, die man dem Angeredeten macht, ehe man ihn verläßt. Sie besteht aus einer Ergebenheits- oder Respektsformel, welche sich nach den Verhältnissen beider Teile richtet, sowie nach dem Titel des Adressaten: Achtungsvoll hochachtungsvoll ergebenst hochachtungsvoll und ergebenst mit achtungsvoller Ergebenheit in freundlicher Ergebenheit mit hochachtungsvoller Begrüßung. Unmittelbar unter die Unterschrift schreibt man den Namen, gelegentlich auch den Beruf oder den Charakter.

Brillen, gefärbte. Personen mit schwachen Augen tragen gefärbte Brillen. Gefärbte Brillen sind nützlich, wenn die Augen auf blendende Gegenstände wie Schnee, Wasserflächen oder weiße Gebäude fallen; und weil auch Papier blendet, können selbst beim Lesen gefärbte Brillen getragen werden. Wer gefärbte Brillen trägt, sollte solche mit bläulichen Gläsern tragen, keine rauchigen trüben Brillen; auch die grünen Brillen, wie sie etwa in London oder Paris angefertigt werden, sind schädlich. Man sollte auf jeden Fall blaue Brillen tragen, die aus Berlin kommen.

Brot. Brot auf die runde obere Seite zu legen, ist nicht gestattet, aus der einfachen Tatsache, weil das Brot auf der runden Seite nicht sicher liegt, davonrollen und hinabfallen kann.

Brot, gutes. Gutes Brot ist aufgegangen und gewölbt, mit schöner brauner Rinde, ohne Risse und verbrannte Stellen, die Krume darf weder bröcklig noch klebrig sein und muß im Schnitt kleine gleichmäßige zahlreiche Augen haben, ohne harte mehlige Klumpen.

Brotfrage. Schwarzbrot ist Menschennahrung, Weißbrot nur Madenfutter. Wer je eine Made gesehen hat, wie sie mit Müllerraffinnement den Stärkemehlkern des Kornes aushöhlt und die äußeren nährsalzhaltigen Schalen als Gift für ihren rückgratlosen Organismus flieht, dem muß unmittelbar ein ähnliches Verhältnis bei dem bleichsüchtigen Kulturmenschen auffallen. Noch gebe ich aber die Hoffnung nicht auf. Das Schmecken ist eine Sache des Augenblicks. Das Bekommen ist Sache der Ewigkeit. – Es ist ein Verbrechen, die Jugend mit dem weißen weichen Bleichsuchtsbrot auffüttern zu wollen. Für das eigene Unterleibsheil möge man sich an den dunklen Freund, das Malzkornbrot, halten.

Brotwasser. Brotwasser ist ein gesundes Getränk. Auf geröstetes Brot wird kochendes Wasser gegossen, dem man nach Belieben etwas Zucker zusetzt.

Bruch. Unter Bruch versteht man im allgemeinen die gewaltsame Trennung vorher im Zusammenhang gewesener Teile. Man versteht unter Bruch aber auch das Auseinanderweichen einer Schutzdecke und das unvermeidliche Hervortreten innerer Teile, wenn Spalten entstehen, die das Durchtreten gestatten. An gewissen Körperstellen, vor allem der Leistengegend bei schlaffen Personen, oder nach übermäßigem Heben auch bei kräftigen Menschen, tritt unter heftigem Schmerz eine kleine Geschwulst in der Schenkelbauchfalte auf, die sich bei Husten vergrößert. Das ist ein Bruch, sagt man, und man hat recht. In früheren Zeiten bekam man Brüche von unglaublicher Größe zu Gesicht. Ich erin-

Ein Laib Brot, 14 Tonnen schwer.

nere mich an eine Dame mit einem riesigen Nabelbruch: wie ein weit über mannskopfgroßer Ballon hing diese mächtige Vorwölbung an ihrem Bauch, und mehr als die Hälfte aller Gedärme befanden sich in dieser außerordentlichen Hohlkugel, die so groß war, daß sie beim Sitzen auf den Knien der Dame ruhte, beim Gehen aber auf die gefalteten Hände gelegt und so mühsam als schwerer fremder Körper herumgetragen wurde.

Brüste, weibliche. Der Brustkorb muß eine gute Wölbung zeigen. Leider aber gehören harmonisch ausgebildete Brustdrüsen bei der heutigen Frauenwelt zu den Ausnahmen. Die schädigenden Einflüsse unserer Kulturverhältnisse, vor allem die Einwirkungen des Korsetts undsofort sowie andere Unterdrückungsversuche spielen dabei eine entscheidende Rolle.

Brustdrüsen, überzählige. Unter den Mißbildungen wurde vielfach das Auftreten einer Überzahl von weiblichen Brustdrüsen mit eigener Brustwarze und eigenem Warzenhof als eine besondere Tierähnlichkeit bezeichnet. Gewöhnlich findet sich eine überzählige Brustdrüse unterhalb der eigentlichen oder oberhalb von ihr, bald in der Achselgegend, bald in der Mitte zwischen den beiden Brüsten in der Herzgrube, auch in der Weichgegend oder an

der Außenseite des linken Oberschenkels und in der Nähe des Nabels. Die überzähligen Brustdrüsen sind in der Regel klein und sehen wie Warzen aus; aber man sah sie nach der Geburt eines Kindes anschwellen, den gewöhnlichen Umfang einer normalen Brust erreichen und Milch absondern. Ein Blick auf die Verschiedenartigkeit der Lagerung der überzähligen Brüste genügt.

Brustwarzen, zurückgezogene. Zurückgezogene Brustwarzen regt man zur Entwicklung und Aufrichtung am zweckmässigsten durch das folgende einfache Verfahren an: Man fülle eine schlanke größere Weinflasche mit möglichst glattem Halsrand bis obenhin mit heißem Wasser und stülpe rasch, bevor das Wasser aus der Flasche herauslaufen kann, die Mündung derselben auf die Brustwarze. Die Brustwarze pflegt alsdann aus der Drüse herauszutreten.

Bücher. In jeden ordentlichen Haushalt gehört auch ein Bücherschrank oder Regal mit Büchern.

Bücken, Erleichterung beim. Das Bücken fällt manchen Leuten schwer, es ist ihnen daher die Anschaffung eines scherenartigen Gerätes zu empfehlen, das in entsprechender Länge am unteren Ende einerseits einen Holzlöffel, anderseits eine Stahlgabel aufweist. Mit dieser Schere lassen sich bequem die verschiedensten Gegenstände vom Boden aufheben.

C

Café. Über das Verhalten im Café oder Kaffeehaus gelten die Regeln über das Benehmen im Restaurant.

Champagner. Man füllt eine Champagnerflasche etwas über drei Viertel mit Wasser an und verkorkt sie. Der Kork muß der Länge nach durchbohrt und mit einem Ventil versehen sein, das sich nach innen öffnet. Durch dieses Ventil, das jeder Mechaniker billig anfertigt, schafft man eine ziemlich große Menge Luft durch Blasen oder durch kräftige Schläge in die Flasche hinein, so daß die Luft in derselben derart verdichtet wird, daß sie den Kork herauszutreiben vermag. Nunmehr versiegelt man den Kork, umbindet ihn mit Draht und verkapselt ihn mit Stanniol, wie es bei Champagner üblich ist. Will man nun in geselligen Kreisen einen Weinliebhaber zum Ergötzen der Anwesenden anführen, so bittet man ihn, die Champagnerflasche zu öffnen. Sobald der Draht gelockert und der Pfropfen ein wenig gelüftet wird, wird dieser von der in der Flasche eingeschlossenen Luft in die Höhe getrieben und explodiert, als wäre sie mit Champagner gefüllt. Die nachfolgende Enttäuschung ist außerordentlich.

Charakter. Mit diesem Wort, das eigentlich die Eigenart eines Individuums bedeutet, pflegt man in der Umgangssprache die sittliche Seite eines Menschen zu bezeichnen. Einen guten Charakter nennt man denjenigen, dessen Benehmen den sittlichen Anschauungen entspricht; einen schlechten, der sie zu verletzen pflegt. Insbesondere heißt charakterlos, wer seine persönliche Würde verleugnet, ein Kriecher, Speichellecker, Zwischenträger, Heuchler ist, ebenso wer heute diese und morgen die entgegengesetzte Ansicht über private und öffentliche Dinge äußert, ganz wie es seinem persönlichen Vorteil zuträglich ist, also eine Windfahne. Tüchtige Charaktere sind leider selten, zum großen Nachteil der gesellschaftlichen und öffentlichen Zustände.

Conrads Schwitzmantel. Conrads Schwitzmantel besteht aus gutem dampfdichtem Ledertuch mit braungefärbter Außenseite; oben und unten ist ein Eisenring eingenäht.

D

Dach. Das Dach ist eine Vorkehrung zum Schutz gegen die Unannehmlichkeiten, die von oben kommen: der Regen, die Schloßen, der Schnee. Haben wir ein Dach über dem Kopf, so können wir den schlechten Zeiten mit großer Ruhe entgegensehen.

Dachshund. Man ist sich vollkommen im unklaren darüber, woher er stammt. Seine Beine sind kurz.

Dame, alleinstehende. Der gute Ton gestattet einer Dame kein Alleinstehen. Erst nach dem fünfundzwanzigsten Jahr wird einer nicht verheirateten Dame das Recht der Selbständigkeit zugestanden. Je vornehmer die Kreise sind, in denen sie lebt, desto enger sind ihr die Grenzen gesteckt, und es wäre verkehrt, sie erweitern zu wollen. Das, was sie an Freiheit der Bewegung entbehrt, wird überreich ausgeglichen durch das, was der sie umgebende Schutz ihr gewährt. Sie vergleiche einmal ihr Los mit dem einer Frau, die für ihren Lebensunterhalt arbeitet.

Damen. Die Dame ist und soll die Pflegerin, Hüterin und Priesterin der guten Sitte sein. Wie sie von Natur mit der Anmut des Leibes ausgestattet ist, so hat ihr die Kultur die schöne Mission zugewiesen, durch edle Sitten zu erfreuen und veredelnd auf die Männerwelt zu wirken. Unter den Eigenschaften, welche die Dame zieren müssen, steht obenan die Sittsamkeit. Die Verletzung derselben ist beim Manne verwerflich, bei der Dame ist sie häßlich. Und wohl ihr, wenn die Sittsamkeit auch im Herzen wohnt. Eine weitere Hauptzierde der Dame sei das Gemüt, das innige Mitgefühl mit dem Wohl und dem Wehe der Mitmenschen. Die Dame soll sich besonders durch das Gemüt auszeichnen und zwar nicht bloß gegen ihre Lieblinge und Günstlinge, sondern gegen jedermann, selbst gegen die Personen, die ihr unsympathisch sind. Welch ein weites Feld ist doch der Wohltätigkeit der Dame geboten. Mit Geld, mit Speise und Trank und allen anderen Gegenständen des Bedürfnisses kann sie Dürftige erfreuen, Kranke erfrischen, Sieche erquicken, Gebeugte aufrichten. Sie versäume aber nicht minder die Pflege des Geistes, das scharfe strenge Denken, wie die Aneignung wahrer Geistesbildung. Leider werden diese beiden Seiten bei uns in Deutschland vielfach stark vernachlässigt, teils infolge eines sehr verhängnisvollen Vorurteils, teils infolge hergebrachter Zurücksetzung der Dame. Ein reicher Fonds von allgemeinem Bildungswissen ist für eine Dame nicht minder wie für einen Herrn ein unversiegbarer Quell höheren Glücks. Ernster Sinn für das Bedeutende erstickt alle zwerghaften Neigungen und Leidenschaften. Bekämpft werden muß freilich der Mangel an Pünktlichkeit und die Vergeßlichkeit, ihr Geist ist eben zu schlaff, um die Gedanken zusammenzuhalten, ein Fehler, der sich durch einen kräftigen moralischen Willen verbessern läßt. – Die Dame soll in ihren Reden alles Rohe, Ordinäre, auch alles Harte und Rauhe vermeiden, sie soll nicht zänkisch, sondern sanftmütig freundlich versöhnlich sein. Wird sie in einen Streit verwickelt, so schimpfe sie nicht und zügle ihre Affekte. In ihrer äußeren Erscheinung zeige sie sich stets reinlich und geordnet. Sie zeige sich nicht zu oft auf der Straße und begebe sich nicht ins Gedränge, lieber lasse sie ihre Schaulust unbefriedigt. – Erlaubt sich ein frecher Mensch in ihrer Gegenwart eine indezente Anspielung, eine Redensart oder gar noch mehr, was ja leider häufig genug selbst in Kreisen vorkommt, die sich zu den Gebildeten zählen, so darf oder vielmehr soll sie den gemeinen Menschen entrüstet zurückweisen, sich sofort erheben und mit kaltem Gruß aus dem Kreis entfernen. Dagegen weigere sie sich nicht, eine artige und ohne Nebenabsichten angebotene Aufmerksamkeit anzunehmen. – Kokette und eroberungssüchtige Damen stoßen jeden verständigen Mann ab, und auch dem Unerfahrenen, der sich in ihre Netze verstrickt, pflegen früher oder später die Augen aufzugehen. Darum gelingt es solchen Damen selten, sich zu verheiraten. – Eine Dame soll es möglichst vermeiden, nachts allein auszugehen. Hat sie keinen befreundeten Anschluß, so lasse sie sich durch einen Dienstboten begleiten.

Damenfinger. Durch die Berührung eines Körpers mit den Fingern wird man sich über seine Wärme, Form, Härte und Oberfläche klar. Damen mit gepflegten Händen und großer allgemeiner Feinfühligkeit leisten durch das Empfindungsvermögen ihrer Finger weit mehr als der Mann.

Damenfüße. Man gehe zu unseren Damen und besehe ihre Füße: sie sind abgeblattet, zusammengedrückt, verhornt, verunstaltet; die wenigsten Damen sind imstande, einen strammen Marsch zu leisten, denn sie haben ihre Füße in enge spitze Futterale gesteckt; ein acht Centimeter hohes Stück Holz unter die Ferse genagelt, so gehen sie mit krummen Knien mühsam umher in der modernen Welt. Zur nötigen Verschönerung der Füße sagen wir deshalb ausdrücklich: *kauft breitere Schuhe*. – Einen schönen Damenfuß haben wir auf Seite 77 abgebildet und auf der gleichen Seite besprochen; aber wir haben die Füße noch etwas näher zu betrachten. Das Barfußgehen macht schmutzig, was jeder reinliche Mensch nach einigem Nachdenken einsehen wird. Es ist keine einladende Sache, dort wo ein anderer hingespuckt hat, wo Tiere und schmierige Geräte, Wagenräder und dergleichen für die Verbreitung von allerlei Unrat gesorgt haben, mit einem weißen gepflegten Fuß hinzutreten. Man suche daher zum Barfußgehen nur schöne Weltgegenden auf, Wiesen vielleicht und weiche Wälder und sandige Gebiete, in die

wenige Menschen hingeraten. Schmutzige Füße sind das häßlichste, was man sich vorstellen kann. Schmutzig wird der Fuß auch bei großer Vorsicht. Menschen, die ohne Schuhe aufgewachsen sind, wurden unter diesem Gesichtspunkt von Fritsch untersucht und beschrieben. Ich habe die große Neigung, Herrn Fritsch und vielen anderen Forschern in dieser Hinsicht zuzustimmen.

Damengespräche. Eine Dame vermeidet das unmanierlich kurze *ja*, indem sie das Wort *gern* hinzufügt oder durch etwas ähnliches ersetzt. Das *nein* mildert sie durch *leider* oder *zu meinem Bedauern*. Damen sprechen niemals von dem, was unter dem Tisch ist: etwa von Körperteilen des Menschen unter dem Tisch. Man sagt also nicht: *Fräulein B hat schöne kleine Füße*, sondern: *Fräulein B hat prachtvolles Haar* undsofort. Ausdrücke, die Funktionen des Körpers betreffend, sind verboten. Man spricht nicht vom Schwitzen, Verdauen, Menstruieren, Coitieren. Man unterläßt auch den Ausdruck: *mir ist so heiß*; er paßt nicht in den Mund einer Dame.

Damenwünsche. Daß ein Herr die Einladung einer Dame, zu verweilen und sich zu setzen, anzunehmen hat, dürfen wir als bekannt voraussetzen. Es versteht sich nämlich von selbst, daß ein Herr alles das, was eine Dame wünscht oder zu wünschen scheint, zu erfüllen sich beeilt. Allerdings treiben nur wenige Herren die Pflege der Höflichkeit so weit, daß sie dem Vergnügen einer Dame das eigene Vergnügen opfern. Jedenfalls hat ein Herr, der einer bekannten Dame begegnet, sie zu grüßen, und zwar so oft er ihr am Tag an den verschiedensten Stellen begegnet. Begegnet er ihr im Dunkeln, so ist ein Gruß nicht erforderlich. Nur wenn die Straßen erleuchtet sind, wird gegrüßt. Auf das Grüßen kommen wir zwar noch einmal zurück, doch mag schon hier einiges Platz finden, was im besonderen auf den Verkehr zwischen Herren und Damen Bezug hat. Selbst bei näherer Bekanntschaft soll ein Gruß nie das Zeichen der Vertraulichkeit tragen. Mit der Hand zu winken, ist beispielsweise nicht gestattet, noch dazu, wenn in der Hand ein Hut oder ein Handschuh gehalten wird. Geht eine Dame in der Begleitung eines Herrn, so braucht sie den Gruß, den ein ihr unbekannter Herr dem sie begleitenden Herrn oder dieser je-

D

Bereicherung des Kücheninventars sein. Denken wir uns nur zum Beispiel einen Fall, in dem unerwarteter Besuch erscheint, dem wir unsere Gastfreundschaft bei gedecktem Tisch gern beweisen wollen. Wenn dann ein solcher Topf bereitsteht, wird es den Wirten noch einmal so leicht werden, sich aus vollem Herzen liebenswürdig zu zeigen. Es muß nur Wasser in den Kocher gegossen werden, die Lampe angezündet werden und schon ist der automatische Kocher in Tätigkeit. Mittels des Apparates können gleichzeitig Fleisch, Gemüse, Pudding gekocht und gebraten werden, ohne daß sich der Geschmack des einen mit dem anderen verbindet und ohne daß Anbrennen, Rauchigwerden, Einkochen und Überlaufen zu befürchten ist. Das ist mehr als genug.

nem unbekannten Herrn spendet, nicht zu beachten. Sie wird aber leise das Haupt neigen. Der eine Dame begleitende Herr hingegen hat stets mitzugrüßen, wenn sie ihrerseits Bekannte grüßt; mag er nun wissen wer sie sind oder nicht.

Dampfkochapparat. Einen kleinen Kochapparat zu besitzen, mit dem ebensowohl schnell als auch gefahrlos für die Speisen gekocht und gebraten werden kann, wird in vielen Fällen eine sehr schätzenswerte

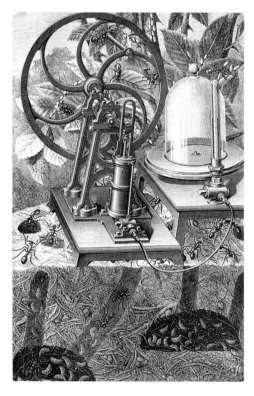

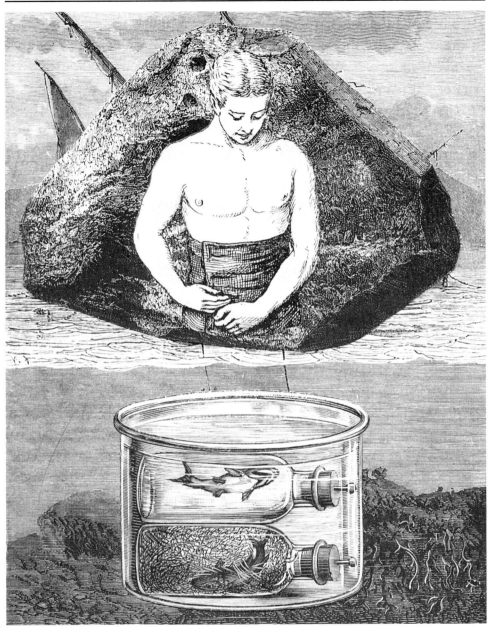

Dank. Dank gegen Wohltäter ist eine natürliche Regung des Menschenherzens und nicht minder ein Gebot der Moral. Insbesondere schuldet man ihn den Eltern, Lehrern, Erziehern, Ehepatnern, wie den hervorragenden Menschen, die sich um das öffentliche Wohl verdient machen. Nach jeder empfangenen Dienstleistung statte man seinen Dank ab, je nachdem mit einem kurzen *Danke bestens* oder durch eine Dankvisite oder ein Dankschreiben, und zwar möglichst bald nach der empfangenen Wohltat.

Darmmädchen. Nicht die appetitlichste, aber eine sehr nützliche weibliche Arbeit wird in Schlachthäusern und Fischfabriken verrichtet. Die als Eingeweide- oder Darmmädchen bezeichneten Frauen weiden die geschlachteten Tiere aus, um sich danach den ausschweifendsten *Liebesbewegungen* hinzugeben, bemerkt Collunder in seiner gleichnamigen Broschüre, und weiter schreibt er: Die ganze Geschichte der Menschheit hat nirgends auch nur eine Spur von weiblicher Geistestätigkeit hinterlassen, bevor die Welt plötzlich mit den Sekreten der weiblichen Memoirenliteratur verklebt wurde.

Decken, bunte wäscht man am besten in Mehlsuppe.

Deklamation. Deklamation ist eine beliebte und empfehlenswerte gesellschaftliche Unterhaltung. Deklamatorische Vorträge tragischen, sentimentalen oder lyrischen Inhalts sind allerdings möglichst zu vermeiden, weil die Vortragskunst in Privatkreisen selten ausreicht, derartigen Dichtungen zu einer guten Wirkung zu verhelfen, und die Stimmung der Zuhörer wird selbst bei vollendetem Vortrag gedrückt werden. Deklamationen sind überhaupt ein gefährliches Gebiet und verschaffen kaum einen wirklichen Genuß. Immerhin kommen sie vor. Die Deklamation geschieht in der Regel aus dem Gedächtnis, doch pflegt man das aufgeschlagene Buch dabei in der Hand zu halten, was zugleich ein Vorbeugungsmittel gegen das für den Deklamator wie für die Gesellschaft so peinliche Steckenbleiben ist.

Denken. Nachdem wir vor einiger Zeit die Bewegung gelobt haben, ist es verständlich, daß wir das Gegenteil der Bewegung, die Ruhe, nun auch ein wenig loben wollen. Die Ruhe hat zweifellos Vorteile, freilich auch Nachteile. Bewegung macht müde und führt zur Ruhe. In diesem Satz von Collunder ist der Einfluß der Bewegung auf die Ruhe klar und kompakt ausgedrückt. Ruhe ist schön. Den meisten Menschen mag die Ruhe als höchstes Ziel ihrer Sehnsucht erscheinen. Der Mensch kann, sagt Lemm, an einem Mangel an Ruhe zu-

grunde gehen. Im Prinzip ist das richtig. Eine dauernde und völlige Ruhe würde freilich die schädlichsten Folgen für unseren Körper haben. Die Ruhe wie sie im Sitzen, in der sitzenden Lebensweise in Erscheinung tritt, hat Wobser beschäftigt, als er über die Philosophie nachdachte. Die Philosophen sitzen gewöhnlich zu viel, sagt Wobser, sie könnten im Sitzen und Stehen abwechselnd denken; sie könnten, weit besser als Schuhmacher oder Klavierspieler, beim Denken sogar herumgehen oder hauptsächlich im Gehen denken. Sie sollten unverzüglich darüber nachdenken.

Diener. Das nachstehende Kapitel, das die Haupterfordernisse des Dieners behandelt, möge ganz besonders beachtet werden. Man darf nicht vergessen, daß gerade die Haupterfordernisse es sind, die die Herrschaft veranlassen, einen Diener in Stellung zu nehmen. Diener, die diesen Anforderungen gar nicht oder nur teilweise entsprechen, haben keine Aussicht, recht lange Diener zu sein; denn die Herrschaften haben weder Zeit noch Lust, sich mit eigenschaftslosen Dienern zu umgeben. Die Folge ist, daß derartige Diener ständig auf Stellungssuche sind. Deshalb beherzige der angehende Diener diese und die nachfolgenden Zeilen, damit ihn nicht das angedeutete Mißgeschick erreiche.

Dienstboten. Pünktlicher Gehorsam, Respekt vor der Herrschaft, Ehrlichkeit und Treue, Fleiß, Verschwiegenheit gegen Fremde, Reinlichkeit, das sind die Haupteigenschaften, welche von Dienstboten erwartet werden können und müssen. Humane, wohlwollende, menschenfreundliche Behandlung im weitesten Sinne des Wortes ist die Pflicht, welche die Herrschaft gegen die Dienstboten zu beachten hat.

Dienstbotenkost. Die Kost der Dienstboten muß reichlich, kräftig und sorgfältig zubereitet sein, aber einfach und ganz nach dem Landesbrauch, denn alles, was sie, besondere Festtage ausgenommen, mehr bekommen, verwöhnt sie und macht sie unzufrieden.

Dienstmädchen. Alle tüchtigen Dienstmädchen sehen eine Ehre darin, sich in ihren zierlichen Schürzen zu zeigen.

Diskretion. Diskretion ist Pflicht. Alles, was uns als vertraulich oder diskret mitgeteilt wird, ist zu verschweigen. Leider gibt

es Leute, die kein Geheimnis bei sich behalten können. Daher sei man behutsam im Anvertrauen von Geheimnissen und lasse es sein, es sei denn, es hat seine Vorteile.

Doktor. Der Doktor, der durch seine Hingabe, seine treue Pflege ein uns liebes Wesen gerettet, Krankheit geheilt oder Schmerz gelindert hat, verdient die außerordentlichste Dankbarkeit. Mag das Honorar noch so hoch bemessen sein, es wird ein Nichts gegenüber der Fülle dankbarer Gefühle, die unser Herz durchströmen, wenn wir sehen, was treue Pflichterfüllung uns bewahrte, als die Not bis zum Gipfel gestiegen war. Als Mindestsatz für den Doktor müssen wohlhabende Familien in größeren Städten drei Mark für den Besuch rechnen. Es ereignet sich aber auch, daß ein wohlsituierter Arzt eine Vergütung zurückweist; man hat darin keine Beleidigung zu erblicken.

Druck und Kitzel. Druck und Kitzel sind angenehme aber auch unangenehme Empfindungen auf der Haut. Etwas langsamere aber immer noch rasch aufeinanderfolgende Hautreize werden als Kitzel, dauernd einwirkende als Druck empfunden und bezeichnet.

Druckkraft. Nach den Beobachtungen Klomms sind, was die Druckkraft der beiden Hände, aber auch die Hub- und Schubkraft betrifft, die Malaien im allgemeinen stärker als die Chinesen und die Australier stärker als beide. Wir wollen diese Ansichten hier nicht überprüfen; raten aber, was Klomms Behauptungen angeht, zur Vorsicht.

Durchnässung. Wird man bis auf die Haut durchnäßt, ohne daß man in der Lage ist, sich umkleiden zu können, so kann man schweren Gesundheitsstörungen ausgesetzt sein. Ein erfahrener Reisender muß sich jedoch auch in diesem Fall zu helfen wissen. Ein probates Mittel ist, zwischen die nasse Garderobe und die Haut trockenes Papier zu legen. Es gibt wohl kaum einen Ort, wo nicht eine Portion alter Zeitungen aufzutreiben wäre, und es ist immerhin besser, sich von Druckerschwärze färben, als von einer schweren Erkältung schütteln zu lassen. Man bedecke also möglichst den ganzen Körper mit Papier und ziehe darüber getrost die nassen Kleider wieder an.

Durst. Wie schrecklich sind die Wirkungen des Durstes, wenn die Hoffnung auf eine mögliche Befriedigung desselben schwindet. Wie aufreibend ist der Gemütszustand und das körperliche Gesamtverhalten eines durch die Furcht des Verschmachtens geängstigten Wüstenreisenden, verglichen mit der Gemütsruhe des Hungerkünstlers Tanner.

Dusche. Wir haben ihr Wesen schon im Artikel *Brause* besprochen und damit zur Lösung des Problems beigetragen.

E

Ehe. Mit diesem schönen Bunde, der so viele Annehmlichkeiten gewährt, steigern sich auch die Bedürfnisse ganz beträchtlich und wachsen die Sorgen. Man hüte sich daher, leichtfertig eine Ehe zu schließen, ohne genügend Sicherung der ökonomischen Verhältnisse. Differenzen sind im ehelichen Leben unausbleiblich. Da ist es dann immer das beste, wenn die Frau nachgiebig ist und

ihren Willen dem des Gatten unterordnet, auch wenn sie im Recht zu sein glaubt. Sie möge ja nicht eigenwillig und halsstarrig bei ihrem Wollen beharren oder gar mit Trotz und Schmollen, unfreundlichem Blick und verdrossener Miene mit dem Gatten verkehren, sondern stets das Oberhaupt der Familie in ihm achten, stets mit freundlichem heiterem Wesen ihm entgegenkommen. Sie soll ein scharfes Auge haben für alle seine Neigungen und Wünsche; sie soll ihm das häusliche Leben zu einem hübschen Asyl gestalten, in dem er sich froh und wohlig fühlt und dem er nach vollbrachtem Tagwerk auf den Schwingen der Freude zueilt. – Wenn der Wohlstand sinkt und schwere Sorgen den Mann bedrücken, wird sie ihn mit verdoppelter Zärtlichkeit behandeln. Nicht wie so manche Frauen, die in derartigen Lagen ihren Mißmut am Manne auslassen und seinem geschäftlichen Kummer auch noch den häuslichen hinzufügen, was ihn dann häufig ins Wirtshaus oder zu verzweifelten Schritten treibt. Sie wird ihn aufzurichten suchen, ihn die mißliche Lage von einem beruhigenderen Gesichtspunkt auffassen lassen, ja selbst seine ungerechten Äußerungen geduldig ertragen und ihn nicht durch widerhaariges Wesen noch mehr betrüben und reizen. Überhaupt vermeide eine Frau auch im intimen Verkehr alles, was einen Mann degoutieren könnte. Die Ehe verleiht nicht das Recht auf Unkeuschheit. Sie wird ein verdammenswertes Institut, wenn sie der Nachkommenschaft einen vergifteten Boden bereitet. Auch hat die Ehe nicht nur den Zweck, tierischen Trieben zu dienen, sondern die Seelen zweier Menschen zu edler und nutzbringender Arbeit zu vereinigen.

Ehre. Es ist das höchste Gebot der guten Sitte, die Ehre des anderen nicht anzutasten und die eigene Ehre zu schirmen, damit sie fleckenlos bleibe, und sie gegen Verleumder und Beleidiger mutig zu verteidigen, wovon uns in der Geschichte zahlreiche Beispiele erhalten sind.

Eier. Eier sind diejenigen Gebilde, in welchen bei Tieren und Menschen die Nachkommen wachsen. Es gibt also nicht nur Hühnereier, sondern auch Menscheneier und Schweineeier. Die räumlichen Verhältnisse des Eis sind erforscht. Es gibt Eier, die auf dem Wasser schwimmen oder zumindest schwer untersinken, sogar gelegentlich in Verwesung übergehen. Gewisse Vogeleier sind ein beliebtes Nahrungsmittel; wir genießen sie roh, gebacken, gekocht, im letzteren Fall sowohl hart als auch weich gekocht. Zwar gibt es Gegner des Eis, aber noch mehr Freunde. Dumpfig riechende Eier schlägt man auf einen flachen Teller und setzt sie dem Luftzug aus.

Eieröffnen. Ein Ei kann mit viel Geschicklichkeit und anmutiger Fertigkeit geöffnet werden. Das hartgesottene Ei wird in die linke Hand gelegt und mit kräftigen Messerhieben in zwei Teile geteilt, sodann mit dem abgerundeten Messerende aus der Schale gelöst, in dieser unter Zuhilfenahme des Messers, welches die Lippen nicht berührt, zum Munde geführt. In weichgesottene Eier schlägt man mit dem Löffel ein Loch, dreht Becher und Ei so, daß die Öffnung groß genug ist, um den Eierlöffel einzuführen. Alles andere ist so gut wie ausgeschlossen; wir berühren es nicht.

Eifersucht. Die unterschiedlichsten Äußerungen und Wirkungen der Eifersucht werden uns in zahlreichen Romanen geschildert und in Bühnenstücken veranschaulicht. Man gebe dem anderen Teil keinen Anlaß zur Eifersucht, auch nicht im Scherz, denn es kann Ernst daraus werden. Ist die Eifersucht aber begründet, dann ist erst recht Vorsicht und Klugheit geboten, damit kein Eklat entstehe in der Öffentlichkeit.

Eigenliebe. Jeder Mensch liebt sich selbst; das ist ein Naturgesetz. Der gesittete Mensch aber liebt nicht bloß sich selbst, sondern auch seinen Mitmenschen und handelt dementsprechend.

Eigennutz. Eigennutz gehört zu den häßlichsten Charakterfehlern, wogegen ein nobles honettes Verhältnis in Geldangelegenheiten das Merkmal eines sittlichen Charakters ist.

Eigensinn. Der Eigensinnige, der keinen vernünftigen Gegenvorstellungen zugänglich ist, wenn er einmal eine Neigung gefaßt hat, ist ein recht störendes Element im gesellschaftlichen Leben.

Einbrechen im Eis. Man lege sich auf den Bauch und schiebe sich vorwärts, dabei über knackende Stellen schnell hinweggleitend. Hat man außerdem eine leichte Leiter zur Hand, sieht die Sache nicht übel aus. Teiche und Seen, die von bewohnten Häusern weit abliegen, betrete man nie, wenn in der Gegend kein Mensch zu sehen ist, denn dann ist man ohne Zweifel verloren. Natürlich ist die Gefahr auf fließenden Flüssen noch größer, weil Eingebrochene unter der Eisdecke fortgespült werden. Man wage sich also erst dann auf einen gefrorenen Fluß, wenn Leute mit Leitern sich in der Nähe befinden.

Einfluß der Damen. Es sei darauf aufmerksam gemacht, daß der Einfluß der Damen auf die Haltung der Herren ein sehr bedeutender ja entscheidender ist.

Das Sichgehenlassen der Herren in Damengesellschaften, das Überschreiten der Grenzen der Vertraulichkeit ist meist Schuld der Damen selbst. Sie haben es nicht verstanden, zur richtigen Zeit auch die leiseste Ungehörigkeit zu verbannen und im Keim zu ersticken; sie sollten sich nun nicht wundern, wenn schließlich sehr freie Gebräuche einziehen, die ihnen zuweilen sehr unangenehm sein werden, wenn auch nicht immer. Leichtfertige Berührungen, das Verschwinden in abgelegene Räume, die Vernachlässigung aller Ratschläge, die wir gegeben haben. Das sind nur Beispiele, der Rest ist leicht zu erraten.

Einführung. Man biege das Bein einer liegenden Person im Hüftgelenk und drücke den Oberschenkel bei guter Beleuchtung leicht an den Leib; dann nehme man das mit Salbe oder Butter eingefettete Thermometer und führe es ein; es empfiehlt sich allerdings nicht, aufs Geratewohl loszustoßen, sondern vielmehr unter kräftigem Spreizen der Gesäßbacken sich die Darmöffnung sichtbar zu machen und das Thermometerende ganz behutsam einzuführen. Der Einführung vorausgegangen ist eine kräftige Schleuderbewegung nach unten; so, als wolle man einen am Finger klebenden Gegenstand wegschlenkern. Man kann aber auch den Arm gestreckt seitwärts halten und aus dieser Stellung nach unten schlagen. In beiden Fällen dürfen Vorderarm und Hand kein starres Ganzes bilden. Außerdem fordern wir unsere Leser auf, von nun an ausschließlich Thermometer mit Celsiuseinteilung zu verwenden, um an der möglichst raschen Beseitigung der zur Zeit noch herrschenden Zwei- und Dreispurigkeit der Wärmemessung mitzuhelfen.

Eingang. In Eingangssätzen wird in der Tat etwas Erschreckendes geleistet und darin zeigt sich die ganze Unbehilflichkeit des Briefschriftstellertums. Sehr beliebt ist zum Beispiel der Eingang: *Geehrter Freund, mit Vergnügen ergreife ich die Feder, um Ihnen zu melden, daß* oder: *aus Ihrem letzten Brief habe ich ersehen, daß Sie gesund sind.* Überhaupt spielt die Gesundheit in solchen Sätzen eine wesentliche Rolle, oder die Krankheit. Man mache es sich zur Aufgabe, den Brief sofort mit der Sache beginnen zu lassen, sobald man bemerkt, daß ein anderer Gedanke nicht leicht aus dem Kopf will, was mehr oder weniger immer der Fall ist.

Einheit. Gegenwärtig ist die Vielheit der Methoden so groß, daß mancher Ratsuchende, der sich selbst das für ihn Passendste aussuchen will, kopfschüttelnd und entmutigt die Hände sinken läßt, weil er zuletzt nicht mehr zu entscheiden vermag, wo die Wahrheit noch enthalten ist und der Irrtum beginnt. Es ist auch auf den ersten Blick überraschend, zu sehen, wie viele Methoden Ansehen, Ruhm und Anhänger besitzen; ja, es wirkt verblüffend, gelegentlich zu erkennen, daß sogar verschiedene Methoden zu dem gleichen Ergebnis führen können. Wie ist das zu erklären? Nicht. Es ist überhaupt nicht zu erklären.

Einkaufen. Das Einkaufen ist, entsprechend der großen Verschiedenheit und Mannigfaltigkeit der Wünsche und Ansprüche, die das kaufende Publikum stellt, weit schwieriger, als man denkt. Es ist überhaupt keine leichte Sache, in einer großen Stadt einzukaufen; es erfordert Kenntnis des Ortes, große Ruhe und Bestimmtheit des Wollens, dabei ein sicheres Auftreten, das nur durchbildeten Personen zu eigen ist. Beim Hinein- und Hinausgehen läßt man den Gruß des Türstehers unbeachtet, erwidert aber im Vorbeigehen die Verbeugung des Geschäftsführers mit einem höflichen Kopfneigen. Die Verkäufer grüßt man als solche nicht. Der Kassierer kümmert sich hinter seinem Tisch ohnehin um nichts, als um seine Kasse.

Einladung. Bei Einladungen sehe man darauf, daß man keine heterogenen und einander unsympathischen Elemente zusammenbringe, wodurch die Stimmung eine gedrückte, befangene, peinliche sein würde. Eine fast ganz unbekannte Art der Einladung ist folgende: junge Herren und Leute, auf die man nicht allzu viel Rücksicht zu nehmen hat, werden zu Abend gebeten, nachdem man zuvor schon wichtigere Gäste am Tisch bewirtet hat; diese bleiben dann auch und genießen mit den dazugekommenen Herren eine Tasse Tee.

Einmischung. Einmischung in fremde Angelegenheiten ist weder klug noch schicklich. Namentlich vermeide man, sich in den Streit fremder Personen einzumischen, solange noch die Glut heftig lodert, wenn auch in der löblichen Absicht, Frieden zu stiften. Es ist allerdings kein geringes Verdienst, den gestörten Frieden wiederherzustellen, namentlich zwischen Ehegatten. Man hole vor allem den Arzt, warte aber nicht bis zu dessen Eintreffen mit den Wiederbelebungsversuchen.

Einschnürung. Die Wespe hat gewiß noch niemand ein schönes Tier genannt. Trotzdem ahmt das weibliche Geschlecht ihr entschieden nach; denn bei stark geschnürten Personen hängen Ober- und Unterkörper tatsächlich nur lose zusammen. Man begreift oft gar nicht, wohin bei einer derartigen Einschnürung Magen und Leber flüchten; daß sie verschoben und aus ihrer natürlichen Lage gedrängt werden, ist selbstverständlich. Andere Nachteile besprechen wir im folgenden. – Es soll keineswegs bestritten werden, daß die verschiedene Bekleidungsart der Geschlechter einen gewissen belebenden Reiz ausübt.

Dennoch müssen wir auf das folgende hinweisen: ein festes Strumpfband schnürt den Unterschenkel vom Oberschenkel ab und hemmt den Säftestrom der Beine. Der Unterschenkel schwillt an, die Gefäße treten hervor. Ganz ähnlich wirkt natürlich in der Zeit der unbeschränkten Herrschaft des Korsetts und anderer unerklärlicher Erscheinungen ein Korsett: abschnürend, hemmend und Stauungen erzeugend. Die genannten Einschnürungsstücke eignen sich wenig zur Darstellung; es ist auch kein Grund vorhanden, sie abzubilden.

Eintreten. Mit einer leichten Verbeugung im Gehen treten wir ein und setzen uns so, daß wir den Anwesenden nicht unseren Rücken zukehren. Wir vermeiden den Anschein, als führe uns nur der Zufall an diesen Ort. Es gibt Leute, die sich nichts dabei denken, Äußerungen zu machen wie: *Ich war gerade im Nebenhaus bei X, als ich auf den Gedanken kam, auch Sie einmal aufzusuchen.* Das ist unhöflich und verletzend. Tritt, was zuweilen vorkommt, während unserer Anwesenheit ein zweiter Besucher ein, so warten wir einige Minuten, bevor wir uns entfernen. Es könnte sonst scheinen, als würden wir vor dem neuen Besucher die Flucht ergreifen. Es ist allerdings unerlaubt, so lange zu warten, bis der nach uns eingetretene Besucher gegangen ist.

Eisbeutel. Der Eisbeutel schadet meist mehr, als er nützt. Man legt ihn bei einer Magenblutung auf den Leib, eine Hirnblutung sucht man zum Stillstand zu bringen, indem man ihn auf dem Kopf placiert. Natürlich läßt man ihn dort nicht wochenlang, sondern einige Stunden lang liegen. Man erinnere sich nur an den Lungenkranken, dem der Arzt im Anschluß an eine Blutung einen Eisbeutel verordnet hatte. Diesen Eisbeutel ließ der Mann viele Tage lang rechts neben dem Brustbein liegen, bis die betreffende Stelle grau wurde wie gesottenes Rindfleisch und bis auf die Knochen abstarb. Der Eisbeutel wurde inzwischen durch warme Anwendungen verdrängt.

Eisenbahngeschwindigkeit. Die Frage, wie Reisende die Geschwindigkeit der Eisenbahnzüge messen können, in denen sie in die Fremde fahren, ist mir von meinen Lesern wiederholt gestellt worden. Ich habe eine passende Antwort: Die Schiene, über welche die Räder des Eisenbahnwagens laufen, wird regelmäßig durch die Last etwas niedergedrückt. Da die nächste Schiene demnach ein wenig höher liegt, entsteht bei dem Übergang der Räder von der einen zur anderen Schiene ein hörbarer Anstoß, einer jener Schläge, aus denen sich das bekannte Klappern der in Bewegung befindlichen Eisenbahnzüge zusammen-

setzt. An diesen Schlägen läßt sich leicht die Schnelligkeit eines Zuges messen. Zählt der Reisende bei den üblichen Zwölf-Meter-Schienen in 44 Sekunden 50 Schläge, so hat der betreffende Zug eine Geschwindigkeit von 50 Kilometern in der Stunde, was nicht so erheblich ist.

Eisenbahnreisen. Auf Reisen in Eisenbahnwagen, wo jeder äußere Zwang und jede gesellschaftliche Veranlassung zum Vorstellen fehlen, verfährt man ganz willkürlich. Hat man im Laufe der Unterhaltung die Überzeugung gewonnen, daß der Mitreisende gleiche Bildung, Lebensstellung und Weltgeltung besitzt und fühlt man sich durch gemeinsame Gesprächsstoffe sowie durch freundliches Entgegenkommen zu ihm hingezogen, so wird man sagen: Gestatten Sie, daß ich mich Ihnen vorstelle, mein Name ist: nun folgt der Name. Allerdings kann man auf Reisen durch zwingende Gründe veranlaßt werden, unbekannt bleiben zu wollen.

Eiter. Eine dickliche milchrahmähnliche gelbliche oder grüngelbliche Flüssigkeit von süßlich-fadem Geschmack und eigenartigem Geruch nennt man Eiter. Über den Eiter habe ich mich bereits in einem meiner anderen Bücher ausführlich verbreitet; ich verweise, um nicht in Wiederholungen zu verfallen, auf das dort Gesagte.

Elefant. Zwei Herren mit schwarzen Hosen und Schuhen nehmen die in der ersten Figur angedeutete Stellung ein. Der vordere hält mit den Händen eine wurstartig ausgestopfte, leicht bewegliche Rolle, die den Rüssel des Elefanten darstellt. Über die beiden Herren breitet man eine graue Decke, auf die man Augen und große Ohren klebt. Die Stoßzähne sind aus Papier

gemacht und an der Innenseite der Decke befestigt. Nach einiger Übung gelingt der Elefant vortrefflich.

Elefantiasis. Elefantiasis wird ein Ausschlag von knollenartiger Beschaffenheit genannt, bei dem die betroffenen Körperstellen mit einer der Elefantenhaut ähnlichen Decke überzogen sind. Die Beine und Füße, die Arme, der Hodensack, das männliche Glied, die Schamlippen, der Kitzler, die weiblichen Brüste und die Ohrmuscheln sind am häufigsten Sitz dieses Leidens. Es kommt dabei gleichzeitig noch zu einer Vergrößerung des Umfangs der betroffenen Körperpartien, zu einer Massenzunahme der Haut und des unter ihr liegenden Zellgewebes. Die Haut wird in diesem Zustand höckrig, es bilden sich zahlreiche brombeerartige trockene oder auch nässende Warzen. Der ergriffene Körperteil ist nicht selten auf das Doppelte oder Dreifache seines Umfangs verdickt.

Empfang des Besuchers. Ist ein Besucher angekommen und zum Eintritt bereit, so öffnet ein Diener die Tür, um die Umhüllungen abzunehmen. Im Vorraum muß ein Spiegel angebracht sein und eine Bürste bereitliegen, auch ein Handfaß mit Zubehör, um die beschmutzte Kleidung in Ordnung zu bringen und den Schweiß abzuwaschen. Der Diener öffnet die Tür und fragt, falls ihm der Besucher fremd ist, nach dessen Namen. Tragen wir nun einen langen, schwer zu erfassenden Namen, so können wir sicher sein, daß er nicht verstanden wird. Noch einmal danach zu fragen, hat der Diener selten den Mut; dadurch sind schon die unangenehmsten Verwechslungen vorgekommen. Ich erwähne das nebenbei. Um eine Verwechslung auszuschließen, sagen wir, daß wir den Namen notieren werden. Wir ersparen uns also eine Verwechslung und kommen nun sicher zum Ziel. Der Diener öffnet die Tür. Die Frau des Hauses hat beim Empfang einen in die Augen fallenden Platz eingenommen, während der Herr sich in der Nähe des Eingangs aufhält. Es ergibt sich nun, daß die Gastgeber dem Eintretenden mit einer höflichen verbindlichen Miene entgegenkommen.

Empfang durch den Diener. Wie schon erwähnt, hat der Diener, bevor er den Besucher empfängt, darauf zu achten, daß er sich in tadelloser Verfassung befindet. Klingelt es, so hat er sich an die Tür zu begeben und diese zu öffnen. Dabei stelle er sich so, daß der Besucher ungehindert eintreten kann. Dann schließt er die Tür und sage in strammer Haltung: *habe die Ehre, guten Tag zu wünschen.* Die Antwort des

Besuchers wird gewöhnlich in der Frage bestehen, ob der Herr anwesend sei. Nun antworte der Diener niemals mit *Jawohl*, weil er nie wissen kann, ob der Herr den Besucher empfangen will oder nicht. Deshalb sage er: *einen Augenblick, ich werde nachsehen, bitte, wen habe ich die Ehre zu melden*? Nachdem der Besucher seinen Namen genannt hat, wiederholt ihn der Diener, um den Besucher zu überzeugen, daß er ihn richtig verstanden hat. Hat er ihn nicht verstanden, so bittet er den Besucher mit den Worten *Verzeihung, ich habe nicht verstanden, darf ich noch einmal um den Namen bitten, mein Herr?* um Wiederholung. Nachdem er den Namen nun richtig verstanden hat, öffnet er die Tür des Empfangszimmers, läßt den Besucher eintreten und bietet ihm mit einer einladenden Handbewegung Platz an, wobei er jedoch streng vermeidet, etwa *darf ich bitten* zu sagen. Dann entfernt sich der Diener und meldet den Besucher. Nimmt der Herr den Besuch an, so begibt sich der Diener wieder in das Empfangszimmer und meldet: *Der Herr läßt bitten*.

Falls der Besucher die Garderobe abzulegen wünscht, ist ihm der Diener behilflich. Er überzeugt sich schnell, ob an den Kleidungsstücken Staub oder Schmutz haftet; ist das der Fall, so entfernt er den Übelstand mit der Bürste. Erwähnt sei noch, daß der Diener zur Schonung der Parkettböden im Winter oder bei schlechtem Wetter das Ablegen der schmutzigen Überschuhe zu erbitten hat. Dies hat natürlich nur zu geschehen, wenn der Besucher Überschuhe trägt.

Empfindlichkeit. Empfindlichkeit ist keine liebenswürdige Eigenschaft. Man soll nicht übelnehmerischer Natur sein und harmlose Anspielungen oder unbeabsichtigte geringe Verstöße tragisch nehmen und zu groben Beleidigungen aufbauschen. Vielmehr ignoriere man dieselben oder lache selbst mit, wenn man im munteren Humor einmal zum Gegenstand des Scherzes gemacht worden ist. Andererseits unterlasse man es, empfindliche Personen, die in dem oder jenem Punkt keinen Spaß verstehen, aufzuziehen, anzutreiben, an-

zuzapfen, zu schrauben oder wie die landläufigen Ausdrücke lauten.

Empfindungen, unangenehme. Die Höflichkeit ist ein trefflicher und erlaubter Mantel, unsere unangenehmen Empfindungen anderen Leuten gegenüber zu verbergen. Und je mehr der Mensch sich in der Gewalt hat, je mehr ihm die Formen des guten Tons zu eigen geworden sind, desto sicherer wird er auch in höflicher Form unangenehme Dinge berühren können, ohne einen anderen zu verletzen. Niemand wird ihn darum einen Heuchler nennen dürfen, selbst wenn der in höflicher Weise Zurückgewiesene in dieser Behandlung ein Wohlwollen zu erkennen glaubt, das in Wirklichkeit nicht vorhanden ist.

Ende. Ich bin mit meinen Ausführungen am Ende. Mögen sie zum Wohl der denkenden Welt beherzigt werden, denn nur durch die Beseitigung der Ratlosigkeit kann der Menschheit geholfen werden.

Englische Gebräuche. In den englischen Gebräuchen finden wir einige Besonderheiten, die so tief in den örtlichen Verhältnissen begründet sind, daß eine Übertragung auf die hiesigen Gepflogenheiten nicht in Frage kommt. Wir könnten sie stillschweigend übergehen und reden dennoch davon. Der wirklich vornehme Engländer wird auf Reisen allenfalls dadurch auffallen, daß er immer das Beste, und zwar als ganz selbstvertändlich, beansprucht, während der Deutsche eher bescheiden zurücktritt. Von Engländern, die laut sprechen, sich auffallend benehmen, Einrichtungen auf den Eisenbahnen und

Dampfschiffen kritisieren oder so tun, als wären sie allein auf der Welt, kann man mit Sicherheit annehmen, daß sie den ungebildeten Ständen angehören. Der feine Engländer benimmt sich anders. In manchen Kreisen gilt es als unfein, wenn die servierenden Diener Handschuhe tragen. Das Alleingehen von Frauen in den Straßen Londons, das noch vor kurzem als ganz unzulässig galt, bricht mit der zwingenden Macht der Notwendigkeit sich immer mehr Bahn. Die Dame zeigt sich zu Fuß am Vormittag, sie geht rasch und bleibt nirgendwo stehen; am Nachmittag besucht sie die Läden ohne Verpflichtungen. Es ist jedoch unrichtig, sich das englische Leben als sittenlos vorzustellen, nur weil der Duft europäischer Formen überall verwischt. Dafür sind neue bisweilen strengere Sitten entstanden: man redet gedämpft und lacht nicht schallend. Wie das Wort schon andeutet, muß alles sanft sein. Gewisse Worte, bei denen wir uns nichts Böses denken, sind dort verboten. Unser ganz unschuldiges Wort *Magen* darf auf gar keinen Fall aus dem Mund einer Dame kommen. Andere Unarten liegen in der Aussprache einzelner Wörter, deren Aufzählung hier zu weit führen würde; als Beispiel diene der Name *Karoline*. Der Engländer ist in der Regel ein höflicher, gutmütiger, wenn auch zurückhaltender Mensch. Bezeichnend ist etwa folgendes: in einer Wirtschaft ruft er nicht eintretend: *Ober zwei Bier!* sondern lenkt mit Geduld die Aufmerksamkeit des Obers auf sich. Der gewöhnlichste Arbeiter entschuldigt sich, wenn er im Straßengedränge jemanden angestoßen hat, kurz, aber höflich. Er unterscheidet sich dadurch und außerdem durch die Fähigkeit, mit Messer und Gabel hantieren zu können, auf das Vorteilhafteste von seinem deutschen Arbeitsgenossen, der den schweren Stoß, den er einem anderen versehentlich versetzt hat, höchstens mit einem *Hoppla* entschuldigt und die Gabel

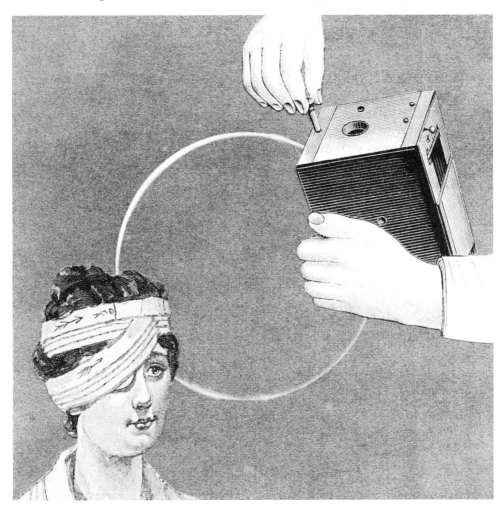

zur Seite legt, sorgfältig, um mit dem Messer zu essen.

Entdeckung. Eine grauenvolle Entdeckung machte, wie die Polizei erst heute mitteilt, in der Nacht zum Sonntag eine Landwirtsfrau in Hüttengesäß.

Entdeckungen. Collunder entdeckte einen Magen, der ganz mit Fasern, Moos und Blättern, Haaren, Filz und Gewölle gefüllt war. Aus der Tiefe des Magens zog er im letzten September eine meterlange Schlange heraus, die wurstartig aufgerollt war, so daß ihr zerquetschter Kopf in der Mitte lag. Collunder hatte die Angewohnheit, ganz außerordentliche Schreie auszustoßen, wenn er eine Entdeckung gemacht hatte. Die absonderlichste Entdeckung, die er jemals machte, war die Entdeckung von Goms, im Gebirge. Diese Entdeckung, die ihm ohne Schwierigkeiten gelang, machte ihn weit über Goms hinaus bekannt. Etwa zur gleichen Zeit entdeckte ich das Dampfen. Lemm entdeckte das Rauschen. Scheizhofer entdeckte das Stoßen. Wobser, der ein ganzes Buch über die Luft geschrieben hat, entdeckte in dieser Luft einen Mann mit aufgeblasenen Backentaschen. Er entdeckte ein Ächzen, das er mit dem Schnarchen eines schlafenden Mannes verglich. Von Klomms Entdeckungen spreche ich nicht. Aber nach den Entdeckungen von Lenz stieg am 10. August ein Mann aus der aufgetauten Erde und setzte sich in die Zimmerecke. Wenn man ihn überraschte, erhob er sich augenblicklich und starrte die Gegenstände, die ihn in Aufregung versetzt hatten, an, augenscheinlich bereit,

bei einer sich bietenden Gelegenheit auf sie loszufahren und von seinen Zähnen Gebrauch zu machen. Seine Eigenschaften waren durchaus nicht geeignet, ihn zum Liebling der Gegend zu machen. Er knurrte im Inneren tief und hohl, knirschte mit den Zähnen und schlug sie ungemein schnell und heftig aufeinander, schreibt Lenz in seinen Entdeckungen. Das von mir beschriebene Vergnügen, das von mir entdeckte und beschriebene Vergnügen wollen wir hier unbeachtet lassen. Ebenso alles Weitere über Entdeckungen und ihre Folgen.

Entfernung des Besuchs. Jedem Gast, der sich erhebt, um seinen Besuch zu beenden, soll man sein Bedauern darüber ausdrücken, daß er schon geht, um in ihm die Überzeugung zu erwecken, daß es uns unangenehm ist, daß er schon geht, weil gerade seine Anwesenheit etwas ganz Außerordentliches für uns war. Danach muß der Besucher die nächste Gelegenheit ergreifen, um sich zu empfehlen. Erhebt sich also der Besuch, so lassen wir eine kurze Bemerkung fallen, wie etwa: *Sie gehen schon?* und führen den Besuch zur Tür. Der Besuch sagt beim Fortgehen: *Ich darf Sie nicht länger aufhalten, Sie haben sicherlich noch weitere Verpflichtungen.* Beim Abschiednehmen ist es Sache des Hausherrn, den Besuch um die Fortsetzung seiner Besuche zu bitten.

Entfettung. Die *Professor Wobsersche Entfettung* gipfelt in der ohne Zweifel richtigen Ansicht, daß es nicht das genossene Fett ist, das zur Verfettung führt, sondern etwas ganz anderes. Wobser empfiehlt das Bergsteigen und ausgiebige Bewegung im Freien durch Gehen, Vermeidung des langen Schlafes, Vermeidung von Skat, Sechsundsechzig, Tarok und anderer Hockspiele, Rommé und Domino, Vermeidung von Suppen, Kartoffeln, Hülsenfrüchten, Rüben und mehligen Speisen, sie sind gänzlich auszuschließen aus diesem Leben; dagegen empfiehlt er das unübertroffene Kegelspiel und das Holzsägen.

Enthaarung. Oft stellt sich Haarwuchs dort ein, wo man ihn nicht gebrauchen kann und ist dann sehr störend. Das Ausreißen der Haare, also die Entfernung samt der Wurzel, wäre radikal, ist aber schmerzhaft und zeitraubend und kann zu kleinen Entzündungen führen. Besser ist es, die Haare dort sitzen zu lassen, wo sie gerade sind, und wenn sie bei kleinen Anlässen allzu störend wirken, bedecke man die behaarten Stellen.

Entkräftung: siehe *Erschlaffung*

Entschuldigung. Jeder unbeabsichtige Verstoß gegen die gute Sitte, wodurch man jemandem unangenehm geworden ist, erfordert eine höfliche Entschuldigung, um

dem Betreffenden die Versicherung zu geben, daß es wider Willen geschehen sei und man das Vorkommnis bedaure. Die Entschuldigung sei daher eine angemessene. Hat man also jemandem einen Rippenstoß gegeben, so mache man es nicht mit einem kurzen Pardon ab, sondern sage: *Bitte ent-*

schuldigen Sie, es geschah auf die und die Weise.

Enttäuschung. Der *Ratschläger* beschäftigt sich mit den Aufgaben des häuslichen Lebens, damit das Behagen und die Zufriedenheit auf die leichteste Weise in unsere Stuben kommt. Nötig ist nur der feste Wille zum Glück. Enttäuschungen sollen übersehen werden, gute Eigenschaften geschätzt und Schwächen vermieden werden. Alles hat mit sanfter Hand zu geschehen und mit häuslicher Höflichkeit.

Erblassen. Sensible Frauen leisten oft Außerordentliches im Erblassen oder Erröten bei allen möglichen Anlässen. Sie bedürfen der Abhärtung, Kräftigung, Willensübung im allgemeinen, dann nimmt auch die große Empfindlichkeit ab.

Erbsen. Hat sich ein Mann Erbsen ins Ohr gesteckt, so mache man keinen Versuch, sie gewaltsam herauszuholen.

Erdbad. Kommt ein Mensch in die Umgebung eines Blitzes, dann sinkt er zuckend zu Boden. In manchem Fall ist das Bewußtsein verschwunden; aus Nase Mund Ohren fließt manchmal das Blut. Ein Mittel, das viele gerettet hat, ist das Erdbad. Man grabe ein Grab von Menschenlänge, in dieses lege man den Getroffenen völlig entkleidet, mit erhobenem Kopf und bedecke ihn dann zwei Fuß hoch mit Erde.

Erdrücken. Erdrücken, Zerdrücken, Zerquetschen sind Worte, die hauptsächlich bei Menschenaufläufen, bei einer zu großen Anhäufung von Personen auf Straßen und Plätzen, auf Brücken, in Schauspielhäusern und Kirchen, in Hausfluren, Gängen und Kellern eine Rolle spielen, also da, wo es an Platz zum Ausweichen fehlt. Der kluge, besonnene Leser pflegt solche Worte nach Möglichkeit zu umgehen und meidet gefährliche Stellen. In manchen Fällen ist das Erdrücken zugleich von einem Ersticken begleitet. Zum Beispiel beim Einsturz von Bergen oder Gebäuden, wenn also viele schwere Körper den Menschen bedecken und ihm die Atemluft nehmen. Wenn Körperteile, zum Beispiel der Kopf, gequetscht und durch gewaltsames Drücken beschädigt ist, so tut ein warmer Hopfenumschlag die besten Dienste. Den Hopfenumschlag bereitet man aus Hopfen, den man in Essig, Bier oder Wein kocht und danach ausdrückt.

Ereignislosigkeit. Schlechtes Wetter oder Ereignislosigkeit in gesellschaftlichen Beziehungen vermögen unsere Räume besonders am Abend ganz unerwartet zu überfüllen. Das lang andauernde Halten der vollbeladenen Bretter, die Gedrängtheit, die Unaufmerksamkeit der sich unterhaltenden Anwesenden stellen an Körperkraft, Geduld und Geschicklichkeit große Ansprüche. Einige vorher erteilte Winke an bekannte Herren, die wenig erfreuliche Erinnerungen in uns hinterlassen haben, können da von größtem Nutzen sein; denn nichts ist unschöner und unwürdiger, als wenn nach der Öffnung der Türen diese Herren sogleich – aber das sind freilich ganz seltene Ereignisse, die ich noch niemals erlebt habe.

Erfolg, ausbleibender. Bleibt der Erfolg aus, so setzt man sich über ein Gefäß mit heißem Wasser auf einen dampfenden Stuhl, den Dampf durch ein großes über die Knie gelegtes Tuch zusammenhaltend, wobei man sich vor Verbrennungen zu hüten hat. Nützt auch das nichts, so tut etwas anderes oft gute Wirkung, ohne daß Dampf in Erscheinung tritt.

Erfrieren. Wenn Kälte längere Zeit auf den lebenden Körper oder einen seiner Teile einwirkt, so erschlaffen alle Gefäße, erweitern sich und füllen sich strotzend mit Blut. Die Haut bekommt ein blaues Aussehen, es bilden sich Blasen mit einem trüben wässrigen Inhalt. Wenn jetzt nicht Hilfe erscheint, geht es in den wirklichen Tod hinüber, falls es nicht ohnehin schon geschehen ist. Alle Säfte des Körpers gerinnen dabei zu Eis. Noch ist es möglich, den Erforenen zu retten; man transportiere ihn behutsam, damit bei der steifen und glasartigen Beschaffenheit der einzelnen Körperteile, der Nase, der Ohren, der Finger, der Zehen, nichts abbricht, in ein kaltes Zimmer, schneide ihm sanft die Kleider vom Leib und bedecke ihn ganz mit Schnee, natürlich mit Ausschluß des Mundes. Ist kein Schnee in der Nähe, umwickele man den Körper mit großen Tüchern, die man in eiskaltes Wasser getaucht hat. Beim Eintritt des Auftauens legt sich rasch eine dünne Eiskruste über die Haut des Erfrorenen; man reibe ihn danach mit großer Aufmerksamkeit ab, bis sich vereinzelte Ansätze zur Atmung zeigen und die beschriebene Steifheit nachläßt.

Erhängen. Das Erhängen ist die angenehmste Todesart. Ein um den Hals geschnürter Strick bewirkt zweierlei: er unterbricht gewaltsam die Zufuhr von Luft zu den Lungen und führt Erstickung herbei; er verhindert durch Druck den Blutabfluß aus dem Gehirn und ruft Betäubung hervor. Das Gesicht ist blau und gedunsen, die Augen sind aus den Höhlen getreten. Infolge des Drucks sind kurz vor dem Tod unwillkürliche Kot- und Harnentleerungen zu beobachten, bei männlichen Personen Samenergießungen, bei weiblichen Schleimabsonderungen aus der Scheide. Der Körper eines Erhängten bleibt noch lange Zeit warm und geschmeidig. Fehlen diese Erscheinungen, namentlich aber die einer stattgehabten geschlechtlichen Erregung, so darf man mit Sicherheit darauf schließen, daß der Erhängte als Leiche aufgeknüpft worden ist.

Erheben der Hand. Das bloße Erheben der Hand zum Hut ist unter Herren zwar gebräuchlich, doch dürfte es ratsam sein, diese Form des Grußes nur unter genaueren Bekannten zur Anwendung zu bringen, also nicht fernstehenden oder gar völlig fremden Personen gegenüber.

Erlaubnis. Rauchen soll in Gegenwart von Damen, wo es auch sei, ohne die Erlaubnis erbeten und die Erlaubnis ausdrücklich erhalten zu haben, unterlassen und die mehr erzwungen als freiwillig gegebene Erlaubnis der Damen nicht in ungebührlicher Weise ausgenutzt werden.

Ermüdung. Tritt bei längerem Stehen Ermüdung ein, so wird es niemand übel nehmen, wenn man sich ein wenig stützt, sei es auf einen Schirm oder auf eine Stuhllehne oder sonst in ungezwungener Art. Mit dem Rücken sich gegen eine Wand zu lehnen, gilt als unfein, ganz abgesehen von den Nachteilen, die die Kleidung dadurch erleiden könnte.

Erschlaffung: siehe *Erschöpfung*

Erschöpfung: siehe *Entkräftung*

Ersticken. Einen in giftiger Luft umgekommenen Mann suche man auf die folgende Weise zu retten: um ihn an die frische Luft zu bringen, was die Hauptsache ist, verfahre man vorsichtig, damit man nicht selbst den Gasen zum Opfer fällt. Man hole also vor dem Eindringen in den betreffenden Raum noch einmal tief Atem, springe mit ein paar Sätzen zum nächsten Fenster und schlage es ein. Man stecke sofort den Kopf zum Fenster hinaus, schöpfe tief Luft und springe zum nächsten Fenster, wo man das gleiche Manöver wiederholt. So fahre man fort, bis alle Fenster zerschlagen sind, und zwar am besten im Dunkeln. Um in Räume zu kommen, die mit Grubengas angefüllt sind und sich meistens unter der Erde befinden, wie Keller, Brunnen, Gruben, Kanäle, muß man die Luft durch ein schnelles Herablassen und Wiederheraufziehen eines aufgespannten Regenschirms zu erneuern suchen. Auch durch Hinunterschießen oder Hinunterschütten von Kalkmilch kann man die Luft verbessern. Vorsichtig sei man bei Grubengasen und beim Hinabwerfen brennender Gegenstände, die alles

entzünden, so daß eine feurige Lohe heraufsteigt und jeder Rettungsversuch vergeblich sein wird. Dem Retter, der sich nach diesen Vorbereitungen in den mit giftigen Dünsten gefüllten Raum begibt, um den Verunglückten aus der Tiefe zu holen, bindet man einen starken Strick um die Brust; vor seinem Mund befestigt man ein in Kalkmilch getauchtes Tuch. Ist der Raum ein Keller, so steigt der Retter einfach die Treppe hinunter. Am Schluß, wenn man beide, Retter und Opfer, aus der Grube gezogen hat, beginnen die Wiederbelebungsversuche.

Ertrinken. Die vielfach verbreitete Meinung, daß beim Ertrinken der Tod durch den Eintritt des Wassers in die Lungen erfolgt, ist ein Irrtum. Der Tod tritt am häufigsten durch Ersticken ein, durch Abschluß der Luft, die die Atmung unterhält.

Das Gesicht des Ertrunkenen ist blaurot gedunsen, die Lippen dunkelblaurot, die Augen dunkelblau unterlaufen, im Mund befindet sich Schaum und Schleim, im Magen und in den Lungen Wasser, es tropft. In anderen Fällen findet man das Gesicht auffallend blaß in seiner Gedunsenheit, die Augen hervorquellend, halb geschlossen, mit einer schleimigen Masse überzogen, die Zunge hängt aus dem Munde heraus, oder sie ist zwischen die Zähne geklemmt, die Hände sind zu Fäusten geballt, ihre Haut und die Fußhaut zusammengeschrumpft. Man ziehe den Mann aus dem Wasser, was mit Vorsicht und Schonung geschehen muß, und lege ihn bei günstigem Wetter auf den Boden am Ufer, besser noch auf den Boden des nächstbesten Hauses auf eine Matratze; entferne die nassen Kleider, säubere den Mund vom Schlamm, ziehe die Zunge heraus und befestige sie in der auf

Tafel I

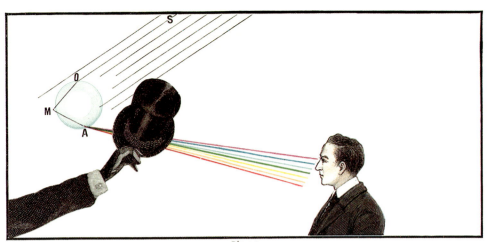
Figur 4

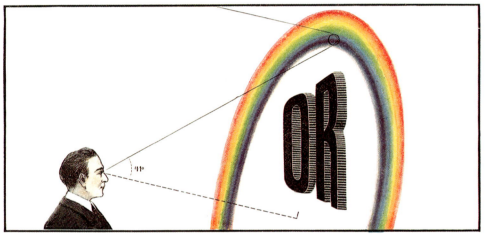
Figur 5

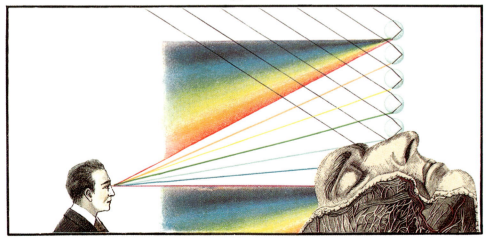
Figur 6

Tafel II

Tafel III

Tafel IV

Tafel V

Tafel VI

Tafel VII

Tafel VIII

Tafel IX

Tafel X

Tafel XI

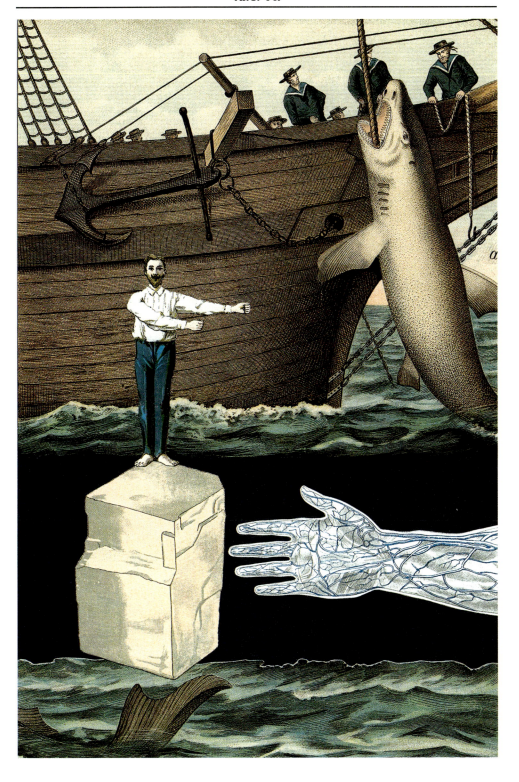

Tafel XII

Tafel XIII

Tafel XIV

Tafel XV

Tafel XVI

einer anderen Seite beschriebenen Weise. Keinesfalls stelle man den Ertrunkenen auf den Kopf, um das Wasser herauslaufen zu lassen. Auch hebe man ihn nicht an den Beinen in die Höhe, sondern lege ihn am besten über seine Knie auf den Bauch und kitzele seinen Schlund.

Erzählen. Ein Erlebnis, eine Geschichte kann gut und schlecht, amüsant und langweilig erzählt werden. Die Kunst, etwas fesselnd zu erzählen, ist nicht jedermanns Sache, und wer derselben nicht mächtig ist, der unterlasse lieber das Erzählen. Lästig sind vor allem Erzählungen, welche sich zu sehr in die Länge ziehen. Man begreife endlich, daß das stundenlange stille Dasitzen nicht mehr dem Geschmack unserer Welt entspricht. Es gibt sogar Leute, die bei längerem Dasitzen in der Gesellschaft sich des Einschlafens nicht erwehren können, zumal wenn die Temperatur durch die Ofenhitze und infolge der Anwesenheit vieler Menschen sehr hoch ist. Also fasse man sich beim Erzählen so kurz wie möglich.

Essig. Damen, deren Leibesumfang bereits über die Grenzen der reinen Bewunderung hinausgeht, nehmen vielfach Zuflucht zum Essiggenuß. Das Fettpolster schwindet, die Haut welkt, in ihr schlottert das Fleisch, das gelblich gefärbte Gesicht hat einen leidenden Ausdruck.

Etikette. Etikette ist die Bremsvorrichtung der Leidenschaft in öffentlichen Verhältnissen.

Exzesse. Darunter versteht man Ausschweifungen, übermäßigen Genuß im Gebiet der Ernährung, des Geschlechtslebens oder des Sports, worauf stets die Strafe der Natur folgt. Eine Nacht hindurch tanzen bis zur Erschöpfung ist ein Exzess. Bei großen Gastmählern zu viel zu sich zu nehmen, so daß Magendruck, Übelkeit und Erbrechen folgen, ist ein Exzess. Noch gefährlicher und zerrüttender ist Unmäßigkeit auf geschlechtlichem Gebiet. In vielen Ehen herrscht diese Unmäßigkeit: die Folgen davon sind nervöse Männer, unterleibskranke Frauen und ein von geschlechtlichen Verirrungen geschwächtes Gedächtnis.

F

Fahrgelegenheiten, öffentliche. In den öffentlichen Fahrgelegenheiten wird zu bestimmten Sätzen jedem Menschen Platz gegeben, der zahlt, und wer zuerst kommt, hat das Recht der Wahl. Ihm seinen Platz streitig zu machen, ihn zu bemühen, einen anderen einzunehmen, wohl gar zu erwarten, daß er aufstehe, ist eine Unbescheidenheit, selbst wenn diese Forderung von einer Dame ausgeht. Gerade die Damen müssen durchaus lernen, daß sie im großen Weltgetriebe keine bevorzugte Stellung und keine Vorrechte beanspruchen dürfen. Sie müssen aufwachsen mit dem Bewußtsein, daß sie nicht mehr und nichts Besseres sind als jeder andere, der mit ihnen durch die Straßen geht, mit ihnen in Konzerten sitzt, in Geschäften Ware kauft und bezahlt: gerade wie sie.

Fahrrad. Nach Weingläsern und Rasierklingen, die der Franzose Lotito verspeiste, will er ein ganzes Fahrrad verzehren. Im Januar wird er damit beginnen.

Fallobst. Fallobst legt man, um es ausreifen zu lassen, einige Tage zwischen wollene Decken.

Falsche Haare: siehe *Haare, Zähne, Kopf*

Falschheit: siehe *Aufrichtigkeit*

Familienverhältnisse. Es gehört zu den unschönen Eindrücken, wenn in der Öffentlichkeit Mitglieder einer Familie sich auf gespanntem Fuß gegenüberstehen.

Andererseits verschafft es uns einen erfreulichen Anblick, wenn Familienmitglieder einander freundschaftlich zugetan sind und der Welt nicht das Schauspiel eines Familienzerwürfnisses darbieten. – Ganz besonders rauhe Tage nötigen die Familie zu engerem Verkehr in den häuslichen Räumen, zu der vollkommensten Form der geselligen Verhältnisse, des gegenseitigen Austauschs von Gedanken, Gefühlen und Erfahrungen; vor allem in den großen Städten, wo es zu den Gewohnheiten gehört, fremd aneinander vorüberzulaufen.

Farben. Das weiße Meer und das schwarze Meer sind nicht weißer und nicht schwärzer als andere Meere, sagt Klomm. Über die Farbe des gelben Meeres sagt Klomm nichts, es wird also nicht gefärbt sein, sonst würde er das ohne Zweifel bemerkt haben. Anders verhält es sich mit dem roten Meer, das seine Farbe nach Klomms Ansicht von den in ganzen Wäldern den Boden bedeckenden Korallen erhält. Ich sehe bei bedecktem Himmel vor mir das graue Meer, das bleigraue ölige Meer, plötzlich vollständig schwarz, was in Verbindung mit der unheimlichen Stille auf dem Schiff, der Aufmerksamkeit und der Besorgnis der Matrosen, der Schweigsamkeit des Kapitäns und den tief dunkelgrauen fetten schweren am Himmel hängenden Gewitterwolken einen beängstigenden Eindruck macht.

Farbfrische. Es gibt Menschen, die durch ihre Farbfrische entzücken und überraschen, andere wiederum zeigen einen Mangel an Farbstoffen, wie die Albinos *(siehe diese)*. Wodurch solche grellen Unterschiede bedingt sind, ist bisher noch nicht erforscht. Bekannt ist aber, daß eine Form von Nervenschwäche mit einer eigentümlichen braunen Färbung der Haut zusammenhängt. Die dunkle Gesichtsfarbe solcher Personen ist zwar oft auffällig, spielt aber in diesem Artikel keine Rolle.

Farnkraut. Getrocknetes und von den Stengeln gestreiftes Farnkraut ergibt eine elastische Matratzenfüllung, die außerdem kein Ungeziefer aufkommen läßt.

Fehler. Es macht einen höchst unangenehmen Eindruck, wenn man einen begangenen Fehler verbessert. Hat man sich vergriffen, was ja vorkommen soll, so gehe man ruhig darüber hin, als wenn gar nichts vorgefallen wäre; man kann überzeugt sein, daß kaum einer den Fehler bemerkt hat. Hebt man jedoch den Fehler hervor, unterbricht man das Spiel, um ihn zu verbessern, so meint jeder, daß man steckengeblieben sei und bedauert diese Stümperhaftigkeit, wenn auch nur stillschweigend für sich.

Feinde. Nicht als ob man sich nicht schützen und wehren soll gegen Feinde, das ist vielmehr ein Recht und eine Pflicht der Selbsterhaltung. Aber hassen und verachten werden wir selbst denjenigen nicht, der uns Böses zufügt oder übelwill, wenn wir die menschliche Natur und die Motive nicht bloß oberflächlich, sondern im Lichte der Philosophie, das heißt klar und gründlich erkennen. Den vielen Feinden und Bekämpfern unseres *Ratschlägers* sehen wir ganz bequem entgegen.

Fenster. Es ist unfein, den Leuten in die Fenster zu sehen. Eine Ausnahme ist allenfalls gestattet, wenn wir an der Wohnung eines Bekannten vorbeigehen. Wir haben dann das Recht, hinaufzublicken, um uns zu vergewissern, ob wir einen Gruß hinaufzusenden haben. Befinden wir uns zufällig am Fenster und ein Bekannter grüßt zu uns herauf, so haben wir den Gruß freundlich zu erwidern, uns aber dann

vom Fenster zurückzuziehen. Es gibt zwar Leute, die es für unzart halten, am Fenster zu stehen; das aber ist zu weit gegangen, denn warum sollte jemand, der Zeit und Neigung dazu hat, nicht einmal mit Vergnügen auf das Straßengetümmel hinabblicken dürfen. Jungen Damen allerdings ist davon abzuraten; es könnte der Anschein entstehen, als wollten sie die Aufmerksamkeit auf sich ziehen. Das muß unter allen Umständen vermieden werden. Ungeschickt ist es auch, vom Fenster aus etwas mit dem Opernglas zu beobachten; am unpassendsten ist es, es auf Personen zu richten. Man könnte leicht annehmen, daß man sie mustern möchte. – Obgleich in den großen Städten die Straßen so breit sind, daß die Gegenüberwohnenden einander nicht in die Fenster sehen können, muß dennoch jeder darauf achten, daß er sich in der Nähe des Fensters nur im vollständigen Anzug zeigt. Herren ziehen im Sommer oft den Rock aus und verstoßen damit in Hemdsärmeln gegen den guten Ton. Ganz ungeheuerlich aber ist das Sichtbarwerden von Nachthemden und langen Pfeifen.

Fernerstehende. Kommt man in die Lage, Fernerstehenden aus reinen Anstandsrücksichten gratulieren zu müssen, so sei man kurz und in der Wahl seiner Ausdrücke recht vorsichtig. Worauf es ankommt, haben wir ja schon in großen Zügen angegeben.

Festlichkeiten. Man kann Festlichkeiten und Aufführungen nicht immer ausweichen; es ist aber zu empfehlen, im Tanzen wenigstens mäßig zu bleiben und auch im Singen nur das Nötigste zu leisten. Es ist bekannt, daß die Stimme mancher Sängerin in dieser Zeit belegt klingt; was aber für die allgemeine Betrachtung keine Bedeutung hat.

Festschnüren. Ein wunder Punkt unserer Welt ist die Korsettliebhaberei oder das brustkorbumschnürende Korsett, das kräftige tiefe Atemzüge verhindert; auch das Festschnüren der männlichen Beinkleider durch Riemen fällt in dieses Gebiet. Eine der weiteren Dummheiten sind die Halskragen, die zur Verweichlichung des Halses führen, ebenfalls die Spitzheit der

Schuhe mit ihren Fußfolgen. Wir brauchen bloß die Matrosen anzusehen, die von allen diesen Krankheiten verschont sind. Hier einzuordnen sind außerdem die hohen Absätze, durch die Wirbelsäulenverbiegungen und Beckenverengungen hervorgerufen werden, was man leicht merken kann, wenn man auf die Fersen statt auf die Zehen springt. Unter diesen Artikel fallen auch Strumpfbänder.

Fett. Fett trifft man zum Teil im freien Zustand an, auf dem Tisch in der Schüssel, aus der wir essen; aber auch unter der Haut, im Zellgewebe der Höhlen, in denen Nerven und Blutgefäße vom Fett eingepolstert werden. Im Tier- und im Menschenkörper ist Fett ziemlich häufig zu finden, es dient dort als Ausfüllungsmasse, zur Hervorrufung schöner Rundungen, aber auch als Schutzpolster gegen die Einwirkungen von außen, wie Druck, Schlag und Stoß.

Fettammer. Der kleine Vogel wird gemästet und durch Ersäufen in Armagnac getötet. Man serviert das Tier heiß, mit seinen Knochen und Eingeweiden, seinen Säften und seinem Blut. Beim Essen nimmt man den Kopf in den Mund und zermalmt ihn rasch mit den Zähnen. Dann kommen die fleischlosen Flügel an die Reihe, danach sucht man die kleinen Füße, ergreift sie und befördert den ganzen Vogel entschlossen in den Mund, zermalmt diesen ganzen kleinen Körper, zerkaut und verschlingt ihn mit seinem ganzen Saft. Nichts darf ausgespuckt werden, behauptet Klomm. Lemm vertritt eine andere Ansicht. Collunder hat sich dazu nicht geäußert.

Fettgeschwulst. Eine Anhäufung von Fett in widernatürlichen Mengen an einer einzelnen Stelle des Körpers nennt man eine Fettgeschwulst. Diese stellt eine rundliche lappige Geschwulst aus Fettgewebe dar, die sich in der Haut meist sehr langsam entwickelt und bisweilen eine enorme Größe erreicht. Beschwerden sind im allgemeinen nicht damit verbunden.

Feuchtigkeit. Über die Feuchtigkeit und das Naßwerden von Menschen und Gegenständen haben wir uns in zahlreichen Artikeln geäußert. Unter anderem auch unter dem Stichwort: *Meereslust*.

Feuer. Es ist unendlich traurig, daß keine Woche vergeht, ohne daß man in den Zeitungen von schrecklichen Verbrennungen durch Feuer und schlechte Gewohnheiten lesen muß. Dabei ist es so einfach, etwas dagegen zu tun. Einen brennenden Menschen wirft man zu Boden, wo man ihn in einen Teppich wickelt und wälzt. Man begieße schnell noch die rauchenden Kleider und entferne sie mit Hilfe der Schere vom Körper. An der Haut klebende Stücke reißt man nicht ab, vielmehr umschneide man sie und lasse sie liegen. Bei brennenden Gardinen tauche man einen Haarbesen ins Wasser und fahre damit an ihnen entlang. Etwa herabfallende Fetzen begieße man sofort mit Wasser. Nützt das nichts, so verlasse man rasch das Zimmer. Man laufe nun aber keine verqualmte Treppe hinauf oder hinab, sondern benachrichtige durch Rufen darüber oder darunter wohnende Leute. Bei wachsender Feuergefahr benutze man die Ausgänge. Man mache sich auch mit der Lage der Treppen vertraut oder bediene sich einfach des nächsten Feueralarms. Wenn es sich machen läßt, dann versuche man das Feuer zu löschen oder die Aufmerksamkeit der Feuerwehr auf sich zu lenken. Muß man fliehen, so bringe man möglichst gut schließende Türen hinter sich. Man nehme nichts weiter mit, als einen Wasserbehälter und kühle daraus, falls große Gefahr besteht, sein Gesicht. Brennen die Kleider am Leibe, so laufe man nicht ins Freie hinaus in den Wind, sondern ersticke die Flammen wie oben erwähnt. Der Rest ist leicht zu erraten.

Filzlaus. Zu den kleineren Leiden gehört ohne Zweifel der Besitz von Filzläusen, einer Lausart mit breitem abgerundetem Körper und langen scherenartigen Beinen. Ihre Streifzüge führen vornehmlich von den Schamhaaren aus über die Bauchhaare bis zu den Brusthaaren.

Finger. Mit Hilfe der Finger kann sich zum Beispiel die Hand zum hohlen Gefäß, zur Faust, zum Haken und mit Hilfe des Daumens zur Zange oder zum Ring gestalten. Die ungleiche Länge der Finger macht die Hand auch geeignet, Körper von kugliger

Form zu umgreifen. Die Hand schließt, wenn die Finger zusammengekrümmt sind, einen leeren Raum ein, der, wie zum Beispiel beim Fliegenfangen, durch den Daumen als Deckel geschlossen wird. Die Benutzung der Finger ist also besonders lehrreich und folgenreich, aber nur in bestimmten Fällen zulässig. Jedenfalls ist im Moment viel die Rede davon.

Fische. Fische sind in manchen Gegenden ein beliebtes Nahrungsmittel, in den meisten Fällen durchaus ungefährlich und gesund. Man berieche den Fisch zur Vermeidung unangenehmer Überraschungen von allen Seiten, betrachte die Farbe seiner Eingeweide und lasse verdächtige Ware ungekauft. Klare strahlende Augen sind auch beim Fisch ein Zeichen für Frische. Leider ist unser Geruchssinn oft ungeübt, er vermag feine Gerüche nicht mehr zu unterscheiden. Man mache also systematische Übungen, sauge sich mit Waldluft voll und bemühe sich, alles, was davon abweicht, festzustellen: in den Wohnzimmern und Schlafzimmern, in Küchen und Läden, Wirtschaften und Warenhäusern. Man wird dann vieles entdecken, was man vorher nicht wissen konnte. Tritt nach dem Fischgenuß dennoch Übelkeit auf, so führe man durch das Einführen eines Fingers Erbrechen herbei. Man wird dann keine Nachteile mehr haben.

Flaschenstöpsel. Gerade im gegenwärtigen Moment, indem wir erleben müssen, daß vieles von dem, was wir schätzen, verlorengeht, ist es außerordentlich praktisch, einen Flaschenstöpsel zu besitzen, der aus zwei Porzellanteilen mit einem dazwischenliegenden Gummiring besteht und durch Zuschrauben fest an den Rand der Flasche gedrückt wird, so daß ein Herausschnellen des Stöpsels verhindert wird und das Auslaufen der Flüssigkeit nahezu unmöglich ist, wie man in vielen Fällen beobachtet hat.

Flaschenzüge. Flaschenzüge werden im Haushalt viel zu wenig benutzt. In engen Räumen und Kammern sind sie eine rechte Erleichterung. Mit ihrer Hilfe kann man nicht nur schwere Körper und Körbe an der Decke befestigen und jederzeit ohne Leiter erreichen. Auch in den Speisekammern sollten Flaschenzüge, an denen Luftschränke und sonstige mit Vorteil schwebende Gegenstände zu befestigen wären, nicht fehlen.

Flecke. Vor allem ist es nötig, über die Natur der Flecke eine gewisse Klarheit zu gewinnen, um sodann in den Stand gesetzt zu sein, das entsprechende Mittel zu seiner möglichst schnellen Beseitigung anwenden zu können. Im entgegengesetzten Fall würde man zu dem einen Fleck womöglich noch einen zweiten viel schwerer zu beseitigenden Fleck hinzufügen, und alle bisher angewendete Mühe wäre vergeblich. Hat man den Fleck entdeckt, so muß man im allgemeinen darauf bedacht sein, ihn zu entfernen solange er frisch ist. Man spanne also zum Beispiel ein fleckiges Kleidungsstück mit der Rückseite nach oben straff über ein leeres Gefäß und lasse das heiße Wasser strahlend darauf niederfallen. Man gieße so lange, bis dieser Fleck verschwunden ist, lasse den Stoff aber nicht in die durchgelaufene Flüssigkeit fallen, sondern entferne beizeiten die darunter angesammelte Wassermenge und wiederhole wenn nötig das Begießen. Vor dieser nassen Behandlung entferne man Staub und Schmutz durch Bürsten und Klopfen aus dem genannten Kleidungsstück, bis nur noch der Fleck zurückbleibt. Darauf verfahre man so wie oben beschrieben. Zur Entfernung von Wein- Obst- Punsch- oder Tintenflecken eignet sich Salmiakgeist am besten. Beschmutzte Rocksäume, Flecke auf Stuhlsitzen und an Kleiderrücken, Lampenrußflecke und Stubenfliegenflecke werden hell und klar durch einfaches Abreiben mit Bohnerwachs oder Bohnenwasser. Kennt man die Ursache des Fleckes nicht, dann versuche man es mit Benzin, das unter keinen Umständen bei offenem Licht benutzt werden darf. Kleine Benzinbrände können noch durch Ersticken mit nassen Tüchern gelöscht werden. Geraten aber größere Mengen in Brand, so rette man sich durch die Flucht. Abschließend sei auf Zitronensaft hingewiesen: er erspart viel Verdruß, läßt die Gefahr eines ausbrechenden Feuers gar nicht erst aufkommen und ist obendrein ziemlich billig. Am Ende ist alles tadellos sauber; der Fleck ist verschwunden; nichts bleibt zurück. Darauf mache ich ausdrücklich aufmerksam.

Fleisch. Fleisch im Sinne unseres Buches sind Teile von warmblütigen Tieren, frisch oder zubereitet; aber auch hergestellte Fette und Würste. Kleinere Stücke Fleisch, die man anders nicht verwenden kann, werfe man nach und nach in ein Gefäß mit Essig.

Fleisch, Glockenläuten und Sohlenflächen. Unser Buch ist voll von den Ereignissen rastloser Forscherarbeit und unermüdlicher Suche nach den Dingen, die einen guten Rat erfordern. Alles, was unsere Leser wissen möchten, ist niedergeschrieben und festgehalten. Wie ist es zum Beispiel möglich, daß das Fleisch, das wir aufnehmen, sich in einen Teil unserer eigenen Person verwandelt. Wie ist es zu erklären, daß das Glockenläuten durch die Gehörgänge in unseren Kopf geleitet und dort aufbewahrt werden kann. Wer begreift, daß ein schwerer langer Mensch auf zwei schmalen Sohlenflächen stehen und sich im Gleichgewicht halten kann, ohne jemals daran zu denken, daß er ja eigentlich umfallen müßte. Alle diese großartigen Unbegreiflichkeiten aber werden in den Schatten gestellt von einem anderen Ereignis, auf das ich an anderer Stelle eingehen werde. Wir werden noch Zeit haben, darüber zu reden.

Fleisch, menschliches. Bei der Zerlegung des Menschenleibes stoßen wir unmittelbar unter der äußeren Haut und ihrer Fettunterlage auch auf das Fleisch, das aus mehr als dreihundert massigen, rot gefärbten elastischen Bändern, die selbst wiederum aus einer großen Zahl von mit dem freien Auge sichtbaren Fasern bestehen, zusammengesetzt ist, welche, von mannigfacher Größe und Form, in sehr verschiedenen Richtungen mit den Knochen verbunden sind und die Mehrzahl derselben völlig umhüllen.

Fleischansichten. Es kann nicht meine Aufgabe sein, angesichts der Tendenz dieses Buches und des mir in demselben streng zugemessenen Raumes, das Fleisch, das den Menschen zur Nahrung dient, in bezug auf seinen Nährwert, seine Verdaulichkeit und Bekömmlichkeit in erschöpfender Weise zu besprechen. Ich neige, wie der geehrte Leser bereits aus den ersten

Kapiteln dieses Buches weiß, für meine Person mehr zum Genuß der Pflanzenbetrachtung und überlasse es daher Berufeneren, sich über die Vorzüge des Fleisches zu äußern. Überdies findet man in jedem Kochbuch einen Anhang, in dem in mehr oder weniger eindringlicher Weise das Fleisch beschrieben wird. Um indessen die Vollständigkeit dieses Buches nicht zu gefährden und dem Interesse eines weiten Leserkreises zu dienen, lasse ich hier einige Ansichten über das Fleisch und die Fleischsorten folgen. Allerdings erst in einem der folgenden Abschnitte.

Fleischgenuß. Nach den Grundsätzen für die Beurteilung der Genußtauglichkeit des Fleisches für Menschen ist als untauglich der ganze Tierkörper anzusehen, also das Fleisch mit den Knochen, die Haut und das Blut, wenn einer der nachstehenden Mängel festgestellt worden ist: Milzbrand, Rauschbrand, Rinderpest, Rotz, Wurm, Tollwut, eitrige oder jauchige Blutvergiftungen, wie sie sich namentlich an brandige Wunden anschließen, Entzündungen des Euters, der Gelenke und Klauen und Hufe, des Nabels, der Lungen, des Bauchfells oder des Darmes, Rotlauf, Wassersucht, Finnen, Geschwülste, mangelhafte Ausblutung, starker Geschlechtsgeruch, widerlicher Geschmack des Fleisches nach der Kochprobe und dem Erkalten, fortgeschrittene Fäulnis oder ähnliche Zersetzungsvorgänge, Schimmelbildung an einzelnen Körperteilen undsoweiter; wir müssen uns hier auf das Wesentlichste beschränken.

Fliegenschmutz. Fliegenschmutz auf Metall entfernt man am besten mit Zigarrenasche, die mit Petroleum zu einem Brei vermischt, mit einem wollenen Lappen verrieben und dann mit einem trockenen Tuch wieder abgewischt wird.

Flüstern. Es ist unschicklich, in Gesellschaft oder im Beisein Dritter mit jemandem heimlich zu flüstern. (Siehe auch: *Sprechen*). Hat man mit einer Person einige Worte zu wechseln oder ihr eine Mitteilung zu machen, die ein Dritter nicht hören soll, so wird sich schon eine Gelegenheit finden, sich für wenige Augenblicke zurückzuziehen. Dadurch wird niemand verletzt; zumal wenn die ernste Miene, mit der das geschieht, den Anwesenden beweist, daß die Unterhaltung eine sachliche ist und auf keinen der Anwesenden Bezug nimmt.

Frack. Derselbe bildet in Gemeinschaft mit dem Zylinderhut eine Art Ziviluniform der Gesellschaft, das Festkleidungsstück der Herrentoilette, den Gesellschaftsrock in feierlicher Potenz.

Frau. Die Frau ist in geschlechtlicher Hinsicht der Gegensatz des Mannes. Sie bildet dessen Ergänzung zu gemeinsamen Verrichtungen auf dem Gebiet des Begattungslebens. Infolge der der Frau von der Natur aus zugewiesenen Bestimmung, der Art, des Umfangs und der Dauer der an sie gestellten Aufgabe in bezug auf das Geschlechtsleben, ist sie anders organisiert als der Mann. Die Begattungsorgane der Frau nehmen eine weit größere räumliche Ausdehnung ein, als die des Mannes und werden infolge unserer heutigen naturwidrigen Verhältnisse häufig von Erkrankungen

mancherlei Art befallen. Doch davon mehr in einem späteren Artikel.

Frauengesichter, krankhaft. Es wird manchem Leser Mühe kosten, die Krankhaftigkeit zu erkennen; wir werden daher versuchen, ihn bei seinen Betrachtungen zu unterstützen. Das erste Bild zeigt eine Nervöse mit unruhigen Augen und leicht veränderlicher Miene, wie sie dem feinen Beobachter so oft begegnet. Das zweite zeigt eine blasse gleichgültige Blutarme; die Müdigkeit ihres ganzen Wesens wird auch durch die reiche Kleidung nicht völlig verwischt. Das dritte Gesicht stellt eine Kränkliche dar; ein zaghaftes melancholisches Wesen und ein vielleicht schon entwickelter Lungenspitzenkatarrh geben ihrem Gesicht den bekannten Ausdruck, den man bei vielen modernen Frauen findet. Der vierte Kopf ist der unschönste; abgelaufene Entzündungen sind zu vermuten, vergangene Krankheiten, die unter der Oberfläche weiterwirken; die Bildung der Wangen, der unsichere Mund erhöhen den fraglichen Eindruck. – Jeder dieser vier Köpfe zeigt uns andere Eigentümlichkeiten; jeder ist geeignet, unser Urteil zu

schärfen; obwohl natürlich auch in dieser Hinsicht noch so vieles dunkel ist, daß es unrecht wäre, wenn wir schon jetzt eine endgültige Entscheidung zwischen den verschiedenen Möglichkeiten treffen würden.

Frechheit. Es wird jetzt so viel über Frechheit geklagt, aber wir können trotz unserer langen Erfahrung nicht viel dazu sagen, denn uns ist weder im eigenen noch im Leben unserer Bekannten etwas derartiges vorgekommen wie Frechheit.

Fremde. Gegen Fremde sei man besonders aufmerksam und zuvorkommend. Man schließe sich nicht schroff von ihnen ab, sondern ziehe sie ins Gespräch, wenn man in öffentlichen Lokalen neben ihnen sitzt, biete ihnen seine Dienste an, führe sie in Gesellschaften ein, wenn sie sich dafür qualifizieren und trage nach Kräften dazu bei, ihnen den Aufenthalt in unserem Haus angenehm zu machen.

Fremdkörper. Fremdkörper, die in das Auge eindringen, können sehr verschiedener Art sein; in Frage kommen Sand, Ruß, Kohle, Staub, heiße Asche und glühende Funken, Mücken, Splitter, Schnupftabak oder Säure; es entsteht Druck, Entzündung, Röte, Brennen, Stechen, Tränenfluß, Lichtscheu und vieles mehr. Das Reiben zum Zweck der Entfernung des Fremdkörpers pflegt die genannten Beschwerden noch zu vergrößern. Man lasse die betroffene Person auf einem Stuhl, den Blick zum Fenster gerichtet, Platz nehmen, stelle sich hinter sie, beuge den Kopf weit nach hinten, lasse den Blick nach unten richten, als wolle man über die Nase sehen, fasse darauf mit Daumen und Zeigefinger der rechten Hand die Wimpern und den Rand des oberen Lids in der Mitte, ziehe das Lid dann in einer bogenförmigen Linie nach unten und vorwärts vom Augapfel ab und drücke dabei mit dem Finger sanft auf den oberen Teil des Lides unter dem Augenhöhlenrand. Besonders bei Eisenbahnfahrten, wenn man sich etwas umsehen will in der schönen Gegend, kommt das nicht selten vor.

Fremdwörter. Fremdwörter sind das Unkraut der deutschen Sprache, das rücksichtslos auszumerzen ist. Es sind fremde Eindringlinge, die wir aus unseren Gesprächen hinauswerfen sollten. Freuen wir uns aber, daß wenigstens für einzelne Dinge, die ohnehin im internationalen Verkehr eine große Rolle spielen, auch internationale Namen vorhanden sind. Beim Gebrauch von Fremdwörtern nehme man sich vor Verwechslungen in acht, womit man sich lächerlich macht.

Freunde. In der Wahl der Freunde sei man vorsichtig und werfe sich nicht gleich jedem an den Hals, dessen Charakter man nicht genauer kennt. Bei einem Freundschaftsverhältnis zwischen Herren und Damen sehe man sich vor, daß das Verhältnis nicht mißdeutet werde, und zwar ziemlich überall auf der Welt.

Freundlich. Freundlich sei man gegen jedermann.

Frieden im Hause. Das Leben der Frau, ihr Tun und Lassen, setzt sich aus Kleinigkeiten zusammen, die den Frieden des Hauses ergeben. Aus der natürlichen Bestim-

mung, Gattin und Mutter zu sein, erwachsen naturgemäß die besonderen Pflichten. Ordnung und Sparsamkeit, Fleiß und Sauberkeit sind unbedingt erforderlich. Jeder Mann wird es zu schätzen wissen, wenn er bei seiner Heimkehr die Frau und das Haus so findet, wie es der gute Ton verlangt. Die Nachlässigkeit der Frau zieht schnell die Nachlässigkeit der ganzen Familie nach sich. Ein Schritt in die Tiefe reiht sich rasch an den andern, bis Not, Sorge und Laster an die Tür klopfen, Trunksucht und Verfall der Umgangsformen, bis schließlich das Elend endgültig seinen Einzug hält.

Frisör. Gewandtheit, Höflichkeit, Beweglichkeit, Geschmeidigkeit der Handgelenke, repräsentables Aussehen ohne körperliche Gebrechen werden dem Frisör sehr zustatten kommen.

Frühstück. Schon das Frühstück gibt Veranlassung zu mannigfachen Bemerkungen, die für den Verlauf des Tages äußerst schwerwiegende Folgen haben können. Es ist also darauf zu achten, daß alle Teilnehmer sauber und geglättet erscheinen. Ungewaschenheit und vernachlässigte Kleidung können sehr degoutieren.

Führer. Bergsteigern sei die dringende Mahnung ans Herz gelegt, überall dort, wo nicht allgemein feststeht, daß man eines Führers nicht bedarf, sich eines solchen zu bedienen. Das Führerwesen ist jetzt fast überall behördlich geregelt. Am Führer wird es liegen, zu bestimmen, welche Ausrüstungsgegenstände beim Aufstieg in die Berge mitzunehmen sind. Man zeige ihm Wohlwollen und folge seinen Ratschlägen. Bei außergewöhnlichen Bergbesteigungen liegt das Wohlsein der Touristen ganz in des Führers Hand. Dabei werden Männer reiferen Alters, die den Eindruck von Ruhe und Besonnenheit machen und augenscheinlich im Besitz von Elastizität und Muskelkraft sind, jüngeren Führern stets vorzuziehen sein.

Füße, geschwollene. Geschwollene Füße können ernste aber durchaus auch ungefährliche Ursachen haben. Nach längerem Stehen ist die Sache ohne große Bedeutung.

Füße, kalte. Was bedeuten eigentlich kalte Füße. Wiederholt kommen Männer vorbei, die über allerlei Leiden klagen und nur gelegentlich ohne direkte Anfrage hin erwähnen, daß sie eigentlich seit ihrer Kindheit schon an kalten Füßen leiden, was aber nie beachtet worden sei. Die Füße sind bezüglich der Blutversorgung die am meisten benachteiligten Teile des Menschen, weil sie am weitesten vom Herzen entfernt sind und weil das Blut bei seinem Rückweg bergauf laufen muß. Wir empfehlen rege Bewegungen, gehen, aber bei Schneeschmelze nicht ohne Gummischuhe gehen, lockere Strümpfe, Beingüsse, weder Essig noch Käse und vieles andere mehr.

Füße, offene. Ich lasse nun einen Artikel folgen, den ich schon lange angekündigt habe, und der auch in anderer Hinsicht recht lehrreich ist. Es kommt leider vor, daß die Leute offene Füße bekommen; sie haben dann große Schmerzen. Eine Hausfrau von ungewöhnlicher Gesundheit und Stärke hatte durch Jahre hindurch einen offenen Fuß; es war alles vergebens: heilte der Fuß zu, so brach er bald wieder auf. Es ist mir ganz unbegreiflich, daß man nicht glauben will, daß die Ursache eines offenen Fußes nicht im Fuß, sondern ganz und gar in der schwammigen Natur der Leute liegt. Am Fuß selber darf gar nichts geschehen, außer daß man ihn reinlich hält.

Furchtbarkeit muß eigentlich Fruchtbarkeit heißen, über die wir uns schon an anderer Stelle verbreitet haben. Das Leben setzt seinen unaufhaltsamen Eroberungszug fort, die Furchtbarkeit vielmehr Frucht-

118   **F**

barkeit verbreitet sich zusehends unter der Sonne, trotz aller Hindernisse und Kümmernisse und füllt die entstandenen Lücken: so etwa sagt es der Dichter Winternitz in seinem Roman: *Furchtbarkeit*. Der Gegensatz dazu ist die Unfurchtbar-

keit, die als selbstverständliche Folge der schrecklichen Auswüchse des städtischen Lebens gilt, in dem die Zersetzung ihren fressenden Einzug gehalten hat. Also: furchtbar sein; sich ausbreiten über die schöne grüne Erde, weil es natürlich ist und beglückend. Aber ist das denn möglich in unseren Städten und bei den heutigen Bodenverhältnissen? Nein. Die Vernichtung der heutigen großen Städte ist die Voraussetzung für die Furchtbarkeit. Das mag man sich merken.

Fuß. Der Fuß ist neben dem Gehirn die Hauptsache der Menschenform. Er stellt ein elastisches Gewölbe dar, an dem vorn fünf bewegliche Zehen als Endstück ansitzen. Die beste Stellung der Füße beim Gehen ist die, den einen Fuß etwas vorzusetzen, während die Last des Körpers auf dem anderen ruht. Dieselbe Haltung empfiehlt sich auch für das Sitzen. Die Füße weit von sich zu strecken oder seitwärts weit voneinander zu setzen, wäre sehr unpassend. Der Fuß muß geruchlos sein, schweißfrei und ohne Auswüchse, appetitlich wie die Hand. Doch um dies sein zu können, muß er auch Luft haben wie die Hand. Bei den meisten Menschen ist er infolge der Mißhandlung durch schwere Stiefel und spitze Schuhe zum ekelhaftesten Körperteil geworden. Wir müssen es aussprechen: alle Füße der gewöhnlich mit Schuhwerk bekleideten Nationen sind im erwachsenen Alter verkrümmt, verkümmert und anderweitig durch den Druck der Fußbekleidung verändert. Die Zehen sind ganz verquetscht und verschoben, der Mittelfuß ist zusammengedrückt; das Gefühl für die natürlichen Verhältnisse des Fußes und eine normale Fußstellung ist durch das Anbringen hoher Absätze völlig verlorengegangen.

Fußboden. Der Fußboden ist die Unterlage unseres täglichen Lebens, auf ihm ruht und bewegt sich das ganze Tagesleben.

Fußreisen. Die Verwahrungsmittel gegen das Erfrieren der Füße bei Fußreisen findet der Leser im Artikel *Erfrieren*. Wie sich der Reisende vor heftigen und schädlichen Stürmen schützt, schildert der Artikel *Stürme*. Ohne Grund, siehe *Grund*, soll sich ein Fußreisender nicht auf Felsspitzen stellen, vor denen ein tiefer Abgrund liegt. Darüber berichten wir im Artikel *Abgrund*. Wen aber, siehe *Leidenschaft*, die Leidenschaft auf eine solche Spitze führt, der sollte mit aller Vorsicht hinaufkriechen, siehe *Vorsicht*, vorher aber einen dicken Strick, siehe *Strick*, um sich herumbinden, den andere, an einem sicheren Platz stehende Fußreisende halten. Am gefährlichsten ist das Gehen, siehe *Gehen*, auf Gletschern, siehe *Gletscher*, auf hohen, steilen, mit Eis und Schnee bedeckten Bergen, siehe *Berge*, wie zum Beispiel den Alpen, siehe *Alpenstöcke*. Am schrecklichsten aber ist es, wenn ein einsamer Fußreisender in eine tiefe Eisspalte fällt und dort unten lautlos sein Leben, siehe *Leben*, beendet. Wir haben Beispiele, siehe *Beispiele*, daß es schon vorgekommen ist. Sind die Füße des Fußreisenden entzündet, siehe *Füße*, dann ist es gut, sie vor dem Schlafengehen mit lauwarmem Wasser zu waschen. Nach einer großen Fußreise ist der Genuß, siehe *Genuß*, einer starken Mahlzeit, siehe *Speisen*, ungesund, selbst das Hinsetzen ist gefährlich und vor allem das Hineinlegen in feuchte Betten, siehe *Liegen*, *Betten*, *Feuchtigkeit*.

Fußschweiß: siehe *Schweißfuß*

G

Gabel. Beim Schneiden halte man die Gabel in flacher Lage; je senkrechter man sie aufstellt, desto leichter gleitet sie am glatten Teller ab und verursacht dann bei der Tellerberührung und beim Hinunterfallen einen schrillen Laut, der wirklich erschrecken kann. Dieses Unheil ist in der Regel auch noch vom Davonfliegen der Speisen begleitet, das Beflecken des Tischtuchs ist unvermeidlich. Unangenehmer noch ist das Beflecken der eigenen Kleidung, es muß dennoch mit Gleichmut ertragen werden. Am unangenehmsten aber wird ein solcher Fall dadurch, daß die Kleidung der nebensitzenden Dame in höchste Gefahr gerät. Ein allgemeines Erheben vom Tisch ist die Folge einer einzigen kleinen Ungeschicklichkeit: dem falschen Halten der Gabel; eines, wenn man es beherrscht, sehr nützlichen Speiseinstruments. Man sollte sich also, um einen Aufruhr zu verhindern, früh genug in der richtigen Handhabung der Gabel üben.

Gabelkunststück. Man nehme zwei Tischgabeln und ein Markstück, welches letztere man, wie die erste Figur zeigt, in die Gabeln steckt und auf den Rand eines Glases legt. Dann suche man das richtige Gleichgewicht zu finden und lasse die Gabeln los, die nun, wie die zweite Figur veranschaulicht, mit Hilfe des Geldstückes frei am Glas zu schweben scheinen; was oft, wenn auch nicht immer, einen günstigen Eindruck macht. Ich kann mich dieser Ansicht freilich nicht anschließen.

Gähnen. Gähnen ist bei Ermüdung und Schlafbedürfnis eine im Grunde nicht unangenehme Äußerung. Es besteht in einer Verlängerung der Einatmung, einer Art Krampf mit weit offenem Mund, und darauffolgender kurzer geräuschvoller Ausatmung, etwa nach schlaflosen Nächten in schlecht gelüfteten Wirtschaften. Lautes ungeniertes Gähnen in Gesellschaft ist höchst unschicklich. Kann man sich dessen nicht erwehren, so halte man die Hand vor den Mund, um es zu verbergen oder zu dämpfen. Eine ganz unangenehme Sache in diesem Zusammenhang ist freilich die Ausrenkung des Kiefergelenks, wie sie bei sehr starkem Gähnen oder allzu weitem Öffnen des Mundes eintreten kann. Der Betroffene kann seinen Mund nicht mehr schließen, mit dem aufgesperrten Rachen steht er da und gewährt einen wahrhaft bemitleidenswerten Anblick. Zum Glück ist das ein recht seltenes Ereignis.

Gänsehaut. In der kühlen bewegten Luft spielt die Gänsehaut eine wichtige Rolle; sensible Personen mit verweichlichter Haut bekommen sie besonders leicht. Sie entsteht durch die Zusammenziehung der kleinen Hautmuskeln, die am Grunde der Haarbälge befestigt sind und die Haare aufrichten. Dadurch wird die Haut höckrig und rauh und ganz gansartig. Rikli, der Begründer der Luftbehandlung, spricht von einer Art Hautgymnastik und versteht darunter etwas, worauf wir später zurückkommen werden.

Galanterie. Galanterie nennt man Beweise besonderer Aufmerksamkeit gegen Damen, wie das Überreichen eines Blu-

menstraußes, das Verschaffen eines Fußschemels, den Handkuß und dergleichen. Galanterien intimer Natur können nur Damen näherer Bekanntschaft erwiesen werden: siehe *Aufmerksamkeiten*.

Gang. Die Gangart des Menschen ist von mannigfaltigem Charakter. Sie ist gleichsam der Rhythmus der Leibesbewegung und variiert vom langsamen schweren Sichvorwärtsschieben bis zum kräftigen selbstbewußten Schreiten und zum graziösen elastischen eleganten Schweben. Man vermeide das schläfrige Watscheln, ebenso das Stampfen, Schlürfen, Trippeln und Schleichen. Auch den vorwärts gebeugten

Gang mit gekrümmtem Rücken gewöhne man sich ab, wenn man dazu geneigt ist. Kopf hoch, Brust heraus, das ist für jedermann die geeignetste, auch gesündeste Haltung beim Gehen.

Gans. Man hält die Gans irrtümlicherweise für ein dummes stumpfes Tier, weil sie in ihren Bewegungen langsam ist; allein es ist inzwischen der Beweis erbracht, daß man sie sogar zu Zirkuskunststücken abrichten kann, daß sie ihre Pfleger kennt und sehr anhänglich ist. Ein württembergisches Reiterregiment hatte über zwanzig Jahre lang eine Regimentsgans, welche einen mehrmaligen Garnisonswechsel mitmachte und immer in der Nähe der Kasernenwache blieb, wo sie nicht nur die vorbeigehenden höheren Offiziere, sondern auch sämtliche Unteroffiziere erkannte und freundlich begrüßte.

Ganzes. Betrachtet man das Ganze, dann bemerkt man, daß die Erde keineswegs ein fertiger Körper ist, sondern sich immer noch in der Entwicklung befindet. Inseln entstehen im Meer, der Meeresboden wird gehoben und an anderen Stellen gesenkt, eine solche Senkung verschlingt wiederum Inseln, an gewissen Stellen steigt das Meer höher über die Küsten hinaus als früher, an anderen Stellen verläßt es das sonst bespülte Ufer. Dabei dürfte sich das Verhältnis von Land und Meer nicht bedeutend verändern, der Meeresboden weder an Tiefe zunehmen, noch die trockene Masse an Menge abnehmen. So jedenfalls betrachtet Wobser das Ganze. Ich habe allerdings Grund, anzunehmen, daß der Ozean noch tiefer ist, als man glaubt. Es herrschen darüber natürlich verschiedene Meinungen. Wenn man das Meer ablassen könnte, wenn die Erde wasserlos wäre wie der Mond, würden wir mehr über das Ganze wissen. Da wir zu diesen größten Tiefen aber ohnehin nicht gelangen, sie nicht einmal ermitteln können, bleiben wir bei dem einmal angenommenen Anfangspunkt und begnügen uns mit dem Gedanken, daß so enorme Tiefen des Meeres vielleicht wirklich vorhanden sind. – Am Ende läßt sich über das Ganze also nichts Bestimmtes sagen.

Garderobe. Wer zu schäbig ist und die kleine Ausgabe scheut, bleibe lieber weg.

Garderobehalter. Wer Geräte liebt, die man bequem zerlegen und wieder zusammensetzen kann, dem wird der auseinandernehmbare Garderobehalter zusagen, den Herr Cohn aus Berlin auf den Markt

gebracht hat. Alle einzelnen Teile dieses in der Hauptsache aus sechs an einer drehbaren Scheibe sitzenden Huthaltern und ebensovielen Haken zum Aufhängen von Mänteln bestehenden Garderobehalters lassen sich ohne weiteres voneinander trennen und bilden, sobald man sie wieder vereinigt hat, ein äußerst solides Ganzes. Werden nach längerem Gebrauch einzelne Bestandteile schadhaft, so kann man sie mit sehr geringen Kosten wieder erneuern, wobei aber zu bemerken ist, daß bei der gediegenen Konstruktion des Garderobehalters für diese Eventualität so leicht keine Aussicht besteht.

Gardinen. Um Gardinen zu färben, sammle man Kaffeegrund, koche ihn aus und lege die Gardinen hinein, bis sie die gewünschte Farbe haben.

Garten. Der Garten soll nicht nur dem Gartenbesitzer bequeme Gelegenheit bieten zum Genießen der schönen freien Natur beim Anschauen der harmonisch geordneten Gehölze der Bäume und blühenden Sträucher, er soll nicht nur zur Naturbeobachtung anregen, sondern durch den Ertrag von Gemüse auch zur Versorgung des Haushalts mit Nahrung beitragen. Die Einteilung des Gartens ergibt sich somit von selbst. Wir nennen den Teil, der hauptsächlich der Verschönerung und dem Vergnügen gewidmet ist, im Gegensatz zum Gemüsegarten: den *Lustgarten*.

Gase. Die Gase, die sich unter gewissen Bedingungen im menschlichen Verdauungsschlauch entwickeln, sind sehr verschieden und oft so reichlich vorhanden,

daß sie große Beschwerden verursachen und Unannehmlichkeiten.

Gasthof. Eine Unart, welche die schärfste Rüge verdient und ein großes Defizit an Bildung beweist, ist die Störung der Mitbewohner eines Gasthofs durch geräuschvolles Wesen verschiedener Art zu einer Zeit, wo andere, speziell die Nachbarn, der Ruhe pflegen wollen. Solche rücksichtslosen Lümmel sollten vom Wirt zurechtgewiesen werden; aber welcher Wirt wird nicht fürchten, den wenn auch ungeschlif-

fenen Kunden zu verlieren. Es empfiehlt sich daher, entsprechende Plakate anzubringen, auf welchen die Reisenden ersucht werden, während der Ruhestunden die Türen geräuschlos zu öffnen und zu schließen, überhaupt alles Tumultuarische durch starkes Auftreten, lautes Sprechen oder gar Singen und Pfeifen vermeiden zu wollen. Siehe: *Geräusch*.

Gaumensegel. Wenn während des Schlafes das Gaumensegel nach hinten und aufwärts gerichtet und dabei etwas gespannt und bei gehobener Zungenwurzel durch langsame tiefe Atemzüge in Vibrationen versetzt wird, so schnarcht man. Der Schnarchende hat in der Regel den Mund geöffnet. Anrufen und Ermuntern des Schnarchers nützen nichts.

Gebäude, zusammenbrechendes. Wir machen darauf aufmerksam, daß es unbedingt erforderlich ist, sich, wenn man noch rechtzeitig vor dem Zusammenbrechen des Gebäudes, das augenblicklich in Flammen steht, ins Freie gelangen möchte, sehr zu beeilen, andernfalls kann es passieren, daß – mehr muß dazu nicht gesagt werden, obwohl Wobser in ähnlichen Fällen die Meinung vertritt, daß – wenigstens stehen sich die Ansichten darüber, welches die beste Art der Entfernung ist, hier noch schroff gegenüber.

Gebirge, im. Es ist noch nicht lange her, da hat man die kropfigen Personen des Gebirges, welche oft besonders große Köpfe auf ihren verkümmerten Körpern tragen, für die Reste einer alten Menschenrasse erklären wollen, die sich namentlich in abgelegenen, vom Verkehr entfernten Gebirgstälern erhalten hat.

Gebrüder Rossow. Die Gebrüder Rossow, zwei Liliputaner, die wir hier im Bild vorführen und die jüngst auf einer Rundreise großes Aufsehen erregt haben, stammen aus Sachsen. Franz Rossow, der Äl-

tere, ist 86 Centimeter hoch, während sein Bruder Karl nur 84 Centimeter mißt. Der Ältere soll eine beschauliche Natur sein, während Karl äußerst lebhaft und temperamentvoll ist. Von ihren Produktionen wird namentlich ein Boxkampf gerühmt. Besonders Karl soll ein guter Boxer sein und ein trefflicher Turner. Unter anderem steht er mit den Händen auf dem Rücken Kopf, was ihm so leicht niemand nachmacht. Endlich ist er auch ein vorzüglicher Mimiker und Musiker. Man läßt die Gebrüder Rossow natürlich zusammen mit außergewöhnlich hochgewachsenen Leuten auftreten; der Effekt ist erheblich größer.

Geduld. Man habe Geduld. Damit ist nun freilich nicht gesagt, daß die Geduld nicht auch, wie alles in der Welt, ihre Grenzen hätte. Es können Fälle eintreten, wo – aber das wissen Sie selbst am besten und es ist nicht unsere Sache, darüber zu sprechen.

Gefahren. Von Gefahren ist jeder Mensch, der eine mehr, der andere weniger, umgeben. Durch Vorsicht und andere Maßregeln kann man sie aber möglichst gering machen. Es gibt keine menschliche Beschäftigung, bei der nicht eine Gefahr, wenn auch nicht gleich eine Lebensgefahr, vorkommt. Man denke nur an die Gefahren, die sich durch Wasser, Feuer, schlechte Luft und aufsteigende Dünste, durch Fallen, Drücken, Quetschen, Hauen, Schneiden, Schießen etcetera ereignen, sowie an diejenigen, die mit der Ausübung eines Handwerks oder mit dem Betrieb eines Gewerbes verbunden sind. Wenn man sich einen Überblick über die vielen in unserem Werk aufgeführten Artikel verschafft, in denen es um die Gefahren geht, dann wird man einen deutlichen Begriff von *dem* bekommen, was uns täglich bedroht. Ich glaube das ist alles, was wir über Gefahren zu sagen haben.

Gefälligkeit. Gefälligkeit gegen jedermann ist eine Anforderung der guten Sitte. Wo man jemandem einen guten Dienst erweisen kann, soll man es tun, auch wenn manche Bequemlichkeit dabei geopfert werden muß. Davon lasse man sich auch durch schlimme Erfahrungen nicht abhalten. Mißbrauchen lasse man sich allerdings nicht.

Gegenbesuch. Jeder Besuch verlangt einen Gegenbesuch, der binnen weniger Wochen abgestattet sein muß. Ein Nichterwidern könnte den Bruch der bestandenen Beziehungen oder die Deutung zur Folge haben, als seien eine Anknüpfung oder fernere gesellschaftliche Berührungen nicht erwünscht. Allerdings erwidern Damen nicht den Besuch eines alleinstehenden Herrn. Damen werden einem Herrn überhaupt keinen Besuch abstatten.

Gegenstand. Wenn man einen Mann, der besonderen Gefallen an einem Gegenstand findet, den er auf der Straße entdeckt, im Schaufenster oder an einer anderen Stelle

der Welt, für krank halten wollte, weil er die Neigung verspürt, diesen Gegenstand zu betrachten oder zu berühren, dann läge die Gefahr nahe, daß man die Grenze zwischen Gesundheit und Krankheit verlieren würde, zwischen gutem und schlechtem Geschmack, vielleicht sogar zwischen Leben und Tod.

Gegenstände, steckengebliebene. Man stelle im Notfall den Mann auf den Kopf und schlage ihm mehrmals kräftig auf seinen Rücken. Man stelle ihn auf den Tisch und lasse ihn dann herunterspringen; vielleicht wird der steckengebliebene Gegenstand in die Speiseröhre rutschen, wenn man beide Ohren ergreift und sie heftig nach außen und oben zieht: man probiere es. Manchmal gelingt es, machmal auch nicht, selbst wenn der Gegenstand gut von unten zu sehen ist.

Geheimmittelschwindel. Da ich es mir zur Aufgabe gemacht habe, dem Publikum über alles das Aufklärung zu bringen, was seiner Gesundheit schadet und unnötige Geldausgaben verursacht, lasse ich hier ein fast vollständiges Verzeichnis der Geheimmittel folgen, die mit Hilfe einer Broschüre, betitelt *Doktor Klomms Methoden* mit großem Geschrei von der Firma Q & Co, vertrieben werden. Dazu gehören Gehöröl, Gehörlikör, Gichtwatte, Gichtketten, Bruchsalbe, Haarpaste, Fieberpulver, Gedächtnislimonade, Magensaft, Hustenicht, Kropftropfen, Veitstanzpulver; das im Ohr zu tragende Politzerhörrohr oder die Nickolschen Ohrtrommeln haben auch keinen Wert. Auf Grund der persönlich gemachten Erfahrungen müssen wir dringend von diesen Heilmitteln abraten.

Geheimnisse. Viele Leute lieben es, den Zipfel eines Geheimnisses flüchtig zu lüften und dann zu erklären, daß sie es nicht mitteilen können oder mögen. Damit erregen sie die Neugierde, ohne sie zu befriedigen; sie beunruhigen auch den anderen, sofern die Sache ihn selber betrifft. Das ist eine grobe Unart. Entweder schweige man ganz oder man sage alles.

Gehirn. Beim Anblick des von den Hirnhäuten befreiten großen Gehirns fesselt unsere Aufmerksamkeit zunächst die schon bekannte tiefe von vorn nach hinten ziehende Mittelspalte, in die sich die große Hirnsichel mit der harten Hirnhaut bis auf eine gewisse Strecke trennend einschiebt. Ziehen wir diese Spalte sorgfältig auseinander, so erkennen wir in der Tiefe den oben erwähnten Balken. Der vordere Rand des Balkens biegt sich in einem als Balkenknie bezeichneten Winkel abwärts gegen die Unterfläche des Hirns bis zum grauen Kolben. Der hintere Balken verdickt sich zur Balkenwurst. Darunter führt eine Öffnung, ein Querschlitz, in den inneren, durch die drei Hirnkammern gebildeten Hohlraum des Hirns. Den unteren Rand des Querschlitzes bildet ein gewölbter Höcker. Das schwerste gewogene Gehirn fand man bei einem ganz unbekannten Menschen namens Rustan.

Gehörgänge. Das äußere Ohr, kurzweg auch Ohr genannt, ist eine wulstige Öffnung, die von Gefahren bedroht ist. Von der Seite her wird es von peitschenden Regenschauern, eisigen Schneegestöbern,

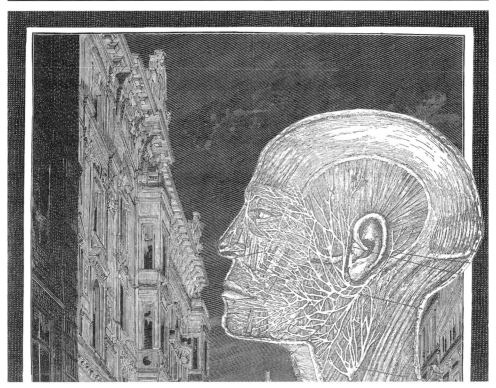

brausenden Stürmen getroffen. Freilich sind das noch lange nicht alle Gefahren, die uns bekannt sind. Beispielsweise sind nach dem eben Gehörten plötzliche starke Knalle in der Nähe des Ohres, etwa von abgeschossenen Revolvern, unbedingt zu vermeiden; außerdem die vermeidbaren Ohrenküsse. Allerdings darf man mir glauben, wenn ich behaupte, daß nicht nur das äußere Ohr bedroht ist, sondern auch das Ohrinnere. Durch die Anwesenheit fremder Körper in diesem Gebiet entstehen zuweilen beträchtliche Schwierigkeiten. Die größten Gefahren aber liegen in rohen ungeschickten Versuchen, diese Fremdkörper aus dem Ohr zu entfernen. Das ist erklärlich, wenn man ins Auge faßt, daß das nächste Nachbarorgan des Ohres das Gehirn ist, mit seinen zarten empfindlichen Häuten. Ich hatte im Verlauf meiner Forschungen oft Gelegenheit zur Beobachtung fremder Körper im Ohr; sie sind häufig von so erstaunlicher Art, daß es unmöglich ist, alle bisher dort angetroffenen Gegenstände aufzuzählen. Man hat Erbsen, Bohnen, Kirschkerne, Knöpfe, Perlen und kleine Papierstücke, Steine und Stücke von Stiften gefunden; sie saßen oft jahrelang in den Gehörgängen, ohne irgendwelche Erscheinungen darzubieten: Zündhölzer, Zahnstocher, Knoblauchzehen, Kampferstücke, Bleistifthüte zur Entfernung des Ohrenschmalzes sind beinahe die Regel. Am häufigsten aber trifft man solche Gegenstände im Ohr an, die zur Vertreibung der Zahnschmerzen eingeführt wurden; auch Fliegen und Schaben, Ohrwürmer, Wanzen und Flöhe, die hineinkriechen und die qualvollsten Geräusche hervorrufen. Zur Beseitigung dieser Dinge spritze man vorsichtig mit einer Ohrenspritze; gelingt das nicht, so versuche man es mit einer Haarnadel, wobei man darauf zu achten hat, daß sie nicht abbricht und neben allen genannten im Ohr und in den Gehörgängen steckenden Gegenständen steckenbleibt. Es ist oft genug vorgekommen.

Gehrock. Zum Gehrock gehören Lackstiefel, und zwar Knöpfstiefel oder allenfalls Schnürstiefel, niemals aber Zugstiefel oder gar Schaftstiefel. Der Strohhut paßt nicht dazu. Der Gehrock ist das, was sein Name sagt: ein Rock, den man anzieht, wenn man geht; also bei Besuchen, auf der Promenade, bei Empfängen im Freien. Abends wird er nicht angelegt, er ist nicht für diese Gelegenheit bestimmt, jedenfalls sollte es so sein; daß es noch längst nicht so ist, kann man mitunter sehen.

Gelehrte zum Beispiel. Gelehrte zum Beispiel leben häufig in einer so abgeschlossenen Welt, daß sie glauben, über die menschlichen Umgangsformen gänzlich hinwegsehen zu können. Außer dem Kreis ihrer Bücher ist für sie nicht nur das gewöhnliche, sondern auch das gesellschaftliche Leben so gut wie gar nicht vorhanden, und wenn sie einmal mit der Wirklichkeit in Berührung kommen, so sind sie so gut wie verloren. Überall stoßen sie an, mit ihrer schlafrockmäßigen Kleidung erregen sie Gelächter, sie atmen erst dann wieder auf, wenn sich die Tür ihrer Studierstube hinter ihnen geschlossen hat. Hat nun ein solcher Gelehrter es zu einer gewissen Berühmtheit gebracht, so wird man vielleicht über einiges an ihm hinwegsehen, sich aber des Gefühls nicht erwehren können, daß er für die Bewegung in der Gesellschaft ungeeignet ist und eigentlich überflüssig für die Welt. Das mag ihm nun persönlich völlig gleichgültig sein, aber es ist doch noch sehr die Frage, ob diese gänzliche Verachtung der gesellschaftlichen Formen ihm nicht für seine Weltgeltung empfindliche Nachteile bringen kann; jedenfalls werden seine Verwandten schwer darunter zu leiden haben.

Gemüse. Als Gemüse bezeichnen wir eßbare Blätter, Stengel, Kräuter, Wurzeln und unreife Früchte. Damit deuten wir schon das große Gebiet der Nahrungsmittel an, deren Art je nach Bodenverhältnissen sehr verschieden ist, damit berühren wir es und befinden uns mitten in ihm. Es gibt so viele eßbare Pflanzen, daß wir sie nicht alle aufführen können, und da wir nicht einfach die eine oder die andere fortlassen wollen, lassen wir sie gleich alle fort. Wir beschränken uns auf die bekanntesten: wir erwähnen nicht die Kohlarten und die Salate mit ihren verschiedenen Köpfen. Man muß in der Wahl der Gemüse planmäßig vorgehen, aber das tun wir nicht. Der Spinat und die Brennessel geben eisenreiche Gerichte, die sich großer Beliebtheit erfreuen, aber wir nennen sie nicht, obwohl sie ganz leicht zu haben sind. Zum Beispiel Salate haben ganz ausgesprochene Eigenschaften, vor allem die Kresse, aber wir schweigen darüber, um nicht den anderen Arten Ungerechtigkeit widerfahren zu lassen. Unter den Stengeln sind vor allem Spargel, Rhabarber und eine Art Rübenstiel zu erwähnen, aber wir denken nicht daran, sie zu erwähnen, obwohl ihr Wassergehalt bedeutend ist und ihre Geschmackswirkung so angenehm, daß sie äußerst beliebt sind, was vor allem vom Spargel gilt, seiner treibenden Wirkung wegen, doch wir erwähnen ihn nicht. Wie armselig erscheint daneben die grüne Gurke, der weiße Krautkopf, die braune Linse von diesem Gesichtspunkt aus betrachtet, oder das Blattgemüse, nudelartig geschnitten, getrocknet, wir nennen es nicht; denn man trifft ja auch furchtbare Gegenden, wo nur wenig Gemüse vorhanden ist, Bohnen und Möhren und damit ist schon der Vorrat erschöpft, wir wollen hier nicht darauf eingehen. Die Folge dieses mangelhaften Gemüsegenusses ist längst bekannt, Mehl und Kartoffeln bestimmen das Bild, der Alkohol herrscht und der Kaffee geht niemals aus. Daß unter solchen Umständen trotz reinster Luft und waldreicher Umgebung sich schwere Krankheitszustände entwickeln, ist ganz erklärlich, aber wir werden es nicht erklären.

Gemüt. Was darunter zu verstehen ist, wurde in dem Artikel *Damen* gesagt, und aus dem Artikel *Bildung* ist ersichtlich, daß die Pflege des Gemüts eine Anforderung der Bildung, mithin also der guten Sitte ist. Gemütslose Menschen, welche für das Wohl und Weh der Mitmenschen, Bekannten, Verwandten teilnahms- und gefühllos bleiben, sind nicht fähig, Sympathien in ihrer Umgebung zu erwecken; sie entbehren des edelsten Quells der Glückseligkeit.

Gepäckhalter. Um auf Fußwanderungen das Mitführen des nötigen Handgepäcks zu erleichtern, wird ein Gepäckhalter in den Verkehr gebracht, ein kleines Reisegerät, das aus einem starken Haken mit Aufhänger besteht, aus Riemen mit verschiebbaren Ringen und einer Schraube, vielmehr einer mit einer Schraube versehenen Klammer. Der Wanderer wird nun mit Hilfe des Hakens den Apparat, den er bei sich führt, an den Gürtel hängen, oder beim Tragen schwerer Gegenstände diese an einer Schnur unter dem Rockkragen befestigen. Der Gepäckhalter hat sich in vielen Fällen bewährt; so nimmt er zum Beispiel den lästigen Oberrock oder Mantel auf; zwischen den Ringen und Riemen lassen sich Stock, Schirm, Reiseflasche, Handschuhe, Tasche oder dergleichen unterbringen, während die Klammer den Hut an seiner Krempe festhält wie ein stummer Diener. Die Verwendbarkeit des Gepäckhalters ist eigentlich grenzenlos.

Gepäckstücke. Mit Staunen sehen wir bisweilen den Dienstmännern am Bahnhof zu, wie sie große und schwere Gepäckstücke scheinbar mit größter Leichtigkeit spielend auf ihre Schultern heben und pfeifend davontragen. Dabei handelt es sich oft nicht einmal um breite stämmige Männer, sondern in Wahrheit eher um kleine und schmächtige Gestalten; so daß wir uns fragen, woher sie diese gewaltige Körperkraft haben. Aber es handelt sich, das sei hier verraten, gar nicht in erster Linie um Körperkraft, sondern nur um das richtige Anfassen der Gepäckstücke, um das zweckmäßige Lastenverteilen und geschickte Balancieren. Ganz dasselbe gilt für die übrige Welt und deren Verhältnisse. Im übrigen sind es auch keine schweren Gepäckstücke; vieles sieht nur schwer aus und selbst wir könnten es, wenn man uns dazu auffordern würde, leicht in die Höhe schwingen und damit verschwinden.

Geräusche. Alle Geräusche, die nicht absolut notwendig sind, sollen vermieden werden.

Geräusche, gedämpfte. Um Geräusche zu dämpfen, schiebe man unter die Füße der Nähmaschine mehrfach zusammengeklebtes Papier, das man zwischen Linoleum und Filz gelegt hat. Auch Klaviertöne werden durch solche Unterlagen gedämpft. Knarrende Schuhe entstehen durch Reibung der Brand- und der Laufsohle; man gebe dem Schuster den Auftrag, Talkum zwischen die Sohlen zu streuen.

Geräuschschützer, kugelförmige. Man drücke die Kugeln, die sich im Winter zuweilen ganz hart anfühlen, zunächst mit gereinigten Händen weich und führe sie in das Ohr ein, so daß sie dicht an der inneren Ohrwandung anliegen. Sie schließen auf diese Weise erheblich gegen äußere, starke, unangenehme Geräuscheinflüsse ab. Will man jedoch einen vollständigen Abschluß gegen Geräusche herbeiführen, so entferne man die fleischfarbene Watte, forme die Kugeln birnenförmig in der warmen Hand und füge sie derart ein, daß sie den Gehörgang vollkommen verschließen. Die überstehenden Teile drücke man in der äußeren Ohrmuschel breit; hierdurch erhöht sich die endgültig abschließende Wirkung.

Gesäßgegend. Bei fettreichen Personen ist die Gesäßgegend schön gerundet, derb und prall, bei schlecht genährten dagegen schlaff schlotternd und hängend, die seitliche Wölbung zur Grube eingesunken. Man findet zuweilen auch übermäßige Schwellungen, eine kolossale Entwicklung der Fettschicht der Hinterbacken, etwa bei den Weibern der Buschmänner, wo die Fettanhäufung fast allgemein ist. Etwas weniger allgemein ist sie bei Hottentotten, Kaffern undsoweiter. Das ist nur ein Beispiel.

Gesang. So angenehm ein schöner Gesang auch ist, man ist nicht immer in der Stimmung, einen Gesang zu hören, oder man wird durch einen Gesang in irgendeiner Unterhaltung oder Beschäftigung gestört; darum ist es unschön, wenn in einem öffentlichen Lokal eine Gesellschaft plötzlich einen Gesang anstimmt. Kein wirklich gesitteter Mensch wird auf der Straße singen, dagegen mögen auf Landpartien Gesänge willkommen sein.

Geschäftsbriefe. Da die Geschäftswelt ihre bestimmten Schreibweisen hat, die durch die oft schon vorgedruckten Formulare nicht nur unverändert gleichbleiben, sondern obendrein den Vorzug haben, Persönliches von vorneherein beiseite zu lassen, wenden wir unser Hauptaugenmerk auf die zu wahrende Form. Persönliche Beziehungen kommen hier nicht in Frage; sie müssen ja auch nicht sein: Hochachtungsvoll oder ähnlich.

Geschenk. Viele Leute finden Dinge, die sie selbst besitzen und mit denen sie sonst nichts anfangen können, ganz apart und passend für andere Leute. Sie entledigen sich eines Gegenstandes und glauben, sich damit nicht nur eine Ausgabe erspart, sondern auch noch ein Recht auf Dankbarkeit erworben zu haben. Freilich setzen sie sich damit der Gefahr aus, daß der Beschenkte den Gegenstand kennt und auch dessen Nutzlosigkeit für uns. Erst die Überraschung beim Empfang des Geschenkes, die Freude, die sich im Gesicht des Empfängers ausbreitet, geben dem Geber die Gewißheit, daß sein Geschenk in Ehren gehalten wird. – Sicherlich ist die Kunst des Gebens eine besonders zusammengesetzte Kunst, die viel Vorsicht erfordert. Aber die Kunst des Nehmens ist auch nicht ganz leicht. Sie erfordert zwar nur das eine: die Dankbarkeit; diese jedoch unbedingt und ohne Verzögerung. Der Beschenkte muß seine Zufriedenheit zeigen, selbst wenn er eine Enttäuschung empfindet; Äußerungen des Mißvergnügens sind zurückzuhalten. Der Beschenkte wird, nachdem er seine Freude ausgedrückt hat, die Eigenschaft des geschenkten Gegenstandes rühmen und erklären, daß gerade dieser Gegenstand der Wunschgegenstand seines bisherigen Lebens gewesen ist. Bei dieser Gelegenheit könnte ich ein Wort über die Gegenstände hinzufügen. Ich unterlasse es aber.

Geschlechtskrankheit. An einem einzigen Tag kamen nach Geheimrat Gruber auf eintausend Männer einhundertzweiundvierzig Geschlechtskranke. Die Weiterverbreitung dieser verseuchten Verhältnisse ist so unübersehbar und unübersichtlich, daß es eine einfache Notwendigkeit

ist, einen näheren Blick in diesen entsetzlichen Sumpf zu tun. Die Zahlen, die uns hier von gewissenhaften Menschen geboten werden, bleiben eher hinter der Wirklichkeit zurück. Doch auch so ist das Bild schon entsetzlich genug. In unserer geschwürartigen Zeit hat diese Seuche eine solche Ausbreitung erlangt, daß Wobser die Worte fallen ließ: siehe *Ausschweifungen*.

Geschlechtsleben. Ein krankhaftes sexuelles Leben beherrscht unsere Zeit in bedauerlichstem Grade. Das allgemeine Interesse steigt täglich, die Verwirrung der Ansichten über die natürlichsten Verhältnisse nimmt immer mehr zu, nicht minder die körperliche Widerstandslosigkeit des weiblichen Geschlechts. Das ist Grund genug, um rücksichtslos diese traurigen Zustände zu beleuchten und unermüdlich für Besserung in Form von bewußter sittlicher Pflege einzutreten.

Geschwollene Füße: siehe *Füße, geschwollene*

Geschwülste und Geschwüre. Geschwülste und Geschwüre werden oft miteinander verwechselt. Die Geschwulst ist eine Erhebung über die Oberfläche hinaus; das Geschwür dagegen eine Vertiefung unter dieselbe. Aber nun wollen wir auf andere Gedanken kommen.

Gesichtsausdrücke. Es verdient hervorgehoben zu werden, daß wir den ersten Anfängen zur Begründung einer Gesichtsausdruckskunde einzelne recht wertvolle Beobachtungen zu verdanken haben. Studien in dieser Richtung treten neuerdings wieder in den Vordergrund, wobei jeder Teil des Gesichts zusammen mit den ausdrucksvollsten Bewegungen der einzelnen Gesichtskörperteile eine wachsende Rolle spielt, wie man auf den gegenüberliegenden Abbildungen leicht nachprüfen kann. Es ist zweifellos nötig, über die erhaltenen Eindrücke zu sprechen, aber später, an einer anderen Stelle.

Gesichtsgestaltung. Zu einer Gestalt gehört ein Fuß und ein Ellenbogen bis zur Hand undsoweiter und eine Kopfhöhe, weiter ein Schädel mit einer Stirn und einem Gesicht. Beide werden durch eine Linie voneinander getrennt, und diese Linie durchstreicht den oberen Rand der Augenhöhlen. Das Gesicht ist etwa so lang wie die halbe Länge des Fußes. Das Gesicht als Ganzes, sagt Wobser, ist lang oder kurz; es ist also kein absolut langes Gesicht, wofür auch kein Grund vorliegt. Aber doch ist das ganz lange Gesicht in der Regel und im Einklang mit der oben gezeigten Abbildung auch ein schmales Gesicht. Ich zweifle keinen Augenblick daran, daß in den Angaben Virchows und Wobsers über den Einfluß der Kaumechanismen auf den Gesichtsausdruck der Faden gefunden ist für die Entwirrung zahlreicher Abweichungen in der allgemeinen Gesichtsgestaltung.

Gespräch. Das Gespräch ist die beste Würzung der gebildeten Gesellschaft. Geist und Gemüt, Verstand und Phantasie, Ernst und Humor sollen in buntem Reigen leicht dahinschweben. Man höre dem, welcher gerade spricht, aufmerksam zu oder

scheine wenigstens aufmerksam zu sein. Sehr unartig ist es, während jemand zu uns spricht, irgend etwas zu tun, was auf Nichtachtsamkeit schließen läßt. Man falle auch niemandem ins Wort, allenfalls mag man ihm, wenn er unrichtige Tatsachen mitteilt, durch einen entsprechenden Zwischenruf zeigen, daß man die Tatsachen bestreitet, etwa: *Ich bitte ums Wort zur tatsächlichen Berichtigung*. Aber niemals gebrauche man schroffe Redensarten wie: *Das ist nicht wahr*. Man flüstere nicht, aber man schreie auch nicht. Schreien ist überhaupt nicht Sprechen. Es mag ja sein, daß im Laufe der Rede die Stimme zum Pathos anzuschwellen durch den Gegenstand veranlaßt wird, das darf aber nur vorübergehend stattfinden. Hat sich ein Gespräch auf ein Gebiet gezogen, das für andere Zuhörer uninteressant ist, so verlasse man es wieder. Bemerkt man, daß es in Ungemütlichkeit ausarten will, so suche man auf feine Weise abzulenken, am besten mit einer humoristischen Wendung. Man finde nicht alles großartig, reizend, entzückend und sei maßvoll im Gebrauch der schmückenden Beiwörter; ebenso vermeide man die Also- oder Dingskrücke. – Sobald man feststellt, daß jemand zur Unterhaltung nicht aufgelegt ist, lasse man ihn in Ruhe und wende sich einem anderen Gesprächspartner zu.

Gesundheit. Wir haben alle Veranlassung, uns die Gesundheit in vollem Umfang zu erhalten. Krankheiten bringen in der Regel Schmerzen und führen oft auch zum Tode, immer aber beeinträchtigen sie die Lebenslust für einige Zeit, nicht selten sogar für immer; sie verursachen außerdem Kosten, welche zu tragen den meisten nicht leicht fällt.

Gewohnheiten, menschliche. Vieles im Leben ist bemerkenswert. Schon die Art, wie die Menschen sich aus den Betten erheben, ist bemerkenswert. Manche setzen sich aufrecht hin und müssen sich erst an die Welt gewöhnen. Andere erwachen und springen singend aus ihren Kissen heraus in die Ferne hinein. Manche setzen sich auf den Bettrand und blicken ins Leere, ehe sie sich entschließen können, etwas Nützliches für diesen Artikel zu leisten. Ich kannte einen Mann, der sich immer einige Male räuspern mußte, bevor er davonging. Wenn im gewöhnlichen Leben jeder einfache Mensch schon am Morgen von Gewohnheiten bedroht ist, wie viel mehr muß sich der Schauspieler vor Gewohnheiten vorsehen. Ich habe Darsteller gekannt, die, trotz ihrer anerkannt guten Leistungen, nur wegen einer ganz bestimmten in die Augen fallenden Eigentümlichkeit auf die Abneigung des Publikums stießen. – Auch ich war am Beginn meiner theatralischen Laufbahn einer kleinen Unart ergeben. Und wenn diese Unart glücklicherweise auch ganz privat war, also nicht meine Bühnenerfolge beeinträchtigen konnte, so verhalf sie mir dennoch zu einer vorübergehenden Blamage, sie verursachte in den hiesigen künstlerischen Kreisen sogar einen förmlichen Tumult, an dessem Höhepunkt Klomm Bemerkungen machte, die ich hier nicht wiederholen will.

Giftflaschen. Giftflaschen binde man ein hörbares Zeichen um. Man durchloche einige aus Konservendosen geschnittene Blechstücke und binde sie um den Flaschenhals; sie klirren, wenn man die Giftflaschen in die Hand nimmt.

Glasstöpsel, eingetrocknete. Man reibe und klopfe mit einem Schlüssel gegen den Flaschenhals, wodurch der eingetrocknete Stöpsel gelockert und schließlich gelöst wird.

Glückwünsche. Glückwünsche werden selbstverständlich nur aus Anlaß freudiger

Gottesdienst. Man befleißige sich während des Gottesdienstes eines angemessenen würdigen andächtigen Benehmens und vermeide jede leichtsinnige, gleichgültige oder gar störende Haltung. Das Flüstern mit dem Nachbarn ist ein grober Verstoß; eine Unart ist auch das zu späte Kommen oder das zu frühe Gehen.

Gratulation. Wenn im Leben eines Menschen, den wir schätzen, ein besonders glückliches Ereignis vorfällt, dann beglückwünschen wir ihn. Was wir ihm wünschen und wie wir es tun, darüber dürfte, besonders in den speziellen Fällen, keine Verlegenheit entstehen. Erzeugnisse rüpelhafter Art allerdings, beispielsweise die Produkte schmutziger Stunden, etwa die unsäglichen unflätigen Wunschmitteilungskarten, die jetzt in aller Öffentlichkeit verkauft und in ungeheuren Massen in der Welt herumgeschickt werden, kommen aufgrund ihrer

Ereignisse geschrieben. Im allgemeinen befleißige man sich dabei äußerster möglicher Kürze: warme Wünsche in herzlicher Fassung, die der Freude Ausdruck geben und der Hoffnung, daß noch viele Wiederholungen des frohen Tages in Glück und Zufriedenheit undsofort: das gilt allgemein als völlig ausreichend.

Goldfisch. Ein Goldfisch ist haltbar und sehr genügsam. Am wohlsten fühlt er sich in einem Glas mit Pflanzenwuchs, kann aber auch ohne Pflanzenwuchs auskommen. Er liebt die Gesellschaft und ist daher nicht gern allein im Glas. Wenn man den Goldfisch gut pflegt und selbst füttert, so gewöhnt er sich an die Stimme des Herrn und kommt auf seinen Ruf oder Pfiff hin an die Oberfläche.

buchstäblichen Wunschverfälschung und Weltverdünnung nicht in Frage.

Grönland. Auch in Grönland wird Fußball gespielt. Allerdings lassen die geographischen und klimatischen Verhältnisse nur wenig Spiele zu bestimmten Jahreszeiten zu. Doch die Fußballbegeisterung der Eskimos ist groß. Oft fahren sie mit Hundeschlitten zum Spiel und kehren erst nach vielen Tagen und Abenteuern nach Hause zurück.

Größe. Menschen in Schuhen sind größer als solche ohne Schuhe. Am Tag sinkt der Mensch etwas zusammen. Man hat auch bemerkt, daß das Liegen im Bett dem Wachstum sehr günstig ist.

Grübeln. Anhaltendes Grübeln ist zu vermeiden. Es empfiehlt sich die Wahl eines ruhigen Berufes und einer regelmäßigen Lebensweise, vor allem fleißige Bewegung in der freien Natur. Werden diese Vorsichtsmaßregeln unterlassen, so darf man sich nicht wundern, wenn bei den Grüblern auf irgendein Gelegenheitsmoment hin eine Geistesstörung sich entwickelt.

Grübelsucht. Grübelsucht ist bei nervösen Personen zu beobachten, die sich veranlaßt fühlen, über sogar oder vorwiegend ganz unwichtige Sachen nachzudenken. Geschlechtliche Verirrungen sind die häufigsten Ursachen dieser heimlichen Gewissensbisse. Da hilft oft ein erlösendes, von fremden Lippen gesprochenes Wort; auch angenehme Zerstreuung und das Herausreißen aus den gewohnten Verhältnissen durch kräftige körperliche Bewegung, vor allem durch Bergsteigen in heiterer Gesellschaft. Dabei vermeide man es, auf die Ideen dieser Personen einzugehen. Man erzielt damit oft ganz erstaunliche Erfolge; die Betroffenen werden normal wie andere Menschen, weil sie wieder das Schwitzen lernen. Reibende drückende Kleidungsstücke sind allerdings zu vermeiden.

Grüßen. Ein Herr mag sich in größeren oder kleineren Kreisen bewegen, er muß immer wissen, wie ein mustergültiger Gruß beschaffen sein soll. Wie man an seinem sicheren ruhigen Bewegen den Gebildeten schon von weitem erkennt, so auch am Gruß. Mit dem Gruß soll einem Begegnenden kundgegeben werden, daß er uns nicht gleichgültig ist. Auf dem Lande grüßen in der Regel alle Leute einander. In der Stadt wäre das lästig. Man grüßt auf der Straße nur die Bekannten und Vorgesetzten, allenfalls auch hochangesehene stadtbekannte Personen. Die Art des Grüßens ist in verschiedenen Ländern verschieden. Der Gruß in Worten besteht bei uns in der Formel: *Guten Morgen. Guten Tag. Guten Abend. Grüß Gott. Adieu. Leben Sie wohl. Auf Wiedersehen. Gute Nacht. Gehorsamer Diener. Empfehle mich Ihnen* und dergleichen. Unter Umständen fügt man hinzu: *Es ist schön, Sie zu sehen. Wie gehts.* Diese letzte Formel faßt man am besten als Grußformel auf und erwidere mit *Danke*. Es ist durchaus nicht nötig, jedermann Rechenschaft darüber zu geben, wie es einem geht. – Je nach Geschlecht und Charakter der zu Begrüßenden wird mit dem Gruß eine leichte oder tiefe Verbeugung verbunden. Sodann ist es üblich, daß Herren beim Gruß ihren Hut lüften oder tief abziehen, je nachdem; während der militärische Gruß im Erheben der Hand zur Kopfbedeckung besteht. Der abgezogene Hut kann zweierlei Sinn haben: einerseits setzt er den Kopf des Hutträgers einen Moment den etwaigen Unbilden der Witterung aus, und insofern ist er ein Zeichen der Demut. Andererseits war der Hut vor Zeiten ein Helm, und das Abnehmen desselben bedeutet Selbstentwaffnung, schutzlos friedliche Gesinnung. Herren, die einander in größerer Entfernung begegnen, wo man sich mündlich nicht grüßen kann, winken sich mit der Kopfbedeckung zu. Gesundheits-, Bequemlichkeits- und ökonomische Gründe sind zur Genüge gegen den Hutgruß geltend gemacht worden. Jedenfalls aber hat man einen Hutgruß mit einem Hutgruß zu erwidern, nur nicht, wenn man in den Händen einen Gegenstand trägt, etwa ein Buch oder den aufgespannten Regenschirm. Nähere Bekannte begrüßen einander auch mit Händedruck, dabei vermeide man aber das derbe Schütteln und Quetschen. Wird ein Gruß nicht erwidert, so fragt es sich, ob derselbe unbemerkt blieb, oder absichtlich nicht erwidert wurde. Ist man der letzten Annahme sicher, so höre man auf, mit dem Betreffenden auf dem Grüßfuß zu stehen. – Wer nicht kurzsichtig ist, soll auf der Straße die Begegnenden zwar nicht anstarren, aber doch soweit bemerken, daß ihm ein Gruß nicht entgeht. Gehen zwei zusammen und der eine begrüßt einen Begegnenden, so hat auch der andere zu grüßen. Ein Sitzender hat beim Gruß eines Vorübergehenden, je nach dessen Charakter, sich zu erheben. Von Wagen zu Wagen grüßen Damen durch Verneigung, Herren mit dem Hut. Es würde zu weit führen, länger darüber zu sprechen; denn bekanntlich bringt jeder Tag Neues auf diesem Gebiet.

Grundluft. Eine ganz hervorragende Beachtung hat man neuerdings demjenigen geschenkt, was man Grundluft nennt. Das ist der Luftstrom, der, unabhängig von der Bewegung der uns umgebenden Atmosphäre vom Baugrund unseres Hauses ausgehend, dasselbe bis unter das Dach durchzieht. Daß aus der Erde Luft hervorbrechen soll, mag manchem Leser eine etwas ungewohnte Vorstellung sein. Unzweifelhaft aber befindet sich Luft in unserer Erde, da dieselbe porös ist. Genaueres darüber findet man in Wobsers berühmter Schrift: *Das Vorleben des Bauplatzes und die Grundluft.* Wenn also die Erde unter unserem Haus von Luft durchsogen ist, so muß sie zuweilen daraus verdrängt werden. Das können wir uns klar machen, indem wir uns unser Haus als einen großen Schröpfkopf denken. Da nun die Luft im Haus immer, besonders aber im Winter, wärmer ist, als die Außenluft, so sitzt dieser ganze erwärmte Hohlraum in der Tat wie ein Schröpfkopf auf dem Baugrund, aus dem er die Luft in die Höhe saugt, die nun als unmerklicher Luftstrom die Decken und Balkenanlagen durchdringt und im besten Fall durch den luftigen Dachraum in die äußere Welt entweicht. Weitere Forschungen werden gewiß zu neuen Aufschlüssen führen; allerdings überlassen wir sie nachfolgenden Autoren.

Gürtelgefühl. Gelegentlich stellt sich ein Gürtelgefühl oder Reifengefühl ein, ein Gefühl, als sei der Leib von einem Ring umgeben oder von einem drückenden Riemen. Dieser nach und nach zum Vorschein kommende Zustand ist noch nicht von Bedeutung. Bald darauf aber kommt es zu Störungen der Bewegungen, die fast in allen Fällen an den unteren Extremitäten, den Beinen, ihren Ausgang nehmen. Es stellt sich jener charakteristische Gang ein, den wir schleppend nennen. Der Mann geht gespreizt, er schleudert die Beine beim Aufheben und beim Niedersetzen, er setzt die Füße stampfend auf, zuerst mit der Ferse auf den gefährlichen Erdboden. Später ist das Erheben vom Sitz mit erheblichen Schwierigkeiten verbunden, erst nach vielen vergeblichen Versuchen gelingt das Manöver des Aufstehens und der Mann erlangt das zum Stehen nötige Gleichgewicht. Der Mann hat nun das Gefühl, als ob er auf Filz, Wolle oder auf Gummi ginge. Schließt er die Augen, so schwankt sein Körper, und würde er nicht gestützt, so fiele er mit geschlossenen Augen einfach um. Wird zum Beispiel ein Bein über das andere gelegt, so kann er, solange er seine Augen geschlossen hält, nicht angeben, ob das rechte oder das linke Bein oben liegt. Fordert man diesen Mann auf, mit geschlossenen Augen die Finger beider Hände aufeinander zuzuführen, so gelingt das nur nach vergeblichen Versuchen, bei denen die Hände in der Luft herumfahren, bis sie schließlich durch einen Zufall miteinander in Berührung kommen.

Gummistrümpfe. Gummistrümpfe verhindern die Ausdünstung der Beine. Um Gummistrümpfe zu reinigen, ziehe man den Strumpf aus und ziehe ihn auf ein Strumpfbrett, bereite dann eine kalte schwache Sodalösung und säubere den Strumpf ruhig und vorsichtig mit einem in diese Flüssigkeit getauchten Schwamm. Man spüle ihn dann in frischem Wasser, ziehe ihn zum Trocknen auf ein anderes Strumpfbrett und hänge ihn in einen dunklen luftigen Raum. Danach ziehe man den Strumpf wieder an.

Gurgeln. Man läßt Flüssigkeiten durch Beugung des Kopfes nach hinten in die Rachenhöhle laufen und verhindert durch gleichzeitige Ausatmung, daß es abwärts fließt. Diese innere Bespülung nennt man Gurgeln. Man täuscht sich allerdings oft über die Wirkung der Anwendung, da die reinigende Flüssigkeit nicht tief genug in den Schlund eindringt. Es ist daher bei Halskrankheiten das sogenannte Ausspritzen wirksamer.

Gymnastik. Wenn Schreber glaubt, daß eine zweckentsprechende gymnastische Bewegung der Unterleibsmuskulatur die Radikalheilung von Unterleibsbrüchen sicher gewährleiste, so scheint dies heute, wo unter dem Schutze des antiseptischen Verbandes sehr häufig die operative Schließung der Bruchpforten angestrebt wird und durchaus nicht immer zum Ziel führt, zumindest zweifelhaft. Aber gern wird man sich damit einverstanden erklären, daß bei sogenannten Bruchanlagen und bei den Brüchen jüngerer Menschen die methodische Stärkung der Leibesmuskulatur für die Heilung eine ganz beachtliche Rolle spielt. Ich gehe noch weiter als Schreber und behaupte sogar, daß gymnastische Übungen jedermann, Herren wie Damen, auf das wärmste zu empfehlen sind, nicht nur im Interesse der Gesundheit, sondern auch der Körperschönheit. Der Umstand hat freilich bis heute so wenig Beachtung gefunden, daß wir uns hier im Interesse der Allgemeinheit in unseren Ausführungen zurückhalten wollen, um die folgenden Abbildungen für sich sprechen zu lassen.

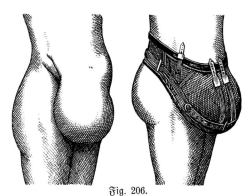

Fig. 206.
Großer Nabel- und Bauchdeckenbruch.

H

Haare. Es würde zu weit führen, wenn wir hier jedes einzelne Haar mit seinen verschiedenen Schichten und Baueigentümlichkeiten schildern wollten. Nur

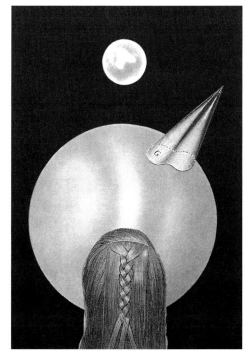

das sei erwähnt bei der Übersicht über die Haare: die Hauptmasse wächst auf dem Kopf und unter dem Kinn. In bezug auf die Richtung der Haare hat man zuweilen viel Unsinniges gehört. Es ist bekannt, daß das Haar meist schief aus der Haut tritt; am Scheitel aber durchbohrt es die Haut in senkrechter Richtung. Nähert man sich dem Kopf, so bemerkt man zunächst an der Stirn erst vereinzelt zwei, dann auch drei Haare zu Gruppen zusammengestellt; erreicht man jedoch den Hinterkopf, werden einzelne Haare sehr selten. – Ihrer außerordentlichen Einfachheit halber hat die Einteilung des Menschen nach seinem Haarwuchs eine weite Verbreitung gefunden. Dafür jedoch, daß die Haare für sich allein noch lange kein Merkmal für die Rasse abzugeben vermögen, herrscht inzwischen bei keinem, auch nicht bei Müller ein Zweifel. Fassen wir also zusammen: Die Haare in allen ihren Verhältnissen sind hier nicht ausführlich genug zu berühren; soviel jedoch steht fest: die langen Haare verstoßen gegen die wichtige gesundheitliche Vorschrift des kühlen Kopfes.

Haarmenschen. Haarmenschen sind Menschen mit einer fellartigen Behaarung über größere Körperstrecken hin. Man kann an ihnen die Fortbildungen eines Haarkleides schrittweise beobachten; man wird übermäßige Haarfelder sehen, die eine allgemeine Aufmerksamkeit auf sich lenken. Aus den Ohren und den Nasenlöchern wachsen Haarquasten; aber das sind nur die kleinen Anfänge einer vollkommenen Behaarung des Gesichts, die man bei Hundemenschen in neuerer Zeit beobachtet hat. Der Mensch gehört zu den Haartieren, und die Anordnung der Haare auf seiner Haut entspricht trotz ihrer Spärlichkeit sehr vollkommen dem Pelz eines dicht bewachsenen Tieres. Der Mensch ist fast an der ganzen äußeren Körperfläche behaart. Das ist keineswegs eine neue Erfahrung, daran haben wir nie gezweifelt. Auf der ganzen Körperoberfläche entstehen plötzlich dicke mit Mark versehene Haare, an den Augenbrauen und Augenlidern, auf der Oberfläche des Kopfes, in den Achselgruben und an der Vorderseite des Rumpfes. Es bildet sich ein Gesichtsbart, eine völlige Überwachung des Gesichtes mit Haaren. Auch auf der Stirn wachsen Haare am Nacken hinab und über den ganzen Rücken bis über die Sitzwölbungen über die Oberschenkel bis zu den Füßen am Boden; auch auf der Brust wächst es, eine große behaarte Fläche verbreitet sich über Arme und Beine und über die Rückenfläche der Finger und Hände und Füße. Bartels hat in seinen Aufzeichnungen eine beträchtliche Zahl bärtiger Damen beschrieben. In anderen Berichten werden schwanzartig verlängerte Haare erwähnt, selbst in den verborgensten Spalten. Bei haarreichen Menschen sieht man ja nicht nur die Seitenränder des Gesichts, sondern auch alle Wangen mit Haaren bewachsen, die Augenbrauen verschmelzen, das Kopfhaar wächst von der Haargrenze herab über die Stirn bis zur Wurzel der Nase und weiter. Bei dem in letzter Zeit in Olm gezeigten russischen Haarmenschen sind im Gesicht nicht nur die Stellen stark behaart, die beim Mann gewöhnlich den Bart zu tragen pflegen, sondern es geht eine dichte Behaarung von diesen Stellen ununterbrochen weiter über die Wangen und zu den Augen und weiter über die vorderen Ohrmuscheln, während das Kopfhaar die ganze Stirn überwächst und erst an der Nasenwurzel endet, wie oben erwähnt, wir haben das alles besprochen. Diese Erfahrungen werfen vielleicht einiges Licht auf die meist stärkere Behaarung der Körperhaut bei Völkern, die bekleidet gehen. Vielleicht handelt es sich um einen Hautreiz, um die durch Kleider zurückgehaltene Hautausdünstung; aber das ist nur eine Vermutung von Wobser, der sich zuweilen irrt, wie wir wissen. – Es werden natürlich auch vollkommen haarlose Menschen gesehen, wie ich in der vorangegangenen Folge meines Berichts bereits sagte; damit ist jedoch durchaus nichts gesagt. An sich ist die Sache auch nicht interessant; sie ist nicht einmal wichtig. Man hat außerdem keinen Grund zur Beunruhigung.

Hände, blaugefärbte. Blaugefärbte Hände taucht man in kaltes Wasser und hält sie naß an Schwefeldampf; dazu zündet man am besten einen Schwefelfaden an.

Hände, rauhe. Mit rauhen Fingern ist schwer sticken; man reibe rauhe Hände mit Sandpapier ab, und die Stickseide wird nicht an den Fingern hängenbleiben.

Händeschütteln. Die Sitte des Händeschüttelns bei der ersten Vorstellung ist allgemein. Sie ist bei vielen Gelegenheiten zu beobachten. Dadurch wird jedem Zweifel ein Ende gemacht.

Halbschuhe. Halbschuhe, die leicht vom Fuß gleiten, sind in den Hacken zu weit. Man klebe die Fersen mit einem Stück Samt aus, was auch zur Schonung der Strümpfe beiträgt.

Hals. Der Hals ist der oberste rundliche schmale Teil des Rumpfes. Auf dem Hals ruht der Kopf. Auf dem Kopf ruht der Hut: siehe *Hut*.

Haltung. Die körperliche Haltung des Menschen soll einen harmonischen Eindruck machen. Eine saloppe, schläfrige Haltung ist ebenso zu vermeiden, wie eine hochmütige, herausfordernde oder kriecherische Haltung. Man sitze, stehe, gehe immer aufrecht, selbstbewußt, energisch, mit erhobenem, nicht gebeugtem Haupt. Das Stützen des Hauptes mit dem Ellenbogen ist in allen Fällen verboten.

Haltung, abwartende. Das Grüßen gehört zu den alltäglichsten Bewegungen des Menschen, allerdings würde es den Rahmen meiner Aufgabe weit überschreiten, wollte ich mich mit sämtlichen Arten der auf der Welt vorkommenden Grüße eingehend beschäftigen, zumal ich das Wesentliche schon in meinem Buch *Viele Grüße* niedergeschrieben habe. Bevor ich diesen Artikel aber beende, will ich auf einen Sonderfall aus dem Straßenleben hinweisen. Zwar grüßt auch an dieser Stelle der Herr zuerst; die erste Anrede kommt auf der Straße freilich der Dame zu. Ein Herr wird also wie sonst, wie immer und überall seine aufmerksame Begrüßung darbringen, im übrigen aber, wenn überhaupt anzunehmen ist, daß sich die Dame in eine Unterhaltung mit ihm einlassen möchte, sich eine unmerklich abwartende Haltung auferlegen. Wir werden Gelegenheit haben, darauf zurückzukommen, wenn wir die Einzelheiten besprechen.

Haltung, schiefe. Manchmal bildet sich infolge der Unart, auf das linke Bein gestützt schief zu stehen, eine Krümmung aus. Schon nach einiger Zeit ist die anfangs aus Nachlässigkeit angenommene Haltung zu einer unwillkürlich natürlichen geworden; das Bewußtsein des normalen Gleichgewichts ist verlorengegangen, und die schiefe Haltung bringt beim besten Willen das täuschende Gefühl der geraden Körperstellung hervor. Wir wollen hier unser abfälliges Urteil über diese Haltung nicht verschweigen; Plattfüße und Knickbeine sind noch die allergeringsten Folgen, mit denen man rechnen muß.

Hand. Die Hand, sagt Lemm, stellt im allgemeinen im gestreckten Zustand eine Art Schaufel dar, die sich der Gestalt der zu ergreifenden Körper mit Leichtigkeit anschmiegen kann und die kräftigsten wie die zartesten Bewegungen mit berechneter Sicherheit ausführt. Die Hand ist auch der schreibende Körperteil, der die Handschrift hervorbringt. Sie ist kurzum zu tausend nützlichen Zwecken zu verwenden und steht den Lippen an Feinheit des Gefühls kaum nach. Bei Dienstmädchen freilich, die es weder verstehen, Schmutzansammlungen zu verhüten, noch viel weniger daran denken, ihre Hände zu schonen,

sieht man oft gräuliche Hände, die überhaupt niemals rein werden. Das ist viel öfter der Fall als man glaubt. An sie alle wollen wir die Mahnung richten, doch ein wenig darüber nachzudenken, ob das wirklich sein muß oder ob es nicht ein Verhalten gibt, durch welches das natürliche Aussehen der Hand, die zum Gesicht immer in einem gewissen Verhältnis stehen soll, erhalten werden kann: es ist unbestritten, daß feine Hände den angenehmen Eindruck der ganzen Persönlichkeit erhöhen. Erste Bedingung zur Erhaltung feinfühliger gut aussehender Hände ist die Vermeidung täglicher Schmutzarbeiten. Dies wird dadurch erreicht, indem wir unser Haus mit Überlegung so einrichten, daß es keine Schmutzquellen schafft. Der Gebrauch passender Besen ist zu empfehlen; man vermeide es ferner, immer und überall mit den Händen hineinzufahren. Niemals gehe man mit feuchten Händen ins Freie. Wer das alles beachtet, wird sich in Gesellschaften nicht zu schämen haben und auf andere Personen niemals einen unangenehmen Eindruck machen. Man besorge das Aufhängen der Wäsche mit Handschuhen, denen man die Fingerspitzen abgeschnitten hat; so wird der harmonische Eindruck des ganzen Menschen gewahrt. Ein finniges Gesicht steht im Widerspruch zum eleganten Anzug. Ein liebliches Gesicht paßt nicht zu dicken Händen; ein plumper Fuß nicht zu feinen Schuhen. Einen angenehmen Eindruck machen wollen unter Benützung der vorhandenen Vorzüge und unter Abschwächung der nicht zu beseitigenden Mängel ist nicht Gefallsucht, wie wir oben schilderten, sondern ein natürliches Verlangen, und nur dann tadelnswert, wenn es die Lüge der Schminke zu Hilfe nimmt und den Boden des guten Geschmacks verläßt.

Handarbeit. Damen dürfen sich in kleineren Zirkeln mit Handarbeiten beschäftigen, auch in öffentlichen Lokalitäten, zum Beispiel in Restaurationsgärten. Dagegen lasse man die Handarbeiten während einer Deklamation, eines musikalischen Solovortrags und dergleichen ruhen, da es für den Vortragenden unangenehm ist, wenn ihm nicht die volle Aufmerksamkeit geschenkt wird.

Handbewegungen. Die Hand soll angemessen gekrümmt gehalten werden. Eine sehr üble Gewohnheit ist es, wenn man Dinge in der Umgebung mechanisch ergreift und damit gedankenlos spielt. Was man nicht gebraucht, lasse man ruhig liegen. Ebenso unpassend ist es, mit der Hand am Bart zu zupfen oder zu streichen, den Schnurrbart zu drehen oder die Hand in die Hosentasche zu stecken, während man mit jemandem spricht.

Handkuß. Er darf nur appliziert werden, wenn die Dame die Hand mit entsprechender Bewegung reicht. Man ergreift dann die Hand zart mit der Rechten, führt sie an die geschlossenen Lippen und läßt sie ebenso zart entgleiten. Der Kuß darf nicht hörbar sein.

Handschlag. Der Handschlag soll immer kurz und kräftig sein. Nichts ist unangenehmer, als in der Hand, die man gereicht hat, eine ausdruckslose schlappe Hand mit ausgestreckten Fingern zu spüren, die den Händedruck nicht zurückgibt. Nichts für die Damen ist peinlicher, als ihren offen gebotenen Handschlag durch ein zärtliches Umschließen oder gar Festhalten und Reiben und Kratzen der Handinnenfläche erwidert zu fühlen. Herren, die die Bedeutung des Händedrucks in dieser Weise mißverstehen und das ihnen gezeigte Vertrauen für ein intimes Entgegenkommen halten, dürfen sich nicht wundern, wenn der Händedruck die freundlichen Beziehungen, die er einleiten soll, schon beendet.

Handschuhe. Man ziehe Handschuhe durch einen Teeaufguß, sie erhalten dadurch eine grünliche Färbung. Soll diese Färbung einen mehr gelblichen Ton haben, so verwende man starken klaren Kaffee. Eine grauweiße Färbung erzielt man, wenn man die Handschuhe in eine Lösung aus Wasser und Tinte taucht. Jahrelang herrschte der Handschuh schwarz in Gesellschaft und auf der Straße. Später hat ihn der weiße Handschuh verdrängt, bei Spaziergängen und Besuchen im Sommer und Winter. Wie man die Sache auch sieht: der Handschuh ist ein Bekleidungsstück von

besonderer Wichtigkeit, und die Welt gefällt sich darin, die widersprechendsten Gebräuche der Reihe nach zum Gesetz zu erheben. Handschuhe zeige man in geschlossenen Räumen überhaupt nicht, behaupten die einen, weder gefüttert noch als Glacéhandschuh. Das mag sein. Andere Stimmen sagen, daß Damen bei Besuchen und in größeren Gesellschaften Handschuhe zu tragen haben; jedenfalls am Anfang. Das Ablegen hängt von Nebenumständen ab. Bei Mittagsmahlen zum Beispiel werden die Handschuhe erst abgelegt, wenn man sich zu Tisch setzt, und zwar bevor man die Serviette entfaltet. Es würde aber ein Verstoß sein, wenn man sie unmittelbar nach dem Nachtisch wieder anzieht. Das könnte den Anschein erwecken, als wolle man damit der Hausfrau ein Zeichen geben, die Tafel aufzuheben. Auf jeden Fall gilt der Handschuh für jeden, der sich zur guten Gesellschaft rechnet, als ein unentbehrliches Kleidungsstück. Damen zeigen sich ohne ihn nicht auf der Straße; und wenn Herren ihn auch nicht anlegen, so haben sie doch stets ein Paar davon bei sich. – Wir bestreiten das alles nicht und einigen uns auf das Folgende: Der Handschuh ist ein notwendiger Bestandteil des gesellschaftlichen Lebens. Das Ausziehen eines Handschuhs, des rechten oder des linken, ist in Situationen, wo eine Hand gebraucht wird, nicht zu beanstanden. Beschmutzte oder zerrissene Handschuhe sind unbedingt unstatthaft: besser keine als solche.

Harnröhre. Die Harnröhre hat beim Mann die doppelte Aufgabe, sowohl den Inhalt der Harnblase als auch die Erzeugnisse der Samendrüsen, die sich unterhalb in einem zwischen den Schenkeln hängenden Hautsack außerhalb des Rumpfes befinden, an die Stelle ihrer Wirksamkeit zu befördern. Daher ist sie so lang und im blutgefüllten Zustand so kräftig. Mit der Ausstoßung des Samens ist die geschlechtliche Aufgabe des Mannes beendet.

Hartleibigkeit. Da heutzutage fast jeder infolge der allgemein herrschenden Ernährungsverhältnisse und infolge unzureichender oder gänzlich verschwundener körperlicher Bewegung entweder ständig oder wenigstens zeitweise mit seiner Verdauung auf gespanntem Fuß steht, so ist der Gebrauch von Abführmitteln zur Erzielung von Stuhlgang in manchen Gegenden förmlich an der Tagesordnung. Nebenbei steht auf diesem Gebiet auch der Geheimmittelunfug in vollster Blüte, ohne damit eine andere Wirkung zu erzielen als heftige Reizungen, Zerrüttungen und Erschlaffungen. Wir raten ausdrücklich ab.

Hauptfreudenquellen. Die Sinne sind die eigentlichen Freudenbringer des Menschen, und zwar jeder in verschiedenem Maße für die verschiedenen Lebensalter. Die erste Jugend hat ihre größte Freude an den Empfindungen des Geschmackssinns. Die Jugend am Duft, am Geruch. Dann folgen die freundlichen Genüsse der Hautgefühle und namentlich die inneren Empfindungen, das Bewußtsein der Kraft und Gesundheit, das vor allem durch starke mechanische Leistungen der Glieder und des Gesamtkörpers erreicht und gesteigert wird. Es folgt dann die Zeit, in der der inzwischen ergraute Mensch durch weise Rede und Gegenrede die Lebensfreude und Hauptfreudenquelle wesentlich dem Gehörsinn verdankt. Und wenn ich nun hier sitze, am Fenster meiner Stube, den Blick vom Blatt aufschlage und hinausschaue zu den grünen Bergen, dann fühle ich, daß das Auge der Freudensinn des Alters ist. Alle allgemeinen Gefühle sind stumpf geworden, ich höre nichts mehr und schmecke nichts mehr, und wenn ich einen Gegenstand berühre, dann fühle ich keinen Gegenstand mehr; aber ich sehe alles. Und in diesem Augenblick des höch-

sten Erstaunens empfinde ich auch den höchsten Genuß.

Haus, im. Im Haus, in dem der vollkommen gute Ton gewahrt wird, ist schon der Anfang völlig sauber gehalten. Die Treppenstufen zeigen sich gut geputzt, die Decken geklopft, die Sessel gebürstet, das Geländer läßt keine Spuren auf unseren Handschuhen zurück. Wir treten ein. Auch die Zimmer zeigen, daß hier nicht Menschen ohne Kenntnis der herrschenden Weltverhältnisse sich aufhalten. Und auf den Fremden senkt sich beim Eintritt ein Teil des Friedens, es wird ihm wohl und behaglich, eine freundliche Stimmung kommt auf: es ist der Eindruck des Hauses, dem er sich nicht entziehen kann, der Ton, der ihm aus den leblosen Gegenständen entgegenklingt. – Ein Verstoß gegen das, was der gute Ton im Hause fordert, kann sich empfindlich rächen und uns in der guten Meinung der anderen, an der uns unbedingt viel gelegen sein muß, leicht herabsetzen, so daß unser persönliches Entgegenkommen nicht ausreicht, den üblen Eindruck auszulöschen. – Alle im Vorstehenden gegebenen allgemeinen Andeutungen verstehen sich keineswegs von selbst. Wohl entspringt das, was wir den feinen Geschmack nennen, einem angeborenen Zartgefühl; doch das Zartgefühl ist nicht alles, und angeborener Geschmack ist noch lange nicht guter Geschmack. Dieser wird erst erworben durch Aufmerksamkeit und Übung mit Hilfe des Ihnen hier mit den allerbesten Absichten unter dem Titel *Ratschäger* in die Hand gegebenen Werkes.

Hausbesitzer. Der Hausbesitzer sorge dafür, daß sein Haus nach außen einen gefälligen Eindruck mache. Gegen die Mieter sei er human, komme ihren berechtigten Wünschen entgegen und ziehe nicht die Hauszinsschraube unersättlich an.

Hausgenossen. Hausgenossen sollen in einem gewissen freundlichen Verhältnis zueinander stehen. Es ist ebenso unklug, die Intimitäten zu weit zu treiben, wie verkehrt, mit geflissentlicher Steifheit und

Zugeknöpftheit sich voneinander abzuschließen.

Hausschlüssel. Man wird einen Hausschlüssel mit dem Rand an den Mund setzen und in schräger Richtung von oben her hineinblasen, dann wird die im Schlüssel befindliche Luftsäule in Schwingung versetzt; es entsteht ein schöner weithin schallender Pfiff. Nachdem wir uns an diesem ergötzt haben, stecken wir den Hausschlüssel ein und holen aus unserer Hosentasche ein Taschenmesser hervor.

Hausschwamm. Es ist ein Wort über den unheimlichen Feind der Häuser, den Hausschwamm, zu sagen. Er entsteht in den Balkenlagen neuer aber auch alter Gebäude durch Feuchtigkeit oder Ansteckung, die eine schnelle Fäulnis des Holzes herbeiführen. Anfangs als weißer weichlicher Flaum auftretend, wächst er sich aus zu lappenartigen Geweben und kündigt sich an durch Geruch. Die Vertilgung des Hausschwamms muß unter allen Umständen vorgenommen werden, da sonst Decken und Wände einstürzen. Meist muß man den Fußboden aufreißen, alles verschwammte Holzwerk ausbrechen, die Füllung entfernen und vor allem der Ursache der Feuchtigkeit bis in die Tiefen des Hauses, bis auf den Grund nachspüren. Es ist vorgekommen, daß auf der Suche nach dem Grund das Haus bis auf den Erdboden abgetragen wurde und am Ende verschwand.

Haut. Die Haut beansprucht unser Interesse in ganz besonderem Maße; sie öffnet sich an mehreren Stellen der Körperoberfläche. Mißhandlungen der Haut durch Kleidung und Wohnung sind bekannt. Hier genügt es, darauf hinzuweisen, daß die allgemeine Hülle des menschlichen Körpers sich aus zwei in ihrer Dicke sehr verschiedenen Lagen zusammensetzt.

Haut und Hose. Wenn ein Mann jahrelang auf der Hose herumsitzt, so wird dieses Kleidungsstück glänzend und dünn und bekommt am Ende ein Loch. Wie kommt es, daß nur die Hose und nicht auch die Haut des Mannes von diesem Schicksal betroffen wird? Nun: weil die Haut lebt, die Hose aber tot ist. Die Haut wird unaufhörlich von Blut durchströmt, die Hose nicht.

Hautfärbungen. So verschieden die Menschen nach ihrer äußeren Färbung auch sind, vor den Mitteln des Mikroskopierers hört alles auf; da gibt es kein blond oder blau oder schwarz, alles ist braun: der dunkelste Neger und die zarteste Europäerin: beide sind braun unter dem Mikroskop, auch beide zusammen. Es ist im Grunde immer und alles ein und dasselbe. Dieser Gedanke ist nicht etwa Wobsers Gedanke, es ist mein Gedanke.

Heiratsantrag. Derselbe wird am besten in eigener Person vorgebracht. Der Freier erscheint bei den Eltern in großer Toilette. Es ist gut, die Eltern auf den Besuch vorzubereiten. Gegenseitige Höflichkeit muß gewahrt werden, auch wenn man einen Korb erteilt oder empfängt. Man nehme auch die Sache nicht so tragisch. Kommt ein Antrag unerwartet, so braucht man sich durchaus nicht zu genieren, dem

Freier zu erklären, daß man zuvor nähere Erkundigungen über Charakter und Vermögensverhältnisse einziehen wolle. Es dürfte sich empfehlen, die Erörterung über Mitgift schon bei der Werbung zu erledigen und sie nicht erst bis zur offiziellen Verlobung aufzuschieben. Dieser gesellschaftliche Teil sollte von beiden Seiten freilich mit aller Delikatesse behandelt werden.

Heiterkeit. Heiterkeit trägt ebenso wie Zufriedenheit zur Fortdauer der Gesundheit bei, ebenso Freiheit und Gemütlichkeit, Reinlichkeit, Schönheit, Gelassenheit, Berühmtheit, Wohlhabenheit, Gewandtheit, Klugheit und eine warme Mahlzeit.

Heizen. Die am meisten in Betracht kommende Heizungsart besteht ihrem Wesen nach darin, daß in einem besonders hierfür konstruierten unverbrennlichen Gerät, dem sogenannten Ofen, Brennmaterial verbrannt wird. Die Wärme, welche der Ofen dadurch empfängt, teilt er der ihn umspülenden Luft des Zimmers mit. Es ist unter diesen Umständen selbstverständlich, daß für gehörigen Abzug der Verbrennungsprodukte und des Rauches durch einen Schornstein gesorgt sein muß. Ich kann aber diesen Artikel nicht schließen, ohne noch auf die Nachteile einer hohen Zimmertemperatur aufmerksam gemacht zu haben. Hiermit tue ich es.

Heizung. Demjenigen, der nicht den Vorzug hat, in einem angenehmen Klima zu leben, bleibt wohl nichts anderes übrig, als seine Wohnung im Winter mit einer Heizung zu versehen. Ich will mich nicht weiter über deren Vorteile und Nachteile verbreiten; das Thema unserer Darlegung soll ausschließlich der Ofen sein, denn einen Ofen wird jeder, der diese Zeilen liest, schon einmal gesehen haben. Der schlechteste aller Öfen ist der ungefütterte Eisenofen, auch als Kanonenofen bekannt, weil er schon bei mäßigem Feuer zu glühen beginnt. Die Folgen kann man sich denken, besonders in einem kalten frostfreien Zimmer, auf das ich später noch eingehen werde. Vorher wende ich mich für einen Moment den Äußerungen Klomms zu, der in seinen Aufzeichnungen über den Ofen eine ganz andere Meinung vertritt, als ich. Manche meiner verehrten Leser werden von dem Scharfsinn und der Aufmerksamkeit dieses Herrn keine sehr hohe Meinung haben. Vielleicht haben sie recht.

Hemdsärmel. Bei drückender Hitze mögen Herren untereinander, besonders im Freien, sich des Rockes entledigen; vorausgesetzt, daß das Hemd frisch und sauber ist. In Gesellschaft von Damen soll das aber nicht geschehen.

Hemdhose. Es ist gewiß richtiger, ein ganzes Kleidungsstück direkt auf dem Leib zu tragen und es öfters zu wechseln, als es mehrfach zu teilen, und dadurch erhebliche Schwierigkeiten hinsichtlich der Befestigung zu bewirken. Deshalb sind wir hier für die Hemdhose; im Sommer hell und freundlich, im Winter dunkel und schwer. In ihrer herrlichen Einfachheit ist die Hemdhose im Vergleich zu den quälenden Teilungen, Schichtungen und Verschnürungen der Korsetts, der Umhänge,

Hemden und Mieder, welche die Schwerfälligkeiten der Frau durch die vielen übereinanderliegenden Kleiderschichten und Gummizüge nur noch verstärken, auf das nachdrücklichste zu empfehlen.

Herausziehung. Die sogenannte Herausziehung oder Zangengeburt ist nur dann möglich, wenn man das Kind ohne Schwierigkeiten zu fassen bekommt. Sie ist, weil dabei keine Zerreißungen stattfinden, die einfachste und sicherste Hilfeleistung, die wir empfehlen können. Die Zange besteht aus zwei Teilen, welche wie eiserne Hände den kindlichen Kopf umspannen. Wird ein zu starker Druck auf den Kopf ausgeübt, so wird er gequetscht und verunstaltet. Versagen die Wehen, während der Kopf bereits fest im Beckengang steckt und mit der Zange nicht mehr erfaßt werden kann, dann ist das Kind verloren. Der Kopf muß angebohrt, entleert und stückweise herausgezogen werden; möglich ist auch die Enthauptung, in deren Folge der Rumpf mittels Haken entfernt werden kann. Der Anblick dieses Verfahrens ist viel zu aufregend, um hier in allen Einzelheiten geschildert werden zu können.

Herr. Der Herr ist es, durch den das Leben mit tausend Fingern in die Häuslichkeit hineingreift, die Ruhe stört und den guten Ton verscheucht. Der Herr schleppt das Gift der äußeren Verhältnisse in die Wohnstube, die Welträtsel, Lebensfalten und Schicksalsknicke. Durch ihn ragen aber auch die geschäftlichen Sorgen in den häuslichen Kreis. Hier hört die Rücksicht auf. Wir raten dringend davon ab, durch Verdrießlichkeiten aller Art den Frieden in der Familie zu gefährden.

Herrenbekleidung. Mit vier oder fünf Dingen, die wir dem Leser in einem der folgenden Artikel ausführlich vorstellen werden, wird ein Herr in allen Verhältnissen gut auskommen. Wir bitten, das Studium dieses Kapitels nicht zu unterlassen.

Herrenbesuche. Am Morgen empfängt die Frau keine Herrenbesuche, es sei denn, daß ihr Mann in irgendeiner Angelegenheit in ihre Stube tritt. Dies gilt als allgemeine Regel in den größten Städten der Welt. Natürlich kommen in manchen Gegenden, namentlich in kleineren Orten, Abweichungen vor.

Herrenzimmer. Das Herrenzimmer, der ernsten Arbeit gewidmet, trage den Stempel gediegener Sinnesrichtung. Der Arbeitstisch habe seinen Platz im günstigen Licht, dunkle Fenstervorhänge schließen abends die Außenwelt ab und mildes Licht erleuchte dann sanft den ganzen Raum, während nur eine Arbeitslampe den Schreibtisch kräftig erhellt. Einige Kunstwerke zeigen die Geschmacksrichtung des Bewohners und seine Neigungen. Ernste

Behaglichkeit, etwa durch eine Rauchgerätesammlung verfeinert, aber keine Weichlichkeit sei der Ausdruck des Raumes.

Herz: siehe *Gemüt*

Heuchelei: siehe *Aufrichtigkeit*

Hilfe. Wenn Sie Opfer eines Überfalls werden, schreien Sie laut um Hilfe, wenn Sie mit Hilfe rechnen können; danach sollten Sie zur nächsten Polizeistelle gehen,

um sich den Teilnahmeschein für das Kriminalpolizei-Mitdenkespiel zu holen, einhundert stattliche Preise warten auf Sie. Der Hauptgewinn ist eine Reise nach Thailand. Dort klemmen Sie Ihre Handtasche fest unter den Arm oder tragen sie möglichst am Schultergurt, weil motorisierte Räuber in Thailand versuchen, Ihnen die Handtasche zu entreißen. Meiden Sie dunkle und einsame Wege. Wenn Sie Opfer eines Überfalls werden, schreien Sie laut um Hilfe, wenn Sie mit Hilfe rechnen können.

Himmel. Der Himmel, sagt Lemm, war am 3. August stark angeschwollen und hatte neben den beiden Öffnungen ein knolliges Aussehen, am 4. August war der Himmel ein förmlicher Eitersack, aus dem es brandig herausfloß, auf seinem ganzen Umfang ließen sich Schwappungen erkennen, es dampfte, bis schließlich das Wasser heilend herabfloß, so lange und so ausführlich herabfloß, daß die ganze Welt fortzuschwimmen begann. Am 5. August platzte der Himmel auf und floß in einer Nacht aus. Am folgenden Morgen rief mich Collunder an, um mir zu sagen, daß er den Himmel gesehen habe, wie er ruhig dahinschwamm, ohne Binden und Umschlagtücher. Das war der Himmel am 6. August. – Niemand kann in den Himmel hineinsteigen, sagt Klomm; oft ist er mit Wolken bedeckt. Nachts sehen wir manchmal den Mond. Dennoch ist damit nicht alles erklärt; nicht einmal das Wichtigste. Alles das sind Klomms Worte.

Hinabstürzen. Viele Personen kommen ums Leben, weil sie hinabstürzen. Oft ist die Unvorsichtigkeit schuld, oft auch ein unerwarteter Zufall. Soviel ist sicher: im Laufe der Zeit sind Menschen aus vielen Gründen hinabgestürzt: Dachdecker sind hinabgestürzt, Maurer und Bergsteiger sind hinabgestürzt, Zimmerleute, Schornsteinfeger, Piloten, Ballonfahrer sind hinabgestürzt. Menschen, die sich auf hohen Türmen befanden und in die saugende Tiefe hinabblickten, sind hinabgestürzt. Aus den

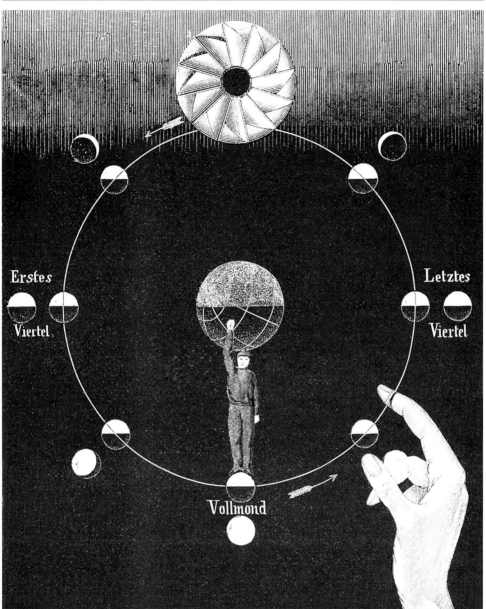

geöffneten Fenstern sind Menschen gestürzt, auch von Balkonen, Brücken und Viadukten sind sie gestürzt. Manchmal sind sie von Treppen gestürzt, besonders im Dunkeln. Das Hinabstürzen von Bergen will ich gar nicht erwähnen, obwohl natürlich gerade das Hinabstürzen von Bergen, von Bergkanten oder von Felsspitzen zu den endgültigsten Stürzen gehört, die es gibt. Aus den Luken der Scheunen sind auch schon Menschen gestürzt. Ich kenne Beispiele, wo Menschen nachts in Keller hinabgestürzt sind oder in Straßenschächte. Vom Hinabstürzen von Leitern rede ich nicht, erst recht nicht von Bäumen, was man begreifen wird, wenn man die Zahl der Hinabstürze von Bäumen einmal in aller Ruhe betrachtet, wozu ich in einem anderen Beitrag Gelegenheit geben will. Dort werde ich auch ausführlich von der Gefährlichkeit des Hinaufsteigens sprechen.

Hirnzelt. Der vom Hahnenkamm des Siebbeines bis zur Mitte des Hinterrandes des großen Hinterhauptlochs in der Mittellinie verlaufende Fortsatz der harten Hirnhaut wird als *Hirnsichel*, der quer verlaufende, also von der queren Mittellinie der Innenfläche der Schuppe des Hinterhauptbeines ausgehende Fortsatz dagegen als *Hirnzelt* bezeichnet, und zwar nicht nur von Doktor Lemm, sondern auch von mir.

Hochzeit. Die Hochzeit ist ein mühevolles und kostspieliges Vergnügen. Auch die Reise zu einer Hochzeit bringt eine große Reihe von Unbequemlichkeiten mit sich, zumal die von auswärts kommenden Gäste fremd in einen geschlossenen Familien- und Bekanntenkreis treten und wenig Aussicht auf Vergnügen haben. Eine gewisse Aufmerksamkeit ist daher am Platze. Schon bei der Ankunft sollte jemand bereit sein, sie zu empfangen und ihnen in allerlei Nebensächlichkeiten Ratschläge zu erteilen; ihnen zum Beispiel den Weg zum Gasthaus zu zeigen. Die allgemeinen Umstände entscheiden auch hier wie so oft in dieser von Umständen verstellten Welt.

Hochzeitstag. Für diesen Tag bedarf es der Beachtung einer großen Anzahl allgemeiner Vorschriften. Vieles hängt von der Jahreszeit ab, manches von ganz anderen Dingen. Der Bräutigam erscheint. Natürlich hat er auf seinen Anzug die größte Aufmerksamkeit verwendet. Der Gang ist nichts Nebensächliches, und seine äußere Erscheinung muß sich dementsprechend von der des täglichen Lebens unterscheiden. Das gleiche gilt für die Braut.

Höflichkeit. Die Höflichkeit ist das Grundgesetz des geselligen Verkehrs. Man hat auch gegen Dienstboten, geringe Leute und Feinde höflich zu sein. Derjenige, der sich der genauen Befolgung der Ratschläge, die wir ihm hiermit übergeben, befleißigt, wird sich stets in den Formen feinster anmutigster Höflichkeit bewegen und kann nicht in Verlegenheit kommen, anderen durch ungeschickte Schmeichelworte und durch persönliches Urteil lästig zu fallen.

Hörrohrspazierstock und ähnliches. Ein Schwerhöriger begreift oft nicht, daß es unappetitlich ist, ihm immer möglichst ins Ohr hineinsprechen zu müssen. Für die Verbesserung solcher Verhältnisse empfehle ich dringend ein Hörrohr. Ein Schwerhöriger wird in Gesellschaft weit weniger auffallen, wenn er ein Hörrohr benutzt, selbst in dem Fall, daß es ein wenig zu sehen ist. Die Entfernung, von der aus gesprochen wird, spielt eine größere Rolle: für den Gebrauch im Theater nimmt man natürlich ein anderes Hörrohr, als für den Hausgebrauch beim Konversationsverkehr. Der erwähnte Hörrohrspazierstock mit seinem abhebbaren lackierten Oberteil eignet sich nicht nur für den Gebrauch auf der Straße und in der Natur, sondern wird von den meisten auch in der

Behausung und im Konzertsaal benutzt, weil er äußerst bequem und handlich ist und sich auf alle Entfernungen einstellen läßt. – Das in neuster Zeit mit großer Reklame angepriesene Politzer-Hörrohr allerdings hat, was seine Hörkraft anbelangt, so gut wie keinen Wert, es läßt sich nicht einmal für den allerleichtesten Grad von Schwerhörigkeit verwenden; zumal es keinen festen Halt am Ohr bietet und bei der geringsten Bewegung sofort herausfällt.

Hof, im. Unsere Absicht ist es nun, Personen, die zufällig bei irgendeiner Gelegenheit in den Hof zu gehen gezwungen sind oder dort empfangen werden sollen, einige allgemeine Regeln bezüglich ihres Benehmens daselbst sowie der notwendigen einleitenden Schritte zu geben. Eine genaue und gründliche Kenntnis aller Verhältnisse, aller Formen und Gebräuche im Hof kann nur durch einen langjährigen Verkehr im Hof erworben werden, und selbst dann kann man noch bei der einen oder der anderen Gelegenheit im Zweifel sein. Ein Herr in Zivil, der im Hof vorgestellt zu werden wünscht, hat sich durch bereits vorgestellte andere Herren in erster Linie bei dem Oberstkämmerer, dem Chef des Hofes, dem Oberhofmarschall und dem Oberzeremonienmeister vorstellen zu lassen. Eine Vorstellung durchreisender Fremder stößt kaum auf Schwierigkeiten. Der Verkehr im Hof setzt natürlich voraus, daß die zugelassenen Personen pekuniär in der Lage sind, den Ansprüchen der Hofgesellschaft entsprechend zu leben. Völlige Mittellosigkeit schließt, wie von jedem Verkehr, so auch vom Verkehr im Hof aus. Zu den näheren Einzelheiten müssen wir in der Hauptsache auf die Regeln hinweisen, die der gute Ton jedem Gebildeten vorschreibt. Werden diese sorgfältig beachtet, so genügen sie im großen und ganzen, um auch auf dem glatten Boden des Hofes mit Anstand auftreten zu können. Dennoch kommt es zuweilen vor, daß Personen, die bis dahin in anderen Kreisen lebten, in einen Hof kommen und durch Unkenntnis der in den Höfen allgemein angenommenen Regeln Anstoß erregen. Es sei darum zuerst erwähnt, daß man auf das zu antworten hat, was man gefragt wird. Fragen zu stellen ist nicht zulässig. Ebensowenig darf man leise flüstern, da das den Anschein haben könnte, als mache man Bemerkungen über die Toiletten. Unterhaltungen stören darf man ohnehin nicht.

Hofkreise. Wer in Hofkreisen verkehrt, erfährt die betreffenden Verhaltensmaßregeln von zuständiger Seite.

Hohlräume, menschliche. Der menschliche Körper besteht aus Hohlräumen, Kanälen, Zellen, Schläuchen, in denen die Fortbewegung irgendwelcher Stoffe sehr leicht vor sich geht. Mit einer Art von Grauen sehen wir in unserem Körper, den wir doch durch unser Selbstbewußtsein als eine in sich geschlossene durch die Haut begrenzte Einheit fühlen, selbständiges Le-

ben in millionenfacher Anzahl sich abspielen, auf dessen Vorgänge wir nicht die leiseste Einwirkung auszuüben vermögen.

Honorar. Nähere Anweisungen über das Verhältnis zwischen Autor und Verleger in bezug auf das Honorar gehören nicht in dieses Werk.

Horchen: siehe *Lauschen*

Hühneraugen. Das weitverbreitete Leiden läßt sich mit Leichtigkeit vermeiden, wenn man mehr, als es gewöhnlich zu geschehen pflegt, auf ein gut passendes, richtig geformtes, nicht enges und drückendes aber auch nicht zu weites Schuhwerk Wert legt. Auch grob gestopfte oder durch Fußschweiß und Schmutz steif gewordene Strümpfe tragen zur Entstehung von Hühneraugen bei.

Hülle. Der gute Ton erfordert, daß wir ein Geschenk sofort seiner Hülle entkleiden, wenn wir es aus der Hand des Gebers empfangen haben; daß wir es bewundern und von den Anwesenden bewundern lassen, indem wir selbst die guten Eigenschaften desselben möglichst ins beste Licht setzen.

Humor. Der Humor ist eine angenehme Würze des gesellschaftlichen Verkehrs und erhöht dessen Reiz ungemein. Mit humoristischen Wendungen lassen sich manche gesellschaftliche und selbst politische Klippen umschiffen. Bald wird sich auch die gewünschte Heiterkeit einstellen.

Hund. Ein Hund, der über einen Stock springt, ist darum kein gebildeterer Hund als der, der es nicht tut. Es fehlt ihm das Bewußtsein vom inneren Zusammenhang seines Sprunges mit dem, was sein Herr damit darstellen will.

Hund und Mund. Nicht selten sieht man im Winter in den Städten große und stark behaarte Hunde herumlaufen, die zum Schutz gegen die Kälte eine gefütterte Decke auf dem Rücken tragen. Jeder denkende Mensch, der solche überärztlich behandelten Tiere sieht, sagt sich unwillkürlich, daß die Decke überflüssig sei. Ähnlich verhält es sich mit dem Mund. Über den Zusammenhang zwischen dem einen und dem anderen werde ich mich in einem anderen Artikel ausführlicher äußern.

Hundekrankheiten. Staupe Räude Durchfall Verstopfung Bräune Gicht Lähmung Harnverhaltung Fallende Sucht Husten Hundshunger Bisse und Stiche Wurmkrankheit Triefende Augen Felle auf den Augen Harthörigkeit Ohrenzwang Hautgeschwüre Warzen Brandschäden Quetschungen Beinbrüche Wunden und Schrunden und die furchtbarste aller Krankheiten: die Tollwut oder die Wasserscheu.

Hundewurm. Gelangen die Eier des Hundewurms in den Mund des Menschen, was bei den engen Gewohnheiten heutzutage keine Seltenheit ist, so werden sie durch den Blutstrom in das Gehirn, die Augenhöhle, die Lunge, am häufigsten aber in die Leber verschleppt und beginnen dort zu einer großen Blase zu wachsen, die drückt und platzt und ihren Inhalt in die Umgebung entleert, das Leben bedroht und beendet. Wer dem vorbeugen will, sei vorsichtig im Umgang mit Hunden. Vor allem die Frauen müssen sich hüten, zumal sie oft in gefährlich intimer Weise mit Hunden verkehren. Man küsse die Hunde nicht und schlafe auch nicht mit ihnen zusammen. Einige Beispiele dafür findet der Leser am Ende des Werkes.

Hunger. Durch das Zusammendrücken der Magengegend mit beiden Händen haben sich Menschen, die vom Hunger geplagt wurden, eine Weile Linderung verschafft.

Hungergefühl. Das anfangs lebhafte Hungergefühl verliert sich zum Erstaunen aller Anfänger, wenn man unsere Ratschläge befolgt. Man wird frisch und heiter, fröhlich, beweglich und vergißt sogar ein paar Stunden lang Essen und Trinken sowie alle Unmäßigkeiten im geschlechtlichen Bereich.

Husten, unter anderem. Das Husten, das Niesen, das Lachen bei gewissen Empfindungen und anderes mehr, etwa das Zucken, das Wälzen am Boden, das krampfhafte Schütteln, das Schlenkern, das Kratzen und Zähneklappern, das Weinen, das Schreien, das Aufplatzen des Gemüts und das Hervorquellen des Schmerzes: alles das sind alltägliche Äußerungen des Lebens, auf die man gefaßt sein muß. Ich sah Leute durch ein bloßes starkes Husten sich die Rippen brechen oder wenigstens knicken.

Hustengeräusch. Der Husten ist eine Ausatmung, bei der die Luft krampfhaft stoßweise durch die verengte Stimmritze aus den Lungen herausgepreßt wird. Dabei entsteht ein Geräusch, das man Husten nennt. Außerdem ist noch eines trockenen Hustens zu gedenken. Der geehrte Leser sieht aus dem Gesagten, daß der Husten die Begleiterscheinung von verschiedenartigen Erkrankungen der Luftwege bildet, wie ich bereits bemerkt habe.

Hut. Man sollte nicht ohne Hut gehen, selbst wenn man, wie ich, ein Freund der Hutlosigkeit ist. Durch Druck oder Schlag verliert zuweilen der Hut seine Form oder Steife. Man bürste ihn gründlich aus, feuchte ihn an, lasse ihn an der Luft trocknen und hänge ihn dann etwa zwei Stunden an einen heißen Ofen. Manchmal wird freilich ein Hut bei diesem Verfahren hart. Einen schwarzen Hut, der an Farbe verloren hat, hänge man in den Dampf. Verregnete Hüte lasse man abtropfen und gebe ihnen ihre frühere Form zurück; das geschieht durch Biegen. – Über das Aufbehalten und Abnehmen des Hutes wollen wir nicht viel sagen. Niemand wird dadurch belästigt, daß man den Hut aufbehält; dagegen wird viel Erkältung vermieden, zumal in zugigen Räumen.

Hut des Besuchers. Falls man ihm den Hut nicht schon vorher abgenommen hat, behalte der Besucher den Hut in der Hand bis er, was immer geschehen soll, zum Ablegen des Hutes aufgefordert wird. Danach lege er den Hut auf einen leeren Stuhl oder auf den Fußboden, keinesfalls auf den Tisch. Noch weniger stülpe der Besucher den Hut über einen Gegenstand auf der Kommode.

I

Imbiß. Es wird niemand dagegen etwas einzuwenden haben, wenn wir uns während der Reise mit einem Imbiß stärken, dabei sind Speisen von starkem Geruch zu vermeiden.

Im Dunkeln. Man bewahre alles so auf, daß man es auch im Dunkeln finden kann.

Im Freien. Sehen im Freien sitzende Herren einen anderen Herren sich ihnen nähern, so sollten sie sich, falls sie mit ihm sprechen wollen, erheben. Sitzenbleiben würde in diesem Fall den Wunsch ausdrücken, daß man nicht angeredet sein will.

In Begleitung. Die rechte Seite gilt als die Ehrenseite. Auf schmalen Trottoirs aber wird der Herr stets auf der offenen Seite gehen und der Dame den Platz nach der Häuserfront zu, im übrigen aber stets den bequemeren Teil des Weges überlassen. Freilich soll er vermeiden, jeden Moment, wie es der Wechsel des Straßenbilds mit sich bringt, bald nach links, bald nach rechts zu hüpfen. Geht die Dame auf der linken Seite, so wird er ihr, da ihr der rechte Arm gebührt, wenn es nicht durch Ermüdung oder dergleichen doch geboten sein sollte, den Arm nicht reichen.

Inneres. Es ist eine wunderbare Sache, daß wir heute nicht nur das Äußere, sondern auch das Innere eines Menschen sehen und photographieren, den Inhalt einer geschlossenen Kiste betrachten, durch das Leder eines Portemonnaies hindurchschauen können wie durch die dünne Luft in die merkwürdigsten Verhältnisse hinein. Dazu ist nichts weiter nötig, als einen Gegenstand, zum Beispiel eine menschliche Hand, einen Kopf, einen Brustkorb zwischen eine Entladungsröhre und eine lichtempfindliche Platte zu bringen. Auf der Platte entsteht nun ein Bild, auf dem nicht nur die äußeren Umrisse der Hand, des Kopfes oder der Brust sichtbar sind, sondern auch Knochen, Muskeln und allerlei Weichteile. Es bestünde sogar die Möglichkeit, eine feierlich um den Tisch gruppierte Gesellschaft von großen und kleinen Gerippen zu zeigen, die beispielsweise die Tassen zum Munde führen oder einfach nur mit verschränkten Armen ihre Augen auf uns richten. Hier freilich beginnen die Schwierigkeiten: bei der gewöhnlichen

Photographie ist es möglich, einen stämmigen Mann auf eine sehr kleine Platte zu bannen; bei der Röntgenphotographie glückt das nicht. Das Bild auf der Platte wird stets genau so groß wie der Gegenstand sein, von dem das Bild stammt.

J

Jongleurkunststücke. Jongleurkunststücke sind beim Publikum sehr beliebt und mit Recht, wenn sie mit Geschick und Sicherheit ausgeführt werden. Wie man beim Boxen und Ringen die schönen Bewegungen und die Körperkraft bewundert, so fesselt beim Jongleur namentlich die Gewandtheit und Sicherheit, mit der er jede Bewegung seines Körpers in der Gewalt hat. Das Höchste, was auf diesem Gebiet geleistet wird, dürfte der zur Zeit in Olm auftretende Taylor Caro darbieten; er balanciert unter anderem eine brennende Kerze auf seiner Nasenspitze und zündet daran eine in der Spitze steckende Zigarre an. Das schwierigste Kunststück ist aber dasjenige, welches Wobser in seinem Buch *Jongleurkunststücke* beschreibt: der Jongleur balanciert auf der Stirn ein Tablett mit einer Weinflasche; durch einen Ruck des Kopfes wirft er dieselbe um und läßt den Inhalt in ein auf dem Mund balancierendes Glas laufen.

Jucken. Ein brennend stechendes Gefühl erregt diejenigen Empfindungen, die man Jucken nennt. Es entsteht an allen Körperteilen und verleitet zu einer Bewegung der Hand: dem Kratzen. Heftiges Jucken bringt Menschen in die peinlichsten Lagen. Eine etwa vierzigjährige Frau litt an Jucken. Eines Tages legte sie sich nieder und war in wenigen Minuten tot. Andere ähnliche Fälle dagegen wurden bald ausgeheilt.

Jugend: siehe *Alter*

K

Kälte. Viele Personen glauben, daß die Kälte eine nachteilige Wirkung auf die Gesundheit hat und bleiben daher im Winter möglichst im Zimmer.

Kaffee. Bedampfungen der Füße, Berieselungen und Begießungen, Beklatschungen mit nassen Händen haben zuweilen eine sehr günstige Wirkung. Wenn nichts anderes zur Verfügung steht, sind für nicht abgestumpfte Personen, also für solche, die sich sonst keinen Ausschweifungen hingeben, auch einige Tassen Kaffee bei stockenden Vorgängen wirksam. Man soll dabei aber den Kaffee nicht blasen oder von der Obertasse in die Untertasse gießen, um ihn abzukühlen. Am besten ist es, das Getränk in einem Wärmegrad zu überreichen, der dergleichen Maßnahmen völlig überflüssig macht. Will man die Obertasse zum Munde führen, so erfasse man sie mit der rechten Hand beim Henkel und nehme die Untertasse in die linke Hand, damit ein etwa herabfallender Tropfen von dieser aufgefangen werden kann. Den übriggebliebenen Zucker im öffentlichen Lokal soll man nicht mitnehmen.

Kahlheit. Unbestritten ist die Kahlköpfigkeit eine traurige Begleiterscheinung der Kultur, die in unserer Zeit erschreckend überhand nimmt. Wir können hier nicht auf frühere und noch weiter zurückliegende Zeiten eingehen, aber wir können darauf hinweisen, daß eine bescheidene Hutform die Entwicklung der Kahlheit verzögern kann. Unter dem Einfluß der Umstände ist zwar der Hut der eigentliche Grund der Glatze, aber zugleich auch ihr zarter Bedecker.

Kalbskopf. Man drehe ihn mit dem Nacken gegen sich, stoße die Gabel in das Gurgelbein und führe einen Kreuzschnitt über den Kopf, ziehe die Haut in die Höhe und öffne die Hirnschale mit der Messerspitze, nehme das Hirn mit einem Löffel heraus und lege es auf einen bereitstehenden Teller, schneide die Zunge, die Ohren und die fleischigen Teile in Streifen ab. Die Zunge wird abgehäutet, gespalten und in kleine Stücke zerlegt.

Kalte Füße: siehe *Füße, kalte*

Kartenspiel. Wenn ältere Herren nach des Tages Last am Abend ein Kartenspiel machen, sei es Geigel oder Sechsundsechzig, Pikett, Tarock, Franzenfuß, Skat oder Whist, ist dagegen nicht viel zu sagen. Im höchsten Grad zu mißbilligen ist es aber, wenn das Kartenspiel zum Hauptgegenstand der gesellschaftlichen Unterhaltung gemacht wird, so daß, wenn zwei oder drei versammelt sind, sofort zur Karte gegriffen wird.

Kartoffeln. Man schneide einige Kartoffeln in Scheiben, streue Salz darüber, feuchte sie mit Wasser an und lasse sie über Nacht stehen. Am folgenden Tag bestreiche man die rechte Seite mit Kartoffelwasser, reibe mit einem sauberen Tuch vorsichtig nach und bügele darauf von links. Neben dem früheren Glanz gewinnt man bei dieser Behandlung auch die Festigkeit wieder.

Kaumuskelkrampf. Auffallenderweise treten in rascher Aufeinanderfolge unwillkürliche gleichmäßige Bewegungen des Unterkiefers, meist von unten nach oben, selten in seitlicher Richtung auf, wobei man deutlich das Klappern und Knirschen der Zähne vernimmt. Wir haben hier den Kaumuskelkrampf vor uns: plötzlich ist der Mann nicht mehr imstande, den Mund zu öffnen; ebenso hat er die Fähigkeit eingebüßt, die obere Zahnreihe von der unteren abzuziehen, sowie den Unterkiefer seitlich zu bewegen. Der Bedauernswerte ist am Sprechen so gut wie gänzlich gehindert, und zwar ohne jede erkennbare Veranlassung.

Kavaliersdienste. Es versteht sich von selbst, daß Damen ihr Benehmen so einzurichten haben, daß die Herren gar nicht auf den Gedanken kommen, sie könnten Erfolg haben. Freilich sollte bei aller Zurückhaltung eine Dame nicht in den Fehler verfallen, durch eisige Kälte die Herren zurückzuschrecken und es ihnen unmöglich machen, ihre Kavaliersdienste auszuüben. Der gute Ton verlangt sogar, daß eine Dame sich die kleinen Dienste, die ein Herr ihr in richtiger Form widmet, gefallen läßt. Sie zeigt sich dankbar, ohne ihm Hoffnung zu machen. Unbedenklich darf eine Dame in gewissen Fällen auch die Dienste fremder Herren annehmen, denn jeder Mann hat die Pflicht, den Damen überall hilfreich beizuspringen. Es wäre eine Torheit, wollte es eine Dame ausschlagen, wenn ihr auf Reisen ein Herr beim Öffnen der Wagentür, sofern sie Schwierigkeiten hat, behilflich ist oder beim Aussteigen die Hand reicht, falls nicht ein anderer Herr zur Stelle ist. Freundlicher Dank ist alles, was der Herr dafür erwarten kann. Er zieht einfach den Hut und entfernt sich mit einer Verbeugung, damit dem kleinen Zwischenfall jede weitere Bedeutung nehmend. Auch wenn sie gestürzt ist und sich am Boden in einer pikanten Situation nicht allein erheben kann, so greife der Herr zu und entferne sich hutziehend am Ende. Die Geschichte weiterzutreiben, verbietet ihm seine Höflichkeit.

Kehlkopf. Man erschrickt oft, wenn man das Wort *Kehlkopf* hört; das ist unnötig. Zwar erscheint häufig ein lauter sich ausbreitender Husten von geringer Gefährlichkeit aus dem Kehlkopf, aber das Wort *Kehlkopf* ist kein Grund zur Besorgnis.

Kein Gegenüber. Erwähnt sei noch, daß kein Gegenüber zu haben zu den besonderen Annehmlichkeiten gerechnet werden

kann. Bei dieser Gelegenheit möchte ich auf das Bild der gegenüberliegenden Seite hinweisen.

Keller. Von der Gefahr, in Keller zu gehen, in denen durch Gärung von Bier oder durch andere Ursachen eine faulige Luft das Atmen erschwert, zuweilen sogar unmöglich macht, sprechen wir in einem anderen Artikel. Von der Gefahr, in Keller zu stürzen, schweigen wir.

Kellerasseln. Kellerasseln fängt man in kleinen Strohbündeln oder Reisigbesen, worin sie sich mit Vorliebe verkriechen. Als Köder benutzt man Rübenschnitzel und Kartoffelscheiben.

Kenntnisse, gesellschaftliche. Besitzt ein Mann neben der Kunst, gut zuzuhören, auch die Geschicklichkeit, gut zu musizieren und zu tanzen, so hat er damit eigentlich alles erfüllt, was die Gesellschaft bei seinem Eintritt in die Welt von ihm verlangt. Die Welt steht ihm offen. Einen Vorzug vor anderen geben ihm dabei kleine gesellschaftliche Kenntnisse, wie zum Beispiel die Geschicklichkeiten des Tranchirens oder Vorschneidens bei Tisch, botanische Fähigkeiten und anderes, etwa der Umgang mit dem Mikroskop. Erwartet wird von ihm, daß er freundlich, gefällig abends die Damen nach Hause begleitet, sie an den Wagen geleitet, bei Regen den Schirm über sie hält undsoweiter. So wird er zum Beispiel es nicht gestatten, daß eine Dame ein Paket trägt. Er wird ihr an jedem Teil der Welt den bequemsten Platz anbieten, nie vor ihr in eine Tür treten, sie nie in der Rede unterbrechen und dergleichen mehr, etwa wenn sie in delikaten Situationen – aber das müssen wir hier nicht erwähnen; es scheint mir durchaus zumutbar, daß man die Fortsetzung dieses Artikels auf einer anderen Seite liest.

Keuchen. Manchmal hört man nachts in der Brust ein Pfeifen, Rasseln und Keuchen; oder die aufgelegte Hand fühlt ein Knarren und Schnarren; man weiß dann, worum es sich handelt. Es gehört schon ein außergewöhnlicher Grad von Geschicklichkeit dazu, sein Benehmen so einzurichten, als habe man diese Geräusche nicht bemerkt.

Kinoseuche. Zur Zeit bedeutet das Kinowesen mit seinen vielfach bedenklichen Einflüssen ein wahres Unglück. Die Lichtbildbühnen werden vielfach zu Schauplät-

zen der Unzucht gemacht. Das Volk eignet sich mit dem Kino die Rechte und die Genüsse der höheren Stände in erschreckender Vergröberung und Rücksichtslosigkeit an. Schon deshalb gehört das Kino zu den gefährlichsten Volkskrankheiten, weil die belehrenden Filme neben den rüdesten Unterhaltungsstücken gar nicht zur Geltung kommen. Als vor einigen Jahren die Verbrecherin Grete Beyer ihren Bräutigam umbrachte, indem sie ihn erst betäubte und später, als er bewußtlos im Sessel lag, durch einen Schuß in den Mund getötet hat, konnte man diese scheußliche Szene, natürlich nur von Schauspielern imitiert, wochenlang im Kino sehen, ohne daß die Polizei dagegen eingeschritten wäre. Solche Rohheiten sind nicht etwa Ausnahmen, sie durchziehen einen bedeutenden Teil der Kinostücke. Immer neue Gefühllosigkeiten und nervenvergiftende Aufregungen werden erfunden; alles Amüsante und Sinnenreizende ist den Schundfilmfabrikanten willkommen; Ehebrecher und Lebemänner spielen die Hauptrollen; Abenteuer auf Chaiselongues und hinter durchsichtigen Vorhängen werden gezeigt, als ob das etwas ganz Selbstverständliches wäre. Ich führe nur einige Kinotitel an, die ich in den Annoncen gefunden habe: *Die blutige Liebessünde. Im Sektrausch. Max will sie knipsen. Das gestörte Liebesidyll im afrikanischen Lauburwald. Ehebruch, dezent dargestellt. Der vertauschte Badeanzug. Die Rache des Radscha.* Man urteile selbst:

Eine Nacht im Hotel. Eine schwere Lust. Die verschleierte Dame. Das genügt wohl. Der Inhalt der Filme läßt sich nicht einmal andeutungsweise wiedergeben. Das ist das Kino, eine Pest, eine Seuche, wie oben gesagt.

Kirche. Von Kirchgängern, die aus rein äußerlichen Gründen die Kirche betreten, wird jeder feinfühlige Mensch sich mit Achselzucken abwenden. Viele treten nicht nur zu spät ein, sondern machen auch noch die auffallendsten Geräusche; statt sich still auf einem leeren Platz niederzulassen, durchschreiten sie das ganze Kirchenschiff und verlangen gar noch, daß ein anderer, der inzwischen den Platz eingenommen hat, diesen räumt.

Klappern. Das Klappern entsteht durch heftiges Zittern des den Unterkiefer dirigierenden Kaumuskels. Selbst jahrelanges Zittern und Klappern läßt sich gelegentlich heilen.

Klaviatur. Im vergangenen Frühjahr begann man erneut, über die Musik nachzudenken. Vor allem von Wien ging der Anstoß zur Verfeinerung des Klaviers aus, das sich immer noch mit voller Sicherheit der Alleinherrschaft in vielen Konzertsälen erfreut. Collunder hat eine neue Klaviatur erfunden und in Olm bereits Proben seiner Fertigkeit abgelegt, wo er einige selbstkomponierte Klavierstücke mit großem Geschick spielte. Die neue Erfindung erregt Aufsehen in der musikalischen Welt, mehrere Fachkritiker haben sich bereits zu ihren Gunsten geäußert. Der Hauptunterschied zur bisherigen Klaviatur besteht

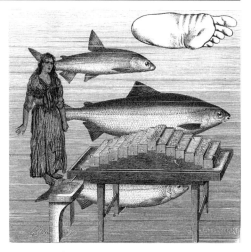

darin, daß die Tasten in sechs Reihen terrassenförmig übereinander gelagert sind. Wir wollen Collunder nicht die Freude an seinem Werk verkleinern, aber das Klavier hat seine enthusiastischen Verehrerinnen, die es für schön halten, einem Pianisten zuzusehen, der die ganze Breite des Instruments auszunutzen versteht.

Klavierbehandlung. Im allgemeinen werden Klaviere durch zu seltenes Abstauben von vornherein dem Verfall ausgesetzt. Darüberhinaus sollten Übungen nicht beständig auf denselben Oktaven vorgenommen werden, weil sonst die fast immer benutzte mittlere und hohe Lage rasch ausklappert. Man belade das Instrument auch nicht mit Decken und Dekorationen, wenn man die Absicht hat, Musik zu machen. Die seitlichen Lampen klirren oft, die Lichter tropfen, wenn nicht Filz und Glasmanschetten angebracht sind. Deshalb ist eine Klavierstehlampe vorzuziehen. Für die Klangfülle sind schwere Teppiche, Draperien und Polstermöbel nicht günstig. Wenn das Pedal knarrt, dann hilft eine Einreibung mit Talg oder Schmierseife.

Man untersuche Klaviere öfters danach, ob sich in der Rückwand Mäuse eingenistet haben, da solche Tiere diesen Schlupfwinkel besonders lieben.

Klavierspiel. Das Klavierspiel ist zwar in alle Schichten der Bevölkerung eingedrungen; vom Gesichtspunkt der Gesundheitsfrage muß man jedoch auf seine verderblichen Folgen aufmerksam machen. Nervöse Personen werden durch übermäßige Ausübung des Klavierpsiels noch reizbarer, als sie schon sind; es entwickeln sich bleiche weiche unbeholfene schwächliche Menschen, die sich erschöpft vom Klavierstuhl erheben und in gekrümmter Haltung, häufig erkältet, frierend die Straße hinaufschleichen, bevor sie in ihrem Zimmer atemlos umsinken und sich dem Trunk ergeben. Das ist zweifellos erst der Anfang. Ein späteres Schief- und Buckligwerden ist kaum zu vermeiden; ein Kopfschütteln, ein Mundzucken, ein plötzliches Haareraufen, ein unablässiges Schweißabwischen, ein ratloses Körperschwanken, ein Krampf in den Fingern, ein ständiges Einschlagen auf die Klaviertasten vor allem am Abend und damit verbunden ein allgemeines unausgesetztes Belästigen der Nachbarschaft. Das Klavierspielen ist daher nur mit äußerster Vorsicht zu betreiben und blutarmen Menschen ganz zu verbieten. Der Mißbrauch, der vielfach getrieben wird, hat das Klavier in Verruf gebracht; und doch ist es allen Eltern sehr zu empfehlen, ihre Kinder das Klavierspiel erlernen zu lassen. Wie manche trübe Stunde hat das Klavier schon gelindert und aufgehellt, wie viele Langeweile verscheucht, wie viele Gesellschaften zu fröhlichem Tanz und Gesang angeregt. Man vermeide jedoch Übertreibungen und das Spielen zur Unzeit. Auch bin ich durchaus nicht der Meinung, man müsse jedermann, der ins Zimmer tritt, sogleich etwas vorspielen. Nicht immer ist der Hereinkommende gestimmt, Musik zu hören, am wenigsten das Klavierspiel.

Kleidung. Schamhaftigkeit und klimatische Verhältnisse gebieten den Menschen, sich zu bekleiden. Darum spielt die Kleidung im gesellschaftlichen Leben eine Hauptrolle. Freilich wird selbst das kostbarste Kleidungsstück durch Unsauberkeit entstellt. Es ist daher notwendig, daß man vor dem Ausgehen alle Kleidungsstücke von Staub, Schmutz und Flecken säubert. Reinlich seien auch ganz besonders die Garderobestücke, die nicht zum Vorschein kommen: die Leibwäsche. Sie sei vollständig, nicht zerrissen oder befleckt. – Drei Ratschläge mag sich der Leser einprägen. Die Kleidung sei erstens geordnet. Es ist unpassend, mit ungebürstetem Hut das Haus zu verlassen oder mit unvollständig geschlossener Hose und Weste. Die Kleidung sei zweitens bequem, damit man in keiner Weise beim Gehen, Stehen, Sitzen oder Hantieren gehindert wird. Ich sage das besonders in bezug auf die Schuhe, die häufig die Füße verstümmeln; es beruht ganz entschieden auf Irrtum, einen spitz zulaufenden Schuh für schön zu halten. Die Kleidung sei drittens dezent; die Entblößung sollte auch da, wo dekolletierte Kleidung nicht zu beanstanden ist, nicht zu weit getrieben werden. Es hat auch nicht Sache der weiblichen Kleidung zu sein, die natürlichen Linien und Formen des Körpers durch unnatürliche zu ersetzen; noch weniger allerdings sollten gewisse Teile und Stellen auf unzarte Weise hervorgehoben werden. Wo das mit Absicht und Berechnung im Gedanken an die Herrenwelt geschieht, kann es nicht scharf genug verurteilt werden. Taktgefühl und eine faltige Beschaffenheit der Kleidung sind zu empfehlen. Im übrigen ist die Hauptsache der innere Mensch. Die Bekleidung dient nur als Schutz gegen Kälte, Nässe, Wind und starke Sonnenbestrahlung, Insekten und andere Schädlichkeiten in Europa. Darüber wurde das Nötigste bereits gesagt. Nach diesen Vorbemerkungen seien noch kurz die wichtigsten Winke in bezug auf die Bekleidung aufgeführt: gestärkte Brusteinsätze der Herrenhemden und ebenso Gummimäntel widersprechen den Forderungen der Luftigkeit. Die Außenluft hat keinen Zutritt zum Körper, von dem wiederum die Ausdünstung nicht abziehen kann, sie schlägt sich in Form von Schweiß nieder und gibt dann leicht zu Erkältungen Anlaß.

Kleinhirn. Heben wir die Unterfläche des Kleinhirns von der Oberfläche des verlängerten Marks ab, so blicken wir von hinten her durch den Querschlitz des kleinen Gehirns in die vierte Hirnkammer hinein. Wir tun das ganz gemütlich und lassen uns Zeit.

Klemmwunden. Bei Eisenbahnfahrten sehen wir oftmals durch die Schwere der Eisenbahntür bedeutende Klemmwunden entstehen, weil der Schaffner, während ein Passagier die Finger zwischen den Angeln hat, die Wagentür schließt. Der erste Schmerz der Klemmung ist groß und dauert, wenn nichts geschieht, einige Minuten. Man nimmt eine Messerspitze, sticht die Klemmblase auf und läßt so das schwarze Blut auslaufen. Nach einer Stunde dürfte schon alles vorbei sein. Ist das Fleisch aufgerissen, handelt es sich um eine Quetschwunde. Der Verfasser des *Ratschlägers* ist viele Kilometer gereist, ohne in dieser Hinsicht je Schwierigkeiten gehabt zu haben.

Klistier. Es kommen vier Körperstellungen für das Klistier in Betracht. Die erste Körperstellung paßt für Personen, die sich selbst, ohne Mithilfe einer zweiten Person, bedienen. Solche sollten sich nach der Beendigung des Einlaufs zehn Minuten hinlegen, und zwar am besten auf die rechte Seite. Für bettlägerige Personen ist (siehe Abbildung) die rechte Seitenlage zu empfehlen, und zwar möglichst nahe am Bettrand. Die Rückenlage wird bei Personen angewendet, die sich nicht auf die Seite legen können, weil sie aus Schwäche oder starkem Drang das Wasser des Einlaufs voraussichtlich nicht lange halten können und deshalb von Anfang an auf die Schüssel gelegt werden müssen. Die Knie-Ellenbogenlage verspricht den größten Erfolg, weil das Wasser sehr hoch hinaufdringt; freilich kommt sie für schwache Personen gar nicht in Frage.

Klomms Pflanzenleben. Klomms *Pflanzenleben*, ein mehrbändiges Werk, das uns der Autor zur Veröffentlichung übergab, wird demnächst in einer gekürzten Ausgabe erscheinen. Ich habe mit größter Sorgfalt darauf geachtet, den Text in seiner ursprünglichen Fassung zu erhalten. Im Interesse der Übersichtlichkeit sind einige Kapitel in ihrer Reihenfolge umgestellt und bearbeitet worden, zuweilen mußte der Schluß an den Anfang und umgekehrt, aber die meisten prinzipiellen Erörterungen Klomms sind geblieben. Nicht umgangen werden konnte es, mehrere Abschnitte neu zu schreiben und einzuschieben. Ich habe mich aber bemüht, von Klomms Ton nicht allzu sehr abzuweichen, und nur wo es unbedingt nötig war, habe ich den Inhalt verändert, ebenso die Zahl der Personen und deren Namen, die Ansichten, die Aussichten, die Umgebungen, die Vorgänge und die Folgen, aber nur dort, wo es im Interesse der Vollständigkeit und des Fortschritts vertretbar war. – Einige Stücke Klomms sind dabei so gut wie ganz erhalten geblieben, und ich glaube, daß trotz al-

ler Änderungen und Zusätze das Werk als Klomms Werk zu erkennen ist. Der zweite Teil mußte freilich fast ganz entfallen. Immerhin wird trotz Übernahme einiger Stücke aus anderen Werken auch dieser Band Klomms Namen tragen dürfen. Der Charakter von Klomms *Pflanzenleben* beruht auf der Darstellung und Fülle mitgeteilter Eigenbeobachtungen, die ich lediglich reduziert und im einzelnen, wenn auch nicht umfassend, geändert habe. Manche seiner Mitteilungen halten den heutigen Erfahrungen nicht mehr stand; deshalb habe ich sie meinem Verfahren opfern müssen und an ihre Stelle meine eigenen Beobachtungen gesetzt, natürlich mit aller Rücksicht auf die Inhalte Klomms. Ich habe mich allerdings ferngehalten von Klomms romantischer Schreibweise, mit der er glaubt, seine Leser günstig stimmen zu können. Klomm spricht beispielsweise von der Pflanzenseele, von der Liebe der Pflanzen, von ihrem Bedürfnisgefühl. Ich schätze dagegen die Betrachtung der Pflanzen vom Standpunkt der Nützlichkeit aus, von ihrer Schmackhaftigkeit und Verdaulichkeit. Es war übrigens nicht leicht, das Pflanzenleben aller fünf Erdteile in dem zur Verfügung stehenden Raum unterzubringen, deshalb habe ich diesen Teil entschlossen gestrichen. Das Verfahren insgesamt würde zweifellos Klomms Billigung gefunden haben. Da aber auch das nicht ganz sicher ist, mache ich bei dieser Gelegenheit auf Tranchirers Schriften aufmerksam, die geeignet sind, Klomms Werke vollkommen zu ersetzten.

Klosett. Man muß dafür sorgen, daß das Klosett etwas versteckt und in diskreter Weise erreichbar ist. Wichtig sind auch die Maßnahmen, die, um das Eindringen von Verunreinigungen in die anderen Räume des Hauses zu verhindern, zu treffen sind. Beachtenswert ist in diesem Zusammenhang ein für deutsche Verhältnisse von Heinrich Wansleben bearbeitetes Buch mit dem Titel *Die Lebensgefahr im Hause in Wort und Bild*, dem wir diese Ratschläge entnommen haben.

Knall. Jeden plötzlichen Schall, besonders denjenigen, der durch das Hereinstürzen der Luft in einen luftverdünnten Raum entsteht, nennt man Knall.

Kniescheibe. Die Kniescheibe ist ein kurzer ziemlich dicker herzförmig gestalteter Knochen, der seine Spitze nach unten wendet. Sie liegt, eingeschlossen in einer mächtigen Sehne, auf der Vorderseite des Kniegelenks, mit dem sie glaube ich an der Vorderfläche des am Oberschenkel liegenden Streckmuskels des Unterschenkels an den Schienbeinhöckern befestigt ist. Es mag andere Ansichten über die Sache geben. Im ganzen aber bin ich mit meiner Beschreibung der Wahrheit über die Kniescheibe recht nahe gekommen.

Knochenbrüche. Der Knochen zerbricht wie Porzellan mit einem hörbaren Geräusch. Zur Schienung dienen feste längliche Gegenstände: Spazierstöcke Regenschirme Lineale Äste Zweige Latten Bretter zerschnittene Zigarrenkisten Besenstiele Kochlöffel Feuerschaufeln Strohbunde. Zur Polsterung nimmt man Heu Moos Werg Wolle und Watte, zur Befestigung Binden und Stricke Handtücher Halstücher Taschentücher Servietten Strumpfbänder Hosenträger. Ist aber gar nichts vorhanden, so bindet man das gebrochene Bein an das gesunde fest. Gräben und Wälle dürfen nicht überstiegen, sondern müssen umgangen werden. Beim Bergabgehen muß das Kopfende der Bahre vorangehen. Der Verletzte wird von der Bahre in der gleichen Weise abgehoben, wie er daraufgelegt wurde. Ist keine Bahre zur Hand, so muß eine Notbahre hergestellt werden aus Leitern Betten Bettrahmen Sofas Türen Fensterläden Backtrögen Bänken Matratzen Stühlen Mehlsäcken, oder man nehme zwei Mäntel, stecke durch deren nach innen gestülpten Ärmel zwei Stangen und knöpfe die Mäntel darüber zu. Im Notfall genügt auch ein einziger großer Rock zur Herstellung einer Rockbahre. Kurz und gut, es gibt die verschiedensten Mittel und Wege, es fehlt nur an Raum, alle Möglichkeiten zu besprechen. Der Scharfsinn des Lesers wird schon das Richtige treffen.

Knochengerüst. Die Außenfläche des Menschenkörpers wird von der gemeinsamen Körperhaut überzogen; darunter liegt eine Fettschicht, die bei wohlgenährten Personen die gerundeten Körperformen bedingt. Denken wir uns die Haut mit dem unter ihr liegenden Fett von der gesamten Oberfläche des Menschen entfernt, so erkennen wir das Knochengerüst, das von Fleisch umhüllt ist.

Knoten im Haar. Es ist eine schwierige Aufgabe, diesen Knoten auf gewöhnlichem Wege zu lösen, und dennoch ist es wiederum leicht, wenn man dabei das nachfolgende Verfahren beachtet. Man befeuchtet die linke Hand in der Nähe des kleinen Fingers, da, wo sich beim Zusammenziehen eine Vertiefung, eine Furche bildet, mit der Zunge, legt das Haar hinein und zwar so, daß der Knoten zwei Zentimeter vom unteren Teil der Hand liegt, das eine Ende des Haares unten, das andere oben hervorsieht. Dann schließt man die Hand und klopft wiederholt mit ihr auf einen weichen Gegenstand, zum Beispiel aufs Knie. Bald wird sich herausstellen, daß durch die Reibung, die durch das Aufklopfen hervorgerufen wird, der Knoten sich langsam zu lösen beginnt, so daß man leicht eine Nadel hineinschieben kann.

Nötigenfalls wird ein erneuter Versuch diese Angabe bestätigen.

Kochen. Kochen kann, ohne die gehörige Vorsicht, mit der Gefahr des Verbrennens, des Spritzens, des Verschüttens, des Überfließens, des Einschluckens von Dampf und des Zerplatzens von Gefäßen verknüpft sein, weshalb wir vom Kochen abraten.

Körper. Wir fühlen etwas, das wir unseren Körper nennen. Wir fühlen, wie er sich hebt und senkt. Wir bemerken seine Bewegungen und etwas wie ein Einsaugen oder Einschlürfen in dieser Gegend, in der unser Körper sich bewegt und etwas einsaugt und einschlürft. Dabei bleibt unser Körper keinen Moment lang an Form und Inhalt der gleiche; obwohl es sich selbstverständlich um einen langsamen beinahe unbemerkten in kleinen Zeitabschnitten erfolgenden Wechsel handelt: doch dieser Wechsel erfolgt ohne Schwierigkeiten; er ist also nicht einmal zu beklagen.

Körper, fallende. Es sind die berühmtesten Namen, die in den letzten Jahren einen Umschwung in der Frage der fallenden Körper hervorgebracht haben. Obenan stehen die Namen der Gebrüder Hartwig, Kupfer, Collunder, auch Straßburger, an den sich Lemm, Wobser, Bosch und andere mit wichtigen Ergänzungen anreihen. Es ist hier der Ort, den Verdiensten dieser Forscher und Reisenden gerecht zu werden; auch wenn es Klomm, der sich für den Begründer dieser Frage hält, nicht paßt.

Körperbewegungen. Die Bewegungen des Körpers sind von großem Einfluß auf die ganze Welt; freilich muß dabei die nötige Rücksicht genommen werden, um schädliche Wirkungen zu vermeiden.

Körperhaltung von Damen. Damen sollen beim Sitzen eine freie Haltung des Körpers beachten und sich nicht in Sesseln und Sofas zurücklehnen. Das ist eine Bequemlichkeit, die nur dem vorgerückten Alter gestattet ist. Ebensowenig dürfen Damen durch Vorbeugen des Körpers den Stuhl in wiegende Bewegung bringen. Eine oft beobachtete schlechte Angewohnheit ist das Überschlagen der Beine, es gibt dem ganzen Körper eine schiefe Richtung und führt auch leicht, ohne daß es von der Dame selbst bemerkt wird, zu peinlichen unzarten Lagen.

Körperoberfläche. Gesunde Tiere besitzen im allgemeinen eine leicht verschiebbare lose Haut, die sich in Falten heben läßt, die rasch wieder verschwinden. Nur bei gemästeten Schweinen liegt die Haut fest am Körper an. Die Körperwärme ist regelmäßig über die Körperoberfläche verteilt, derart, daß nur die Spitzen der Ohren, die Unterfüße und die Hörnerspitzen kühler sind. Nasenspiegel und Rüsselscheibe fühlen sich stets feucht an und kalt.

Körperwärme. Es mag am Platz sein, hier mit wenigen Worten daran zu erinnern, wie eigentlich unsere Körperwärme entsteht. Es ist keine Kunst, das herauszufinden; denn jeder kann an sich selbst erproben, daß Bewegung das beste Mittel ist, einen frierenden Menschen zu erwärmen. Wie wir aber schon hörten, geschieht diese Vermehrung der Wärme nicht zufällig, sondern absichtlich – und zwar in guter Absicht.

Koffer. Häufig wird der Entschluß zu einer Reise so schnell getroffen, daß ein defekter Koffer große Unbequemlichkeiten mit sich bringen kann. Um einem solchen Fall zuvorzukommen, lese man, was ich in meinem Werk: *Der verschwundene Koffer & andere Kofferkunststücke* zum Ausdruck gebracht habe.

Kohlengase. Kohlengase sind sehr gefährlich und Rettungsversuche oft erfolglos. Zahlreiche unbeabsichtigte Lebensvernichtungen sind die Folge ausströmender Gase aus den Kohleöfen. Aber wir haben einen vorzüglichen Meldeapparat in unserem Kanarienvogel, der gleich, sobald sich Gas in der Zimmerluft vorfindet, deutliche Zeichen gibt: er keucht, atmet schwer, wird immer schwächer und fällt schließlich von seiner Sitzstange herab auf den Boden.

Kohlkopf. Ein besonders gelungenes Ergebnis des künstlerischen Serviettenfaltens ist der Kohlkopf. Zur Herstellung dieser Form ist es gut, wenn die Serviette nicht sehr groß ist. Man breitet sie auf dem Tisch aus und stellt in deren Mitte ein ziemlich hohes, nicht zu weites Wasserglas. Die Ecken werden nacheinander in das Wasserglas gelegt, und zwar auf die Weise, wie das unser Bild mit der Ecke A deutlich zeigt. Sind alle vier Ecken im Glas, so bildet die Serviette wieder vier Ecken; dieselben werden nach Abbildung C erneut in das Glas gelegt. Die bis jetzt gebildete Form wird nun umgedreht, und zwar derart, daß die Öffnung des Glases, wie auf der

Abbildung D zu erkennen ist, sich unten befindet, der Boden dagegen oben. Auf den letzteren werden nach Abbildung E die Ecken gelegt und dort festgehalten, bis die Figur wieder umgedreht ist, der Boden des Glases also wie zu Beginn des Artikels auf dem Tisch steht. Die zuletzt in das Glas geschobenen Ecken werden herabgezogen, so daß sie die äußeren Blätter bilden. Die inneren Ecken, die noch im Glas sind, werden nach außen gebogen, womit wir den Kohlkopf fertig vor uns sehen.

Kommen und Gehen. Eine gute ruhige Verbeugung beim Eintreten in ein Zimmer ist eine der Beachtung und der Übung zu empfehlende Geschicklichkeit, ebenso die schwierige gewandte und sichere Entfernung. Damit sind die Voraussetzungen für das Kommen und Gehen vorhanden.

Konsonanten. Die Konsonanten sind die Produkte von Hemmungen, die vom Gaumen, von der Zunge, der Nase, den Zähnen und Lippen dem Luftstoß entgegengestellt werden. Ihr eigentliches Gebiet ist die Naturseite der Seele, das dumpfe Gefühl, der Kampf, das Ringen, das versuchende Dichten und Kneten von allem, was draußen und drinnen nach Sprache ringt und doch keine einzige Menschensilbe bilden kann, ohne den Vokal aus dem Sitz der menschlichen Stimme zu Hilfe zu rufen. Wir wollen diesen Sitz nun aufsuchen und bitten unsere Leser, denen wir soeben ein tiefes und herrliches Geheimnis anvertraut haben, ihre Wanderungen mit uns fortzusetzen.

Konzert. Ruhe, Stillschweigen, Aufmerksamkeit hat jeder Konzertbesucher zu beachten. Man versehe sich mit Programm, Text, Opernglas, wenn man desselben bedarf, und belästige nicht andere, indem man solches von ihnen erbittet. Während der Produktion enthalte man sich jeder Kritik, selbst mit Kopfschütteln sei man vorsichtig. Man unterlasse es, mit Kopf oder Hand den Rhythmus nachzumachen. Jene Konzertbesucher, welche bei lebhafter Geschwindigkeit das Orchester durch Bockeln mit den Füßen zu verstärken sich bemühen, das heißt den Takt mit den Füßen auf den Fußboden trampeln, und dadurch der Nachbarschaft den Genuß verkümmern, verdienen an die Luft gesetzt zu werden.

Kopf. Die Herrschaft des Kopfes über das Ganze fällt auf. Der Kopf ist oben. Er ist der härteste Körperteil des Menschen. Es befinden sich in diesem kleinen Raum eine solche Fülle von unterschiedlichen Empfindungen, daß wir in staunender Bewunderung vor dem Kopf stehen. Wobsers Behauptung: *Der Kopf ist ein Gewächs mit Würgebewegungen* teilen wir nicht.

Kopfguß. Man hält den Kopf über ein leeres Gefäß und begießt ihn und wiederholt dieses Verfahren in verschiedenen Richtungen etwa vier Minuten lang. Um Wichtiges nicht wiederholen zu müssen, verweisen wir auf die Seiten 43 und 45.

Korpulenz. Viele Leute halten das Fettwerden für einen Beweis guter Ernährung und Gesundheit, während es nur eine Ansammlung von Fremdstoffen im Körper ist. Leute, die aus schlechten in bessere Lebensverhältnisse versetzt werden, dokumentieren die Veränderung ihrer materiel-

len und kulinarischen Verhältnisse häufig auch äußerlich sichtbar durch ihre zuwachsende Leibesfülle. Es gibt ganz enorm geschwollene Menschen, und ihre Fettsucht entwickelt sich ganz allmählich. Das Fett lagert sich zunächst an den Wangen, an Kinn Hals Nacken und Brust ab; später erscheint der Bauch, dann dehnt sich das Gesäß übermäßig aus, die Beine werden dick, die Hände und Füße fleischig, bis allmählich der ganze Mensch in ein Fettpolster eingehüllt ist. Beim Bergsteigen keuchen die Leute unter der Last ihres Fettes.

Korridortür. Herren werden bis an die Tür des Zimmers begleitet; Damen dagegen bis an die Korridortür. Letztere bleibt so lange geöffnet, bis der Besuch die Biegung der Treppe genommen hat und verschwunden ist. Danach verschwinden wir auch, ohne uns weiter darum zu kümmern.

Korsett. Wie ich es meinen Lesern schon im ersten Teil dieses Buches versprochen habe, kann ich nicht umhin, dem Toilettenartikel, Korsett genannt, meine besondere Abneigung zuzuwenden. Ich werde ihm demgemäß eine etwas ausführlichere Besprechung widmen. Um meinen Worten in bezug auf den in Rede stehenden Gegenstand etwas mehr Nachdruck zu verleihen, will ich zunächst Doktor Wobser sprechen lassen, der in seinem Werk *Über das Korsett* sagt: *Wir stehen vor der bedenklichen Tatsache, daß fast alle Damen krank sind durch das Korsett. Wie manche tugendhafte liebenswürdige Gattin und Mutter sah ich unter den grausamsten Qualen dahingerafft werden, und wenn ich den Grund so gewöhnlichen unheilbaren Schadens untersuchte, war es meist ein in aller Unschuld getragenes Korsett.* Die vom Korsett am übelsten behandelte Körpergegend, die Oberbauchgegend, behält keinen Spielraum, wird eingezwängt und verkleinert. Von den während des Tanzes plötzlich zusammenbrechenden Damen habe ich schon gesprochen. Auch das vorkommende lästige sogenannte Magenknurren entsteht in der Regel durch das Korsett. Nur ganz unverständliche lüsterne Menschen können ein Korsett schön finden. Diejenigen aber, die gewohnt sind, alles gerade wie es die Natur erschaffen hat als den Inbegriff der Vollkommenheit anzusehen, werden niemals an einer geschnürten Dame gefallen finden. Durch das Schnüren zerfällt der Körper, er verwelkt. Mögen daher die Abbildungen ihren Zweck, einen nachhaltigen Eindruck zu machen, nicht verfehlen. – Denjenigen Damen aber, die, falls sie nicht gänzlich, was freilich am besten wäre, auf das Tragen eines Korsetts verzichten wollen, ein wenigstens den wesentlichen Anforderungen der Gesundheitspflege entsprechendes Korsett zu tragen wünschen, empfehle ich das abgebildete Korsett, eine Erfindung des Verfassers diese Buches. Es hat folgende Vorzüge: es drückt nicht und schadet nichts, ebensowenig erleidet die Bauchgegend irgendeinen nachteiligen Druck. Die Abwesenheit eines Gummibands läßt die Trägerin dieses Gesundheitskorsetts eine allzu straffe Anlegung vermeiden; der verstellbare Achselverschluss ermöglicht eine ausreichende Atmung, ebenso jede sonstige Bewegung des Oberkörpers. Am unteren Teil können ganz nach Belieben Knöpfe und Schnallen angebracht werden; es ist waschbar und vereinigt mit diesen Vorzügen auch seine Preiswürdigkeit. Das ist alles, was ich zu diesem Fall zu sagen habe.

Krätze. Eine Krankheit, hervorgerufen durch ein Tier, die Krätzmilbe, die sich in die Haut des Menschen bohrt und dort Gänge gräbt, in die sie Eier legt, aus denen neue Milben kriechen, welche die Gänge verlassen, um sich in der Nachbarschaft von neuem einzugraben. Es entsteht so aus den direkten Wirkungen der Milbe ein Netz von Gängen unter der Haut, aus der, als Folge des heftigen Kratzens, namentlich nachts im Bett, Pusteln wachsen. Die Behandlung besteht in der Tötung der Milbe. Am vierten Tag pudere man den Körper mit Kartoffelmehl, ziehe frische Kleider an und entferne sich, froh, das heftige Kratzen loszusein und die Krätze: eine Krankheit.

Krankenbesuche. Man vermeide unter allen Umständen, das leidende Aussehen des Kranken zu erwähnen, bringe also weder durch Worte noch Gebärden seine

Überraschung über den körperlichen Verfall zum Ausdruck. Vielmehr flöße man ihm durch die Versicherung, daß sein Aussehen auf glänzende Gesundheit schließen lasse, neue Hoffnung ein. Man rege den Kranken auf keinen Fall auf, besonders nicht unangenehm und veranlasse ihn nicht zu langem Sprechen, vermeide auch selbst, laut zu sprechen und spreche am besten gar nichts; jedenfalls nicht mehr, als sein muß, um den Kranken zu ermutigen. Am besten ist es, den Kranken durch heitere Mitteilungen zu zerstreuen. Man dehne aber die Geschichte nicht länger aus, als es dem Kranken zuträglich ist. Vorsichtig sei man vor allem, wenn die Rede auf den behandelnden Arzt kommt; Hinweise zum Beispiel auf seine ärztlichen Mißerfolge sind zu unterlassen.

Kratzen. Die Verhinderung des Kratzens gehört zu den Hauptaufgaben dieses *Ratschlägers*. Ganz unterbinden läßt sich das Kratzen nicht, denn die Menschen wissen mit großer Erfindungsgabe immer wieder Mittel und Wege, um über unsere Vorsichtsmaßregeln zu triumphieren und in einem unbewachten Moment sich blitzschnell blutig zu kratzen. Allerdings: wenig kratzen ist immer noch besser, als viel und beständig kratzen. Die Hauptmaßnahmen in dieser Hinsicht sind Kurzschneiden der Fingernägel, Armmanschetten aus Karton, Anbinden der Hände am Bettgitter oder Befestigen der Arme am Körper mit ringsum geführten Binden und großen Sicherheitsnadeln. Sofern man den Menschen ein bis zweimal am Tag die Gelegenheit gibt, unter Aufsicht die Arme zur Einnahme der Mahlzeit frei zu bewegen, ist eine Versteifung der Ellenbogen durch die erwähnten Vorkehrungen nicht zu befürchten. Zu befürchten ist außerdem Kratzen gar nichts.

Krawatten. Das Binden von Krawatten ist keineswegs so schwer, wie gewöhnlich angenommen wird. Es gehören nur wenige Griffe dazu.

Kropf, Kröpfe. Der bekannte Kropfforscher Klomm hat das Wasser für die Entstehung des Kropfes verantwortlich gemacht. Seine Ansicht wird auch heute noch gelegentlich vertreten. Inzwischen hat man aber in kropfverseuchte Orte Wasser aus kropflosen Gegenden gebracht, und der Kropf trieb sein Wesen weiter. Man hat ferner Tiere, die keinen Kropf hatten, in eine Kropfgegend getrieben, sie aber ausschließlich mit Wasser aus kropflosen Orten getränkt: trotzdem bekamen sie einen Kropf. Umgekehrt hat man kropffreie Tiere in kropflosen Gegenden ausschließlich mit Wasser aus Kropfgegenden versorgt: trotzdem blieben sie kropflos. – Im allgemeinen neigt man nun zu der Auffassung, daß der Kropf als Ausdruck eines Ausgleichsbestrebens zu gelten hat; was jedoch ausgeglichen werden soll, darüber weiß man gar nichts, und das ist angesichts der großen Bedeutung des Kropfes sehr wenig. Bei kleinen nach innen wachsenden Kröpfen treten zuweilen nachts im Schlaf höchst beängstigende Erstickungsanfälle auf, bei welchen schon mancher besinnungslos wurde. Nach wochenlanger Geduld sah man weiche Kröpfe mit einem Mal aufspringen und eine gallertartige Masse ausfließen.

Küchenkoller. Eine auf die Küchenhitze, auf den dauernden Aufenthalt in der Nähe des heißen Herdes zurückzuführende Krankheit, die vor allem nach Schwächungen durch vorangegangenen übermäßigen Geschlechtsgenuß ausbricht.

Küssen. Die Kußlustigkeit in Österreich und in den slawischen Ländern, wo man sich bei allen Gelegenheiten mit Küssen überschüttet, ist abzulehnen; sie ist eine Unsitte, die mit mangelhafter Entwicklung der Persönlichkeit zusammenhängt. Soll der Kuß seinen Wert behalten, dann küsse man nur im warmen Herzensdrang, gelegentlich oder zur rechten Stunde, lasse es aber im übrigen mit einem mehr oder minder warmen Händedruck genügen, der niemand schadet und niemals oder nur selten Ekel erregt.

Kugel im Halse. Viele Frauen haben oft die Empfindung, als steige ihnen vom Unterleib her eine Kugel in den Hals und bliebe dort stecken. Das drückt sie und quält sie natürlich und stört sie beim Schlucken. Eine allgemeine Behandlung wird aber diese Kugel rasch zum Verschwinden bringen. Man lasse sich untersuchen und sei überzeugt, daß keine wirkliche Kugel, sondern nur eine vorgestellte Kugel im Halse steckt.

Kunstgespräch. Seit der Entdeckung des Kunstgesprächs sucht das Publikum bei seiner Beschäftigung mit der Kunst nicht mehr die eigene Erbauung, nicht einmal die Befriedigung eines individuellen Geschmacks, sondern ganz einfach den Gesprächsstoff. Das Gespräch über die bil-

dende Kunst ist das vornehmste, man muß es gelernt haben, es liegt nicht auf der Hand und ist nicht jedermanns Sache. Wie groß ist der Eindruck, wenn man vor einem Kunstwerk stehend ausruft: *Das ist doch wieder der ganze Soundso.* Danach geht man direkt zum Piano, und es gibt bekanntlich sehr viele Pianos.

Kurze Unterhaltung. Ein Herr wird, wenn ihn eine Dame in eine kurze Unterhaltung zieht, den Wunsch haben, sie zu begleiten. Betraut sie ihn mit der Aufgabe, sie aus einer Gesellschaft nach Hause zu führen, so wird er, an der Tür ihres Hauses angelangt, selbstverständlich so lange mit dem Hut in der Hand zu verweilen haben, bis sich dieselbe hinter ihr geschlossen hat.

Kurzsichtigkeit. Der Blick des kräftigen Mannes, der seine ganze Umgebung mit einem Blick übersieht, was ihn sofort zum

Herrn der Lage macht, fehlt dem Kurzsichtigen vollständig. Scheu und unsicher, mit ausdruckslosem Gesicht steht er da, er begreift nicht, was um ihn herum geschieht und ist deshalb beklagenswert. Näharbeit, Stubenleben, nächtliches Lesen von schlüpfrigen Büchern haben solche Entartungen der Augen zur Folge; der Gebrauch des Auges für die Ferne ist erschwert und beeinflußt das ganze Leben des Menschen.

L

Lachen. Es gibt ein Lachen der Fröhlichkeit und ein Lachen des Spotts, ein weises und ein dummes, ein anständiges und ein unanständiges Lachen, ganz nach den jeweiligen Umständen. Wohl dem, der recht von Herzen lachen kann. Unpassend ist das Kichern, das sich viele Frauen angewöhnt haben. Ein feines Lächeln kennzeichnet den gebildeten Menschen.

Lachender Sack. Der lachende und der schnarchende Sack paßt in jede Hosentasche. Das schallende Gelächter des Sacks sorgt in den Gesellschaften, in denen Sie auftauchen, für viel Spaß.

Lachkrampf. Eine davon befallene Person lasse man sich ausstrecken, öffne ihr alle Kleider, sorge für frischen Luftzug, stecke die Beine in heißes Wasser und bleibe ihr gegenüber ernst und ruhig. Große Teilnahme oder gar Mitlachen erhöht den Reizzustand. Nach eingetretener Beruhigung sorge man für äußere Ruhe, entferne alle Menschen und beginne mit einer vorsichtigen Behandlung, die die Willenskraft und Selbstbeherrschung erhöht. Hinter den Lachkrämpfen steckt oft die Weichlichkeit verwöhnter Menschen.

Lage, hohe. Die hohe Lage eines verletzten Gliedes ist von unendlichem Wert. Wir haben manche Hand und manchen Arm, in dessen strotzend gefüllten Gefäßen das Blut dem Stocken und deshalb der Arm dem Brand schon nahe war, hoch gehangen, und das Blut sank allmählich nach dem Gesetz der Schwere zur Brust zurück und schon nach einigen Stunden sah man, daß das Glied gerettet war. Man ahnt gar nicht, welche enormen Heilmittel immer und überall zu Gebote stehen, ohne stundenweite Wege. Zermalmte Glieder wurden oft vor meinen Augen durch Mittel gerettet, die nicht weit hergeholt waren. Ein zerschmetterter Arm lag einmal vier Tage und vier Nächte in lauem Wasser; ein zerquetschter Fuß war fünfmal vierundzwanzig Stunden in poröses Moos, eine verletzte Hand mehrere Tage in Torferde gedrückt worden, und die Glieder wurden gerettet herausgezogen. Die Sekrete waren aufgesogen, weggeschwemmt und abgeflossen.

Lampen. Aus Sparsamkeit zu tief gedrehte Lampen ersparen gar nichts. Man hat stattdessen Personen, die ihre Lampen herabgedreht und sich zu einem kurzen Schlaf niedergelegt haben, vollständig besinnungslos gefunden, wobei festgestellt wurde, daß ihre Nasenlöcher von einem schwarzen Niederschlag derart verklebt waren, daß bei geschlossenem Mund kein Atmen mehr möglich war.

Landleben. Für das Verhalten des Gastes auf dem Lande verweisen wir auf den Abschnitt, in welchem wir über das Verhalten des Gastes im Haus das Nötige mitgeteilt haben. Was dort gesagt wurde, gilt auch hier. Für die Annahme einer Einladung auf dem Lande sind auch die Gewohnheiten des Eingeladenen von nicht unwesentlichem Einfluß. Er möge immerhin bedenken, daß dort mit der Gebundenheit der gesellschaftlichen Formen in gleichem

Maße auch die Bequemlichkeiten des gesellschaftlichen Lebens schwinden, daß schon ein bloßer Wechsel des Wetters die mannigfachsten Unbequemlichkeiten im Gefolge haben kann. Wer also verwöhnt, von schwacher oder gar kränklicher Körperbeschaffenheit ist, der verzichte lieber gleich; er könnte dem freundlichen Wirt leicht eine Last werden. Um auf dem Lande ein angenehmer Gefährte zu sein, muß man Regen und Sonnenschein sowie Wind und Wetter ertragen können. Die eine oder andere Stunde kommt schließlich doch, wo in schweren, öden, nicht mit der Natur verbundenen Stunden der gebildete Mensch sich danach sehnt, mit einem anderen gebildeten Menschen Gedanken und Worte auszutauschen. Bei der Abreise muß er bei allen den freundlichsten Eindruck hinterlassen.

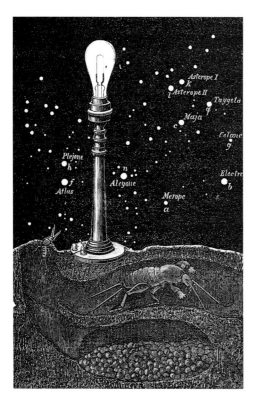

Laufen. Will man das Laufen erlernen, so wähle man solche Tage, an denen die zuschauenden Personen am wenigsten zahlreich sind. Die ersten Versuche macht man am besten, wenn man sich unbeachtet fühlt. Das ganz einfache Geradeauslaufen genügt freilich den Ansprüchen auf der Straße nicht mehr, und ein Mann, der als leidlich gewandter Läufer gelten will, wird zuweilen versuchen, einen Bogen zu laufen, ferner das Rückwärtslaufen und einige leichte Wendungen. Das geht natürlich nicht ohne das sogenannte Fallen ab, und wenn auch keinem ein kleiner Fall übelgenommen wird, vorausgesetzt, daß man dabei jeden Schrei unterdrückt, so ist es doch zu empfehlen, nicht weiter davon zu sprechen. Schweigen wir also so gut es geht.

Lauschen: siehe *Horchen*

Lebende Bilder. Lebende Bilder so zu stellen, daß sie künstlerischen Ansprüchen entsprechen, ist äußerst schwer und in kleinen Räumen ohnehin nicht ausführbar. Ein Bild mit zwei bis fünf Personen macht den besten Eindruck. Am geeignetsten sind allgemein bekannte Bilder, die einen Gegenstand darstellen, der jedem Betrachter auch bei schlechten Beleuchtungsverhältnissen auf den ersten Blick klar ist. Im allgemeinen entspricht der Erfolg der lebenden Bilder selten den Erwartungen der Darstellenden, obwohl sie sich immer noch besser amüsieren, als die zuschauende Welt.

Lebensbeschreibung. Das Leben Klomms hat Lemm am besten beschrieben. Ich sah, sagt Lemm, einen Mann ohne Angabe des Alters in Berlin. Er aß Pflaumen, Birnen,

Tafel XVII

Tafel XVIII

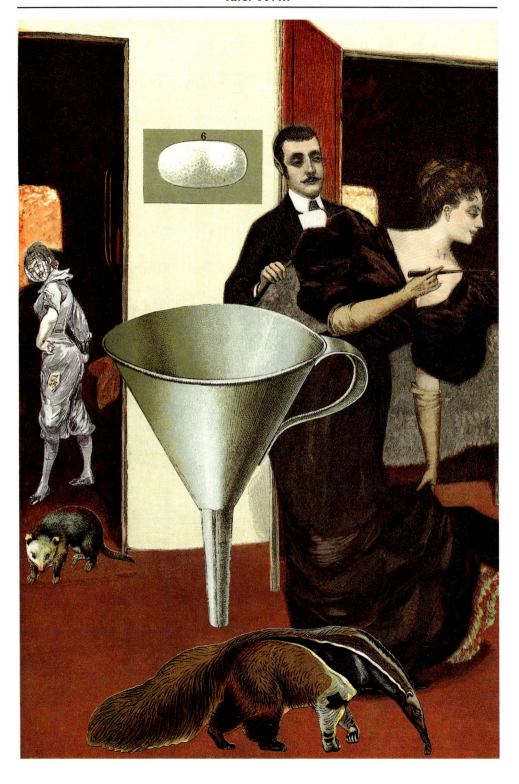

Tafel XIX

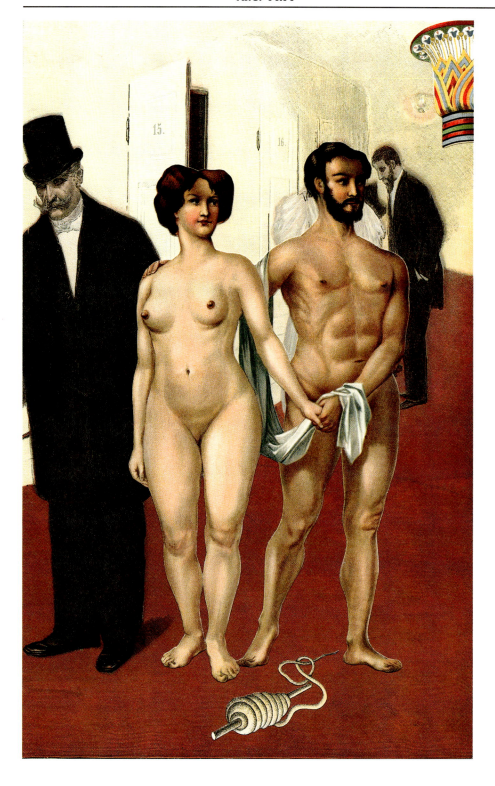

Tafel XX

Tafel XXI

Tafel XXII

Tafel XXIII

Tafel XXIV

Tafel XXV

Tafel XXVI

Tafel XXVII

Tafel XXVIII

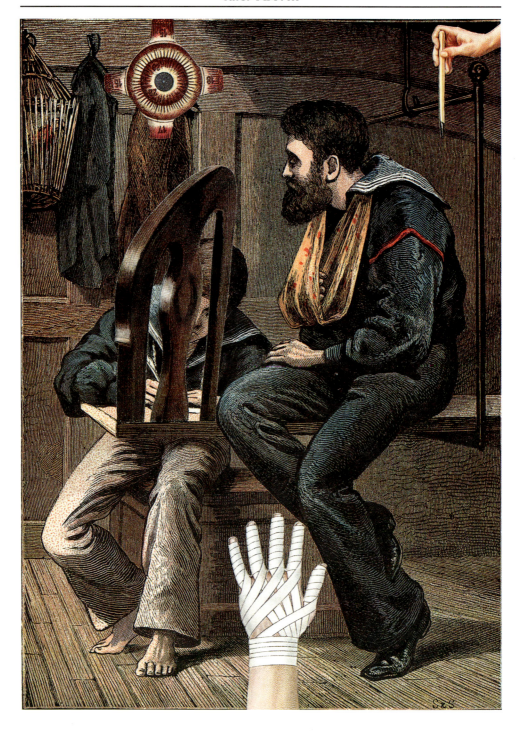

Tafel XXIX

Tafel XXX

Tafel XXXI

Tafel XXXII

Erdbeeren, Brot und im Wasser quellende Semmeln. An gekochten Kartoffeln, Runkeln und Möhren nagte er dann und wann aus einer Art Langeweile, aber Pflaumenkerne öffnete er gern, um an den Inhalt zu kommen, die ihm bei der Beförderung der Verdauung zu dienen schienen. Der Mann war sehr reinlich und im Verhältnis zur Größe des Zimmers, in dem ich ihn antraf, eher klein; er wirkte wie eine Hausmaus, kaum anders. Einen üblen Geruch verbreitete er nicht, nachts kratzte er an den Tapeten, versuchte aber nie, das Fenster zu öffnen. Eine eigentliche Stimme habe ich nie von ihm gehört, sondern nur manchmal einen in Zwischenräumen von mehreren Stunden wiederholten Ton, der wie ein unterdrücktes Husten klang. Der Mann schlief sitzend, verbarg den Kopf zwischen den Schenkeln und drückte mit seinen Händen die Ohren zusammen. Eines Tages sah ich auch eine ausgewachsene Frau. Sie wirkte weit lebhafter als der Mann. Nachts lief sie herum, den Tag verbrachte sie schlafend, den Kopf zwischen die Schenkel gesteckt. Ihr Leib war gedrungen, der Hals kurz und dick, niemals sah ich sie nackt. Mit Einbruch der Dämmerung kam sie hervor, um sich nach Nahrung umzusehen. Ihre Bewegungen waren sehr rasch, sie soll imstande sein, bedeutende Sätze zu sagen. Ich habe aber kein Wort gehört, auch kein Zeichen des Schmerzes oder des Unbehagens. Weiter habe ich keine Beobachtungen gemacht, sagt Lemm. Wobser bestätigt diese Angaben an anderer Stelle.

Lebensfunktionen. Die beiden Virtuosen des Hungerns, Succi und Merlatti, beschäftigten kürzlich das allgemeine Interesse. Ihre Leistungen boten den Sachverständigen aber nichts Neues; man erinnerte sich dabei allenfalls an das Hungern des amerikanischen Hungerkünstlers Tanner, der in völliger Enthaltsamkeit Erstaunliches leistete. Bei dieser Gelegenheit dürfte der Hinweis interessant sein, daß es möglich ist, auch andere Lebensfunktionen für eine gewisse Zeit willkürlich einzustellen. Am auffälligsten ist unter diesen Erscheinungen ohne Zeifel die Enthaltsamkeit von der Luft, die willkürliche Einstellung der Atmung. Klomm glaubt schon, eine bemerkenswerte Leistung vollbracht zu haben, wenn er eine Minute lang den Atem anhält. Es gibt aber Menschen, die ohne zu atmen sich wesentlich länger unter Wasser aufhalten können. Vor wenigen Jahren bereiste ein Fräulein die Welt und verbrachte zweieinhalb Minuten in einem Bassin, zum Staunen und zur Genugtuung des Publikums. Ein sehr geübter Taucher muß auch jener indische Verbrecher gewesen sein, der sich in den Fluten des Ganges verbarg und zwar in der Nähe des Damenbades, um einen Mord zu begehen. Es ist ihm gelungen, eine arglose Dame an den Füßen in die Tiefe hinabzuziehen und zu ertränken. Er raubte den Schmuck und schaffte die Leiche beiseite. Man glaubte damals, die Unglückliche sei das Opfer der Krokodile geworden. Das geschah, wie die Zeitschrift *Naturfreund* berichtet, im vergangenen Mai.

Leber. Viele gut lebende Personen schreien auf, wenn man sie in die rechte Seite stößt. Diese Leute haben lediglich eine vergrößerte mit Blut überfüllte Leber. Notwendig ist das aber nicht.

Leichen, gefrorene. An gefrorenen Leichen war man imstande, Studien zu machen, indem man sie von vorn nach hinten durchsägte und dadurch bleibende Bilder erhielt, die uns mehr sagen, als es die geistreichsten Vorträge vermögen.

Leichenschmaus. Der früher allgemein übliche Leichenschmaus ist in den Städten nicht mehr gebräuchlich; aber es ist für alle Fälle gut, wenigstens im Nebenzimmer einen kleinen Imbiß aufzustellen. Gerade

bei Leichenfeierlichkeiten kommen Auftritte von plötzlicher Schwäche vor.

Leidenschaften. Leidenschaften sind bekanntlich die gefährlichsten Gewaltherren im menschlichen Leben. Das gesellschaftliche Leben erfordert die mittlere, die gemäßigte Temperatur der Ruhe und der Besonnenheit; aufgeregtes, leidenschaftliches Wesen bringt leicht ein störendes Element in dasselbe. Wer sein Temperament nicht zügeln kann, der meide lieber die Gesellschaft, als daß er anderen ihr Amusement verdirbt.

Lesen. Das Lesen bietet einen unerschöpflichen Quell von Unterhaltung und Bildung und ist das Mittel, die Langeweile, die Kalamität der vornehmen Welt, zu verscheuchen. Für das Familienleben empfiehlt es sich, abendliche Lesestunden festzusetzen und über das Gelesene mit Ernst zu diskutieren. Das ist ungemein anregend, erweitert den geistigen Horizont, erstickt die Sucht nach dem Wirtshausbesuch und den Hang zu allerlei Allotria. Freilich kommt es sehr darauf an, was gelesen wird. – In der Wahl der Lektüre moderner Schriften sei man sehr vorsichtig. Schriften, die nicht zu denken geben, halte man fern, wähle solche, die zugleich das Wissen bereichern, den Charakter läutern und stählen, den Geschmack veredeln, gesunde Gesinnungen zum Ausdruck bringen und einflößen. Im Bett zu lesen ist keine gute Gewohnheit, auf alle Fälle darf nur eine wirklich gute, in keiner Weise aufregende Lektüre in Betracht kommen. Man gehe auch nie in den Kleidern zu Bett, es vermindert die Schlaftiefe. Auch vergrabe man den Kopf nicht zu tief in den Kissen und liege überhaupt möglichst, wie oben beschrieben, unparfümiert.

Liebe. Wenn man ein Mädchen liebt, so frage man sich, ob man den ernsten Willen hat, die Dame zu seiner Gattin zu machen. Ist das nicht der Fall und täuscht man ihr Herz mit trügerischen Versprechungen, so ist man nicht nur ein ungesitteter, sondern ein unsittlicher Mensch. Es gibt leider in allen Ständen, am meisten freilich unter den Müßiggängern, Personen, welche in ihren Mitteln, zu ihrem Ziel zu gelangen, nicht wählerisch sind. Lügen, Einschüchterungen und Drohungen beschweren sie nicht; denn im Dienst einer ungezügelten Lüsternheit ist ihr Gewissen schon lange erstickt.

Liegen. In seinem berühmten Werk *Über einige Merkmale der Welt*, das als die wesentliche Grundlage aller neueren Untersuchungen auf diesem Gebiet zu betrachten ist, bezeichnet Wobser das Liegen als *eine in unserem nervenzarten Zeitalter besonders zu empfehlende Lage des menschlichen Körpers*. Zuweilen ist es fast unvermeidlich, daß sich ein Kreis von Zuschauern um die Liegenden versammelt, und es wäre unbillig, zu verlangen, daß die Liegenden der Zuschauer wegen auf ihr Vergnügen verzichten sollten; selbst im gedrängtesten Zuschauerkreis. Das allerdings ist Geschmackssache.

Literatur. Die literarische Produktion ist heute durchdrungen von einer geilen aussaugenden Erotik, einem widerlichen Gemisch von Sinnlichkeit und Empfindsamkeit aller Personen des Gesellschaftslebens. Das Roheste und Trivialste wird plötzlich zum Hauptgegenstand; die Verherrlichung der Sünde und Sündenlust überschreitet alle denkbaren Grenzen. Daß die heutige sogenannte Literatur, ohne direkt schmutzig zu sein, systematisch als

Reklame für die eigentliche Schmutzliteratur benutzt wird, dürfte noch allgemein unbekannt sein. Deshalb machen wir hier darauf aufmerksam, indem wir den Inhalt eines Romans kurzgefaßt unseren Lesern zur Kenntnis bringen: Die Gräfin Nadasky unterhält in ihrem Schloß eine Erziehungsanstalt für verweiste Mädchen. In Wirklichkeit fallen diese der Eitelkeit der Gräfin zum Opfer, die das Blut der reinen Mädchen nimmt, um ihrer Haut eine bezaubernde Frische, Reinheit und Weiße zu verleihen. Darum läßt sich die Gräfin von einem Schurken besonders hübsche Mädchen zuschleppen. Dem Leutnant Miklos wird die Braut entführt. Er sucht und findet sie im Schloß der Gräfin. Bei der

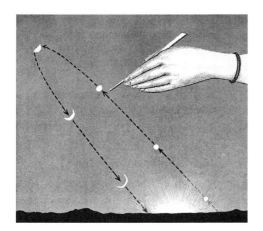

Durchsuchung geheimer Gänge und Kammern findet er in einem Schacht halbverweste weibliche Leichname, abgeschlagene Köpfe und Gliedmaßen und schon gebleichte Skelette. Gräfin Nadasky wird darauf verhaftet, zum Tode verurteilt, später aber aus politischen Gründen begnadigt. – Das *Börsenblatt für den Deutschen Buchhandel* stellt fest, daß namentlich in den Lazaretten ernste und religiöse Schriften bevorzugt werden. Und trotzdem werden immer noch Schriften der oben genannten Art auf Schleichwegen in die Heilstätten geschmuggelt.

Lob der Ortschaft. Alles was ich jetzt sage, wurde bereits erwähnt. Aus diesem Grunde verbietet es sich auch, viele Worte zu machen; zumal in kleineren Städten, wo die Entfernung keine Rolle spielt. Nur in einem darf man nicht sparsam verfahren: im Lob und in der schönen Beschreibung der Umstände, die uns dazu veranlaßt haben, heute in dieser Ortschaft zu erscheinen. Man bedenke, daß gerade bei dieser Gelegenheit jedes Wort doppeltes Gewicht hat und die unschuldigste Bemerkung, die vielleicht nur eine Spur einer gegenteiligen Ansicht verrät, außerordentlich verstimmend wirken kann.

Loch. Das Loch wurde schon erwähnt. Broca hat das Loch bei der älteren und neueren Pariser Bevölkerung etwa gleich häufig angetroffen. Bei den Hottentotten und Guanchen soll das Loch freilich häufiger gewesen sein. Brocas Meinung nach hat das Loch keine Bedeutung; aber man scheint es früher tatsächlich öfter gesehen zu haben als später. Broca macht allerdings darauf aufmerksam, daß man sich bei derartigen Angaben zu hüten habe, weil das, was nur Merkmal einer Familie, eines untereinander heiratenden und seine speziellen körperlichen Eigenschaften vererbenden kleinen Ortes ist, nicht verallgemeinert werden darf; obwohl es natürlich auch um das Allgemeine geht. Zweifellos ist das Loch keine eine Rasse bestimmende, sondern aus einer bestimmten eigenartigen

Benutzung des Armes hervorgehende Bildung, behauptet Broca, dem wir die gründlichsten Nachrichten über das Loch verdanken.

Löcher, fehlende. Wenn man Lemm Glauben und Vertrauen schenken will, und in diesem Fall darf man es getrost, dann ist es eine schlimme Nachlässigkeit der Lederarbeiter, in die gebräuchlichen Riemen viel zu wenig Löcher zu stechen; es empfiehlt sich daher im Haus ein kleines Schlageisen zu haben, mit dem man die Zahl der Löcher beliebig vergrößern kann. An Ansehen und Haltbarkeit verliert ein Riemen dadurch nicht, wohl aber gewinnt er an Brauchbarkeit, und das ist nicht zum Nachteil für die Entwicklung der Sache.

Löffel. Viele Leute wissen vom Löffel nicht den richtigen Gebrauch zu machen, weil sie unser Buch nicht kennen. Der Löffel wird mit der Rechten geführt und darf nicht zu voll geschöpft werden. Die Suppe aus dem Löffel in den Teller zurückfließen zu lassen ist verboten; man vermeide auch das Hineinblasen. Das Anfassen des Löffels darf nicht mit der vollen Hand geschehen: er ruht vielmehr leicht zwischen den drei ersten Fingern, der Daumen befindet sich dabei oben. Beim Gebrauch führt man den Löffel mit der Spitze zum Mund und schüttet den Inhalt geräuschlos zwischen den Lippen hindurch. Ein geräuschvolles Ausschlürfen über die Langseite hinweg ist zu vermeiden.

Löffelstiel. Man verwende den Stiel eines dicken Suppenlöffels, der keine scharfen Ränder hat, und übe damit einen langsam sich verstärkenden Druck auf die Zunge aus, und zwar so, daß nicht nur die Zungenspitze, sondern die ganze Länge der Zunge gleichmäßig heruntergedrückt wird. Gute Beleuchtung ist unerläßlich.

Lokomotive. Wenn wir zum Beispiel die Lippen spitzen, so daß eine kleine runde Öffnung entsteht, und wenn wir durch diese kleine runde Öffnung Luft hindurchblasen, dann entsteht ein Ton, und zwar ein Pfiff. Man nimmt beide Hände, dreht sie derart nach oben, daß die Handflächen gegen das Gesicht zu stehen kommen und schließt die Finger. Dann spreizt man die Daumen ab und legt die geschlossenen übrigen vier Finger der rechten Hand so über die der linken, daß die obersten Fingerglieder der linken frei bleiben, und daß sich die Richtungen der Finger der beiden Hände senkrecht kreuzen. Danach biegt man die beiden Hände nach innen zusammen, so daß sich die Außenseiten der Daumen ebenso wie die Handballen in ihrer ganzen Länge gründlich berühren. Man preßt sie nun so zusammen, daß nur auf der Strecke hinter dem obersten Glied des Daumens bis hin zur Daumenwurzel ein ganz schmaler Spalt offenbleibt. Dann preßt man die Lippen fest auf die Daumenballen und bläst mit gespitzten Lippen in diesen Spalt hinein. Bei einiger Übung wird man bald ebenso schön zu pfeifen imstande sein, wie eine Lokomotive.

Lüftung. Wir schützen uns vor verdorbener Luft, diesem gefährlichen Feind unseres Daseins, indem wir sie einfach aus unserem Zimmer entfernen und durch die unverdorbene Luft aus dem freien Luftraum ersetzen. Das ist es, was wir unter Lüftung verstehen. Da die Entfernung und Zuführung von Luft nicht möglich ist, ohne sie in Bewegung zu setzen, und da wir jede bemerkbare Bewegung der Luft *Zug* nennen, der Zug aber von vielen Leuten als schlimmstes Übel auf Erden angesehen wird, so kommt es, daß die Lüftung in der menschlichen Gesellschaft nicht so viele

Freunde hat, wie sie zu haben verdient. Es gibt auch Menschen, die so verliebt in den eigentümlichen Dunstkreis sind, den sie um sich erzeugt haben, daß sie mit Eintritt der kalten Jahreszeit ihre Fenster sorgfältig schließen, um sie erst im Sommer wieder zu öffnen. Die Folgen dieser Vorsichtigkeit sind trübe Augen und bleiche Gesichter und matte schleichende Körper. Sie verkleben sämtliche Ritzen, obwohl der Wind überhaupt keine Ritzen braucht, um ins Zimmer zu kommen, sondern direkt durch unsere Wände bläst. Diese Behauptung mag bei manchem Leser ein Kopfschütteln hervorrufen, aber so ist es.

Luft, eins. Luft hat die Neigung, sich in jeder Ecke aufzuhalten und zu stauen. Darüber werden wir in einem anderen Abschnitt zu sprechen haben. Wir legen der Sache hier nicht allzu viel Gewicht bei, wir haben sogar die Absicht, sie zu übersehen oder zu übergehen, jedenfalls nicht sonderlich ausführlich zu behandeln.

Luft, zwei. Bekanntlich wird die Luft, die unseren Erdball umgibt, immer dünner, je höher wir steigen. Dieser Umstand kann uns nicht gleichgültig sein, deshalb lassen wir ihn hier nicht unerwähnt. Verbergen lassen sich ja die Gefahren, die damit verbunden sind, auf die Dauer ohnehin nicht.

Luft, drei. Ein in geschlossener Luft sitzender Mann mit zusammengedrücktem Unterleib erkrankt allmählich bei zu reichlicher Einfuhr von Mehl. Unsere heutigen Lebensgewohnheiten, die uns fast Tag und Nacht vom Verkehr mit der freien Luft abschneiden, weisen unsere Lungen zur Be-

friedigung ihres Lufthungers vollkommen auf die Luft innerhalb der geschlossenen Räume an; auf Wohnungen also, die sich in den stehenden Städten zu förmlichen Sarg- und Schachtelräumen gestalten. Während nun in den Wohnzimmern wenigstens durch das Eingehen und Ausgehen verschiedener Personen, durch die zeitweilig geöffneten Türen ein Luftwechsel stattfindet, fällt dieser Umstand in den Schlafzimmern fort: diese Türen bleiben geschlossen. Die Fenster erst recht.

Luft, vier. In unserer Welt, in Eisenbahnen und Gastwirtschaften, sind es immer die Damen, die die Fenster schließen lassen und dadurch andere Personen zwingen, heiße verdorbene Luft einzuatmen. Ihr empfindsamer, zart gebauter Organismus macht sie schutzbedürftiger gegen äußeres Unheil; zudem ist diese allgemeine Empfindlichkeit heute im großen und ganzen zur gänzlichen Schwäche gesteigert. Den Damen, gebannt an den häuslichen Kreis, erfüllt von kleinen alltäglichen Sorgen, die sich um die Befriedigung der leiblichen Bedürfnisse und der Erhaltung der äußerlichen Ordnung und Reinlichkeit drehen, ist es offenbar gar nicht anders möglich, als das, was sie nicht sehen und greifen können, für überflüssig zu halten. Sie stehen unter der Herrschaft von Vorurteilen, die vor allem die *Luft* betrifft, die durch die Fenster der Eisenbahnen und Gastwirtschaften einströmt, und die sie weder sehen noch greifen können. Es ist daher unter den Damen häufig zu beobachten, daß sie über den ungescheuerten Tisch oder das eingedrückte Kissen in Aufregung geraten, während die Luft, die sich faulig im Zimmer festgesetzt hat, von ihnen gar nicht bemerkt wird: etwa der dumpfe Geruch von abgehängten Mänteln und ungelüfteten Schuhen. Sie müssen zum Lufthunger erzogen werden, dann wird auch die Luftscheu weichen.

Luft, fünf. Ein Schweizer namens Rikli hat das Verdienst, am eigenen Leib die Wirkung der Luft nicht nur erprobt, sondern zum ersten Mal für andere verwertet zu haben. Er erholte sich, anfangs sehr kränklich und kaum in der Lage, das Bett zu verlassen, so kräftig, daß er noch als Siebzigjähriger hohe Berge, die er vorher nur von seinem Bett aus hatte sehen können, nahezu nackt, im tauigen Morgen, mit Leichtigkeit erklomm; unbekleidet, ohne Schuhe und Hut, mit einer Lendenbinde versehen, worüber er später in seinem Aufsatz: *Die Luft* Auskunft gab. Sein Name war Rikli.

Luft, sechs. Die Unfälle, die in dichtgefüllten Sälen oder schlechtgelüfteten Kirchen zu beobachten sind, die Ohnmachten und Übelkeiten, weiter die entsetzlichen Vorfälle in geschlossenen Schlafstuben, in denen die Menschen, die sich vor der frischen Nachtluft fürchten, ihre eigenen Auswurfstoffe einatmen und sich gegenseitig vergiften, sind inzwischen bekannt. Wir haben sie alle beschrieben. Bei der Besprechung dieser Vorfälle kommen wir auf die Lüftungsvorgänge zurück, die wir auch beschrieben haben. – Wenn das alles nichts nützt, dann verlasse man die Wohnung, so schnell es geht.

Luftballon. Ein kleiner Luftballon im Magen kann bei einer Abmagerungskur sehr hilfreich sein. Der aufgepumpte Ballon vermittelt der betreffenden Person das Gefühl der Schwere und Sättigung.

Luftstoß. Man kann, wenn der Luftstoß energisch genug ist, damit bis in die entferntesten Winkel eines großen Saales reichen; und dann erhält gerade dieses gehauchte Sprechen die Seelenfeinheiten des gedämpften Klangs und den Charakter der Geistigkeit und Zurückhaltung.

Luftverbesserung. Wahre Luftverbesserung kommt durch das Abströmen der verbrauchten Luft, also durch das Öffnen der Fenster zustande. Der Anbruch der

Nacht ist das Zeichen zum Öffnen der Fenster. Kleine Unannehmlichkeiten beim Öffnen der Fenster sollten uns nicht davon abhalten, die Fenster zu öffnen. Bei starkem Nebel wird der offene Fensterspalt entsprechend verkleinert, aber nicht ganz geschlossen, außer bei älteren oder sehr katarrhempfindlichen Personen. Im Winter soll durch das Spannen eines Tuches oder das zwecksentsprechende Stellen des Bettes verhindert werden, daß der kalte Luftstrom direkt den Kopf des Schläfers trifft. Bei fensterlosen Räumen sind diese Vorsichtsmaßnahmen nicht nötig.

Lunge. Die Lunge ist oft der Sitz von Erkrankungen, und zwar einerseits aus dem Grunde, weil sie durch die Vermittlung der Atemluft so leicht den schädlichen Einflüssen der äußeren Luft ausgesetzt ist, andererseits, weil in unserer verweichlichten Welt die Lunge gerade zu den Organen gehört, auf die sich mit Vorliebe jede Art von Schädlichkeit wirft. Wir raten von Aufenthalten in kalten Gegenden, vom Spielen von Blasinstrumenten, von anhaltendem Schreien und Singen ab.

Luxus. Wir hoffen, nicht mißverstanden zu werden, denn wir halten es wirklich für hocherfreulich, wenn auf den Tanzfesten Meisterwerke der Toilettenkunst, Wunder an Pracht und Geschmack an uns vorüberwehen, wenn auf den großen Eliteballen noch mehr Glanz als bisher den Saal überstrahlt, wenn noch herrlichere, noch reizender geschmückte Damengestalten das Parkett durchwogen und die Treppen herunterschweben; hier ist ja der richtige Platz für die Entfaltung von Prunk und Vornehmheit. Wo sonst sollte unsere heimische Industrie, die sich zu einer vorher niemals erreichten Höhe auf dem Toilettengebiet emporgeschwungen hat, ihre Lorbeeren ernten. Aber Schleppen von Samt und Brokat, mit seltenem Pelzwerk oder mit Straußenfedern umsäumt, glänzend rauschende perlenbesetzte Dessous mit funkelnden Knöpfen passen nicht in den Rahmen gemütlicher Kränzchen, wie wir es immer häufiger sehen. Diese und viele andere Erscheinungen mögen sich meine geehrten Leser vor Augen halten.

M

Machtlosigkeit. Machtlosigkeit oder Impotenz gilt als Folge von Ausschweifungen oder Strafe für frühere Übertretungen, allerdings auch als Ausfluß des schlechten Gewissens. Das Leiden betrifft gelegentlich völlig Unschuldige; ihnen sagen wir, daß sich Männlichkeit schließlich in Höherem ausdrückt, als in der vorübergehenden Versteifung des Geschlechtsapparats. Mancher, dem zwar sexuelle Potenz in reichem Maße eigen ist, verdient im übrigen die Bezeichnung eines charakterschwachen schlaffen Menschen, dem der Eingang in die bessere Gesellschaft gerade aus diesem Grund verwehrt wird.

Magen. Die Speiseröhre als Fortsetzung der Mundhöhle ist ein schlaffer Schlauch, der durch den Magenmund in den Magen mündet. An dieser Mündungsstelle, dem schönsten Punkt des Magens, befindet sich eine wulstige mit starken Ringmuskeln durchsetzte Verdickung. Durch den Druck des Schluckaktes, durch die eigene Schwere der verschluckten Masse und die Glätte der eingespeichelten Bissen gleiten sie abwärts, mitunter, wenn sie zu groß sind und trocken, fühlen wir schmerzhaft dieses Hinabrutschen in den Magen. Der Magen ist ein häutiger Sack von dudelsackähnlichem Aussehen.

Mann, liegender. Zunächst öffnet man den Mund. Die Zunge wird herausgezogen und befestigt oder, was günstiger ist, von einem anderen Mann, der oberhalb des Kopfes kniet, festgehalten. Ein weiterer

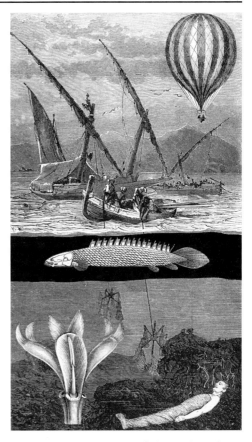

Mann kniet rittlings auf den Oberschenkeln und legt seine beiden Hände flach auf die untere Brustwand, ruhig und langsam, den Druck mit dem ganzen Gewicht seines Körpers ausübend, er beugt sich nach vorn, bis sein Gesicht fast das Gesicht des liegenden Mannes berührt. Nun richtet er sich ganz rasch wieder auf und hebt seine Hände.

Maschinengewehr. Im Jahre 83 erschien der Amerikaner Maxim mit einem Maschinengewehr auf der Bildfläche und lenkte durch die ins Auge springenden Vorzüge seiner Erfindung die Aufmerksamkeit aller Kulturstaaten auf dieses Kriegsmittel. Das einmal in Gang gesetzte Gewehr feu-

erte ohne menschliche Beihilfe so lange, wie sich Patronen im Pulvergurt befanden. Die erste glänzende Probe seiner Verwendbarkeit legte das Maximgeschütz ab, als fünfzig englische Schützen mit vier Gewehren die viermal von fünftausend Matabelenegern ausgeführten Angriffe abwiesen, wobei die Neger dreitausend Tote auf dem Platz ließen. Die Beendigung des Sudanfeldzuges haben die Engländer vorwiegend dem Umstand zu verdanken, daß zwangzigtausend Reiter des Mahdi dem Feuer der Maschinengewehre bei Omdurman zum Opfer fielen. Hatten somit die Erfahrungen mit Maschinengewehren im Ernstkampf über ihre Wirksamkeit, unkultivierten Gegnern gegenüber, keinen Zweifel gelassen, so fehlte es immer noch an Proben gegen einen nach europäischen Mustern ausgerüsteten Feind. Der russisch-japanische Krieg sollte alle Bedenken zerstreuen. Das Maschinengewehr wurde auf beiden Seiten vorteilhaft eingesetzt. Im August vernichtete eine russische Kompanie mit sechstausend Patronen eine japanische Gebirgsbatterie und kämpfte am folgenden Tag, an dem sechsundzwanzigtausend Patronen verschossen wurden, wiederum mit gutem Erfolg. Ich glaube, man macht sich keiner Übertreibung schuldig, wenn man das Maschinengewehr als ein handliches, ungemein schnell feuerndes Kriegswerkzeug zur Unterstützung in jenen Fällen des Krieges bezeichnet, in denen es darauf ankommt, von kleinem Raum aus in kürzester Zeit eine überwältigende Feuerwirkung gegen lebende Ziele hervorzurufen. Es wird also überall da gute Dienste leisten, wo es sich darum handelt, rasch einen durchschlagenden Erfolg zu erzielen. Dazu kommt, daß das im Feuer befindliche Maschinengewehr nur ein kleines, bei Benutzung des rauchlosen Pulvers schwer auffindbares Ziel bietet und daher um so unbefangener wirken kann. Kleine Umstände infolge unrichtiger Verwendung sind freilich nicht abzuleugnen: störend sind etwa die nicht zu vermeidenden Hülsenreißer. Gerade in dieser Hinsicht ist dem Maximsystem, worauf ganz besonders hinzuweisen der Hauptzweck dieser Zeilen ist, ein Nebenbuhler im System Schwarzlose entstanden, das ihm ernstlich zu schaffen machen wird. Schwarzloses Erfindung macht den Eindruck verblüffender Einfachheit und Gediegenheit, berechtigt also als Kriegswaffe zu den schönsten Hoffnungen. Als Deutscher kann man sich dieses Erfolgs des deutschen Erfindergeistes freuen und hoffen, daß die mit dem deutschen System begonnenen Versuche auch zu dem im deutschen Interesse erwünschten Ergebnis führen und zur Veranlassung werden, die deutsche Armee durch Einführung einer deutschen Erfindung auf der zeitgemäßen Höhe der Kriegsbrauchbarkeit zu erhalten.

Maske, nasse. Bei der Behandlung der Gesichtsfläche, bei der Bedeckung oder Verdeckung der Gesichtsfläche leistet die nasse Maske hervorragende Dienste.

Massage. Daß heute alle Welt massiert sein will, ist zu bedauern. Nicht jedermann kann massieren, und nicht jedermann sollte sich massieren lassen. Auf unserem ersten Bild bearbeiten die Daumen der Masseuse die Stirn; eine zarte Einfettung hat die Haut glatt und weich gemacht, nun vermögen die

geschickten Finger des Fräuleins die Falten zu glätten und zu verstreichen. Auf dem zweiten Bild sehen wir die feine Elfenbeinrolle in Tätigkeit, welche die Augenfalten und die Wangen bearbeitet. Auf dem Tisch steht der Apparat für Gesichtsdampf, ein Cremetiegel, ein Fläschchen mit Rosenessenz undsoweiter, welche bei der Verschönerung der Gesichtshaut bedeutend mitwirken. Schließlich machen wir noch auf die Bekleidung der Masseuse aufmerksam. Damit schließen wir die Betrachtung ab.

Massage des Gummischlauchs. Wir stellen neben einen Tisch auf einen Stuhl ein Waschbecken mit Wasser, legen in dieses einen Gummischlauch, diesen dann über den Tisch und streichen ihn leicht und ausführlich in der Richtung, die sich vom Waschbecken entfernt. Auf diese Weise drücken wir alles Wasser hinaus: wir entleeren also das ganze Waschbecken durch die Massage des Gummischlauchs.

Mausefalle, automatische. Die von Herrn Bender in Dotzheim zu beziehende automatische Mausefalle trägt einem vielfach empfundenen Bedürfnis Rechnung. Wie aus unserer Abbildung zu ersehen ist, schließt sich nach Eintritt einer Maus in den unteren Gang, der mit einer Lockspeise zu versehen ist, die Falltür von selbst. Das gefangene Tier kann nunmehr seinen Gang durch den aufsteigenden Kanal in die Höhe nehmen; es gelangt so auf eine balancierende geneigte Ebene, deren Ende über dem aufgestellten, mit Wasser gefüllten Behälter liegt. Da der Raum nach allen Seiten geschlossen ist, muß die gefangene Maus beim Absprung in den Wasserbehälter fallen, und hier findet das Leben des nagelustigen Tieres ein Ende. Durch den Absprung der Maus ist aber durch eine entsprechende Einrichtung die Falltür wieder in die Höhe gehoben worden, so daß jetzt der Vorgang von neuem beginnen kann. Daß sich diese automatischen Mausefallen in der Natur durchaus bewährt haben, kann man daraus ersehen, daß in einem Zeitraum von vierzehn Tagen nicht weniger als zweiundsiebzig Mäuse vernichtet wurden.

Mausefalle, praktische. Man füllt einen großen Topf mit Wasser, bindet ein feuchtes Pergamentpapier darüber, umkleidet den Rand des Topfes mit einem Tuch, um den Mäusen das Heraufklettern zu erleichtern. Wenn das Papier trocken ist, schneidet man es in der Mitte kreuzweise ein und klebt auf die entstandenen Zipfel Lockmittel, wie gebratene kleine Speckstücke oder Zucker und Gries. Die Mäuse fallen bei dem Versuch, zu fressen, kopfüber in den Topf hinab und ertrinken. Die Zipfel schnellen in die alte Lage zurück und dienen zu weiterem Fang.

Meeresgrund. Im Grunde ist es vollkommen gleichgültig, an welcher Stelle dieser Gegenstand abgehandelt wird. Da er jedoch für das Meer, an dem wir gerade stehen, für die Betrachtung und die Erforschung des Meeres von größter Erheblichkeit ist, scheint es nicht unangemessen, ihm unter diesem Titel einen Platz anzuweisen. – Der Meeresgrund gehört zu den prachtvollsten Erscheinungen der Natur. Schon Aristoteles spricht vom Meeresgrund und beschreibt, wenn auch mit uns nicht geläufigen Ausdrücken, dieses wunderbare Gebiet. Der Verfasser erinnert sich nicht, bei Wobser oder bei Lemm ähnliche Ausdrücke über den Meeresgrund gefunden zu haben. Ob wir über den Gegenstand allerdings jemals etwas Genaues erfahren werden, ist zweifelhaft, aber auch vollkommen gleichgültig.

Meereslust. Den Anteil der Erdoberfläche, der nicht aus festen Körpern besteht, diese ungeheure Ansammlung von Flüssigkeit also, die das Land, das wie ein riesiger Haufen Fleisch vor uns liegt, von allen Seiten umspült, in das Fleisch eindringt, es auf verschiedene Weise beleckt und befeuchtet, es ausfrißt und langsam

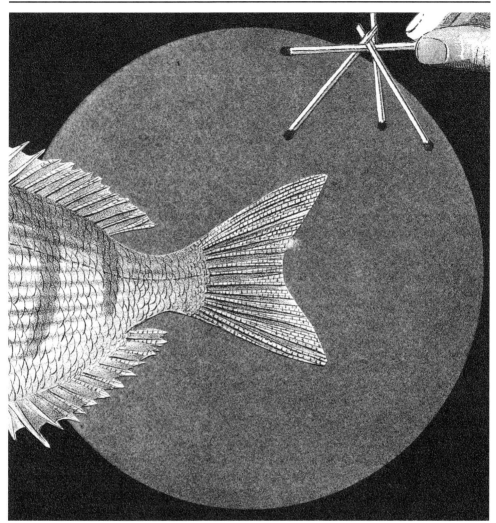

verzehrt, nennen wir *das Meer*. Das Meer ist das Bewegliche, das Schaukelnde, das an dem starren Teil des Planeten Nagende. Das Land setzt diesem allseitigen Andringen nur geringen Widerstand entgegen. Man könnte sagen, daß es das Benagen gutmütig oder sogar lustvoll erträgt. Und dieses Ertragen wollen wir hier *die Meereslust* nennen.

Menschen, geschwänzte. Die eigentlichen schwanzförmigen Gebilde, die bei Menschen am Rückenende, ungefähr an der für die Tierschwänze normalen Stelle, beobachtet wurden, hat Martels zum Gegenstand sehr wertvoller Abhandlungen gemacht. Diese zum Teil vortrefflich beobachteten Fälle stellen sich, unseren obigen Angaben entsprechend, als Überbleibsel, als Reste aus dem Fruchtleben dar, sind aber ziemlich selten. Der schwanzartige Anhang am Rückenende des Menschen, den wir in den Berichten des Reisenden Doktor Q beschrieben finden, hält Wobser für einen vollkommenen Irrtum, für eine weitreichende Täuschung, hervorgerufen durch gewisse Kostüme oder auch künstliche tierschwanzähnliche Anhänge, sogenannte Kostümschwänze. Die bekanntesten Enthüllungen sind in den Aufzeichnungen Lemms nachzulesen. Er berichtet von Schwänzen, die von weitem wie ein angeborenes Eigentum des Trägers erscheinen, die aber beim Nähertreten als das erkannt werden, was sie in Wahrheit sind. An den Flußschleifen von Sumba sah der Forscher Morlan einmal, wie die sonst nackt gehenden Frauen aus der umliegenden Landschaft mit Mänteln erschienen, die aus der Ferne wie aus der Haut gewachsene Pelze wirkten. Auf diese Weise erhalten auch die Nachrichten über Leute mit Kuhschwänzen ihre Erklärung. In Berichten auftauchende stummelartige Schwänze erweisen sich bei genauer Betrachtung als natürliche allgemeine ganz gewöhnliche Gegenstände. Eine Anzahl von schwanzartigen Bildungen bei Menschen unterscheiden sich freilich von den soeben besprochenen dadurch, daß sie in ihrer ganzen Länge von einer dicken haarlosen Haut bedeckt sind. In Europa wurden sie aber, abgesehen von dem Fall Ornsteins, bisher nur noch in zwei diesem Fall sehr ähnlichen Fällen beobachtet. Solche sonderbaren Schwanzbildungen, die, wenn sie auftreten, gelegentlich auch behaart sind und eine leichte Krümmung zeigen, nennt Virchow: *die weichen Schwänze*. Siehe dort.

Menschen, tierähnliche. Unter den tierähnlichen Menschen spielen Menschen mit Gänsefüßen oder mit Armen, die in Flossen ausgehen eine Rolle. Ferner können bei sonst wohlgebildeten Körpern alle, wie bei Herrn Kobelhoff, dem Rumpfkünstler, oder zuweilen einzelne Extremitäten, Arme wie Beine, fehlen oder mangelhaft ausgebildet sein. Bei den Beinen finden sich vollkommene oder teilweise Verschmelzungen zu sirenenähnlichen oder robbenähnlichen Bildungen, die den bekannten Berichten von Fischmenschen oder Fischschwanzmenschen zugrunde liegen.

Menschenfuß. Der Fuß, sagt Lemm, ist eigentlich eine zum Stehen und Gehen eingerichtete Hand. Immerhin ergeben sich bemerkenswerte Unterschiede. Der Fuß bildet eine breite feste Unterstützungsfläche, auf der der Gesamtkörper mittels der Beine ruht; er besitzt trotz seiner Festigkeit eine ziemliche Beweglichkeit, die bei den Gehbewegungen eine große Rolle spielt. Man muß wissen, daß ein Mensch rund siebentausend Mal am Tag auf den Fußboden tritt, aber das ist noch nicht alles: manche Menschen haben bei jedem Tritt Schmerzen, die ihnen einen guten Teil ihrer Lebensfreude rauben. – Als Ganzes stellt, worauf wir schon mehrfach hingewiesen haben, der Menschenfuß ein Gewölbe dar, das mit seiner Wölbung dem Boden zugekehrt ist. Freilich ist, wie sich Fritsch ausdrückt, der Kaffernfuß kaum gewölbt. Fritsch bezieht das, wie wir oben schon sahen, mit Recht auf den Zustand der ganzen Welt; oder besser gesagt: auf die Fuß- und Bodenbeschaffenheit der ganzen Welt.

Menschheit. Die Menschheit geht in die Breite. Ich will nicht verschweigen, daß ich fette Menschen kenne, die gesund und kräftig sind, freilich sind das die Ausnahmen, und meistens besitzen solche Personen ein ungewöhnlich festes Fett von normalem Wassergehalt, kein lockeres, wasserreiches, aufgeschwemmtes, wie Klomm, von dem wir darüber freilich wenig erfahren, wir können es also nur andeuten. Klomm ist, infolge seines regelmäßigen starken Fettverbrauchs schon lange nicht mehr in der Lage, eine zusammenhängende Auskunft zu geben. Er bewegt sich nicht mehr. Wir freuen uns aber zu hören, daß es ihm gut geht.

Messer. Das Messer dient zum Zerschneiden der Speisen; es wird niemals und unter gar keinen Umständen zum Mund geführt oder gar in den Mund hinein. Ein derartiges Verhalten mit dem Messer ist einer der gröbsten Verstöße, die überhaupt vorkommen können.

Miene, höhnische. Ein Gruß kann mit so kalter höhnischer Miene geboten werden, daß die Absicht des Beleidigens unverkennbar zutage tritt. Natürlich werden aber nur Leute von ziemlich niedriger Gesinnung von solchen Mitteln Gebrauch machen. Wenn ein gebildeter Mann einem Feind begegnet, dann gehe er ruhig an ihm vorüber wie an einem ganz fremden Menschen. Diese Art der gänzlichen Nichtbeachtung wird dem anderen am besten zeigen, daß ihn jener aus der Reihe seiner Bekannten gestrichen hat. Damit haben wir dann den Standpunkt der völligen Unbekanntschaft erreicht, der der Welt insgesamt nur angenehm sein kann.

Mischlinge. Solche Personen, die zuweilen den Eindruck machen, als wären sie Mischlinge von Europäern und dunkel gefärbten Menschen, finden sich nach mehreren exakten Berichten fast überall. Es handelt sich da um weiße Neger oder Kakerlaken; die Haare sind etwas gelblich gefärbt, die Augen rot, mit roten Pupillen; ein mehr oder weniger europäisches bleichhäutiges wie mehliges Aussehen fällt auf. Man will auch eine gewisse Schwäche bei der Behaarung bemerkt haben, eine spärliche Bewachsung. Bei den gefleckten Negern wird die Haut als ganz unregelmäßig schwarz und weiß gefleckt beschrieben. Manchmal seien die Flecken so klein, sagt Nachtigal, ich glaube Nachtigal, daß die Haut wie mit Kalk besprizt erscheine. Conze bestreitet das.

Mischungen. Wir verlassen damit die Frage der Mischungen, die, obwohl sie von hohem Interesse ist, doch an augenblicklicher Wichtigkeit weit hinter der Frage zurücksteht, auf die wir nun zugehen werden.

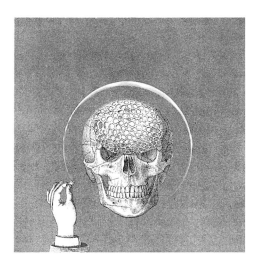

Mitgift. Ehe ein Mann einer Frau in irgendeiner Weise seine Neigung zu erkennen gibt, soll er sich streng prüfen, ob ihm der Besitz derselben auch dann wünschenswert erscheint, wenn die Verhältnisse der Eltern seinen Erwartungen nicht ganz entsprechen. Es ist für eine Ehe von großer Wichtigkeit, sich über seine Gefühle nicht zu täuschen und später einen Unschuldigen die Bitterkeit der Täuschung fühlen zu lassen. Ein angenehmes sorgenfreies Leben, eine traute Häuslichkeit, belebt und geleitet von einer lieben Frau, sind beneidenswert. Wir können es freilich keinem Herrn verdenken, wenn er neben der Neigung auch eine Mitgift willkommen heißt und über die Vermögensverhältnisse der Eltern der Dame nähere Erkundigungen einzieht, sich also über die Lebensverhältnisse genauestens unterrichtet.

Mitgrüßen. Geht eine Dame in Begleitung eines Herrn, so braucht sie den Gruß, der ihrem Begleiter von einer ihr fremden Person dargebracht wird, nicht zu erwidern. Etwas anderes ist es freilich, wenn dieser Gruß in der Weise gegeben wird, daß er auch als ihr geltend zu betrachten ist. Die Dame wird in diesem Fall leicht das Haupt neigen. Der Herr jedoch hat stets mitzugrüßen, falls ihrerseits Vorübergehende gegrüßt werden und vollführt den Gruß, wenn er die Dame am rechten Arm führt, selbstverständlich mit der linken Hand.

Gehen mehrere Herren in Gesellschaft und einer von ihnen grüßt Vorübergehende oder wird gegrüßt, so haben seine Begleiter gleichfalls, allerdings stumm, mitzugrüßen.

Mitteilungen. Was in der Gesellschaft gesprochen wird, sind nur zum Teil gleichgültige sachliche Dinge. Sehr viel häufiger betrifft es Personen und deren Verhältnisse: Mitteilungen, die fast immer Ungünstiges über unsere Nebenmenschen enthalten. Das Weiterverbreiten von Dingen, die großen Schaden anrichten können, wird leicht zur Ursache eines Unglücks; das Unglück aber soll unter allen Umständen vermieden werden; schon allein deshalb, um uns nicht selbst der Gefahr und den harten Folgen eines Gesprächs auszusetzen. Ein Weiterverbreiter von delikaten Mitteilungen wird oft genug von einem plötzlich auftretenden Vertrauensbrecher der Ungunst der Öffentlichkeit ausgehändigt. Diese Tatsache ist nicht schwer zu erklären; deshalb erklären wir sie gar nicht erst.

Möbel. Zur Pflege der Möbel gehört nicht nur, daß man sie vor Fallen, Stoßen, Drücken, vor Mäusefraß und Insekten bewahrt, sondern auch, daß man sie regelmäßig vom Schmutz befreit. Um Fliegen von Möbeln abzuhalten und sie vor deren Verunreinigungen zu schützen, verpacken wir sie in Tücher, die wir von Zeit zu Zeit aus dem Fenster schütteln.

Mönch. Der Mönch, der Sandalen trägt, in denen sich seine Zehen frei bewegen können, wird nie über kalte Füße zu klagen haben. Natürlich spielt auch die Jahreszeit eine Rolle. So könnte es sein, daß der Mönch, der Sandalen trägt, nasse Füße bekommt; besonders bei Schnee, bei tauendem Wetter oder bei Schweiß, und dann über kalte Füße klagt. Die Regel ist aber, daß er nicht klagt, überhaupt nicht, auch nicht über kalte Füße.

Morgenerbrechen. Lebemänner, Schlemmer und Trinker undsoweiter leiden nicht selten am sogenannten Morgenerbrechen. Der hintere Teil der Zunge, die Zungenwurzel, die hintere Rachenwand sowie die Mandeln sind in der Regel mit einem zähen Schleim bekleidet, der nach dem Erwachen zum Räuspern und Husten nötigt; davon wird der Schlund gereizt, so tritt Übelkeit ein und es werden nun wässrige dünne weißliche schleimige mehr oder weniger zähe Massen erbrochen.

Morgenstunden. Herren haben darauf zu achten, daß ihre Anwesenheit in der Öffentlichkeit keine Störung hervorruft, zumal in den Morgenstunden. Pünktliches Erscheinen ist eine so selbstverständliche Sache, daß sie kaum der Erwähnung bedarf. Jede Rücksichtslosigkeit würde eine Störung des behaglichen Zusammenseins nach sich ziehen. Das Abpflücken von Früchten ist streng untersagt. Auch die kleinen Lebensgewohnheiten sollten dann unterdrückt werden, wenn sie unpassend sind, und zwar ganz in der Weise, wie man es auch sonst gewohnheitsmäßig unterläßt, unpassende Lebensgewohnheiten in der Öffentlichkeit abzuwickeln. Gerade in den Morgenstunden pflegt sich die Eigenart des Menschen am schärfsten auszuprägen. Die Zeit nach dem Schlaf, das Erheben, die

Vorbereitungen für den Tag sind bei jedem Menschen verschieden. Es ist daher ratsam, die Menschen in den Morgenstunden sich selbst zu überlassen.

Mückensehen. Mückensehen nennt man das Wahrnehmen von Flecken, Fäden, Mücken, fahrenden Punkten, besonders beim Blick gegen eine weiße Wand oder gegen den Himmel. Ein Fall ohne ernste Bedeutung. Man nehme innerlich *Pulsatilla* und äußerlich zwei- bis dreimal wöchentlich ein kühles Augenbad.

Mütze. Im Haus oder in der Nähe des Hauses dürfen die Dienstboten nicht laufen, nicht hart auftreten, nicht zu laut sprechen, nicht lachen, nicht singen, nicht pfeifen, die Türen nicht zuschlagen und auch nicht auflassen, die Männer natürlich nicht rauchen, außer in Dienstbotenstuben, und niemals die Mütze auf ihrem Kopf behalten, auch in den Dienstbotenstuben nicht, weil sie sich daran gewöhnen würden, die Mütze auf ihrem Kopf zu behalten. Sie müssen die Mütze beim Eintritt ins Haus unweigerlich abnehmen und aufhängen, draußen im Freien aber stets in der Hand halten, wenn sie mit ihrer Herrschaft reden.

Mull. Alle luftigen Stoffe wie Mull Tüll Gaze sind, soweit sie nicht zu Besatzzwecken dienen, unbestrittenes Eigentum der Jugend. Schwestern, wenn es mehr als zwei sind, sollten nicht ganz gleich gekleidet sein, doch stets so, daß die Farben ihrer Kleider nicht störend aufeinander wirken; wie auch die Mutter darauf zu achten hat, daß die Farbe ihres Kleides mit derjenigen ihrer Tochter sich vertrage. Dasselbe sei den Damen der Offiziere gesagt, die ihre Bekleidung nie in Mißklang mit der Uniform des Mannes bringen sollten. Je harmonischer die Farben zueinander stehen, das Kleid und der Waffenrock, einen desto angenehmeren Eindruck wird das Paar auf das Auge machen, denn auch die Farben haben ihre Mißtöne und können ebenso beleidigen wie ein falscher Gesang.

Mund. Rauchende Speisen sollten niemals in den gesunden Mund eingeführt werden; auch der hungrige Hund rührt die rauchende Schüssel nicht an, er ist noch nicht abgestumpft wie der heutige Kulturmensch. In der Unwissenheit auf dem Ernährungsgebiet erkennen wir eine Vermehrung der rohen Natur: Bier, Würste, schwerer Käse, mehlreicher Kuchen, überhaupt Mehlmassen, alles wird unablässig in unserer heutigen Zeit in den Mund geschoben, ohne feste Vorstellung von den Folgen. Man vermeide aber auch starkes Ausdehnen des Mundes beim Singen, Sprechen undsoweiter, um das schmerzhafte Einreißen feiner Häutchen zu verhindern.

Mundsperre. Eine Verrenkung des Unterkiefers bei übermäßigem Lachen hat zur Folge, daß derselbe seine Beweglichkeit verliert und der Mund nicht mehr geschlossen werden kann; so entsteht die Mundsperre. Sie hat Speichelfluß, Schmerzen und bei nervösen Personen heftige Aufregungserscheinungen zur Folge. Man bringe die Person am besten in eine ruhige Umgebung.

Mundstück. Wir verlassen die Mundhöhle. Sie endet beim Zungengaumenbogen. Hinter ihr spannt sich der Schlundgaumenbogen und mit ihm beginnt die Schlundhöhle. Auf beiden Seiten liegen nun die bekannten Mandeln. Die Schlundhöhle, die über dem Gaumen liegende Nasenhöhle, weiter die Mundhöhle: alle diese Höhlen bilden das Ansatzrohr, durch welches die aus den Lungen kommende Luftsäule zum Ausgang eilt. Durch dieses Bild sind wir vorbereitet, uns dem Ziel unserer Wanderung mit Verständnis zu nähern: dem Mundstück. Das Mundstück liegt nicht etwa im Munde, sondern im Kehlkopf, und diesen werden wir uns genauer ansehen. Aber später.

Musik. Man sollte zuweilen daran denken, daß es für Musiker die höchste Anstrengung ist, zu musizieren. Musik ist eine Sache, an die sie nur seufzend gehen.

Musizieren. Das Musizieren gehört zu den beliebtesten gesellschaftlichen Unterhaltungen. Hier ist natürlich nicht von der dem Kunstwert nach gleichgültigen und die Unterhaltung fördernden Tafelmusik die Rede, sondern von der Musik, die als Kunst der Gesellschaft Vergnügen bereiten soll. Der Künstler hat seine Eigenliebe aufzugeben und nicht das zu spielen, wonach ihm gerade zumute ist; etwa mit den Worten: *ich trage jetzt das und das vor* undsoweiter. Nein, hier hat er als Gesellschaftsmensch in erster Reihe die Gesellschaft zu erfreuen. Wer in Gesellschaft musiziert, der handelt immer klug, wenn er sich in der Auswahl der Stücke nur von der Gesellschaft selber leiten läßt, vom Geschmack und der Fassungsgabe der versammelten Zuhörer. Eine Gesellschaft will mit angenehm klingenden Tönen unterhalten werden. Der in Gesellschaft Musizierende sollte versuchen, seine Vorträge aus dem Gedächtnis wiederzugeben. Gelingt ihm das nicht, so wird er gut tun, sich bei allen Gelegenheiten mit Noten zu versehen, wo er annehmen kann, daß sein Musizieren erwünscht ist. Die Noten läßt er im Vorzimmer bis zu dem Zeitpunkt, an welchem sie gebraucht werden.

Muskeln. Ehe wir die Darstellung dieser so überaus wichtigen Betrachtung beenden, wollen wir noch die Frage aufwerfen nach dem Maximum der möglichen Arbeitsleistung der Muskeln überhaupt. Die allgemeinen Gesichtspunkte für die Beantwortung dieses Problems sind sehr einfach. Aus der Anschauung ergibt sich ohne weiteres, daß ein Muskel ein bestimmtes kleines Gewicht auf eine um so größere Höhe heben kann, je länger er ist; während ein Muskel ein um so größeres Gewicht auf eine bestimmte kleine Höhe heben kann, je dicker er ist. Das ist einleuchtend, wie wir uns im allgemeinen ausdrücken können.

Mut. In der Tat, Mut ist in allen Situationen vonnöten; nicht bloß auf dem Schlachtfeld zur Verteidigung des Vaterlandes, sondern ebensosehr im Kampf um das Dasein, zu Gunsten der eigenen Existenz und der Ehre, wie zur Erhaltung, Verteidigung und Vermehrung der materiellen und idealen Errungenschaften der Kultur. Man verachtet den Feigling, der aus Furcht vor Schmerzen und Tod die Flinte ins Korn wirft und dem Feind das Feld überläßt, wo es die Pflicht erfordert, auszuharren, der Gefahr mutig ins Antlitz zu schauen und wacker zu kämpfen für Haus und Herd, Existenz und Ehre, Vaterland, Freiheit, Gerechtigkeit und Wahrheit.

Mutterwut. Darunter versteht man eine ständige Aufregung der weiblichen Geschlechtswerkzeuge, die mit Störungen der Nachdenklichkeit und Anständigkeit einhergeht. Was sich an dieser Stelle über den Zustand sagen läßt, ist schon an anderer Stelle gesagt worden. Frauen dieser Art dulden in ihrem täglichen Umgang drückende Kleidung, Berührungen von Händen mit deutlicher Absicht und wesentlich schlimmeres um jeden Preis, mit Hintansetzung jeglichen Anstands. Darum sagte Wobser auch einmal angesichts unschön verdüsterter unberechenbarer Frauen: ihre Seele schrumpfe als Folge des Müßiggangs; was am Beispiel einer etwa dreißigjährigen höheren Beamtentochter ohne nennenswertes Vermögen und ohne Berufsausbildung, aber mit großen Ansprüchen und kostspieligen Gewohnheiten deutlich gemacht werden kann. – An Besserung ist hier nur bei energischer Durchführung einer in allen Teilen saubereren Lebensweise zu denken; dazu gehört die Vermeidung von Bohnenkaffee, die Abschaffung der stumpfsinnigen hohen Absätze, das Aufhängen sämtlicher Kleider an den Schultern statt an der Taille, schließlich die Vernichtung der Strumpfbänder, Korsetts und der dumpfen Gedanken.

N

Nabel. Der Nabel ist eine Narbe. Er ist eine schwache Stelle in der sonst sehr starken Bauchwand, denn dort hat ja einst der Nabelstrang die Bauchdecke durchbohrt. Schließt sich die Spalte der tiefen Bauchdeckenschicht nicht völlig, so bleibt eine kleine Öffnung. Da kann es sich leicht ereignen, daß eine Darmschlinge durch die Öffnung schlüpft, die Nabelhaut vorwölbt und nun direkt unter der Haut gefühlt wird. Das geschieht hauptsächlich beim Schreien, sowie beim Pressen zum Stuhl. Legt man die schreiende Person auf den Rücken und drückt leicht mit dem Zeigefinger auf die Vorwölbung, so merkt man deutlich, wie die Darmschlinge wieder hineinschlüpft in die Tiefe des Bauches.

Nabelschnur. Einige Tage nach der Geburt fällt der vertrocknete Nabelschnurrest von dem aus den Geburtswegen hervorgetretenen kindlichen Körper ab. Man unterlasse jeden Versuch, die Trennung des Nabelschnurrestes zu beschleunigen, etwa in dem man daran zerrt oder ihn dehnt. Es können dadurch die gefährlichsten Folgezustände geschaffen werden. Man warte auch bis zur vollkommenen Erkaltung der Nabelschnur, bevor man zur vorstehend geschilderten Trennung schreitet.

Nachbarn. Nachbarn sollen freundliche Beziehungen zueinander unterhalten, mindestens aber alles vermeiden, was den Frieden und das gute Einvernehmen stört.

Nachgiebigkeit. Nachgiebigkeit ist eine schöne Eigenschaft, die wir vor allem bei unseren Mitmenschen schätzen.

Nachlässigkeit. Nachlässigkeit ist eine Schwäche des Temperaments. Jede Nachlässigkeit ist zu vermeiden und kann mehr oder weniger üble Folgen haben; Nachlässigkeit im Gehen, in der Kleidung, im Hauswesen ebensowohl wie im Sprechen, im Aufmerken und Nachdenken.

Nachschrift. Wem erst am Schluß des Briefes einfällt, daß er etwas Wichtiges zu sagen hat, der zeigt, daß er ein unklarer Kopf ist oder ein nachlässiger Mensch. Die Nachschrift kann also leicht zum Zeugnis seines ungeordneten Denkens werden. Man hat die Nachschrift ein Zeichen des Weiblichen genannt, denn man setzt dort gewöhnlich unlogisches Denken und Vergeßlichkeit voraus. Daran mag etwas Wahres sein, jedenfalls müssen wir zugeben, daß in Frauenbriefen die Nachschrift sehr häufig vorkommt. Allerdings sind die Aussichten auf eine Verbesserung dieser Verhältnisse sehr gering.

Nachsicht. Es ist ein niederdrückendes Gefühl, die Nachsicht seiner Mitmenschen in Anspruch nehmen zu müssen. Wer nicht weiß, wie er sich in der gebildeten Welt und Gesellschaft zu bewegen hat, wie er Besuche empfangen und Besuche machen soll, kurz, wie er sich den tausend Vorkommnissen des Alltagslebens gegenüber zu verhalten hat, der muß auf die Nachsicht seiner Mitmenschen rechnen und kann froh sein, wenn er nicht ganz und gar vernachlässigt und übersehen wird. Das aber dürfte gleichbedeutend sein mit der

Ausschließung aus der gebildeten Gesellschaft, und ein solcher gesellschaftlicher Sturz ist nicht jedermanns Sache. Freilich kann man sich davor schützen, wenn man nur unser Buch sorgfältig liest. Dieses vorausgesetzt, werden sich Menschen, bei de-

nen das Taktgefühl an sich stark ausgeprägt ist, sehr schnell in die Formen des guten Tons hineinfinden, anderen wird es ein wenig schwerer fallen. Noch andere schließlich werden ohne unsere Lektüre gar nichts anderes in der Welt darstellen, als gar nichts; denn es gibt bekanntlich Leute, denen jeder Wille zum Aufnehmen guter Ratschläge fehlt, weil sie meinen, ratschlaglos durch die Welt zu kommen. Wo sie bleiben, wird der Leser am Ende zu sehen bekommen: die Welt wird sie verschlucken.

Nachts. Nachts soll es still und dunkel sein. Man soll ohne Zwang und Druck fast horizontal im Bett liegen, mit Ausnahme des Kopfes, der etwas erhöht sein sollte.

Nachtstuhl. Für Menschen, die das Bett zur Verrichtung ihrer Bedürfnisse nicht verlassen können, eignet sich ein Nachtstuhl vorzüglich. Er vermindert die Versuchung, im Hemd oder sonst ungenügend bekleidet, vielleicht sogar barfuß auf den kalten Abort hinauszugehen, wobei sich schon mancher verdorben hat.

Nachtwandeln. Personen erheben sich aus ihren Betten, gehen im Haus herum, zünden Licht an, schüren den Ofen, kleiden sich an oder aus, alles schlafend mit ganz geschlossenen oder zur Hälfte geöffneten Augen und begeben sich etwa nach einer halben Stunde wieder ruhig zu Bett. Der Nachtwandler sieht während solcher Spaziergänge nur die nächstliegenden Dinge und hat keine klare Auffassung von der Außenwelt. Wandelt er auf dem Dach, so sieht er nicht darüber hinaus und meint auf der ebenen Erde zu wandeln. Daraus erklärt sich die merkwürdige Sicherheit, mit der er sich in der Höhe und in sonstigen gefahrvollen Lagen bewegt. Andererseits kann ihm das Verkennen der wahren Lage zum Verhängnis werden, etwa wenn er das Fenster des obersten Stockwerkes für eine Tür hält und ganz ruhig hinaus in die freie Luft steigt. Meist genügt lautes Anreden, Schütteln oder Bespritzen des Wandlers, um ihn zu wecken. Personen, die daran leiden, sollten Alkohol, Tee und Kaffee meiden, ebenso Kino, Theater, Aufregung und andere Eindrücke.

Nacktheit. Die Kleider haben uns von der Nacktheit entwöhnt. Das ist sehr beklagenswert. Um den Leser zu richtigen Nacktheitsbegriffen zurückzuführen, bringen wir Abbildungen weiblicher Körper in ihren individuellen Besonderheiten zur Darstellung, damit wir einen wissenschaftlich haltbaren Begriff von der Verschiedenheit der Körperformen bekommen. Sie beweisen uns zugleich in tröstlicher Weise, daß auch die Gegenwart noch nackte Frauen haben muß, denn diese Bilder sind größtenteils Photographien lebender Wesen aus unserer Zeit.

Nägel. Die Nägel sollen wöchentlich zweimal abgeschnitten werden, zwar nicht allzu kurz, aber doch so, daß die Fingerspitze über den Nagel hinausragt.

Nagelbrühe. Nagelbrühe auch Fingerwurm, Nervenfluß oder Umlauf genannt, ist eine Schwellung und Rötung der Finger, die in bösartigen Fällen auch zur Abstoßung des Gliedes führt. Es handelt sich um ein häufiges Leiden, das für einige Zeit Schlaf, Appetit, Lust und Freude zu rauben imstande ist, kurz gesagt: es handelt sich um einen bösen Finger, schmerzhaft, weil die Fingerkuppe mit einer großen Zahl von Empfindungsnerven ausgestattet ist. Das hat zwar in gesunden Tagen seine Vorteile, weil der Tastsinn verschärft und die Leistungsfähigkeit, das Zartgefühl der Hand erhöht wird, erweist sich aber bei einer Entzündung des Fingers als großer Nachteil. Findet der Eiter keinen Ausweg, so frißt er sich in die Tiefe, zerstört die Sehnen und Knochen und verursacht entzündliche Schwellungen der ganzen Hand, Versteifungen, Verkürzungen, Verluste sind häufig die Folgen. Zuweilen tritt auch der Tod ein. Eine rechtzeitige Behandlung kann solche Folgen fast immer vermeiden.

Nahrung. In der kalten Jahreszeit wird ein großer Teil der eingenommenen Nahrung zur Heizung unserer Körpermaschine verbraucht. Im Sommer dagegen wird man, namentlich abends nach großer Tageshitze, mit der Nahrungsaufnahme die Absicht verbinden, dem Körper Wärme zu entziehen, ihn also abzukühlen.

Namen. Nicht selten ist bei der Vorstellung die Nennung der Namen eine nur flüchtige oder an Zahl so große, rasch hintereinander folgende gewesen, daß das Gedächtnis unmöglich alle behalten konnte. Kommt man nun in die peinliche Lage, den Namen einer vorgestellten Person nennen zu sollen und hat ihn vergessen, entschuldigt man sich am besten in kurzer verbindlicher Weise und bittet, unter nochmaliger eigener Namensnennung, um Wiederholung des anderen. Vergißt man nun aber den Namen ein zweites oder gar drittes Mal, dann sieht die Sache schon anders aus.

Nasenbluten. Nur einem durch und durch kranken Menschen, der sowieso verloren ist, kann das Nasenbluten gefährlich werden. Man setze sich ruhig an einen Tisch. Bleibt der Erfolg aus, so rufe man den Arzt, um ihm mitzuteilen, worum es sich handelt. Sollte ein Teil des Blutes nach innen, in die Speiseröhre und den Magen hinabfließen, dann ist das kein Unglück; immerhin vermeiden wir es, diesen Vorgang zu begünstigen und neigen den Kopf nicht nach hinten. – Man lobt zuweilen das Umwickeln des kleinen Fingers mit einer Schnur. Das ist Ansichtssache. Hat man ein mit Wasser gefülltes Becken vor sich und läßt sein Nasenblut hineintropfen, dann ist das Wasser in kurzer Zeit rot gefärbt und macht einen schrecklichen Eindruck. Es mag wohl der Anschein entstehen, als habe man dieses ganze Becken vollgeblutet, aber das sieht nur so aus. Keine Angst, sagt Wobser: ein ausgiebiges Nasenbluten verschafft oft große Erleichterung, darum soll man es ruhig tropfen lassen; die Laune wollen wir uns nicht verderben lassen. Es wird schon bald wieder aufhören.

Naturmenschen. Zwischen Kulturmenschen und Naturmenschen besteht auch sonst eine weite Kluft. Niemand hat das schärfer und treffender ausgesprochen, als Fritsch, der viele Jahre in der Natur gelebt hat. Ihm eröffnete sich das Verständnis für die Unterschiede nicht nur durch den Vergleich, sagt er in seinem bewundernswürdigen Werk über die Naturmenschen, sondern auch durch verschiedene allgemeine andere Entdeckungen, die er als Ganzes betrachtet.

Nebeneinandersetzen. Es sei noch bemerkt, daß man vermeidet, zwei Personen nebeneinanderzusetzen, die schon im täglichen Leben oft nebeneinandersitzen. Unzufriedenheit mit dem zugewiesenen Platz zu zeigen, wenn auch nur durch Schweigsamkeit, wäre allerdings eine gesellschaftliche Ungezogenheit; es sei denn, man hat dazu ausdrücklich die Erlaubnis erhalten, was aber nicht häufig vorkommen dürfte und eher als ausgeschlossen zu gelten hat.

Nebenmann. Das Beschmutzen der Kleidung des Nebenmannes ist ein höchst unangenehmer Vorfall, selbst wenn der Nebenmann die große Kunst der Selbstbeherrschung besitzen sollte, eine solche Ungeschicklichkeit mit Ruhe und Gelassenheit zu ertragen und vielleicht noch einige Worte über den Zustand des Wetters anfügt, also den Vorfall einfach übersieht.

Neigungen, tiefe. Schwieriger als die Verbeugung der Herren ist die Verbeugung der Damen. Sie ist mehr als eine Verbeugung; sie ist eine tiefe Neigung der Kopfes und Oberkörpers zu der die Beugung der Knie und die Verlegung des Körpergewichts von dem einen auf den anderen Fuß kommen. Während also Kopf und Oberkörper sich über dem gebeugten Knie tief neigen, schleift der andere Fuß zurück, der Körper folgt, das Gewicht wird auf den zurückgebrachten Fuß verlegt, über dem sich der Körper dann wieder erhebt. Wie tief und vor wem diese Verneigungen ausgeführt werden, das ist für Damen weniger streng vorgeschrieben, als für Herren. Übertrieben ist es, wenn beim gegenseitigen Vorstellen Damen einander tiefe Verbeugungen machen. Entschieden verkehrt, wenn eine Dame auf die Vorstellung eines Herrn anders antwortet, als durch höfliches Neigen des Kopfes oder des Oberkörpers. Beim Verneigen im Freien gilt es als

Regel, daß sich die Dame nicht völlig von ihrem Sitz erhebt. Herren gegenüber erhebt sie sich gar nicht, sondern begnügt sich mit einer leichten Verneigung. Im Vorüberschreiten hat sie nur den Kopf zu senken, was als völlig zufriedenstellender Gruß gilt. Nahe Bekannte darf sie mit einer freundlich winkenden Miene auszeichnen und zwar fast überall in der Welt.

Neues. Gelegentlich stellt sich das Bedürfnis ein, Neues zu sehen oder zu hören; man wähle womöglich ein ruhiges Zimmer, halte Aufregungen und Sorgen fern, lasse keine Besuche zu und schließe die Fenster so fest wie möglich. Alles ist aus dem Zimmer zu entfernen, den Rest bedecke man gänzlich aber nicht allzu warm. Man vermeide auch eine Überfüllung des Magens. Nun befindet man sich in weichen zarten Polstern, vor jeder Berührung sicher geschützt. Wenn man nun auf einmal von rauhen Händen angefaßt, in grobe Tücher gepackt und auf eine harte Unterlage geworfen wird, merkt man schnell: auch das Zarteste und Weichste ist rauh und kratzend auf unserer höckerigen Erde. Wir dürfen jedoch nicht vergessen, daß.

Nichterscheinen. Im Nichterscheinen haben wir nicht gleich eine Rücksichtslosigkeit gegen uns zu erblicken, auch wenn der Grund des Nichterscheinens nicht angegeben ist. Eine plötzliche Reise oder unaufschiebbare Geschäfte können vom Erscheinen abhalten. Man tröste sich mit dem Gedanken, daß die Zahl der Erscheinenden ohnehin groß genug ist.

Niesen. Niesen ist eine eigentümlich heftige Ausatmung. Man unterdrücke es niemals gewaltsam, gewöhne sich aber auch nicht das unanständige Hinausschreien an. Man schneuze sich also nicht in einer explosionsartigen wändeerschütternden Weise, sondern nehme zart eine Nasenseite nach der anderen an die Reihe, vor allem auch, um nicht ansteckenden Schleim in die Öffnung der Ohrtrompete zu schleudern. Zuweilen hinterläßt das Niesen ein gewisses Wonnegefühl. Darüber hat sich besonders Wobser in seiner Schrift über den schleichenden Schnupfen geäußert, auf die wir hier nicht weiter eingehen wollen.

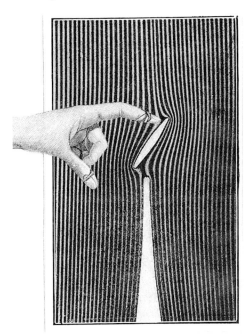

Normalsteg. Der bisher gebräuchliche, der Anatomie der Nase durchaus nicht angepaßte Brillennasensteg hat allerhand Mißlichkeiten im Gefolge gehabt. Manchen Personen war der Druck auf den Nasenrücken geradezu unerträglich. Durch die kneiferähnlichen Konstruktionen wurde nicht viel geholfen, da sie ihrerseits einen lästigen Druck auf die auf unserer Abbildung durch Punkte angegebenen Nasenrückenstellen ausüben. Daraus erklärt sich die bei Brillenträgern oft auftretende, als eine Krankheit der Nasenhaut bezeichnete mehr oder weniger heftige Röte der ganzen Nase von den Flügeln aus bis hinauf zum Brillensteg. Die durch den gewöhnlichen Steg veranlaßte Störung ist oft von sehr üblen Erscheinungen begleitet. So kenne ich zum Beispiel einen Herrn, auf dessen Nase die hochrote Haut ganz wund ist und sich in Stücken abstößt. Deshalb hat sich der Erfinder Wobser mit dieser Frage beschäftigt und einen Steg konstruiert, für welchen er die Bezeichnung *Normalsteg* einzuführen sich erlaubt hat.

Oberfläche. Die Auflockerung der Oberfläche ist von Zeit zu Zeit angebracht.

Öffentliche Orte. An öffentlichen Orten vermeide man die Ansprache oder Unterhaltung mit Persönlichkeiten, die uns nicht vorgestellt sind, also mit Unbekannten, mit Fremden, gänzlich.

Öffnung des Mundes. Um die Öffnung des Mundes zu erreichen, empfiehlt Collunder das Zuhalten der Nase mit der linken Hand und das entschiedene rasche Einführen des rechten Zeigefingers samt Daumens in den Rachen.

Ofen. Es ist nicht gesagt, daß der Ofen ohne Einfluß auf unser Leben ist, im Gegenteil, die Wärmeverhältnisse sind von allergrößter Bedeutung, sie können manches verbessern, aber auch manches verderben. Wir bitten unsere Leser, sich davon auf den folgenden Seiten zu überzeugen.

Offenheit. Wie oft schon hat die ausgesuchteste Bosheit unter dem Deckmantel des freundschaftlichen Freimuts einen Stein in das Glück des Nächsten geworfen. Viele Leute glauben, sich damit die Eigenart der Offenheit zu geben, daß sie anderen in fünf Minuten des Zusammenseins und nach soeben vollzogener Bekanntschaft sagen, was und wie sie von ihnen denken. Man schweige lieber und vermeide die Gefahr, von den anderen in ähnlicher Weise beurteilt zu werden.

Ohren. Auf die Reinhaltung der Ohren, innen und außen, ist besondere Sorgfalt zu verwenden. Von Zeit zu Zeit muß das Ohr von dem sogenannten Ohrenschmalz durch ein Ohrlöffelchen gereinigt werden. Daß dies nicht in Gesellschaft geschehen darf, ist selbstverständlich. Bei dieser Gelegenheit möchten wir jedermann raten, das Innere des Ohres nur mit lauwarmem, niemals mit kaltem Wasser zu reinigen.

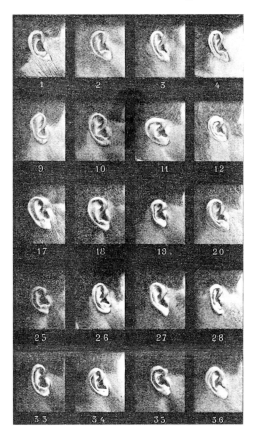

Ohren, erfrorene. Erfrorene Ohren werden nur in leichten Graden des Erfrorenseins mit Schnee oder Eiswasser gerieben. In höheren Graden muß jedes Reiben streng unterlassen werden, da das Ohr dabei abbrechen könnte. Man binde

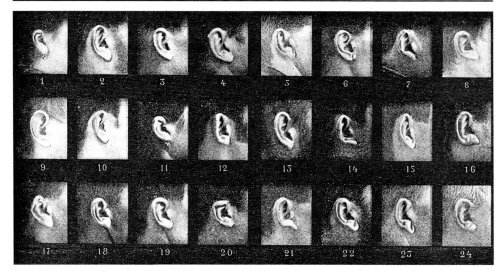

in diesem Fall eine mit Eis gefüllte Blase solange auf das Ohr, bis es wieder biegsam geworden ist; dann erst beginne man zu reiben.

Ohrenbewegungen. Von fünfzehn geschickten Turnern, die ich untersucht habe, konnten fünf, also ein Drittel, ihre Ohren stark bewegen. Das Vermögen der Ohrenbewegung ist also gar nicht so selten.

Ohrenkriecher. Laufen kleine Tiere tief in den Gehörgang hinein, so gieße oder spritze man schleunigst Wasser in das Ohr, wobei man den Kopf etwas zur Seite neigt, damit das Wasser im Ohr bleibt, bis das Tier entweder zurückläuft oder erstickt.

Ohrensausen. Ursachen des Ohrensausens oder des Rauschens beziehungsweise Knallens im Ohr sind entweder großer Blutandrang zum Trommelfell oder Ablösungen des Ohrwachses, das eine andere Stellung einnimmt. Diese Vorgänge verursachen verschiedene Geräusche, die durch das Ohr selbst in der allerverschiedensten Weise wahrgenommen werden. So sprechen manche Personen von einem Knacken im Ohr oder sogar einem Klirren, einem brausenden Geräusch oder einem Klopfen im Ohr. Lemm sagt über das Ohrensausen etwa folgendes: aber davon ein andermal.

Ohrensausen weiter. Das Ohrensausen, sagt Lemm, wird bald wie ein Singen, ein Brausen oder ein Läuten, bald wie Musik in der Ferne oder ein wogendes Meer wahrgenommen oder wie ein heransausender Sturm. Manchmal bei Harthörigkeit werden die Töne der Rede fortgesetzt schwächer und verschwinden am Ende ganz; oder man stellt sich Musik vor und glaubt wirklich Musik zu hören, die längst nicht mehr spielt. Das wären in Kürze Lemms Worte zum Ohrensausen; eine Betrachtung der Sache, der ich nur achselzuckend begegnen kann.

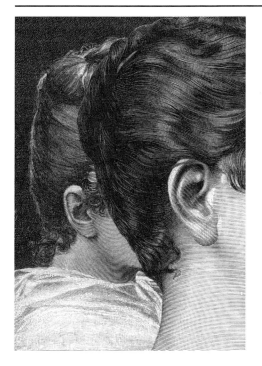

Ohrenschmerzen. Im allgemeinen möchten wir ernstlich empfehlen, bezüglich selbständiger Behandlung von Ohrenschmerzen nicht kühn zu sein, sondern zu bedenken, von welch hervorragender Bedeutung ein Ohr ist und welche ernsten Folgen für das Glück und das äußere Fortkommen eine auch nur teilweise Einbuße der Hörfähigkeit nach sich zieht.

Ohrphantasie. Welche Genüsse die Ohrphantasie dem Reisenden, der ohne Musik reist, in Ländern schenkt, in denen von Musik keine Rede ist, kann nur der ermessen, der ohne Musik durch musiklose Länder gereist ist, und dem die Musik doch im Kopf lebendig gewesen ist: der bloße Gedanke an die Musik hat ihm das Reisen erträglich gemacht.

Ohrtrompete. Nach landläufigen Begriffen wird das Gähnen für ein Zeichen von Langeweile gehalten. Es handelt sich aber in Wirklichkeit um eine langgezogene Einatmung, der eine kurze Ausatmung folgt. Der Gähnende bietet zwar keinen angenehmen Anblick, man sollte aber, unbekümmert um den guten Anstand, so oft wie möglich seine Lungen tüchtig lüften. Die Augen werden bei diesem Vorgang halb oder ganz geschlossen, die Ohrmuscheln gehoben, die Nasenflügel erweitert; im Mundinnern ballt und wölbt sich die Zunge, das Zäpfchen steigt herauf. Zu Beginn des Einatmens hört man ein knarrendes Geräusch in den Ohren. Da durch die Schlundmuskulatur, die beim Tiefgähnen in Tätigkeit tritt, die knorpelige Ohrtrompete ausgequetscht wird, darf man das Gähnen unbedenklich als Heilmittel bei Entzündungen der Gaumenbogen und bei Ohrenschmerzen empfehlen. Damit beenden wir unsere Betrachtungen über die Ohren. Alles weitere ist ohnehin bekannt.

Onanie. Onanie gehört zu den fleischlichen Verbrechen und ist außerordentlich verbreitet auf der Welt. Diesem schrecklichen, alle Verhältnisse untergrabenden Laster sind, wie uns zugegangene Briefe zeigen, sogar schon ganz junge Menschen verfallen. Schwäche, Entartung und gänzliche Zerrüttung tritt ein, Verdrießlichkeit, Unlust und schüchternes Benehmen durch starken Säfteverlust. Die betroffenen Personen halten sich gern an einsamen Orten auf und entziehen sich merklich fremden Beobachtungen; sie suchen mit Vorliebe den Abtritt auf und erscheinen nach dem Verlassen erregt, mit gerötetem Kopf, raschem Atem und merkwürdig flackernden

Augen, im übrigen aber natürlich graublaß, erdfahl, mit fleckiger Wäsche und welker Haut, zitternd; nach und nach wird ihre Sprache stotternd, die Stimme schwach, das Haar spaltet sich und fällt aus, der Körper sinkt ein. – Übertretungen dieser Art, deren verschiedenartige Ausübung man kaum für möglich hält, lassen sich am besten durch ein im Schritt vollständig geschlossenes Kleid bekämpfen, das in der fraglichen Gegend durch Leder verstärkt ist, derart, daß eine Biegbarkeit nicht mehr möglich ist. Es wird nachts und am Tage getragen und nur bei der Notdurft geöffnet. Zuweilen hilft auch ein Apparat, der jede Berührung verhindert. Er besteht aus einem gepolsterten Leibgurt, an dem sich ein die Geschlechtsteile umgebender Drahtkorb befindet, der zwar das Urinieren gestattet, aber verhindert, daß Hände, Beine, Hose oder Bettdecke die Genitalien berühren und reizen. Am hinteren Ende der Schutzvorrichtung sind zwei die Oberschenkel umschlingende Riemen angebracht, die mit Schlössern am Leibgurt befestigt werden, so daß der Träger nicht imstande ist, die Bandage zu lockern oder gar abzunehmen. – Man meide vor allem Romane und schlechte Gesellschaft, achte auf nicht zu enge Hosen und Madenwürmer, die Juckreiz und nachfolgendes Kratzen verursachen. Das Rutschen kann Schaden bringen, das Herunterrutschen auf Treppengeländern in reitender Haltung, das Herumwälzen auf dem nackten Boden, das Kitzeln, das Reiten auf fremden Knien, das Radfahren und das Verschwinden in dunklen Nischen. Hier schreite man unauffällig ein, betrete hin und wieder unangemeldet das Schlafzimmer und den Abort, um zu sehen, ob alles in Ordnung ist; auch mit dem Anlegen grober Handschuhe wurden schon gute Erfolge erzielt. Fleischgenuß, dampfende Badestuben, Eierspeisen sind zu vermeiden, zu vermeiden sind Kinovorstellungen, unreine Redensarten, Körperbewegungen unter den Decken. Dagegen ist die Natur zu empfehlen und gute Musik, auch die Welt der Gedanken, sofern sie rein sind und klar, ein Spaziergang in ruhiger netter Umgebung. Bei allem achte man aber auf blasse Gesichtshaut und dunkle Augenringe; verdächtig sind auffällige Neigungen zum Alleinsein, das Zusammenpressen von Schenkeln mit plötzlich gerötetem Gesicht, das auffällige Keuchen

Onanie-Bandage.

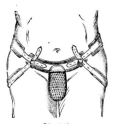
Fig. 348.
Von vorn.

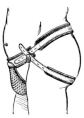
Fig. 349.
Seitenansicht.

mit geschlossenen Augen, das sogenannte nächtliche Aufschreien, auch das Verschwinden der Hände in den Hosentaschen. Nachts öffne man mehrfach die Türen, reiße die Decken von den Betten, untersuche die Wäsche nach Flecken. Oft hilft nur noch ein nach Art einer riesigen Brille konstruierter Apparat, durch den die Schenkel auseinandergehalten werden; darüberhinaus mag man die Hände in rauhen Handschuhen an das Bettgestell binden, was freilich nicht in sämtlichen Fällen in Betracht kommt.

Oper. Unruhiges Sitzen stört die Nachbarn, womöglich sogar eine ganze Reihe von Menschen, man verkümmert ihnen den Genuß wesentlich. Eine noch größere Rücksichtslosigkeit ist das Sprechen während der Aufführung; natürlich gibt es in der Oper viel Stoff zur Unterhaltung, aber für Gespräche sind die Pausen da. Wenn der Vorgang auf der Bühne für den einen oder anderen nicht fesselnd genug sein sollte, so muß er sich dennoch ganz ruhig verhalten und seine Umgebung, die seine Teilnahmslosigkeit vielleicht gar nicht teilt, sondern die Vorgänge für überaus unterhaltend hält, ungestört lassen. Die Unsitte, Eßwaren mitzubringen, um sie im Opernhaus zu verzehren, bedarf in diesem Zusammenhang nur der Erwähnung, um sie als grobe Ungehörigkeit erkennen zu lassen. Das Mitsummen oder Mitpfeifen bekannter Melodien, das Mitflüstern ganzer Partien, das Umschauen im Zuschauerraum: alles das ist flegelhaft, unzart und in der Oper nicht gestattet. Besonders häufig sieht man Herren, die der Szene den Rücken zukehren und unausgesetzt mit dem Opernglas das Publikum mustern. Das sind Herren, denen die Welt noch sehr neu und sehr anziehend ist. Am Ende kann man auch ohne besonderen Lärm Beifall spenden; oft schon durch lautloses Händeklatschen oder freundliches Kopfnicken. Wenn das von Hunderten geschieht, dann erreicht der Beifall einen Umfang, der dem betreffenden Künstler vollständig genügt.

Opernglas. Wir raten beim Besuch einer Oper zu einem Opernglas. Es empfiehlt sich, dasselbe an einem um den Hals geschlungenen Band zu tragen, so daß man es nicht während der ganzen Vorstellung in der Hand halten, beziehungsweise auf die Brüstung legen muß, von wo schon manches herabfiel.

Orden. Viele Offiziere sind durch ihren Ordensstern, durch ein Buch oder durch die Brieftasche, von denen die Kugel abprallte, gerettet worden. Indessen können Orden auf der Brust auch wieder gefährlich werden, weil die Feinde darauf zu zielen pflegen. Deshalb ist es gut, wenn der Offizier über seiner Uniform einen Überrock und so wenige Orden wie möglich trägt.

Ordnung im Zimmer. Ordnung im Zimmer ist rasch herzustellen. Dazu dient das Spiel *Die Flut kommt*. Jeder Gegenstand, jedes Buch muß rasch an Ort und Stelle gebracht werden, damit die hereinbrechenden Wassermassen nicht alles hinwegspülen. Wie erfreulich, daß die Flut dann schließlich, wenn alles in Ordnung ist, doch nicht kommt.

Ortsveränderungen. Wenn auch die Arme des Menschen von der Aufgabe, bei der Fortbewegung des Körpers mitzuwirken, im allgemeinen befreit sind, so dürfen wir nicht verkennen, daß sie auch gelegentlich, etwa beim Klettern, wesentliche Dienste zu leisten haben. Beim Gang, namentlich beim Laufen, spielen sie außerdem eine Rolle als Regulatoren bei Schwankungen des Schwerpunktes des Gesamtkörpers. Die Bewegungen, die ein Seiltänzer auf dem Seil mit den Armen macht, um das Gleichgewicht zu erhalten, führen uns diese wichtige Aufgabe der Arme beim Fortkommen, beim Vorwärtsbewegen des Körpers, also bei Ortsveränderungen, direkt vor Augen.

P

Palme. Bei größter Fingerspreize spannt die Hand ein Maß, das die Italiener die Palme nennen. Wir nennen es anders.

Parfüm. In der freien von Menschen noch nicht verunreinigten Natur ist das, was in den Städten Parfüm genannt wird, ein künstliches flüchtiges Ding, das die Nerven angreift und häufig nur die Aufgabe hat, zu betrügen, indem es Gestank aller Art verdecken soll, nicht erforderlich. Wer freilich in der dumpfen Stubenluft sitzt und von richtiger Lüftung keine Ahnung hat, von umfassender Reinlichkeit und beständiger Lufterneuerung, der greife zum Parfüm und betrüge die Welt. Es ist allerdings nicht jedermann angenehm, neben Personen zu sitzen, welche künstliche Düfte ausströmen. Auch ist manches Parfüm vielen Menschen geradezu unausstehlich. Frische, gesunde Luft ist das beste Parfüm. Übrigens mag man das Taschentuch mit etwas Parfüm begießen oder ein Riechfläschchen bei sich tragen, um in Lokalen, in denen die Luft verdorben ist, sich zu erfrischen, man vermeide aber strenge Gerüche.

Parlamentarische Form. Jede Vereinigung mehrerer Personen, in welcher Erörterungen oder Verhandlungen gepflogen werden, sollte sich in parlamentarischen Formen bewegen. Selbst Vergnügungsgesellschaften ist das zu empfehlen. Es ist das beste Mittel, Unordnung, Durcheinanderschreien und Streitigkeiten zu verhüten. Wir wollen hier eine kurze Anleitung geben: Ist kein ständiger Präsident vorhanden, so ersucht der Veranstalter die Versammlung, nachdem er dieselbe für eröffnet erklärt hat, um Vorschläge für einen Vorsitzenden zur Leitung der Versammlung. In größeren Versammlungen wählt man auch einen zweiten Vorsitzenden und einen oder mehrere Schriftführer. Der gewählte Präsident dankt für die Wahl und nimmt seinen Platz da, wo er die ganze Versammlung überblicken und von allen gesehen und gehört werden kann. Neben ihm sitzen die zweiten und dritten Vorsitzenden und Schriftführer. Niemand darf das Wort ergreifen, ohne es vom Vorsitzenden erhalten zu haben. Schweift der Redner vom Gegenstand ab, so ruft ihn der Vorsitzende zur Sache. Erlaubt er sich eine unpassende Bemerkung, so ersucht ihn der Vorsitzende um Mäßigung oder ruft ihn zur Ordnung. Fährt er aber fort, unziemliche Äußerungen zu gebrauchen oder vom Gegenstand abzuschweifen, so kann ihm vom Vorsitzenden das Wort entzogen werden und bei fortgesetzter Renitenz kann der Betreffende aus der Versammlung gewiesen werden. Ist sämtliches Material erledigt, so erklärt der Vorsitzende die Versammlung für geschlossen. Soviel im allgemeinen.

Patentnußknacker. Der nebenstehend abgebildete Patentnußknacker ermöglicht es, Nüsse von beliebiger Form und Größe mit Leichtigkeit zu zerdrücken, und zwar ohne besondere Anstrengung durch einen ganz schwachen Druck auf den oben sichtbaren Knopf. Für große Nüsse dient die vordere große, für kleinere die hintere Vertiefung. Ein weiterer Vorzug ist, daß die

Schalen zu beiden Seiten auf dem Unterteil liegenbleiben und nicht, wie sonst, einfach auf den Tisch oder auf die Erde fallen.

Pause, zufällige. Es würde ein Eingriff in das Recht der Hausfrau sein, wenn ein Gast durch geräuschvolles Aufstehen das Zeichen zur Aufhebung der Tafel geben wollte. Die Frau benutzt nach Beendigung des Mahles eine zufällige Pause, erhebt sich ein wenig geräuschvoll und macht ihren beiden Nachbarn eine leichte Verbeugung. Damit ist die Tafel aufgehoben.

Peitschen. Das Peitschen der Hand mit frisch abgeschnittenen Brennesseln ist bei Schneiderkrampf, Schusterkrampf oder bei Violinenkrampf oder bei einem plötzlichen Krampf beim Aufschreiben von Gedanken verbunden mit einem lähmungsartigen Müdigkeitsgefühl von großem Nutzen.

Personen, ankommende. Ist die ankommende Person ein Herr, dann verbeugen sich die Damen, ohne sich von ihren Sitzen zu erheben. Ist es eine junge Dame, die ankommt, dann erheben sich die Herren; Damen jedoch nur dann und in dem Augenblick, wenn ihr Name genannt wird. Beim Ankommen alter Damen erheben sich sämtliche Anwesende auf der Stelle.

Personen, eintretende. Eintretende Personen werden aufmerksamer betrachtet, ihre Worte, Bewegungen und Handlungen schärfer beurteilt und viel genauer abgewogen, als die Worte, Bewegungen und Handlungen der Personen, die schon da sind. Die Vermeidung unpassender Wendungen ist daher Voraussetzung. Eine sportsmäßige Ausdrucksweise aus dem Mund einer eintretenden Person ist ein Unglück. Am besten sie vermeidet Worte ganz. Und wo sich Worte nicht vermeiden lassen, begnüge sie sich mit einem knappen *Ja* oder *Nein*. Das macht einen angenehmen Eindruck und verletzt, wenn es mit der nötigen Zartheit geschieht, keinen.

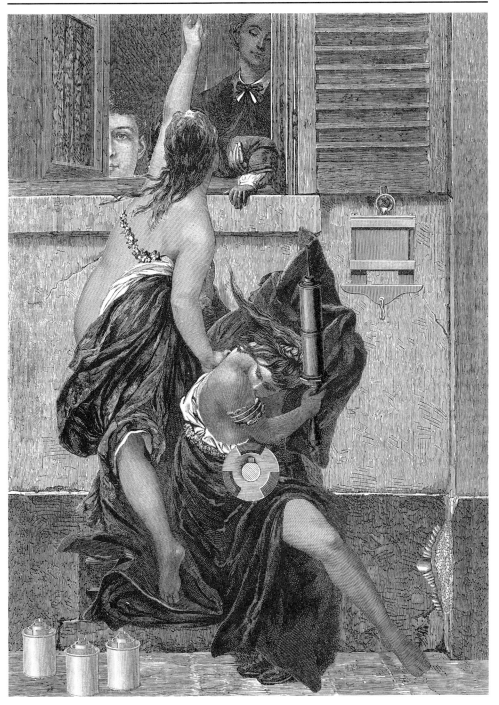

Personen, sitzende. Sitzende Personen, namentlich Herren, welche eine bekannte Person sich ihnen nähern sehen, sollen sich erheben. Das Sitzenbleiben wäre ein Zeichen, daß sie nicht angeredet, sondern nur begrüßt sein wollen. Wünscht die betreffende sitzende Person nicht, daß die kommende Person sich zu ihr setzt, so unterhält sie sich stehend. Bietet sich jene unaufgefordert zum Sitzen und längeren Verweilen an, was nicht geschehen sollte, so wird man nicht umhin können, das Anerbieten anzunehmen, auch wenn es nicht erwünscht ist.

Personen, unbekannte. Trifft man in einer Gesellschaft auf unbekannte Personen, so läßt man sich sogleich vorstellen. Trifft man im Restaurant oder sonstwo unter Bekannten eine Person, deren Bekanntschaft der Hinzutretende noch nicht gemacht hat, so gilt es als Pflicht, sich vorstellen zu lassen. Es ist hier aber nicht der Ort, alle sich daraus ergebenden Folgen zu erörtern.

Personen, viele. Da man nach der Vorstellung vieler Personen in den meisten Fällen über deren Person ebenso im Dunkeln ist, wie vorher, weil man die Namen entweder nicht verstanden oder schon wieder vergessen hat, ziehe ich meine Behauptung, die ich auf der vergangenen Seite gemacht habe, zurück.

Pfeifen. Das Pfeifen verrät einen Mangel an guter Lebensart, sowohl das Pfeifen gewisser Melodien als das Pfeifen überhaupt. Allenfalls mag man sich des Signalpfeifens bei Nacht bedienen, vorausgesetzt, daß es nicht auf andere Weise geschehen kann, sich bemerkbar zu machen; aber auch dann geschehe es mit Delikatesse.

Photographieren. Wenn, wie es häufig geschieht, Menschen auf nebeneinanderstehenden Stühlen sitzen und dabei einige Kinder zwischen ihre Knie geklemmt haben, so kann dieses Bild keinen angenehmen Eindruck machen: die Köpfe der Kinder werden hier zum Verkauf angeboten. Die Eltern scheinen sich übrigens nicht zu bemerken oder nicht zu beachten, sie schauen geradeaus. Allerdings sind sie günstig beleuchtet.

Pixavon. Die Zeit ist nicht fern, wo es ebensowenig anständig ist, dünne oder gar keine Haare zu haben, wie heute etwa große Zahnlücken zu zeigen. Doch schon ist, was ein Trost für Leute mit ausgehendem Haar sein mag, bereits soviel sicher,

daß man in vielen Fällen den Haarausfall aufhalten kann und zwar, wie wir später noch sehen werden, auf sehr einfache Weise. Das Mittel, das Haar bis ins Alter gesund und voll zu erhalten, ist tatsächlich von einer verblüffenden Einfachheit. Man wird das sofort verstehen, wenn man sich vorstellt, in welcher Weise der Haarausfall zustande kommt. Man tut gut, sich das Bild eines einzelnen Haares vor Augen zu führen. Das Haar steckt in einer Vertiefung, die in die Kopfhaut wie ein Grube hineingeht und das Haar wie ein Handschuh den Finger umschließt. Am oberen Rand dieser Grube sitzt aber das Fett. Dieses Fett trocknet ein. An Gesicht und Händen, wo man das Fett infolge des sich daran haftenden Schmutzes bald wahrnehmen kann, hat man sich angewöhnt, das Fett einfach abzuwaschen. Auf der Kopfhaut jedoch, wo das Fett nicht ins Auge fällt, häuft es sich immer mehr an, und da die Haare große Staubfänger sind, bilden sich bald dicke Schichten, die den Haarwuchs beeinträchtigen. Das ist eigentlich so selbstverständlich, daß man sich wundert, daß so wenige Menschen darauf achten. Wer sein Haar liebt, und das sind besonders diejenigen, denen es ausfällt, wäscht sich regelmäßig die Kopfhaut mit Pixavon.

Plaid. Der Plaid bildet unter den Reiseeffekten sicher die nützlichste Nummer. Er schützt gegen Kälte, Regen und Schnee, er ist Mantel und Oberrock und Ersatz für unreine Bettwäsche, im Coupé die Schlummerrolle oder das Fußkissen, mit einem Wort: er ist ein fast unentbehrlicher Reisebegleiter. Er darf nicht zu dick und zu derb sein, sondern soll bei aller Dichtigkeit des Stoffes etwa die Dicke eines Beines haben.

Platz. Wir lieben die Wände, sie schließen uns von der kalten fremden Außenwelt ab; alles, was uns als Hausrat lieb und wert ist, stellen wir an ihnen auf. An die Wände hängen wir die Bilder unserer Familie, die Ansichten ferner Länder und Gegenden, auch wohl die Gegenstände aus der Jugendzeit. In der Ausstattung der Wände haben wir Gelegenheit, unsere Persönlichkeit bekanntzugeben. Aber wir müssen, wie wir oben gesehen haben, zunächst einmal Wände haben und Platz an den Wänden finden. Wenn wir also in ein Zimmer mit von Fenstern und Türen zerrissenen Wänden einziehen, kann es vorkommen, daß wir mit unseren Möbeln in größter Verlegenheit dastehen und uns schließlich mit dem Zustellen der Türen aus der Affaire ziehen müssen.

Platznehmen. Einem plötzlich erscheinenden Besuch sind bequeme Plätze anzubieten, dabei achte man darauf, daß die Gäste nicht im Zuge sitzen, durch Fenster oder Spiegel geblendet werden oder andere Unbequemlichkeiten über sich ergehen lassen müssen. Vielfach wird die Unhöflichkeit geübt, den Gast so zu setzen, daß er stark beleuchtet ist und also auch stark beobachtet werden kann. Eine allenfallsige Stockung der Konversation benutze man geschickt zum Aufbruch; man tue es möglichst geräuschlos.

Plaudern. Ein gesprächiger Mensch oder Plauderer ist ein stets beliebter und gern gesehener Gesellschafter, er kann der

Dankbarkeit seiner Zuhörer sicher sein. Die Plauderei will nichts anderes, als Zerstreuung gewähren, sie ist ohne Rücksichtslosigkeit und lieblosen Tadel. Alle Anwesenden müssen es mit Bedauern empfinden, wenn der Plauderer aufgehört hat zu plaudern und gegangen ist. Wissenschaftliche Erörterungen gehören nicht zum Thema des Plauderers, weil sie nur wenig geeignet sind, allgemeinen Anklang zu finden. Der eine versteht die angeregte Frage nicht in ihrem vollen Umfang und langweilt sich bei dem Gegenstand. Der andere wieder findet, daß man sich nicht genügend an der Behandlung seiner, einer natürlich ganz anderen Lieblingsaufgabe beteiligt, oder daß ihm zu wenig Aufmerksamkeit geschenkt wird. Hier ist die Aufgabe des Plauderers, mit Hilfe einer Plauderei Abhilfe zu schaffen. Gerade wo die verschiedenartigsten Ansichten zusammentreffen, müssen sie vermieden werden. Der Plauderer wird immer über einen Gegenstand plaudern, der einer allgemeinen Teilnahme, eines allseitigen Verständnisses gewiß ist. Die Plauderei geht leicht von einem Gegenstand zum anderen; sie berührt das schöne Wetter und die verschiedenartigsten Dinge der gesellschaftlichen Nachrichten, der allgemeinen Vergnügungen und Zerstreuungen. Ein heiterer Gegenstand wird stets Anklang finden. die Tagesneuigkeiten, ein beabsichtigtes Fest, eine Wanderung, die im Bereich des Möglichen liegt, eine Gebirgsreise oder ein Ausflug ans Meer. Der Plauderer versteht es, den unscheinbarsten Gegenstand durch geistreiche Bemerkungen zu einem außerordentlichen Ereignis zu machen; kaum bemerkt geht er zu einem anderen Gegenstand über; mit Geschick plaudert er nun bis in den Abend hinein.

Podest. Es sei gestattet, die Aufmerksamkeit unserer Leser noch auf einige andere Dinge zu lenken; zum Beispiel auf das Podest. Aber auf das Podest verzichten wir in unserem Buch, wir erwähnen es gar nicht erst.

Politik. Es ist zuzugeben, daß die Politik leicht zu unliebsamen Auseinandersetzungen führt, wenn die Beteiligten einer politischen Konversation auf prinzipiell verschiedenen Standpunkten stehen. Da ist es dann besser, man meidet politische Gespräche. Im übrigen ist es aber nur zu loben, wenn politische Tagesfragen erörtert werden. Leute, welche meinen, um ein gebildeter Mensch zu sein, genüge es, die Klassiker zu kennen, bei Gesangvereinen mitzuwirken und ähnliches, gleichen den Hausfrauen, die sich nur mit dem Klavier beschäftigen, sich aber um das Hauswesen nicht kümmern.

Pollutionsring. Der Pollutionsring ist das einfachste und sicherste Mittel gegen nächtliche Pollutionen bei Männern. Er besteht aus einem beliebig enger und wei-

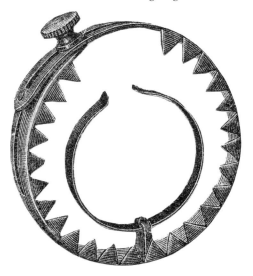

ter stellbaren vernickelten Metallring mit Zacken und wird auf das männliche Glied aufgesteckt. Die Zacken des Ringes verhindern ein Schwellen des Gliedes beziehungsweise erwecken den Schlafenden.

Portieren. Zu der dekorativen Behandlung der Türen ist zu bemerken, daß man sie durch Portieren halb zu verdecken liebt. Übrigens bieten Portieren ein gutes Mittel, die Verhältnisse der Tür, wenn sie, etwa in alten Häusern, nicht unseren Beifall haben, zu korrigieren.

Postkartenindustrie. Mit den Fortschritten der Vervielfältigungskunst wird das Schamgefühl immer tiefer unterwühlt. Die Postkarten, mit ihren zu größten Ausschweifungen Anlaß gebenden Abbildungen, werden zu Hunderttausenden in das breite Publikum geworfen und füllen die Schaufenster und Schubfächer der Schreibwarengeschäfte. Mit einer Frechheit, die ihresgleichen sucht, werden hier Ansichtskarten zum Verkauf ausgebrüllt, deren schamloser Inhalt alle denkbaren Scheußlichkeiten weit übersteigt. In den tiefgesunkenen Augen verlebter Männer, den halbverlegenen oder ganz unscheuen lüstern wissenden Blicken der Frauen zeigen sich schon die verheerenden Wirkungen der Ansichtskarten, die Folgen dieses durch die ganze Welt dringenden, oft nur mit kurzen Grüßen beladenen Postkartenverkehrs. Ganze Ballen mit Aufnahmen lebender Personen in den denkbar unzüchtigsten Stellungen werden verschickt. Wie weit diese Schamlosigkeit tatsächlich getrieben wird, kann in unserem *Ratschläger* aus verständlichen Gründen nicht näher dargelegt werden. Daß meine Leser derartig eingeschlichene Dinge nicht billigen, ist schon versichert worden. Ich aber wünsche die möglichste Ausrottung aller Schmutzkarten und Unzuchtsbilder, auch wenn sie nicht einmal unzüchtig sind, sondern nur der Geschmackszerstörung und Verweichlichung unseres Volkskörpers dienen.

Promenade. Damen, auch verheiratete, sollten sich nicht ohne Begleitung auf der Promenade sehen lassen. Setzt man sich auf der Promenade, so achte man darauf, daß man der promenierenden Gesellschaft nicht den Rucken zukehrt, sich nicht in den Weg setzt, überhaupt in keiner Weise anderen lästig wird oder die Höflichkeit verletzt. Fehlt es an Stühlen, so wird ein anständiger Herr Damen, welchen er die Ermüdung ansieht, seinen Stuhl anbieten.

Prostitution. Es genügt, einen einzigen Blick in den Abgrund zu werfen, der sich in einer norddeutschen Großstadt im Dezember aufgetan hat: dort haben nach einer vor einigen Wochen vorgenommenen Zählung in einer einzigen Nacht in den geschlossenen Straßen 3000 Männer verkehrt; hauptsächlich sind es Vertreter und reisende Kaufleute. Überall herrscht Not, man sieht mit Bangen dem Winter entgegen, und 3000 Männer tragen in einer Nacht Geld in die Öffentlichkeit, um jene reichzumachen, die in ihren eleganten Villen lange Zigarren rauchen und lachen. Die Dirnen bewegen sich völlig ungehemmt; es sind verfallene Näherinnen, Dienstmädchen und Kellnerinnen, kranke Serviererinnen, Buffetdamen, Modistinnen, Künstlerinnen, Wäscherinnen und Hausfrauen. In Berlin hat sich im vergangenen Herbst das Volksempfinden gegen die leichten Mädchen aufgelehnt, man hat sie von den Straßen vertrieben und ihnen zugerufen: sie mögen sich nützlich beschäftigen. Und dennoch gibt es noch Städte, in denen in einer Nacht 3000 Männer in den geschlossenen Straßen ihre Gelüste nicht zu bezwingen vermögen. Bei dieser Gelegenheit wollen wir noch ein Wort über Hannover und dessen Bedeutung hinzufügen, aber wir lassen es jetzt, es hat doch keinen Sinn.

Publikum. Der Mensch muß atmen solange er lebt, das heißt, er muß in jedem Augenblick durch Mund oder Nase Luft in sich einziehen und wieder ausstoßen. Das Atmen im Freien ist verhältnismäßig einfach. Schwerer ist das Atmen in Räumen, in denen zu viele Menschen beisammen sind: in Schauspielhäusern, Fabriken, Tanzsälen, Konzerthäusern, Bergwerken, Wirtschaften, in Schiffen, Schächten, Bunkern, Gefängnissen, Bierkellern, Brunnen und Gruben. Wenn man an solchen Orten, wo das Atemholen schwer fällt und keine genügende Erneuerung mit frischer Luft stattfindet, mit Eis gefüllte Gefäße aufhängt, dann verdichten sich die in der Luft verbreiteten Dünste und tropfen ab.

Pudern. Unseres Erachtens ist alles Pudern von Übel und die natürliche Pflege der Haut viel zuträglicher, als alle Präparate, welche mit marktschreierischer Reklame die Welt überkleben. In keinem Fall soll das Pudern übertrieben werden.

Punkt, dunkler. Wenn man einen dunklen Punkt von zwei Seiten gleichmäßig drückt, dann tritt nach und nach wie durch eine Spritze getriebene Butter ein madenförmiges Gebilde aus der Haut, das bei näherer Betrachtung gar keine Made ist, sondern die talgartige Ansammlung von Hautschmiere mit einem schwarzen Kopf. – Dieser Kopf ist aber gar kein Kopf, sondern ein dunkler Punkt.

Q

Qualm. Zwei Standpunkte kann niemand vertreten oder vertreten wollen. Klomm tut das zwar, aber Klomm vertritt vier, fünf und mehr Standpunkte und würde auch diese zugunsten anderer Standpunkte auf der Stelle verlassen, wenn es ihm nützlich erschiene. Daß er an einigen Stellen den Ausdruck *Qualm* verwendet, um auf die noch ungenügenden Einsichten in so rätselhafte Vorgänge wie das Atmen, die Atmung, das einfache Luftholen, hinzuweisen, ist eine der vielen kleinen Wirklichkeitsfälschungen dieses Autors, mit denen er die Wissenschaft und den Leser zu täuschen versucht. Tranchirer hat diesen Begriff niemals verwendet und niemals das einfache Luftholen zum Prinzip erhoben. Das geht aus den auch in der neuesten Ausgabe unveränderten Ausführungen über den Gegenstand unwiderleglich hervor.

Quellmasse. Das *Wiener Tagblatt*, dem wir diese Mitteilung entnehmen, berichtet von einer neuen Quellmasse, die in der Dunkelheit stärker anschwillt, als im Licht und damit alles bisher Bekannte auf den Kopf stellt. Wir lesen von prächtigen Ergebnissen, die der Entdecker des Verfahrens, Lemm, einem Kreis von geladenen Gästen vorstellte. Dazu angeregt habe ihn eine graziöse Komposition mit dem Titel *Die Qualle* des unglücklichen Malers Scheizhofer, von dem kürzlich berichtet wurde, daß seine Frau, die sich danach aus dem Fenster gestürzt haben soll, ihn in einem Anfall von Eifersucht erschossen hat. Über den weiteren Verlauf der Sache ist nichts bekannt geworden.

R

Rachenmandel. Die Rachenmandel ist ein kleines Gebilde an der hinteren Rachenwand und spielt eine unscheinbare Rolle. Ganz anders wird die Sachlage, wenn die Mandel zu wuchern beginnt. Sie entwickelt sich dann zu einem großen vielfach zerklüfteten schwammig fleischigen weit über die Oberfläche der Schleimhaut hinausragenden Klumpen, der dem aus der Nase in den Kehlkopf ziehenden Luftstrom den Weg versperrt und zudem auf die Ausmündungsstelle der Ohrtrompete drückt und Schwerhörigkeit erzeugt. Offenhalten des Mundes bei Tag und Nacht, Schnarchen beim Schlafen gibt dem Gesicht einen faden schläfrigen Ausdruck.

Radfahren. Es mehren sich in der letzten Zeit die Berichte über die schlechte Wirkung des Radfahrens, man spricht viel von seiner Schädlichkeit. An und für sich kann aber nichts Schädliches daran sein, wenn man sitzend, also den Rumpf gestützt, die Beine auf und nieder bewegt; es fragt sich nur, in welchem Zustand man sich selbst befindet und wie man das Radfahren betreibt. Die heutige Menschheit ist allerdings vielfach so geschwächt und hat so verborgene Mängel an sich, führt nebenher auch eine so verkehrte Lebensweise mit Tabak und Alkohol und geschlechtlichen Ausschweifungen, daß es wahrlich kein Wunder ist, wenn für diesen oder jenen das Radfahren etwas ist, was er nicht zu ertragen vermag. Das übertriebene Radfahren kann ein schon durch andere Einflüsse geschwächter Mensch nicht mehr schadlos bewältigen, das ist begreiflich. Man fahre also niemals bergauf, sondern genieße gleichmäßig abwärtsfahrend die Umgebung. Im übrigen ist es nicht nur ungesund, sondern auch unschön und daher nicht schicklich, mit vorgebeugtem Oberkörper durch belebte Straßen zu fahren, wobei leicht ältere Leute und Schwerhörige zu Schaden kommen.

Radfahrkunst. Zimmy, der fliegende Yankee, eigentlich und vollständig Arthur August Zimmermann geheißen, der Meisterfahrer aller fünf Weltteile, hält augenblicklich das ganze sportliebende Publikum Europas in Atem. Nachdem er zuerst in Amerika die Krone der Unüberwindlichkeit errang, hat er vor kurzem Paris und London durch die Geschwindigkeit seiner Beine in große Verwunderung versetzt. Hoffentlich erleben die glücklichen Mitlebenden bald das denkwürdige Schauspiel, ihn mit unserem Landsmann Lehr um die Meisterschaft kämpfen zu sehen. Dabei ist Zimmermann keineswegs eine bloße personifizierte Tretmaschine, sondern, wie das Organ des Deutschen Radfahrerbundes versichert, soeben im Begriff, sich der Bühne zu widmen, zu welchem Zweck er bereits in Paris Unterricht im Sprechen und in der kunstreichen Ausführung von Bewegungen, mit Ausnahme derselben auf dem Fahrrad, bei einem großen Meister der Schauspielkunst nahm. Sind wir richtig unterrichtet, wie wir anzunehmen Grund haben, so wird Zimmermann in Amerika zum ersten Mal in einem vieraktigen Stück auftreten, welches für ihn von Leander Richardson, einem Amerikaner, geschrieben wurde. Ein ganz neuer Bühneneffekt wird durch eine bewegliche Kulissen-Hinterwand hervorgerufen werden, welche die Bahnszenerie darstellt. An Realistik dürfte das Schauspiel nichts zu wünschen übrig lassen, da außer dem fliegenden Yankee auch Harry Wheeler und eine Anzahl anderer, weniger hervorragender Radfahrer auf Maschinen auf der Bühne in Erscheinung treten. Gefahren wird um einen silbernen Lorbeerkranz, den die Heldin des Stückes dem Sieger, Zimmermann, am Schluß überreicht. Zuvor hat der Intrigant Nägel auf die Bahn gestreut, um die Pneumatik zu durchlöchern, was jedoch glücklicherweise nicht geschieht. Dieses Stück wird demnächst in New York aufgeführt. – Übrigens steht der Zimmermannsche Rekord in Gefahr, gebrochen zu werden, und zwar von dem soeben in den Handel gebrachten Radfahr-Motor, der die menschliche Muskelkraft durch Benzin ersetzt, mit Kurierzügen wetteifert, und sogar Steigungen bis zu zehn Prozent überwindet. Da diese Räder nur das Doppelte der gewöhnlichen kosten, wird sich in wenigen Jahren kein Mensch mehr der Eisenbahn bedienen.

Räuspern. Räuspern ist kein sonderlich melodischer Ton für die Hörer und soll daher in Gesellschaft möglichst unterdrückt werden. Bei Rednern wird das Räuspern häufig zur üblen Angewohnheit. In Cafés und Restaurants wirkt es auf viele degoutierend.

Rangverhältnisse. Rang und Titel haben eine große Bedeutung, deshalb ist es notwendig, daß jeder, der zur guten Gesellschaft gerechnet werden will, sich über die

Rangverhältnisse derjenigen, mit denen er zusammentrifft, genau unterrichtet; nur in diesem Fall kann er sicher sein, sich Unannehmlichkeiten zu ersparen. In bezug auf die Damen haben wir noch hinzuzufügen, daß hier das gilt, was wir bereits darüber gesagt haben.

Ratschläge. Es gibt eine Menge Menschen, die bei jeder Sache sofort mit ihrem Ratschlag zur Hand sind, auch wenn niemand sie darum gebeten hat. Sie wissen alles besser als andere und glauben überall mitsprechen zu müssen, auch bei Angelegenheiten, von denen sie bestenfalls nichts verstehen. Solche ihrer Meinung nach unfehlbare Menschen sind die unerträglichsten Gesellschafter, die man sich denken kann. Unberufenes Ratschlagen ist eigentlich nur eine andere Form der Rücksichtslosigkeit, Schwatzhaftigkeit und Aufdringlichkeit. Man halte sich darum ausschließlich an die von uns erteilten Ratschläge, die durch die Kenntnis der wirklichen Weltzusammenhänge und Lebensverhältnisse zur Erfahrungsvergrößerung unbedingt erforderlich sind. – Wird man nicht aufgefordert, einen Rat zu geben, so schweige man. Wir tun es ja auch.

Rauch. Ist man allein und gezwungen, durch den Rauch zu gehen, so schlage man einfach ein nasses Tuch um den Körper, wenigstens aber bedecke man Nase und Mund damit und krieche am Boden vorwärts. Ist Rauch im Zimmer, so stelle man am Boden kriechend fest, ob ein Feuer ausgebrochen ist und öffne ein Fenster. Sieht man auch draußen Rauch, so rufe man *Hilfe* und wecke die Angehörigen.

Rauchen. Es hat bekanntlich lange gedauert, bis das Tabakrauchen überhaupt als statthaft betrachtet, und noch viel länger, bis es in der guten Gesellschaft geduldet wurde. Unstreitig gewährt das Rauchen einen hohen Genuß und ist ein wahres Labsal bei anstrengenden und mühevollen Kopf- und Handarbeiten. Dabei hat es den Nachteil, daß es den Reingehalt der atmosphärischen Luft an Sauerstoff vermindert, und daß der Tabakrauch vielen Leuten unangenehm, unerträglich oder sogar schädlich ist. Daraus geht hervor, daß sich der Raucher seiner Umgebung anzupassen hat, und ferner, daß Räume, in denen geraucht wird, gut ventiliert sein müssen, damit stets genügend Zufuhr an frischer Luft statthabe. – Verweilt ein männlicher Besucher längere Zeit, so ist es passend, je nach Umständen, ihm eine Zigarre anzubieten, wozu alsdann auch Feuerzeug nebst Aschenbecher beschafft werden muß. Bei Einladung ist das Anbrennen einer Zigarre unstatthaft. Gestattet die Gesellschaft das Rauchen, so wird der Gastgeber selbst Zigarren anbieten. Hat der Gast angezündet, so zündet man selbst ebenfalls eine Zigarre an. Das geschieht durch Feuerzeug oder Zündholz. Es kommt jedoch auch vor, daß das Feuer (siehe Abbildung) von der Zigarre einer anderen Person übernommen wird. Die Asche der Zigarre muß immer in einen bereitgehaltenen Aschenbecher oder Teller gestreift werden. Man paffe nicht einem anderen ins Angesicht. Kein Raucher hat es gern, wenn man seine Zigarre nicht gut findet; und vollends über eine präsentierte Zigarre geringschätzig zu urteilen, wäre ein arger Verstoß.

Raum, mit Gas gefüllter. Ist man gezwungen, in einen mit Gas gefüllten Raum einzutreten, dann versuche man zunächst festzustellen, um welches Gas es sich handelt. Kohlensäure ist schwer und sammelt sich, wie schon gesagt, an den tiefsten Stellen an: wir müssen dann aufrecht gehen und uns womöglich verlängern, um mit dem Kopf oberhalb der Gasschicht zu bleiben. Leuchtgas dagegen ist leicht und steigt auf zur Decke: infolgedessen müssen wir uns verkürzen, wir müssen am Boden kriechen.

Regenbrause. Regenbrausen hat es schon immer gegeben. Ein über mannshoch gebautes Messingrohr ist an verschiedenen Stellen durchbohrt; das ist das Prinzip. Aus diesen Bohrlöchern spritzt nun das Wasser wie Regen heraus, den ganzen Duschraum fächerartig besprühend. Wenn man an einem Ort wohnt, wo diese wohlgemeinte öffentliche Brausegelegenheit besteht, so wird man sehr bald die Wahrnehmung machen, daß vielen Menschen das Brausen herzlich schlecht bekommt, weil sie nicht maßhalten können. Sie brausen nicht nur tagtäglich im Sommer und Winter, sondern sogar mehrmals am Tag, oft unablässig, ohne zu ahnen, daß dieses Brausen die Eigenschaft hat, das Nervenleben aufzuregen. Es stellen sich mit der Zeit kalte Glieder ein, Katarrhe, Beschwerden, die erst nach einer erneuten Brause wieder verschwinden.

Regenschirm. Der Regenschirm darf nicht unter dem Arm getragen werden, wodurch er die Passanten belästigen, ja selbst gefährlich werden kann. Der aufgespannte Regenschirm darf nicht den Begleiter berieseln. Bei Begegnungen auf schmalem Trottoire biege man ihn zur Seite oder erhebe ihn beträchtlich, damit nicht zwei Regenschirme miteinander in unliebsamen Konflikt geraten. Begegnet ein Herr bei Regen einer bekannten Dame, so ist es lobenswert, wenn er selbstverleugnend genug ist, seinen Schirm abzutreten. Können ihn beide zugleich benutzen, so braucht in solchen Fällen eine Dame nicht zimperlich zu sein und mag wohl die Begleitung des Herrn annehmen. Mit triefendem oder nassem Regenschirm trete man nicht in ein Wohnzimmer. Teilweise gilt das Gesagte auch vom Sonnenschirm. – Die leichten dunklen Stäbe des Regenschirms benutze man, um Zimmerpflanzen zu stützen; sie sind fast unsichtbar und gewähren dennoch viel Halt.

Regenwurm. Der Regenwurm wird durch sein Wühlen im Blumentopf lästig, man lockt ihn durch anhaltendes Klopfen aus dem Topf heraus oder vertreibt ihn, indem man den Blumentopf in eine Schüssel stellt, in die man langsam bis an den Rand des Topfes kochendes Wasser gießt. Der Regenwurm kommt aus der Erde gekrochen und kann nun ganz leicht vernichtet werden.

Reinigung verschiedener Gegenstände. Polster werden nach Erfordernis geklopft, Möbel mit zarten Bezügen behutsam gebürstet, künstliche Blumen werden sanft ausgeblasen, die Behandlung der Betten erfordert Vorsicht, hier und da wird es nötig, Schränke auszuschwefeln und Wannen mit einem Lappen zu reiben.

Reinlichkeit. Reinlichkeit der Person, der Kleidung, der Wohnung, der Möbel und

aller Gebrauchsgegenstände, wie überhaupt alles dessen, was uns angeht, also auch der Briefe, die man schreibt, der Artikel, die man verkauft, ist eines der wichtigsten Gesetze der guten Sitte, wie sie nicht minder hygienisch von höchster Bedeutung ist, da bekanntlich eine große Zahl von Krankheiten in den durch Unreinlichkeit kultivierten Mikroben ihre Ursachen hat. Das Schönste wird durch Unreinlichkeit unschön, wie umgekehrt absolute Reinlichkeit auf jedermann einen wohlgefälligen Eindruck macht.

Reise. Wenn sie in richtiger Weise ausgeführt wird, ist sie ein Stärkungsmittel. Kleidung, Nahrung, Art der Fortbewegung kommen dabei in Betracht. Tagelanges Fahren mit dem Schnellzug oder auf platzenden Straßen ist ungesund. Viel besser wirkt eine Fahrt mit dem Schiff. Am besten ist das Reisen zu Fuß bei einfachster Nahrung, durchlässiger Kleidung und genügenden Ruhepausen bei Vermeidung der Bahnhofsrestaurants und Gartenwirtschaften. Zwischen Reisen und Wandern ist freilich ein Unterschied, ihren großen Reiz haben beide, vorausgesetzt, daß man zu Reisen versteht, was freilich nicht jedermanns Sache ist. Ob man zu Fuß, mit dem Bus, mit der Eisenbahn oder dem Dampfschiff, in Geschäften oder zum Vergnügen und zur Erholung, kurze oder lange Zeit reist, immer mache man vorher genau sein Programm, scheue nicht die Ausgabe für einen genauen Fahrplan, orientiere sich in Reisehandbüchern über die Sehenswürdigkeiten und interessanten Partien der Tour. Ein Reiseanzug von derbem Stoff in staubgrauer Farbe leistet im Sommer gute Dienste. Immer versehe man sich mit Handtasche oder Handkoffer, worin man Dinge unterbringt, deren man zu jeder Zeit bedürftig sein kann; Reisemütze, Reisehandbuch, Imbiß und andere Kleinigkeiten. Die Barschaft trage man aber stets in der Kleidung und zwar so, daß sie nicht verloren gehen kann. Das Alleinreisen hat viele Vorteile, während das Reisen in angenehmer Gesellschaft das Vergnügen der Reise beträchtlich erhöht. – Beim Einsteigen ins Coupé begrüße man die Insassen und hüte sich, jemand zu treten oder zu stoßen. Etwaige Beschwerden bringe man beim Schaffner an, nicht in barschem, grobem Ton, sondern höflich und bescheiden. Den jungen Reisenden sei Anstand gegen junge Damen eingeschärft: seien Sie sicher, daß Sie sich bei halbwegs anständigen Mädchen durch Obszönitäten, schlüpfrige Witze und faunisches Wesen nur verächtlich machen, ja dieselben geradezu degoutieren. Im allgemeinen sollte es untersagt sein, auf beiden Seiten des Coupés die Fenster zu öffnen, wodurch Zugluft entsteht, der sich viele nicht ohne unangenehme Folgen aussetzen. Hat man das Bedürfnis zu schlafen, so kann man es sich so bequem wie möglich machen, jedoch ohne die Mitreisenden zu belästigen. Deswegen sollte das Ausstrecken der Beine auf die jenseitige Bank wenigstens bei Tag unterbleiben.

Reisegespräche. Ein Gespräch anzuknüpfen, ist durchaus erlaubt. Nach wenigen allgemeinen Worten schon wird man sich davon überzeugen, ob eine Unterhaltung dem unbekannten Nachbarn angenehm ist oder nicht, ob man das Gespräch fortsetzen kann oder sich in Schweigen zu hüllen hat. Letzteres ist den meisten Menschen unbehaglich, und es gibt in der Tat nichts langweiligeres, als beharrliches Schweigen unter den Reisenden bei einer Eisenbahnfahrt durch vielleicht weniger schöne Gegenden. Die Reise an sich, die Landschaften, die man durchfährt und durchfahren hat, bieten für einen gewandten Menschen viel Stoff für die Unterhaltung. Nicht unpassend ist es, dem Mitreisenden das Ziel der eigenen Fahrt mitzuteilen; er wird, falls uns daran liegt, gewiß mit Vergnügen bereit sein, uns wünschenswerte Auskünfte über Städte, Bewohner, Gasthöfe, Wirtschaften undsoweiter zu geben. Wir können unschätzbare Winke von ihm erhalten und mit alledem auch noch die Zeit der Fahrt vorteilhaft ausfüllen. Es sei aber erwähnt, daß man auf kurzen Reisen kein Gespräch beginnt; so wenig es am Platz wäre, in einer Straßenbahn oder im Omnibus ein Gespräch mit einem Fremden zu beginnen oder einfach mit einem Vorübergehenden auf der Straße, der uns unbekannt ist und unbekannt bleiben muß. Ist das Gespräch ein sehr eingehendes geworden und wünscht man eine nähere Bekanntschaft, so stellt man sich vor, wie es im Abschnitt *Vorstellen* beschrieben ist.

Reiselaterne. So lange unsere Eisenbahnzüge noch so ungenügend beleuchtet sind, wie im Moment, wird man bei längeren Fahrten wohl tun, eine Reiselaterne mitzunehmen. Es empfiehlt sich dringend, ein gutes Fabrikat zu wählen, womöglich eine englische Arbeit, die man in englischen Geschäften findet. Eine lange Eisenbahnfahrt übersteht man am besten, wenn man nicht beständig zum Fenster hinaussieht, sondern indem man ein gutes Buch liest; freilich muß man genügend großen Druck sehen und eine gute Beleuchtung, also eine Reiselaterne, haben.

Reiseverzeichnis. Man traue seinem Gedächtnis und seinen Reiseübungen nicht so sehr, sondern vergleiche einmal das folgende Verzeichnis aller Gegenstände, die auf einer Reise erforderlich sind, mit dem Inhalt seines Reisegepäcks. Selbst der erfahrenste Reisende wird es kaum fertigbringen, irgendeine Kleinigkeit nicht zu vergessen. Dahinter liegt eine tiefere allgemeine Wahrheit, die nicht genug erkannt und gewürdigt werden kann, und die sich hier kurz zusammenfassen ließe. Es kann aber nicht die Aufgabe meines *Ratschlägers* sein, alle einzelnen Ansichten, die sich mit dem Thema beschäftigen, aufzuzählen.

Rest. Über den Rest ist im allgemeinen noch viel zu wenig gesagt worden. Wenn es auch nicht zu meinen Aufgaben gehört, den Rest zu behandeln, so möchte ich doch, um meine Leser nicht in Ratlosigkeit zu stürzen, auf die Schrift meines verehrten Kollegen Collunder, betitelt *Die Überschätzung des Restes*, verweisen, in der sehr Erwägenswertes über den Rest zu erfahren ist.

Restaurant. Das Benehmen im Restaurant soll dem Benehmen in der Gesellschaft ziemlich gleich sein. Höfliches, artiges, bescheidenes Wesen gilt auch hier als Grundsatz. Es empfiehlt sich auch in größeren Städten, beim Eintritt in kleinere Lokale zu grüßen. Zwischen der englisch-amerikanischen Sitte, den Hut unter allen Umständen auf dem Kopf zu behalten, und der deutschen, ihn unter allen Umständen abzuziehen, empfiehlt sich als vernünftige Mitte, ihn entweder auf dem Kopf zu behalten oder abzuziehen. Man vergleiche die Artikel *Grüßen* und *Hut*. – Eine üble Angewohnheit ist es, im Restaurant, nachdem man eingetreten ist und Platz genommen hat, mit Kamm und Bürste Frisierübungen vorzunehmen, namentlich wenn der Tisch, an dem man sitzt, auch von anderen besetzt ist. Der Gast soll mit Lokal und Utensilien schonend umgehen; er soll weder die Zigarrenstummel auf den Boden werfen, noch in den Tisch schneiden. – Über das Gespräch mit anderen Gästen vergleiche man den Artikel *Anreden*. Man sei gefällig gegen die anderen Gäste, schiebe ihnen Utensilien hin, wenn sich diese nicht im Bereich ihrer Arme befinden. – Den Kopf auf den Ellenbogen zu stützen und zu schlafen, im Sommer den Rock auszuziehen und in Hemdsärmeln dazusitzen, ist höchst unschicklich. Lautes Herumzanken mit der Bedienung ist ebenso zu unterlassen wie unziemliche Scherze mit den Kellnerinnen; wer sich gar Handgriffe gegen letztere erlaubt, noch dazu in Anwesenheit anderer Damen, verdient an die Luft gesetzt zu werden. – Über das Singen im Restaurant siehe *Gesang*.

Rettung. Wenn jemand zu Grunde gegangen ist, so kann man die Stelle, an der sein Körper liegt, bei seichtem Wasser genau an den Luftblasen erkennen, die gelegentlich an die Oberfläche steigen. Fällt jemand vom Ufer ins Wasser und ist kein des Schwimmens kundiger Mensch in der Nähe, so werfe man dem Ertrinkenden einen Strick, einen Bootshaken oder ein Ruder zu, mit dem er sich selbst aus dem Wasser herausbringen kann. Verfügt man über keinen der obengenannten Gegenstände, so ziehe man sein Jackett aus, fasse es an einem Ärmel und werfe den anderen Ärmel dem Ertrinkenden zu, mit den Worten: *Sie sind gerettet.*

Riechen: siehe *Parfüm*

Riesen. Riesen sind gutmütig und fleißig, aber oft macht ihnen jede Bewegung starke Beschwerden. Man hört sie auch über Schmerzen klagen. Das verhältnismäßig viel größere Nahrungsbedürfnis der Riesen im Vergleich zu den Zwergen ist uns bekannt; aber meistens gehen Riesen früh zu Grunde an der großen Körpermasse, an den Verdickungen und Verbiegungen, an der Blutlosigkeit und an den Brüchen der Knochen, die von den Stürzen aus größerer Höhe herrühren. Oft können sie sich, wenn sie einmal liegen, nicht mehr erheben; wie überhaupt Riesen kaum wirksam ins Leben eingreifen können, und zwar durch ihren Mangel an Ausdauer und Entschlossenheit; sie sind kaum in der Lage, die schwere Last des Leibes und der Persönlichkeit zu tragen; schwerfällig und träge bieten die Riesen mit ihren schlappen Gliedern ein Bild des Jammers. Freilich entspricht diese düstere von Wobser vertretene Auffassung der körperlichen Verhältnisse der Riesen nicht immer den beobachteten Verhältnissen. Einige Riesen sind durchaus kräftig und gewandt genug, um sich vom Boden zu erheben und ein paar Schritte zu gehen.

Riesenwemme. Die Abstammungs- und Entwicklungsgeschichte der hiesigen Riesenwemme ist ein Thema, das immer weitere Kreise beschäftigt. Die Gebildeten beteiligen sich mit wachsendem Interesse am Streit der Forscher über diese Fragen, die für die gesamte Weltauffasung von hoher Bedeutung sind. Die Schlußfolgerungen, die aus den Lehren Wobsers mit Vorsicht und unter Vorbehalt gezogen werden, haben oft zu Zweifeln und Gewissensqualen Anlaß gegeben. Wer aber ernsthaft bestrebt ist, seine Anschauungen zu festigen, der darf sich nicht scheuen, ein wenig tiefer in diese Sache hineinzudringen. Bisher hatte selbst der Gebildete, sofern er nicht eigene Studien trieb, nur wenig Gelegenheit, die wissenschaftliche Arbeit der Forscher kennenzulernen. Diesem Mangel sucht nun der bilderreiche *Ratschäger* abzuhelfen. Das Werk ist geeignet, dem Leser das große Gebiet der Entstehungsgeschichte der hiesigen Riesenwemme gründlich zu öffnen. Vor allem geschieht das durch zahlreiche Tafeln, in denen die Ergebnisse sämtlicher Untersuchungen zuverlässig und mustergültig reproduziert worden sind. Und wenn auch im allgemeinen der größte Wert auf die Ansichten Wobsers gelegt worden ist, so finden doch eine Anzahl der neuen alles bisherige umstülpenden Gedanken Tranchirers Erwäh-

nung, die zur Erhellung der dunklen Kapitel zu dienen imstande sind.

Riesenwuchs. Der Riesenwuchs der Zunge führt zu einer oft enormen Entwicklung dieses Organs. Während des allgemeinen Wachstums findet die Zunge im Mund keinen Raum mehr; sie tritt zwischen Zähnen und Lippen als fleischiger Wulst hervor und ragt in besonderen Fällen sogar bis ans Kinn.

Rinder. Gesunde Rinder tragen den Kopf hoch, halten den Rücken gerade, belasten ihre vier Füße gleichmäßig, treten auf Anhieb leicht zur Seite und sind, wenn sie liegen und nicht zu stark ermüdet sind, leicht zum Aufstehen zu bringen. Nach dem Aufstehen pflegen sie den Rücken zu krümmen. Alte, abgetriebene oder hochgemästete Stücke sind weniger lebhaft als junge, ausgeruhte, nicht gemästete Tiere.

Ringkampfkunst. Wir möchten auf eine Erscheinung auf dem Gebiet der Ringkampfkunst aufmerksam machen, in der sich nicht weniger als einhundertdreizehn gründliche Darstellungen sämtlicher Stellungen, Griffe und Schwünge des Stand- und Bodenringkampfes befinden. Die Beispiele, die wir hier bringen, zeigen gefährliche und darum verbotene Griffe wie etwa das Beinstellen, das Anfassen der Kleider, das Ausdrehen, Stoßen und Kratzen, das Anfassen einzelner Finger oder der Haare. Natürlich sind auch die Griffe verboten, die das Atmen verhüten; zum Beispiel das Ausheben aus dem Stande, wobei man zuerst den Kopf des Gegners herunterzieht und mit dem eigenen Körpergewicht in dieser Lage festhält, um dann den Gegner mit beiden Armen hochzuheben, so daß er den Stand verliert und wehrlos wird, weil sein Kopf auf die Brust gedrückt und das Atmen momentan unmöglich gemacht wird. Sehr gefährlich ist auch der Stranguliergriff, die sogenannte Krawatte, am Boden oder im Stande, bei dem der Arm über den Hals des Gegners gelegt wird. Verboten ist auch die Bauchschraube, bei der man die Hände unter dem Leib des Gegners schließt und sich auf ihn legt, man zieht dann die Arme zusammen, von hinten nach vorn, um ihn auszupumpen.

Risse. Manche Wände zeigen Risse. Diese Risse können da entstehen, wo zusammengetrocknetes Holz in der Wand liegt, also bei Fachwerkwänden oder an Türrahmen; hier haben sie gar keine Bedeutung. Doch auch durch ganze Wände, sogar durch mehrere Stockwerke können sich Risse zeigen, die uns noch nicht zu beunruhigen brauchen, ebensowenig wie Brüche der Fensterstürze und Fensterbänke. Immerhin ist es gut, solche Risse zu beobachten. Man klebe zu diesem Zweck ein Stück dünnes Papier über den Riß: jede Verschiebung oder weitere Öffnung wird sich sofort auf dem Papier bemerkbar machen. Schreitet der Schaden merklich fort, so rufe man unverzüglich den Maurermeister.

Ritzen, in den. In den Ritzen der Fußböden sitzen die Flöhe. Man stellt eine Mischung aus frischem Käse und Kalk her, der zu einer steinharten Masse verhärtet. Die Ritzen werden mit dieser Mischung verkittet und können unbeschadet naß gescheuert werden.

Rotz. Obschon es nicht allzu oft vorkommt, daß Menschen durch den sogenannten Rotz der Pferde infiziert werden, so steht doch die Übertragbarkeit des Rotzgiftes auf den Menschen außer allen Zweifeln. Es liegt aber außerhalb des Rahmens meiner Aufgabe, scharfsinnige Betrachtungen über das Wesen des Rotzes anzustellen; ich will nur hervorheben, daß die größte Vorsicht im Verkehr mit Pferden geboten ist.

Rückwärtsgehen. Ich praktiziere den Rückwärtsgang schon mindestens dreißig Jahre beim Spazierengehen auf glatten Parkwegen. Die Vorteile dieser Fortbewegung sind: man geht unwillkürlich gerader, da man das Gefühl hat, sich gegen etwas zu stemmen; die Waden straffen sich, die Atmung ist flacher; beim Umdrehen muß man tief Luft holen, und man kann rückwärts ohne besondere Anstrengung schneller gehen. Sehr wichtig ist, daß man die Zehen zuerst aufsetzt.

Rütteln. Es seien noch ein paar üble Zufälle berührt, die zwar nie auf Fußreisen, häufiger aber auf Eisenbahnfahrten bemerkbar sind: nicht jedes Gehirn oder Rückenmark erträgt das tausendfache Rütteln und Stoßen ohne Nachteile. Wir werden später sehen, warum.

Ruhe. In der Ruhe hat das Gesicht eines Mannes, das sich beim Sprechen plötzlich bewegt, einen strengen Ausdruck. Wir versagen es uns allerdings, hier auf die nähere Beschreibung der Gründe einzugehen.

Ruhebank. Hat man die Absicht, sich auf einer Ruhebank niederzulassen, so wird man hinsichtlich der Wahl selbstverständlich in erster Linie für seine eigene Bequemlichkeit sorgen, im übrigen sich aber immer so rücksichtsvoll plazieren, daß man anderen Menschen nicht lästig wird. Das weitere ist unter dem Buchstaben O eingehender besprochen.

S

Sackaufhalter, praktischer. Das Einschaufeln beispielsweise von Sand in sackartige Behälter bereitet oft große Schwierigkeiten, weil selbst dann, wenn eine zweite Person den zu füllenden Sack aufhält, der Einschaufelnde viel daneben wirft. Um nun das Einschaufeln zu erleichtern, hat man eine verstellbare Vorrichtung zum Aufhalten von Säcken in den Handel gebracht. Dieser Sackaufhalter besteht aus einem Gestell, das in eine Fußplatte geschraubt oder in anderer Weise befestigt wird. Das hoch- und niederzuschiebende Haltegestell trägt einen Ring, durch den der obere Rand des zu füllenden Sackes gezogen wird. Das Einfüllen beispielsweise von Sand in derart aufgehaltene Säcke geschieht nun ganz leicht und bequem, mit größter Geschwindigkeit, wie man auf unserem Bilde sehen kann, von nur einem einzigen Mann; während unser anderes Bild das Einschütten nach der alten Methode, wozu wie man sieht, zwei Männer erforderlich sind, veranschaulicht und dadurch den Vorteil der neuen Erfindung ins rechte Licht rückt.

Säugetiere. Die Säugetiere leben nicht wie die Vögel; ihr Leben ist bedächtiger, denn es fehlt ihnen die heitere Lebendigkeit der leichtsinnigen Geschöpfe der Höhe. Dafür zeigen sie eine gewisse Behäbigkeit und Genußsucht. Sie haben ein ernsthaftes Wesen und verschmähen das unnütze Anstrengen ihrer körperlichen Kräfte.

Salbeitee. Man trinke ihn oder gurgele damit. Er hat den Vorteil, daß er wenigstens nicht schadet, wo er nicht viel nützt.

Salon. Der Salon dient zur Aufnahme von Besuchern. Er ist ein unentbehrlicher Raum auch zur Aufbewahrung und Schonung der besseren Möbelstücke. Daher empfehlen wir dort, wo die Verhältnisse es gestatten, die Einrichtung eines solchen Raumes, der nur bei besonderen Gelegenheiten geöffnet wird. Wann das geschieht, hängt vom Geschmack und Verhalten des Einzelnen ab. Wir überlassen es ihm.

Salonmusik. Gibt es etwas Verderblicheres, als einer Person, die an den Urquellen des Schönen, der Einfachheit, Gesundheit und Ehrfurcht trinken soll, die kraftlosen oder gewürzten Mixturen moderner Salonmusik zu bieten; Fabrikate, die bei den ersten Takten den überreizten oder erschlafften Seelenzustand ihrer Verfertiger verraten.

Salzbüchsen. Ich möchte hier auf die kleinen Salzbüchsen aufmerksam machen, die ähnlich den Pfefferbüchsen im Handel zu haben sind. Sie haben am oberen Ende einen festen Verschluß und lassen das Salz nur durch eine Anzahl hübsch angeordneter kleiner Löcher dringen, derart, daß alle Speisen leicht zu bestreuen sind. Diesen Vorgang genauer zu schildern, müssen wir uns begreiflicherweise versagen. Wir verweisen auf alles, was wir an anderen Stellen erwähnt haben.

Samen. Ein anstrengender Marsch, eine Erschütterung beim Fahren, eine Gemütsbewegung, eine Reihe unreiner Gedanken: in ausgeprägten Fällen genügt eine ganz geringe Veranlassung, um den Ausfluß einer wässrig-schleimigen Flüssigkeit, die wir Samen nennen, zu bewirken. Über die Behandlung lese man auf einer anderen Seite nach. Fest steht, daß sich der Samen aus einer Vielzahl von Keimen zusammensetzt, mit abgeplattetem Kopf und einem langen am Kopfe haftenden Schwanz, der unter den lebhaftesten Bewegungen das ganze Gebilde mit größter Geschwindigkeit solange vorwärtstreibt, bis es gegen ein Hindernis stößt und hier bohrend verweilt. Dieser Anblick ist so frappierend, daß man verstehen kann, wenn einige Zuschauer bei diesem Schauspiel ungläubig die Köpfe schütteln; zumal man die Flüssigkeit zuweilen meterweit herausspritzen sieht. Mit einer einzigen Samenergießung, sagt Lemm, könnte der größte Teil Euro-

ziger Keim sein Ziel: das Ei. Unter schlenkernden Bewegungen bohrt sich der Kopf in das Ei hinein, zappelnd; aber vielleicht wird er auch eingeschlürft oder eingesogen; hinter ihm schließt sich die Haut, er kann niemals wieder zurück. Der Kopf wird, abweichend von Lemms Ansichten, meiner Meinung nach vom Schwanz gebissen und verschluckt. Nun beginnt sich der Mensch zu entwickeln: eine günstige Wendung, die wir an einer anderen Stelle fortsetzen und ergänzen werden.

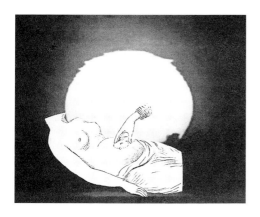

pas bevölkert werden. Solchen Betrachtungen steht freilich die Tatsache gegenüber, daß von den etwa 228 Millionen Keimen es nur einer Minderheit gelingt, durch den Muttermund in die Gebärmutterhöhle und von da in den Eileiter zu gelangen. Von dieser Minderheit erreicht nur ein ein-

Sand. Weißer Sand dient als Reiniger und Vertreiber übler Gerüche in der Küche, als Flammenlöscher und Aufsauger unwillkommener Flüssigkeiten. Man steckt Messer, die mit Fisch oder Zwiebeln in Berührung gekommen sind, in ein mit feuchtem Sand gefülltes Gefäß. Bei einem kleinen Wohnungsbrand werden die Flammen mit Sand rascher und sicherer erstickt, als durch Decken und Kissen.

Seekrankheit. Es ist ratsam, beim Betreten eines Schiffes nicht allzusehr von seiner gewohnten Lebensweise abzuweichen, auch nicht angesichts der Wellenbewegungen. Man ziehe sich, wenn sich die Seekrankheit meldet, in die Abgeschiedenheit

seiner Kabine zurück und erwarte dort mit Würde, was eben nicht zu ändern ist.

Selbstvorstellung. Ist die Anmeldung geschehen, tritt man ein. Da sich die anderen Gäste wahrscheinlich schon über die ganze Wohnung verteilt haben, wird den Wirten, zumal ihr Auge auf die Eintrittstür gerichtet sein muß, die Vorstellung aller Anwesenden geradezu unmöglich sein. Um unsere Leser zu befähigen, solchen Verwirrungen auszuweichen, raten wir ihnen, sich selbst vorzustellen; denn längere Zeit neben einer Gruppe von Personen zu sitzen, denen man nicht vorgestellt ist, ist unbehaglich. Darüber besteht inzwischen kein Zweifel mehr.

Senfbrunnen. Interessant für diejenigen, die etwas auf Sauberkeit beim Essen geben, ist der Senfbrunnen. Bekanntlich trocknet Senf in den gebräuchlichen Senfgefäßen schnell ein. Die eingetrocknete Mostrichkruste wird abgewischt, überall und täglich. Dabei geht viel Senf verloren, und der Senf an sich verliert Schärfe und Aroma. Diesem Übelstand begegnet man mit dem Senfbrunnen, so genannt, weil er die Form eines Porzellanbrunnens hat, der sehr bald auf dem Tisch aller denkenden Menschen zu finden sein wird. Der Gebrauch ist sehr einfach. Will man eine Portion haben, so drückt man wie bei einem gewöhnlichen Brunnen auf den Schwengel und schon kommt eine angemessene Portion Senf auf den Teller.

Servieren. Ehe der Diener zu der Meldung: *es ist gedeckt*, übergeht, prüfe er noch einmal die Tafel auf ihre symmetrische Richtigkeit und hole vergessene Gegenstände sofort herbei, da durch ein nachträgliches Herbeiholen unter Umständen die ganze Tischkonversation gestört werden kann. Erst dann mache er die besagte Meldung. Und nun beginnt das Servieren.

Serviette. Wir machen darauf aufmerksam, daß es nicht erlaubt ist, den Teller, das Messer, die Gabel vor dem Gebrauch bei Tisch noch einmal mit der Serviette abzuwischen. Es ist auch unpassend, die Serviette durch das Knopfloch zu ziehen oder sie um den Hals zu binden und so den Eindruck zu erwecken, als wolle man damit seinen Eifer für die nun vorzunehmenden Anstrengungen bekanntgeben.

Singen. Mäßig betrieben kräftigt das Singen den Körper und leitet das Blut vom Becken ab. Man lasse also schwächliche Menschen Gesangsunterricht nehmen. Collunder untersuchte den Kehlkopf des Sängers Ruger und fand die einzelnen Werkzeuge von bewundernswerter Feinheit und Regelmäßigkeit. Bezüglich seines gesundheitlichen Wertes kann das Singen also mit jeder gymnastischen Übung verglichen werden. Es hat darüberhinaus den Vorzug, zu jeder Jahreszeit gleichmäßig ausgeübt werden zu können, da es keines besonderen Apparates bedarf und keiner besonderen äußeren Verhältnisse. Durch methodische Gesangsübungen im gewöhnlichen Leben wird für die ausgiebigste Entleerung der Luft aus den Lungen gesorgt. Fast alle Sängerinnen und Sänger befinden sich, durch das Singen in gehobene Stimmung gebracht, in gutem

Ernährungszustand. – Für den Sänger empfiehlt es sich, die Noten in die Hand zu nehmen, auch dann, wenn er auswendig singt. Es gibt seinem Körper eine bessere Haltung. Die Zuhörer aber mögen nicht zu nah an den Vortragenden herantreten. Es erhöht den Genuß nicht und bringt den Sänger leicht in Verwirrung, namentlich dann, wenn er nicht an das Vortragen vor Zuhörern gewöhnt ist. Ist einem Sänger ein Fehler passiert, so bewahre er die Kaltblütigkeit und singe weiter.

Sittenzustände. Die Schlüpfrigkeit der Theater und Kinos, die Unzucht und raffinierte Schwüle der Tänze, die alles Hohe in den Kot ziehenden Witzblätter, die verseuchte, aus kranken Gehirnen geschwitzte Literatur und die schändlichsten Wucherungen der Damenmode, das verfaulte Familienleben, die auf offener Straße ausgetragenen nackten Körperpartien, nicht nur der Oberarme, die geschlitzten Röcke und die durchbrochenen Strümpfe und Blusen, die schamlosen Schuhe von äußerster Spitzheit, die mit schweren Gerichten beladenen Tische, die Aashaufen der niederen Triebe, die Schmarotzergewächse der Kunst, die Fortsetzung des Massageunwesens, der Bodensatz sittlicher Verwilderung, der Schleim und Geruch der Verwesung in den Salons, in denen das Fleisch verdorben ist und von Geschwüren bedeckt, die heftig herausgestoßenen Brunstschreie von Frauen, die ihre gärende Geilheit vor das Mutterglück gestellt haben, die Papiergefahr einer fettigen feigen Presse, mit ihren Schmähungen und Verleumdungen und der Verbreitung schmutziger Grundsätze, das Laster, der Leichtsinn auf allen Gebieten, der Morast der Moral, die Geschmacksverjauchung und das Wuchern der Unzucht und der speziellen Krankheiten, die zum Teil gar nicht wiederzugebenden Dinge in Wäldern und Feldern, das Rascheln der Büsche, das Keuchen und Knirschen, die Ausschweifungen in Form von Bällen Konzerten Korsetten: das sind nur einige der allerschreiendsten Zustände, einige Stichproben aus dem Haufen der uns umgebenden Scheußlichkeiten. Es wäre noch vieles zu sagen über die Förderung der Unsittlichkeit durch postlagernde Briefe, über die schamlos maßlose ins kleinste und dunkelste gehende Berichterstattung der Journale, über Mutoskope, Wachsfigurenkabinette und das Kuppelunwesen der Kristallpaläste, über das unerträgliche Treiben in den Familienbädern und Kurhotels, die zynische Ausgelassenheit auf Redouten, Maskenbällen, Herrenpartien, die zu Orgien der Unsittlichkeit ausgeartete Tangoseuche und die Einführung der vernegerten Dirnentänze, die alle erträglichen Maße übersteigende Frechheit der Schleiertänze, die Schönheitsabende und den Gesang, der es fertigbrachte, alle Begriffe von Scham und Sitte ganz auf den Kopf zu stellen, das Klavierklimpern und das tägliche Einhämmern von Nägeln in die Wände und das Aufstellen von Vitrinen Musikapparaten von Grammophonen und Wanduhren, das unausgesetzte Vorbeifahren von Automobilen und Straßenbahnen, das Brausen und Schwirren und Knarren im allgemeinen, besonders bei Nacht. Und das erbärmlichste ist, daß es niemand mehr leugnet. – Wir müssen sie ausrupfen, die fremden Unkräuter; wir müssen sie aus der Ahnungslosigkeit der Menschenköpfe herausschneiden. Diese Andeutung mag jetzt genügen.

Sitzen. Beim Sitzen soll man eine freie Haltung bewahren und sich nicht anlehnen, ausgenommen beim Fahren. Die Haltung sei auch nicht nach vorn geneigt oder schlotterig, sondern gerade, Kopf hoch, Brust heraus. Man schaukele auch nicht mit dem Körper und ebensowenig mit dem Stuhl. Siehe auch: *Haltung*.

Skelett. Das Skelett besteht aus vielen kleinen und großen locker zusammenhängenden Knochen; es hat keinen Zweck, sie im einzelnen zu beschreiben, es genügt für den Leser, wenn er es weiß und ihren Zusammenhang erkennt: sie bieten die Stütze, die Unterlage und das Gehäuse für alle weichen Teile des Körpers, die das Skelett ausfüllen. Das springt vor allem ins Auge an Kopf, Brustkorb und Becken, die wir alle abbilden werden, obwohl wir wissen, wie schwierig das ist.

Sockenrohre. Wollene Socken, genommen, in stubengestandenes Wasser getaucht, ausgedrückt und als Sockenrohre über die Füße gezogen, helfen in verschiedenen Fällen.

Sonntagsausgänge der Dienstboten. Dienstboten treten hier als Privatpersonen auf, ganz taktvoll in ihren damenhaften Toiletten in ruhigen Farben, geknöpft gestiefelt gestrümpft, unbespritzt vom Wetter, vom Himmel und von den Automobilen, schwarz seidig mit Litzen und kleinen Pelzen und Ritzen und Handschuhe von

Hundeleder über die gutgepflegten Hände gezogen.

Sofaplatz. Der rechte Sofaplatz gehört dem Gast, der linke der Frau. Sie überläßt ihn nur einer bedeutend älteren Dame, falls bei deren Erscheinen die rechte Sofaecke bereits eingenommen ist. Ein junges Mädchen hingegen verläßt den Sofaplatz, den sie übrigens nur nach einer Aufforderung der Frau einnehmen darf, sofort, wenn eine bedeutend ältere Dame eintritt.

Soßenflecke: siehe *Fleischbrühe*

Spanferkel. Man steche die Gabel in die Nasenlöcher und schneide zuerst die Ohren ab, dann wird der Kopf abgeschnitten und halbiert, Hirn und Zunge herausgenommen, die Gabel nun in den Hals gesteckt, Hinter- und Vorderviertel durch Schnitte von oben nach unten gelöst, wonach man den Rest der Quere nach in schöne Scheiben teilt und verzehrt.

Spaziergänge auf der Straße. Einen gebildeten Menschen wird man sofort an der Art erkennen, in der er sich auf der Straße bewegt. Er mag schnell oder langsam gehen, immer ist sein Schritt gleichmäßig; er irrt auf dem Bürgersteig nicht von rechts nach links, bleibt nicht unnötig stehen, blickt nicht bald zum Himmel, bald auf die Erde, am wenigsten den ihm Begegnenden in die Gesichter oder den Leuten in die Fenster. Kurz: er bewegt sich so, daß er niemand behindert in den großen Städten, wo die Menschen hin und her gehen. Wer sich danach nicht richtet, darf sich nicht wundern, wenn er in Ungelegenheiten kommt.

Auf der Straße bewegen sich eben alle Klassen der Gesellschaft, man begegnet vielen Leuten, die von den Gesetzen des guten Tones keinen Begriff haben, sie bewegen sich breitspurig, und wer ihnen nicht ausweicht, der muß es sich gefallen lassen, gestoßen zu werden. Solche Menschen zur Rede stellen zu wollen, würde die Sache eher verschlimmern. Wir raten unseren Lesern dringend, ihnen, vor allem um Unannehmlichkeiten zu vermeiden, aus dem Weg zu gehen. Trotz polizeilicher Vorschriften bewegen sich solche Leute zuweilen auch mit Gepäckstücken und nehmen dann erst recht keine Rücksicht auf die ihnen Begegnenden. Wie oft sind dadurch schon Beschädigungen an Anzügen, sogar Unglücksfälle vorgekommen. Und doch ist das ein Übelstand, der in den großen Städten immer wieder beobachtet werden kann.

Spaziergänger. Wenn man Haut von der nackten Wade eines Läufers mit der Haut von einer bedecktgehaltenen Stelle eines vornehmen Spaziergängers vergleicht, so ist der Unterschied bei mikroskopischer Betrachtung womöglich noch frappierender als beim Anblick mit bloßem Auge.

Speichelfluß. Der Speichelfluß stellt einen Zustand dar, bei dem der Speichel nicht nur mit den gekauten Speisen zusammen verschluckt wird, sondern sich in abnorm gesteigerter Menge auch außerhalb der Mahlzeiten im leeren Mund ansammelt. Aus diesem fließt er dann entweder heraus oder er wird hinuntergeschluckt.

Speisen. Hat man zum Speisen Platz genommen, so schlägt man die Serviette auseinander und legt sie auf den Schoß. Sie in die Halsbinde zu stecken, kann man sich im Restaurant oder zu Hause gestatten, nicht aber in Gesellschaft. Man esse so, daß niemand etwas davon hört; man vermeide also das Schmatzen, wie auch das Klappern und Quietschen mit dem Besteck, was von der ungeschickten Handhabung desselben herrührt: Messer und Gabel müssen in geneigter Richtung, nicht senkrecht gehalten werden. Es ist Sitte geworden, die Gabel mit der linken, das Messer mit der rechten Hand zu führen; freilich erfordert das eine gewisse Geschicklichkeit der Bewegung der linken Hand, und der Gebrauch dieser Hand wird bei uns leider viel zu wenig geübt. Werden die Speisen herumgereicht, so nehme man geschickt und schnell, um den Nachbarn nicht warten zu lassen; vor allem sei man bescheiden in seiner Wahl. Wer sich Kaviar in gleicher Menge wie Gemüse nimmt, macht sich lächerlich. Je mehr also Bescheidenheit und Anspruchslosigkeit hervortreten, in desto vorteilhafterem Licht wird man erscheinen. In Löffel, Teller und Tassen zu blasen ist unstatthaft; allenfalls darf es bei großer Eile geschehen, etwa vor Abfahrt des Eisenbahnzuges. Es ist auch nicht passend, den Braten im ersten Moment in kleine Bissen zu schneiden; unpassend ist es auch, ein Mus von den gleichzeitig gereichten Speisen auf seinem Teller zu machen oder die Soße schöpflöffelweise über Fleisch und Gemüse zu gießen. Weiter ist es verboten, die Überreste des Gerichts, wie Knochen, Gräten, Schalen auf dem Tellerrand aufzureihen. Noch ungeschickter würde es sein, sie auf das Tischtuch zu legen. Was ungenießbar ist oder was man nicht essen mag, muß auf dem Teller bleiben und wird beiseite geschoben; indessen mache man das so zierlich, daß es nicht auffällt. Man sehe darauf, daß das Besteck nach Gebrauch möglichst reinlich und geräuschlos hingelegt werden kann. Alles Beflecken ist zu vermeiden. Man hüte sich auch, den Teller völlig blank zu essen: Reste lasse man unberücksichtigt. Auf den Gebrauch von Zahnstochern ist zu verzichten; nötigenfalls geschehe es auf delikate Weise hinter der Hand. Abschließend sei noch auf einen anderen Punkt hingewiesen: siehe *Punkt*.

Speiseraum. Schrecklich ist es, wenn beim Eintritt der Gäste in den Speiseraum Unsicherheit und Verwirrung herrscht, weil die Tischordnung nicht sorgfältig ausgearbeitet ist, wenn die Suppe abgekühlt auf den Tisch kommt, wenn man mit den Tellern klappert, Messer und Gabeln fallen läßt und Soßen verschüttet, wenn zwischen den einzelnen Gerichten große Pausen entstehen und wenn überall rote Köpfe zu sehen sind und stumme Zeichen und entschuldigende Gebärden wie etwa das Achselzucken. An einem solchen Mahl hat niemand Freude; es ist ohne Reize und Vorteile, ganz zwecklos, unangenehm und keine feine Gelegenheit zur gesellschaftlichen Vereinigung. Eine Veranlassung zur Wiederholung besteht nicht.

Spezialitätenbühne. Was dem gebildeten Musikfreund in *Tristan und Isolde* die Wechselgesänge des zweiten Aktes sind, ist dem einfachen Mann der Gesang auf der Spezialitätenbühne. Die sexuelle Wirkung bleibt dort wie hier nicht aus. Bedenkt man

nun, daß durchschnittlich das ganze Jahr hindurch Tag für Tag mehr als einhunderttausend Besucher von Oper und Spezialitätentheater gezählt werden, so begreift man, wieviel Schmutz und Kot sich jahrein jahraus Tag für Tag über unser Volk ergießt; schwüle Erotik und sexuelle Reize. Es handelt sich hier um Begräbnisinstitute, die ununterbrochen am Grab der deutschen Volkskraft schaufeln.

Spielen. Es ist eine üble Angewohnheit, mit Gegenständen verschiedener Art zum Zeitvertreib zu spielen. Wahrhaft verbrecherisch ist aber das Spielen mit Schußwaffen und anderen gefährlichen Dingen. Es ist kaum begreiflich, daß es immer noch Menschen gibt, welche sich dessen nicht enthalten und mit vermeintlich ungeladenen Gewehren auf jemanden losdrücken, während sie doch durch hunderte von Unglücksfällen, die mit solchen vermeintlich ungeladenen Gewehren geschehen sind, hinlänglich gewarnt sein sollten. Ebenso unbegreiflich ist es, daß die Gesetzgebung nicht durch stramme Maßnahmen dergleichen zu verhüten sucht.

Spieltisch, am. Ein junger Mensch muß die Kunst lernen, nicht bloß sich selbst zu vergnügen, sondern auch zum Vergnügen der älteren Herrschaften beizutragen. Also setzt er sich mit guter Miene an den Spieltisch. Er macht auf diese Weise Bekanntschaften, die ihm an anderer Stelle vielleicht nicht zugänglich gewesen wären; und da er am Spieltisch auch Gelegenheit hat, sich von seiner liebenswürdigsten Seite zu zeigen, ist er in der Lage, sich auf das Beste zu empfehlen und einzuführen. Es ist auch lehrreich zu sehen, wie selbst bei einem Spiel, das scheinbar nicht den geringsten Anlaß gibt, Takt und gutes Benehmen zur Schau zu tragen, dennoch die Regeln des guten Tones zur Geltung kommen. Kein Spieler hat den anderen zu

stören, weder durch Bemerkungen, noch durch Unterhaltungen mit anderen nicht beteiligten Personen, noch durch Angewohnheiten wie Pfeifen, Trommeln auf der Tischplatte, vor sich Hinsummen, Schaukeln auf dem Stuhl oder überhaupt durch unruhiges Verhalten. – Hat man verloren, so zeige man keinen Ärger, sondern verlasse mit äußerster Rücksicht den Platz. Man bemühe sich, einen liebenswürdigen Spieler abzugeben, der ohne Drohungen, ohne die anderen mit einem Wortschwall zu überschütten, den Tisch verläßt; allenfalls mit einer feinen scherzhaften Bemerkung am Schluß dieser Sache.

Sport. Die Grundregeln des guten Tones, der stets und überall taktvolles Benehmen und Rücksichtnahme auf andere Personen, auf die Schwächen des Geschlechts und des Alters verlangt, behalten auch für diejenigen Vergnügungen, die man als Sport bezeichnet, ihre volle Geltung. Im einzelnen werden sich dann Erweiterungen und Einschränkungen ergeben; denn während im rein gesellschaftlichen Verkehr die Beziehungen von Person zu Person die Hauptrolle spielen, rückt bei sportlichen Betätigungen das sachliche Interesse in den Vordergrund.

Sprache und Behaarung. Der Forscher Collunder stützt sich in seinen Schriften vornehmlich auf die Beschaffenheit der Behaarung und der Sprache. Wer zwei Dinge hat, sagt er, hat fast alles. Dabei schließt er natürlich die Betrachtung der übrigen körperlichen Eigenschaften keineswegs aus, sondern empfiehlt ausdrücklich, diese ebenfalls zu berücksichtigen, sobald man sie kennt. Das entspricht also den Wahrnehmungen, die wir bei den bisher besprochenen Verschiedenheiten innerhalb der Menschheit überall zu machen Gelegenheit hatten.

Sprechen. Wer möchte leugnen, daß wir täglich allerlei sagen, nur weil es Brauch ist und es der Anstand verbietet, stumm zu bleiben; daß wir im geselligen Verkehr reden, weil die Sprache nun einmal erfunden ist. Schweigend nebeneinandersitzen können nur Leute, die sehr vertraut miteinander sind. Aber je weniger man sich zu sagen hat, desto stetiger muß man miteinander sprechen. Da liegt eine oft empfundene Schwierigkeit: man sucht nach einem Thema, nach einem Gespräch, nach einem bequemen Kapitel, wie es die Kunst, für die kein innerer oder äußerer Beruf maßgebend ist, darstellt, kein Bedürfnis des Verstandes oder der Empfindung, kurzum ein Gespräch, bei dem Mittel und Zweck zusammenfallen: man spricht um zu sprechen. Dafür eignet sich die Kunst. Man darf von jedem erwarten, daß er Interesse dafür besitzt oder es vorgibt. Man kann sehr leicht darüber sprechen, ohne sich damit beschäftigt zu haben, es genügt vollkommen, sich einige Worte zu merken. Das ist ein Fonds, der jahrelang eine gesicherte gesellschaftliche Stellung verbürgt.

Sprechwerkzeuge. Alles verläuft rasch; aber am raschesten verlaufen die Bewegungen der Sprechwerkzeuge und der Zunge. Wobser gibt an, daß er ein Hexameter, aus 45 Buchstaben bestehend, deutlich in 2 Sekunden herzusagen vermag. Jeder Buchstabe, sagt er, beanspruche eine besondere Stellung der Sprechwerkzeuge, und diese Stellung dürfe nur zwischen 0,04 und 0,05 Sekunden beibehalten werden, um die Muskelaktion für das Sprechen eines Buchstabens einzuleiten und zu vollenden. Eine solche Raschheit hat nach dem eben Gesagten nichts Überraschendes mehr für uns.

Springen. Das Springen ist verboten, besonders das Springen einen Hang hinunter, das Hüpfen, das Tanzen, das Nähmaschinentreten, das Hochlangen und Strecken, das Heißbaden und Kutschfahren; gewiß sind alle diese Dinge schon getan worden, aber wir raten davon ab und erlauben allenfalls das Eisenbahnfahren; allerdings muß mit Sorgfalt eingestiegen und ausgestiegen werden.

Spulwurm. Der Spulwurm, an Kopf und Schwanz zugespitzt, nennt das Äußere des Regenwurmes sein eigen. Sein Lieblingssitz ist der Dünndarm, wo er im großen und ganzen nicht viel Schaden anrichtet. Allerdings hat er eine recht unangenehme Eigenschaft: er begibt sich zuweilen, blaßrötlich weißlich gefärbt, auf die Wanderschaft und führt dabei nicht ganz ungefährliche Zustände herbei. So kriecht er zum Beispiel mit seiner gesamten Länge in die Speiseröhre hinauf, er begibt sich vom Mund in den Kehlkopf und führt zur Erstickung. Manchmal wird der Spulwurm erbrochen oder er kriecht zur Nase heraus, aber das kommt zur Beschreibung hier nicht in Betracht.

Suppe. Bekanntlich sind die Muskeln die Urheber aller Bewegungen. Das Gehen, das Hantieren mit Armen und Händen, das Ja-Nicken und Nein-Schütteln, das Wechseln des Gesichtsausdrucks, das Sprechen, das Atmen sind zurückzuführen auf Muskelgruppen, die sich abwechselnd zusammenziehen und wieder ausdehnen. Um zum Beispiel einen Löffel Suppe vom Teller zum Mund zu führen, müssen mindestens zehn verschiedene Muskeln betätigt werden, und zwar so, daß keiner davon zu früh oder zu spät kommt, keiner zu schwach oder zu stark zieht; denn durch den kleinsten Fehler eines einzigen unter den zehn Muskeln würde die richtige Ausführung der Bewegung der Suppe vom Teller zum Mund in der allergrößten Katastrophe enden.

Suppenteller, gefüllte. Was nun das Speisen selbst anbelangt, so verweisen wir auf das, was wir schon gesagt haben. Hier sei nur bemerkt, daß es nötig ist, mit der Suppe solange zu warten, bis das allgemeine Essen beginnt. Ein sehr angenehmer und anzuwendender Brauch ist es, die Suppenteller gefüllt auf den Tisch zu stellen.

SCH

Schädel. Der Schädel wird, nachdem zuerst seine übrigen großen Öffnungen durch das Einstopfen von Wattepfropfen geschlossen sind, vom Hinterhauptloch aus mit ungeschälter Hirse, mit Bleischrot einer bestimmten Größe oder mit trockenen Erbsen gefüllt und danach wieder geleert. Durch einen über dem Augenbrauenbogen beginnenden horizontal den Schädel umkreisenden Schnitt mit der Knochensäge zerfällt der Schädel in einen oberen Abschnitt: die Schädeldecke, und einen unteren Abschnitt: das Bodenstück des Schädels. Da aber jeder Mensch seinen Schädel etwas anders als andere Personen zu tragen pflegt: etwas höher oder etwas stärker gesenkt, so ist selbstverständlich Wobsers Bestimmung nur eine möglichst treue Annäherung an die schwankende Grundform der Schädelträger.

Schädelbetrachtungen. So fremdartig uns auch manche Schädel erscheinen, es wäre nichts irriger als die Meinung, bei diesem Stand der Sache müßten wir mit allen anderen Vertretern der Schädelkunde die Untersuchungen einfach aufgeben: keineswegs. Schon in den vorstehenden Auseinandersetzungen der Schwierigkeiten wird zugleich der Weg angedeutet, der schließlich zu einem Ziel führen wird. Es wird interessant sein, das zu beobachten.

Schall. Wir hören jetzt einen Schall. Die Richtung des Schalls können wir zwar nur annähernd bestimmen, aber wir bilden uns hier kein Urteil über die Richtung der Musik. Wir erinnern vielmehr an die berühmte Täuschung in Olm, wo man die Musik auf

der entgegengesetzten Seite vermutete, nämlich im Norden, während sie tatsächlich aus dem Süden kam. Die normale Erregung des Gehörs erfolgt also durch die Erschütterung elastischer Körper, vor allem der Luft. Anfangs sind es die ruhigen gleichmäßigen Weisen, die unser Ohr angenehm unterhalten, später kommt der Gesang dazu und die eigentliche Musik und alle Geräusche und Klänge mit ihrem mächtigen Einfluß auf das Gemüt. Aber alles ist wirklich nur Schall aus verschiedenen Richtungen.

Scham. Die weibliche Scham enthält sowohl die äußere Öffnung der Harnröhre, sowie jene der Scheide, außerdem verschiedene Drüsen und die sogenannten Wollustorgane, gefäßreiche Körper, die bei geschlechtlicher Erregung anschwellen und die Prallheit der äußerlichen Geschlechtsteile bewirken. Der kleine vorspringende Körper oberhalb der Harnröhrenöffnung, die Klitoris, die bei abnormer Bildung eine der männlichen Harnröhre ähnliche Verlängerung annehmen kann, gehört gleichfalls zu den die Geschlechtstätigkeit erregenden Organen. Reizungen der Klitoris durch Druck oder Berührung können, wie wir schon wissen, Zuckungen des Uterus auslösen.

Scharnierbewegung. Eine reine und ganz ausschließliche Scharnierbewegung kommt beim Menschen streng genommen niemals, am nächsten noch im Fußgelenk vor; ebensowenig die mathematisch genaue Kugel in einer Pfanne.

Schatten. Was ich hier bechreibe, ist nur eine Andeutung von dem, was ich eigentlich beschreiben will; allerdings ist es auch so schon merkwürdig genug: ich werfe einen Schatten an die Wand, und dieser Schatten enthält nicht nur Augen, Nase und Mund, er bewegt sogar diese Gesichtsteile: er rollt die Augen, er rümpft die Nase, er öffnet und schließt den Mund und gibt zu den schrecklichsten Eindrücken Veranlassung. – Die dazu erforderlichen Vorbereitungen sind folgende: ich hänge in der Nähe einer gewöhnlichen Zimmerecke einen Spiegel auf und stelle mich vor ihn hin. Eine zweite Person, die ein Kerzenlicht in der Hand hat und sich hinter mir, also ungefähr neben dem Spiegel befindet, wird das Licht nicht nur höher und tiefer, sondern auch weiter nach vorn oder hinten halten, so lange, bis das vom Spiegel zurückgeworfene Bild des Lichtes genau auf den Schatten meines Kopfes an der Wand fällt. Nun bedecke ich den Spiegel mit einem Papier, aus dem ich, wie die Abbildung zeigt, alle Gesichtsteile, auf die es später ankommen wird, geschnitten habe. Die Lichtstrahlen werden nun durch die Ausschnitte hindurchgehen, sich auf dem Schatten meines Kopfes abzeichnen und damit die Wirkung hervorrufen, von der ich gesprochen habe. Um die Bewegungen der eingeschnittenen Gesichtsteile hervorzubringen, ist ein zweites, dem ersten Papier vollkommen gleiches Papier nötig, mit dem ich winzige Hin- und Her- sowie Auf- und Abbewegungen mache und auf diese Weise die beschriebenen verschiedenen Gesichtsausdrücke herstelle. Ich denke, das Schattenspiel wird uns sehr unterhalten. Allerdings kann auch das Gegenteil vorkommen, aber es ist glücklicherweise nicht meine Aufgabe, einen solchen Fall zu beschreiben.

Schaukeln. Das Schaukeln mit dem Stuhl oder das schon erwähnte Kippen, ebenso eine klopfende Bewegung mit dem Fuß sind Gewohnheiten, die im Leben zu unterbleiben haben. Andererseits ist ein kleines ungezwungenes Schaukeln, Kippen und Klopfen schon zugelassen, wenn es nicht so allgemein und endgültig betrieben wird. Es ist auch gestattet, den einen Fuß leicht auf den anderen zu legen und beide Füße in etwas gestreckter Richtung vor sich zu setzen. Die Form des Fußes kommt dabei zur gefälligen Geltung; vermieden wird auch die harte Knicklinie, die in die Öffentlichkeit geradezu hineinspießt und die Augen der Welt verletzt. Wenn aber einige Damen, wie es jetzt häufig geschieht, sich erlauben, das eine Knie über das andere zu hängen und dabei im Übereinanderschlagen für einen Moment die Strümpfe oder gar die Dessous den Blicken der Gegenübersitzenden preiszugeben, so ist das eine Freiheit, die den von uns gewünschten Weltverhältnissen durchaus nicht entspricht. Selbst das Zurücklehnen gegen die Lehne des Sessels und das dabei oft beobachtete leichte Spreizen der Beine ist, wenigstens in Gegenwart unbekannter Personen, zu vermeiden. Es gibt aber Fälle, in denen ein solches Verhalten als außerordentlich zarte Andeutung empfunden und empfohlen werden kann. Natürlich kommt es auch hier, wie überall, auf die taktvolle Auswahl der Verhältnisse an. Was im einen Moment sich nicht schickt, kann im anderen von höchster Notwendigkeit sein: ein freies Hingeben mit Anmut und Zartheit, ohne die Welt anzutasten: es sollte leicht und schwebend geschehen und einer ganzen Gesellschaft von anwesenden Herren Bewegung und ein momentan freies Naturerlebnis vermitteln.

Schauspielkunst. Die Schauspielkunst ist durch widerwärtige Stoffe, schamlose Realistik und lüsterne Berechnung längst entweiht. Mehr noch als in den von den Massen besuchten schmutzigen Schaubuden und Winkeltheatern sucht man in den vornehmen Theatern das Pikante und Aufreizende, das Unerhörte und Sensationelle. Die pervers ausgeartete Sinnlichkeit geht aber noch weiter: sie wagt es sogar, das Heiligste im zartesten Sinne anzugreifen. Als Wagner seinen Parzifal vollendet hatte, forderte er ein eigenes Festspielhaus, weil er es unerträglich fand, daß auf denselben Brettern, auf denen gestern und morgen sich allerübelste Schlüpfrigkeiten behaglich ausbreiten, die geweihten Mysterien dargestellt würden. In diesem Zusammenhang muß auch hingewiesen werden auf die durch die Kostümfrage zum großen Teil bedingte Prostitution der Bühnenkünstlerinnen. Sie müssen notgedrungen zu Sklavinnen in den Händen skrupelloser Theaterdirektoren werden. Aber das nur nebenbei.

Scheintod. Wenn einer ins Wasser gefallen und wieder herausgezogen worden ist, so kann es vorkommen, daß er wie tot daliegt, weder auf Rufen noch Kitzeln reagiert, weder Atembewegungen sehen, noch Pulsschläge fühlen läßt und doch noch lebt. Durch geeignete Maßnahmen gelingt es zuweilen, ihn wieder ins Leben zurückzu-

holen. Auch nach Blitzschlag, Verschüttung, Erwürgen, Erhängen und anderen gewaltsamen Einwirkungen kann das Leben für kurze Zeit auf den Tiefpunkt sinken. – Gewöhnlich hat aber der Leser etwas ganz anderes im Auge, wenn er vom Scheintod spricht. Er stellt sich dann einen Menschen vor, der zu Hause im Bett die Augen scheinbar im Sterben geschlossen hat und nun als tot beweint, in den Sarg gelegt und davongetragen wird, während in Wahrheit das Leben noch da ist. Auf dem Weg zum Friedhof schreckt dann plötzlich ein aus dem Sarg kommendes Klopfen die Leidtragenden. Oder man findet bei einer zufälligen Öffnung des Grabes die Leiche auf dem Bauch liegend, mit verzerrtem Gesicht und zerbrochenen Fingernägeln. Meine Leser sind mir gewiß dankbar, wenn ich ihnen sage, daß solche Fälle äußerst selten vorkommen; abgesehen von den beschriebenen Fällen sind sie fast ausgeschlossen. Ich selbst habe nie eine lebendig begrabene Person gesehen. Ich habe weiter noch nie in der gesamten Ratschläger-Literatur einen solchen Fall erwähnt oder beschrieben gefunden; und immer wenn ich einem mir mündlich berichteten Ereignis dieser Art nachgegangen bin, so waren sämtliche Augenzeugen entweder tot oder in Amerika. – Ich verspreche hiermit jedem, der mir einen Fall von dauerndem Scheintod nachweisen kann, eine sofortige Prämie und verpflichte mich, in der nächsten Auflage meines *Ratschlägers* über diesen Fall zu berichten. – Es gibt auf der Welt keine größeren Gegensätze, als Leben und Tod: wie sollte man sie verwechseln können. Vielleicht in den ersten Minuten, aber später nicht mehr, selbst wenn man, was selten geschieht, die Wangen rot findet oder ein fremdes fernes Atemgeräusch hört. Die Kälte der Haut, die Abwesenheit von Herztönen, der Leichengeruch, die Totenstarre: das sind untrügliche Kennzeichen. Wichtiger aber ist der Gesamteindruck, den der Tod auf uns macht. Wer ihn einige Male gesehen hat, verwechselt ihn weder mit dem Schlaf noch mit einer tiefen Ohnmacht. Fälle von tagelangem regungslosem Daliegen kommen hie und da vor, es fehlen ihm aber alle oben erwähnten Anzeichen des Todes. Daß auf dem Schlachtfeld auch einmal ein tief Erschöpfter in der Aufregung zu den Toten gelegt wird, kann schon gelegentlich vorkommen. Daß aber unter normalen Verhältnissen ein Lebender vom Arzt für tot erklärt und eingesargt wird, ist unmöglich. Jede Furcht vor dem Lebendigbegrabenwerden ist daher völlig unbegründet. – Man beachte noch folgendes: Wird ein Körper gleich nach dem Sterben gut zugedeckt, dann bleibt er auffällig warm, die Starre läßt zuweilen lange auf sich warten und löst sich am zweiten oder dritten Tag teilweise wieder; durch Gasentwicklung im Körper, speziell im Verdauungskanal, können bestimmte Geräusche und sogar, beim Heraufsteigen der Gase, Bewegungen der Lippen vorkommen, so daß man den Eindruck von Sprechbewegungen hat. Alle diese Erscheinungen geben uns aber keinerlei Berechtigung, an der Tatsache des eingetretenen Todes zu zweifeln. Ich müßte mich da schon sehr irren.

Schlaf. Unser Buch hat die Aufgabe, das Verständnis für die nächstliegenden Dinge, deren hohe Bedeutung oft so wenig erkannt wird, zu wecken. Die volle Würdigung des Schlafes gehört auch dazu. Es ist so; jeden Tag müssen wir uns einige Zeit flach hinlegen, die Augen schließen und uns einer stundenlang dauernden Bewußtlosigkeit überliefern, die man *das Schlafen* nennt. Der Grund ist sehr einleuchtend: im Schlaf werden die durch den Tagesbetrieb im Körper entstandenen Schäden ausgebessert und die durch Abnutzung entstandenen Lücken und Abgänge ergänzt. Die Gedächtniskammern werden gereinigt, die unterbrochenen Nervenschnüre frisch geknüpft. Der Schlaf ist eine Lufthochzeit für die Lungen, eine Generalfütterung oder, wie Doktor Wobser sagt: *eine Lungenspeise.* – Bezüglich der natürlichen Lage im schlafenden Zustand hört man oft die widersprüchlichsten Ansichten. Wir verweisen auf die Figur XXX im Tafelteil unseres *Ratschlägers*, um an diesem Bild zu zeigen, was eine natürliche Lage ist: es ist die Rückenlage mit erhobenen Armen, welche die meisten gesunden Menschen lieben und einnehmen. Daß man sie zeitweise mit der rechten oder auch der linken Seitenlage, manchmal sogar mit der wohltuenden Bauchlage vertauschen kann, spielt keine Rolle. Rücksichten auf die Lage im Schlaf brauchen übrigens überhaupt nicht genommen zu werden. – Die für den Schlaf passendste Zeit ist die Nacht. Der Schlaf oder wie wir es noch genannt haben: *das Schlafen* ist zwar ein gutes Zeichen, aber durchaus nicht immer.

Schlaflosigkeit. Die Behandlung der Schlaflosigkeit, also das Einschläfern schlafloser Personen, findet auf einer anderen Seite statt.

Schlafsucht. Bei eintretender Ermüdung und Dunkelheit suche man ein schützendes Obdach zu erreichen, hüte sich aber, unterwegs im Freien sich auszuruhen. Man kann dabei unversehens in die schon geschilderte Schlafsucht verfallen, aus der man sich nicht mehr aufzuraffen vermag. Nach einem längeren Aufenthalt im Freien vermeide man, sofort erwärmte Räume zu betreten, vor allem hüte man sich, dem warmen Ofen zu nahe zu kommen.

Schlafzimmer. Vor allen Dingen muß das Schlafzimmer gute Luft haben und von der Sonne beschienen werden. Eine schöne Aussicht ins Freie gibt einen besonderen Reiz. Es empfiehlt sich die Aufstellung einiger Kübel und Töpfe, sie tragen sehr zur Behaglichkeit bei, ebenso wie Beleuchtungsvorrichtungen und weichliche Möbel. Die höchste Anforderung, welche der gute Ton hier stellt, ist peinliche Reinlichkeit und Ordnung. Wenn auch der Fuß eines Fremden das Schlafzimmer niemals betritt, so muß es doch stets auf diesen Ausnahmefall eingerichtet sein.

Schlauch. Der Schlauch ist eine wulstige Scheide in der äußeren Haut, der beim Hengst die Rute umgibt und in der hinteren Bauchgegend liegt. Häufig ist der Schlauch groß und welk, schlaff herabhängend und vorn so offen, daß die Rute hervorhängt. Die Rute ist ein fettschwammiger Körper, der im Schlauch verborgen ist. Bei der Begattung wird sie sehr stark hervorgeschoben und soll sich dann möglichst steif, gerade und rein zeigen.

Schleier. Das Schleiertragen ist bei der Frauenwelt sehr beliebt. Schleier wirken verschönernd, weil sie die Gesichtszüge unklar machen; gute Farben oder leuchtende Augen aber hervortreten lassen. Schleier halten den Atem etwas zurück und die Wärmeausstrahlung. Im Winter jedoch fängt sich im zarten Gewebe der ausgeatmete Wasserdunst und gefriert. Der Schleier liegt dann an Lippen und Wangen in unangenehmer Weise an; das kann zur stellenweisen Rötung des Gesichts führen. Damen sollten darum keinen Schleier tragen, denn er macht im Winter nur rote Nasen und begünstigt sogar das Erfrieren derselben. Oftmals wird auch die Gegend der Backenknochen von einer unangenehmen Froströte überzogen. Es wird jetzt schon weniger unwahrscheinlich klingen, daß der Schleier oft die Ursache des Erfrierens ist: unter gewöhnlichen Verhältnissen, also etwa bei einem gemächlichen winterlichen Spaziergang, wird die Abkühlung nicht stark genug sein. Aber bei sehr schneller Bewegung prallt die Luft heftig auf die Haut auf, die verschleierte Dame befindet sich in einem beständigen Luftzug und erfriert. – Es soll noch erwähnt werden, daß gemusterter Tüll schwachen Augen besonders schädlich ist.

Schleppe. In den letzten Tagen ist mir ein Schreiben zugegangen von der *Zentralstelle für Staubbeseitigung*, in der ein staubauffangender Anstrich der Wände empfohlen wird. Die Sache mag empfehlenswert sein, wir haben darüber kein eigenes Urteil. Worüber aber jeder ein Urteil zu haben hat, das ist der Unfug, der sich in diesem Sommer überall breit macht und uns auf Schritt und Tritt bedroht und belästigt; ich meine die Schleppenunsitte der Damenkleider, die geradezu allem Hohn spricht, was ich jahrelang über die Schädlichkeit des Staubes behauptet und geschrieben habe: des Staubes, des Luftschmutzes und Gedankenschmutzes. – Es mag ja sein, daß die Schleppe den Damen etwas Vornehmes verleiht; doch schon eine einzige rasche Bewegung versetzt das Bekleidungsstück in unschöne Schwingungen. Wenn man nun sieht, welcher Schmutz an der Unterseite eines einzigen Damenrockes sitzt, den die Damen an sich herum und in ihre Behausungen schleppen

und welchen Gefahren sie damit sich und ihre Angehörigen aber auch ahnungslos Vorbeigehende aussetzen, wenn man bedenkt, was ich alles in den letzten Jahren über die Verbreitung des Schmutzes und des eingetrockneten Auswurfs geschrieben und gesprochen habe und offenbar alles in den Wind und in den Straßenstaub gesprochen habe, so möchte man hier, in diesem Moment, angesichts einer vorüberwehenden Schleppe, an der Einsichtslosigkeit der Menschheit verzweifeln. Leser und Freunde des *Ratschlägers* sollten mit aller Entschlossenheit den Kampf gegen das Schleppenunwesen aufnehmen, und für die fußfreie Bekleidung der Damen wenigstens in der Bahn, auf Reisen und auf den Straßen eintreten. Aber leider sind ja die heutigen Männer, was die Erscheinung der Damen betrifft, mehr als ahnungslos, achtlos und meinungslos; deshalb fürchten wir, daß demnächst alles aufgewirbelt wird, was als ekelerregende Kruste sich auf dem Boden der Welt niedergelassen hat. Hoffen wir, daß diese Zeilen auch den Damen zu Gesicht kommen, die sich gerade die Treppen hinaufschleppen, und zwar im Dunst des von ihnen aufgewirbelten Schmutzes.

Schluchzen und Zucken. Ein sehr berühmter Krampf ist das Schluchzen, von dem jedermann hie und da heimgesucht wird. Das Schluchzen ist eine unangenehme Erscheinung, die sich rasch wiederholt und beseitigt wird durch tiefes Atmen am offenen Fenster, durch kalte Morgengüsse, aber auch durch energische geistige Ablenkungen, die hemmend einwirken: etwa ein kleiner Schreck: zum Beispiel

Tafel XXXIII

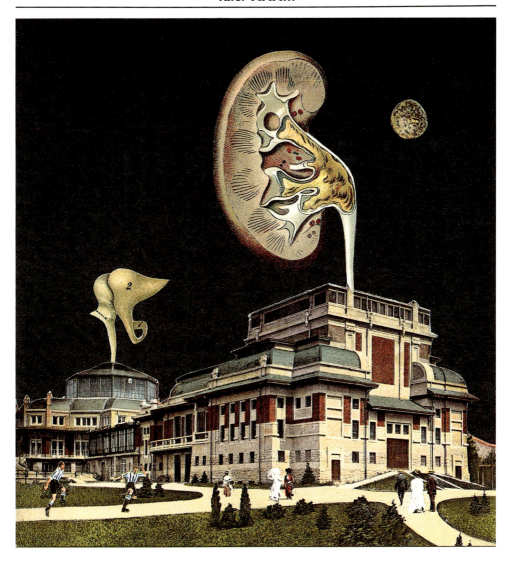

Tafel XXXIV

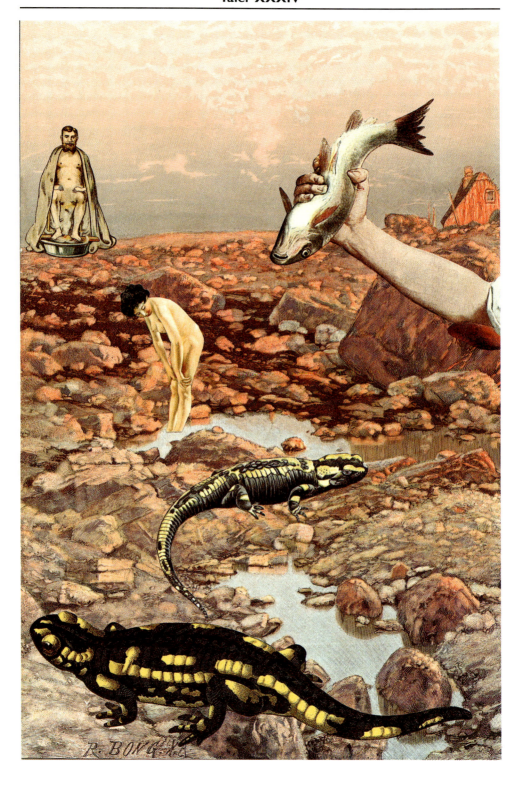

Tafel XXXV

Tafel XXXVI

Tafel XXXVII

Tafel XXXVIII

Tafel XXXIX

Tafel XL

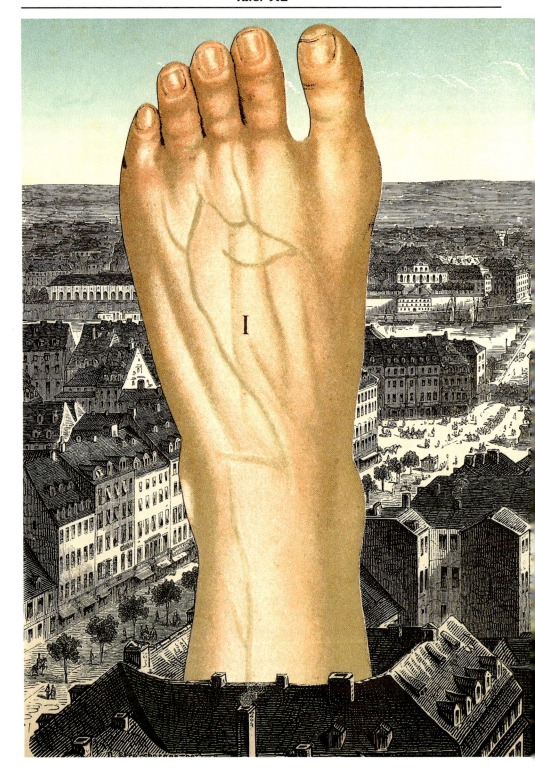

Tafel XL

Tafel XLI

Tafel XLII

Tafel XLIII

Tafel XLIV

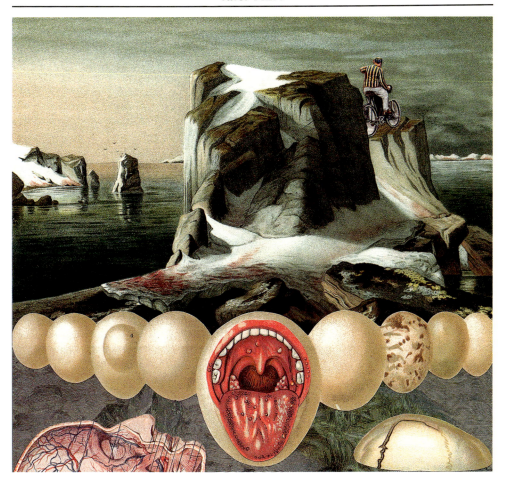

Tafel XLV

Tafel XLVI

Tafel XLVII

Verdauungsschlauch beginnt, in der die zermahlenen, durch Speichel und Schleim schlüpfrig gemachten Speiseteile ihen Weg in den Magen leicht gleitend beginnen. Der Vorgang des Schmeckens ist schon abgeschlossen, wenn der durchfeuchtete und zermalmte Bissen aus der Mundhöhle in den Schlund gedrückt wird und durch die von oben nach unten wurmförmig fortschreitenden Bewegungen dem Magen letztenendes übergeben wird. Nun formt sich, um ehrlich zu sein, die Zunge zu einem festen rundlichen vorn etwas zugespitzten Zapfen, um schon den nächsten Bissen zu berühren.

wenn unser Partner nachts plötzlich mit einem dunklen Sprung aus der Nische hervorfährt, in der er sich nur zum Spaß versteckt hat. Hier verschwindet womöglich das Schluchzen; freilich werden wir derart vom Schrecken erfaßt, daß wir nun zu zucken beginnen; doch auch dieses den ganzen Körper schüttelnde Zucken ist ja nichts anderes als ein schließlich vorübergehender Krampf. Vielleicht werden wir nun zu stottern beginnen; doch das Stottern ist wie wir wissen nichts anderes als das Resultat zuckender Krämpfe im Bereich derjenigen Muskeln, die wir zum Sprechen brauchen.

Schlucken. Der Zungenrücken höhlt sich löffelförmig aus und preßt sich an die knöcherne Decke der Mundhöhle, wo der

Schlucksen. Ein Mann, etwas geschwächt durch Alkohol, begann mit einem beständigen Schlucksen und blieb des Nachts wach. Er wurde ganz schwach vom Schlucksen, mußte die Arbeit einstellen und im Bett bleiben. Auch klagte er über ein Vollsein im Hals. Durch Niederdrücken der Zunge mit einem Löffelstiel sah man die Rachenhöhle geschwollen und verlängert. Einmal hörte der Schlucksen gänzlich auf, eine Stunde später kehrte er aber zurück. Auf zwei weitere Erscheinungen werden wir in der nächsten Zeit noch aufmerksam machen.

Schlürfen. Beim Schlürfen ziehen wir durch die verengte Mundspalte und zwar durch Erweiterung der Brust rasch einen Luftstrom ein, welcher die an die Lippen gebrachte Flüssigkeit mit sich in die Mundhöhle hinabreißt.

Schluß. Es ist gut, wenn der Schluß nicht ganz unvermittelt eintritt, sondern erst nach einer gewissen Weile; nach einer angemessenen Vorbereitungszeit.

Schlußwort. Wenn wir auf den Inhalt dieses Buches zurückblicken, dann drängt sich uns manchmal die Frage auf, ob wir nicht in einigen Forderungen zu weit gegangen und ob nicht manche Regeln zu schroff ausgesprochen worden sind. Es gibt in verschiedenen Lebenslagen, die unser Buch berücksichtigt, so viele voneinander abweichende, daß es undenkbar ist, für jeden Fall eine Vorschrift zu geben. Trotz der genauesten Kenntnisse aller Regeln des guten Tons kann häufig nur das natürliche Zartgefühl das richtige treffen. Ohne das Zartgefühl wird oft das unbedeutendste Vorkommnis uns in Verlegenheit stürzen, Höflichkeit würde gänzlich unmöglich und der gute Ton zum leeren Schall. Wie in der Vorrede, so bitten wir auch in diesem Schlußwort unsere Leser um freundliche Angabe etwaiger Mängel; wir werden bereitwilligst Auskunft über unklare und zweifelhafte Fälle geben.

Schmatzen. Es gibt für empfindsame Ohren keine widerlicheren Töne, als diejenigen, die bei ungeschicktem Essen oder Trinken hervorgebracht werden. Wir haben schon erwähnt, daß die Suppe nicht aus der Langseite des Löffels geschlürft werden soll, was freilich trotzdem noch immer vorkommt. Überhaupt muß das Schlürfen vermieden werden, noch sorgsamer freilich das Schmatzen. Man bedenke, daß man einen Mann, der an solche Geräusche nicht gewöhnt ist und sie mit anhören muß, zur äußersten Verzweiflung bringen kann. Jemand, der kauend aus einem Glas trinkt und dabei noch spricht, wollen wir an einer anderen Stelle behandeln.

Schmeichelei. Mit einem liebenswürdigen, den Nächsten angenehm berührenden schmeichelnden Wort zur rechten Zeit, in rechter Form gesprochen, wird man immer Vergnügen bereiten; denn andere besitzen ebensoviel Eigenliebe, wie wir selbst. Eine solche Schmeichelei muß leicht und gefällig sein, sie muß förmlich schwirren, damit jeder Anschein von Unwahrheit vermieden wird. Eine Schmeichelei ist eine besondere Form der Anerkennung, des Lobes, ein Zeichen der Zuneigung. Personen gegenüber, die man nicht kennt und noch nie gesehen hat, sollte man Schmeicheleien nur mit großer Vorsicht anwenden.

Schmerz. Ich habe schon viel über Freude und Jubel geschrieben, aber noch nichts

über das Gegenteil, über den Schmerz. Zur geeigneten Zeit werde ich auch darüber schreiben.

Schminke. In unserer Zeit des körperlichen Niedergangs sieht man bei öffentlichen Veranstaltungen viele geschminkte, gepuderte oder durch Schönheitsmittel deutlich beeinflußte Frauen. Ihre Farbenwirkung ist für den ersten Moment überraschend; das Leuchten der Augen kommt besser zur Geltung, doch man erkennt bald die Künstlichkeit dieser Körper und empfindet ein Mißbehagen. Die ungebildete oder auf niederer Kulturstufe stehende Frau färbt sich in deutlichster Weise, verstopft die Poren mit Puder, die Talgdrüsen schwellen und bedecken einzelne Gesichtspartien mit kleinen Höckern, die sich im folgenden entzünden, aufplatzen und ihren Inhalt entladen. Vor den Schminken sei also gewarnt, sie führen zu Schrumpfungen des Gesichts und zur gänzlichen Hauterschlaffung.

Schmuck. Der vollständige eigentliche Schmuck umfaßt Ohrgehänge und Brosche, Halsband, Kreuz oder Medaillon, Armband und Manschettenknöpfe, Kamm oder Diadem und dergleichen für das Haar, Uhr, Kette und Ringe. Brosche, Ohrgehänge und Manschettenknöpfe bilden zusammen den halben Schmuck. Übrigens ist das Tragen von Ohrringen stark in Abnahme begriffen und vielleicht verschwinden sie noch ganz, wie die Nasenringe.

Schnarchen. Mundbinden entsprechen in der denkbar einfachsten Weise allen in dieser Sache zu stellenden Anforderungen: sie zwingen den Mund sich zu schließen und beseitigen nach ganz kurzer Zeit, ohne dem mit ihnen behandelten Mann irgendwelche Belästigungen aufzuerlegen, jede Ursache zum Schnarchen und zum schädlichen Einatmen der Außenluft. Der beste Beweis, daß die angelegte Binde sich bewährt, ist für jeden, wenn die früher am Morgen ausgetrocknete Mundhöhle plötzlich zu dieser Tageszeit einwandfrei befeuchtet ist.

Schneeabreibungen. Schneeabreibungen empfiehlt Doktor Wobser mit Worten, die wir hier aus Anstandsrücksichten nicht wiedergeben können. Ich hoffe aber, daß diese Notiz genügt, um einem Verfahren die Aufmerksamkeit zuzuwenden, die es verdient.

Schnelligkeit. Die Mehrzahl der Menschen, die sich auf Reisen begeben, sind Leute, die in größter Schnelligkeit ein möglichst großes Stück der Erde in Augenschein nehmen wollen. Wie weit der einzelne dabei seinen Genuß findet, das kümmert uns hier nicht.

Schnepfenstrauß. In vollem Lauf, langbeinig klappernd, springt er mit weiten Schritten dahin, seinem Ende entgegen. Dabei trägt er den Hals ganz vorgestreckt in die Welt hinein, geräuschlos, fast rattenartig. Und wenn er stillsteht, zieht er den Kopf ein, er ist dann vollkommen rund in der Dunkelheit. Stört man ihn am Tage, so gähnt er häufig und knarrt mit den geöffneten Kiefern. Da dieser Vogel, auch wenn er nicht schnüffelt, jeden Gegenstand mit

bewegt. Später sieht man, wie er den Schnabel tief in die Erde versenkt und langsam bedächtig den Wurm herauszieht, ganz sanft, damit er nicht abreißt, sanft zärtlich feierlich zieht er den Wurm aus der Tiefe der Erde heraus in die Welt, er legt ihn gekrümmt auf den Boden und wirft ihn dann plötzlich hinauf in die Luft in den schnappenden Rachen. Daneben verzehrt er auch Käfer, Beeren und Steine. Und alles, was es auf dieser Welt gibt, berührt er zunächst mit der Spitze des Schnabels.

Schnupfen. Das Tabakschnupfen ist zwar keine hübsche Angewöhnung, aber wie das Rauchen für viele eine große Annehmlichkeit, welche zum Gewohnheitsbedürfnis geworden ist. Sowohl das Nehmen der Prise wie die Einführung in die Nase geschehe aber in delikater Weise.

Schnurrbärte. Starke über die Oberlippen herabhängende Schnurrbärte sind die natürlichsten und besten Helfer gegen den schädlichen Einfluß des Staubes; weit zweckmäßiger als Florschleier oder Florbinden.

Schönheit. Werfen wir schnell einen Blick auf die Figuren eins, zwei und drei, damit wir den Glauben an die menschliche Schönheit nicht einbüßen und die nachfolgenden Abbildungen besser beurteilen können. Mit Genugtuung können wir nun erkennen, daß die ärgsten Ausschreitungen von den Franzosen erdacht worden sind. Diese ganz ungeschickt wirkende Haltung der Person auf der Abbildung eins, die Schwerfälligkeit der ganzen Erscheinung, die mit Kleidungsstücken über-

dem Schnabel berührt, nimmt man an, daß er schnüffelt. Und wirklich, in einen Käfig gesperrt hört man ihn schnüffeln, man hört, wie er leise die Wände berührt in der Nacht, wie er kratzt mit der Spitze des Schnabels und schabt und etwas aufknackt und knirschend zerbeißt und sich dabei

laden ist, diese Zierlichkeitslosigkeit im Vergleich zur zweiten Person, die zwar auch überladen ist, aber wenigstens eine ruhige Breite in ihrer Leibesmitte erkennen läßt und nicht die fürchterlichen Zusammenschnürungen der dritten Person zeigt: alles das hat mit Schönheit wenig zu tun, wie wir in unserer Schrift über die unbekleidete Dame ausgeführt haben. Im nächsten Abschnitt über die Schönheit werden wir unseren Standpunkt näher begründen.

Schöpferin. Die Schöpferin und Erhalterin des guten Tones im Hause ist die Frau. Der Mann wird das Wohlbehagen der eigenen Häuslichkeit nie stärker empfinden, als wenn ihm bei seiner Heimkehr die Gattin mit freundlicher Miene, liebevollem Blick und im einfachen Gewande entgegentritt. Dieses Ziel muß ihr unter allen Umständen das höchste sein. Es braucht kaum erwähnt zu werden, daß sich ihr Leben auf die Erhaltung der Ordnung in der Umgebung und auf die Bedürfnisse des Gatten vornehmlich zu erstrecken hat. Die Frau muß Sorge tragen, daß dem Mann alles, dessen er bedarf, bequem und makellos zur Hand liegt. Nichts kann den Mann mehr verdrießen, als Unordnung in Kleinigkeiten. Ein verlorener Knopf, ein Loch in der Hose kann Grund zu einer peinlichen Verstimmung werden.

Schreibkrampf. In unserer heutigen schreibsüchtigen und schreibpflichtigen Zeit ist der sogenannte Schreibkrampf ein sehr häufiges Übel. Er kann sich indessen auch bei anderen Beschäftigungen einstellen: Klavierspiel, Violinen- Flöten- Harfen- und Zitterspiel, Telegraphieren, Stricken, Nähen undsoweiter bedingen den Fingerkrampf, der als eine Folge der verfeinerten Handfertigkeit erscheint, mit der die Natur nicht immer Schritt zu halten vermag.

Schreibkrücke. Diese einfache, von den Herren Heffler und Schuppli erfundene Vorrichtung hat den Zweck, alle der schlechten Körperhaltung beim Schreiben und Lesen entspringenden Übel zu verhindern, besonders aber die Kurzsichtigkeit, die man ohne weiteres als das verbreitetste Übel der Gegenwart bezeichnen kann. Es ist tatsächlich so weit gekommen, daß ein Mensch mit gesunden Augen zu den Seltenheiten gehört. Professor Q aus Olm, der sich seit Jahren mit der Kurzsichtigkeit beschäftigt, spricht die Ansicht aus, daß der Kernpunkt aller Abhilfebestrebungen darin liegen müsse, das Auflegen beim Lesen und Schreiben zu verhindern. Dieses Auflegen hat seinen Grund weniger in der Nachlässigkeit als in der Unfähigkeit des Körpers, sich längere Zeit ohne Stützpunkt aufrecht erhalten zu können. Außerdem, da alles Sehen mithin ermüdend ist, fühlt das Auge bei anhaltendem Schreiben den Drang, der Schrift immer näher zu kommen, um sie deutlicher zu erfassen. – Die Schreibkrücke, von der nebenstehend keine Abbildung gegeben ist, verhindert das Auflegen, indem sie den Schreibenden zwingt, den Kopf immer in der nötigen Entfernung vom Buch zu halten, sie gibt dem Körper eine der Müdigkeit vorbeugende Stütze und gestattet dabei in höchst bequemer Weise alle nötigen in den Grenzen einer richtigen Körperhaltung liegenden Bewegungen. Dadurch, daß die Schreibkrücke den Kopf in der erforderlichen Höhe hält, zwingt sie auch den Körper zu einer geraden Haltung. Zahlreiche Versuche mit unserem Instrument beweisen, daß Menschen sich rasch damit anfreunden und nicht die geringste Unbequemlichkeit verspüren.

Schrittlänge. Für manche Fälle ist es angenehm, die durchschnittliche Länge des menschlichen Schrittes zu kennen. Die Meinung über die Länge gehen jedoch auseinander und sicherlich mehr, als die Ungleichheit der Schrittlänge bei den einzelnen Menschen beträgt. Collunder hat deshalb im Jahre 70 die Länge des Schrittes von zweihundertfünfzig Studenten gemessen, und zwar durch einfaches Abschreiten einer ebenen horizontalen Strecke von zweihundert Metern. Ist also in einer unbekannten Ebene diese Länge von einer unbekannten Person mit unbekannt langen Schritten abgeschritten worden, so kann man nun nach Collunders Methode den Durchschnitt bestimmen. Collunder hat ferner die eigentümliche Beobachtung gemacht, daß die Länge des Schrittes derselben Person mit wachsendem Alter abnimmt, was allerdings über die Richtigkeit seiner Messungen nichts sagt.

Schützenkunst. Aus dem Reich der Schützenkunst haben wir schon wiederholt interessante Proben mitteilen können. Wir vermehren diese Reihe um ein neues Beispiel. Herr Sober, den unser Bericht vorstellt, ist ein Kunstschütze aus Pennsylvania. Er ist übrigens nicht Kunstschütze von Beruf, führt aber so erstaunliche Dinge aus, daß er ein Berufskunstschütze sein könnte. Herr Sober kann in jeder beliebigen Lage schießen und selbst einen Vogel in der Luft treffen, was an sich nichts

Besonderes ist, doch Herr Sober verhält sich dabei ganz anders als andere Schützen: bald hält er nämlich den Lauf seiner Büchse nach rückwärts, zwischen den Beinen, bald platt vor der Brust nach rechts oder links, bald hinter den Kopf, den Hahn nach unten gerichtet. – Der Leser glaubt nun vielleicht, daß es sich bei diesem Lauf um einen gewöhnlichen Büchsenlauf handelt; aber so leicht macht sich Sober die Sache nicht. Vielmehr nimmt er auf einem Stuhl Platz, der auf einem Tisch steht und steckt die Büchse durch einen Kasten. Diesen Kasten stützt Sober durch sein ausgestrecktes rechtes Bein; der Kasten ist also gewissermaßen das Korn. – Im nächsten Fall steht Herr Sober. Er hält die Büchse mit seinen nach unten gestreckten Armen parallel zum Boden in Seitenlage, der Lauf geht wieder durch jenen erwähnten Kasten und auf diesem Kasten balancieren ein größerer und ein kleinerer Zylinder. Sober schießt nun und trifft natürlich. – Im dritten Fall balanciert Herr Sober mit seiner linken Hand einen Tisch, dessen Füße nach oben gerichtet sind; die Büchse ergreift er mit der rechten und hält sie, hinter seinem Kopf herumgreifend, beim Abdrücken auf der Tischplatte. Er schießt, und daß er auch trifft ist begreiflich. – Eine der außergewöhnlichsten Leistungen der Schützenkunst führt er im vierten Fall vor: hier legt sich Herr Sober lang ausgestreckt auf eine Bank, ergreift seine Büchse, die er durch ein hölzernes Faß gesteckt hat, visiert und drückt ab und trifft. Bei diesem Schuß zeigt er auch eine verblüffende Muskelstärke und Beherrschung der Nerven. Dieser Schütze, der mit seinen Schüssen ein großes Vermögen verdienen könnte, betreibt die Schützenkunst bloß aus Liebhaberei, er schießt zu seinem Vergnügen, drückt ab und trifft immer.

Schuhe, knarrende. Knarrende Schuhe stelle man eine Stunde auf einen gut angefeuchteten Scheuerlappen oder schlage sie eine Weile in einen solchen ein.

Schuhzeug. Über das Schuhzeug ist bereits so viel geschrieben worden, daß wir uns hier kurz fassen können; wir werden uns besser der Bedeckung des Kopfes zuwenden, über die zwar auch schon einiges, aber noch nicht das Äußerste gesagt worden ist. Die Bedeckung des Kopfes soll niemals zu warm sein, nicht aus wattierten Tuchmützen oder aus Pelz bestehen; der Kopf darf freilich auch nicht den heißen Strahlen der Sonne ausgesetzt werden, obwohl ihm die Vorsehung schon Haare zu seinem Schutz verliehen hat. Am besten sind Mützen mit Augenschirmen oder breitrandige dünne Filzhüte.

Schulterausrenkungen. Schulterausrenkungen verbunden mit einem hörbaren Knacken und der Durchspießung der Weichteile sind gar nicht so selten, wie man vielleicht annimmt. Sie betreffen vor allem Leute, die nach einem in der Höhe befindlichen Gegenstand langen oder stark niesen oder im Schlaf eine ungeschickte Bewegung machen.

Schutzmittel. Es läßt sich nicht mehr bestreiten, daß durch die Gefahrlosigkeit der Benutzung von Schutzmitteln einer dumpfen Zügellosigkeit Vorschub geleistet wird, die ihre Gefahren hat, einem wuchernden Triebleben, oft verbunden mit großen Ansprüchen des Gaumens, schlechten Gewohnheiten wie Kaffeesucht, Fleischgenuß, Luftscheu, Trägheit und anderen Verirrungen. Schutzmittel, sagt Lemm, sind beklagenswert häßliche Notwendigkeiten. Freilich sind sie nicht, wie wir beruhigend hinzufügen können, eine Erfindung unserer krankhaften bleichsüchtigen Zeit. Schon die römischen Ärzte gaben den Rat: die Frauen sollten sich hüten und nach dem Akt mit gekrümmten Knien dasitzen. Das war zwar kein Ratschlag, der Sicherheit gewährte, aber er war vernünftig und unschädlich. In Australien gilt es als Schutzmittel, während des Aktes recht gleichgültig zu bleiben und nach demselben durch schlängelnde Bewegungen der Beckengegend sich des eingedrungenen Spermas zu entledigen. Ein Mittel, dem wir hier wenig Vertrauen schenken wollen. – Absolute Sicherheit gibt uns nur die vollständige Enthaltsamkeit. Sie ist ohne lästige Umstände vorzunehmen, ohne Gummihüte und Schlauchspritzen, Fischblasenüberzüge, Schutzkappen, schäumende Mittel oder kleine mit warmem Wasser gefüllte Ballons, mit denen man sich vor lästigen Umständen bewahren will.

Schwanz. Die Form des Kreuzbeines ist schmal, länglich, kegelförmig, steil nach oben gewendet und erinnert an die Basalknochen eines wahren Schwanzes; die Steißbeinknochen erscheinen dagegen nur als ein echtes Schwanzrudiment, sagt Hartmann; um nur einiges von dem herauszugreifen, was er sagt.

Schwanz, weicher. Weiche Schwänze sind äußerst selten; dennoch konnte der

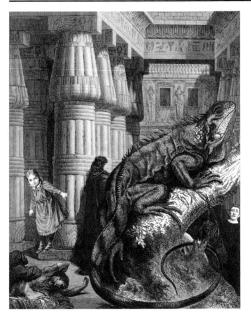

sehr erlesene Fall eines weichen Schwanzes von Virchow auf das eingehendste untersucht und beschrieben werden. Dieser weiche Schwanz fand sich bei einem in Oldenburg lebenden Knaben, war acht Zentimeter lang und soll bei Berührung mit einer Nadelspitze etwas Bewegung gezeigt haben. Das schwanzartige Gebilde ist zart behaart, und die Bezeichnung Schweineschwanz gibt sein äußeres Ansehen vollständig wieder: er macht eine schwach S-förmige Biegung, ist am Ende halb aufgewickelt wie ein Rollschwanz, verläuft drehrund bis zur Mitte, wo eine leichte spindelförmige Anschwellung zu erkennen ist, dann verjüngt er sich wieder und läuft in eine ganz dünne haarlose Spitze aus. Äußerlich erscheint er voll und prall, nur durch die Einwirkung des Spiritus, in dem er nun mehr als dreißig Jahre liegt, etwas gerunzelt. Die Haut ist ungefärbt. Unter der Haut liegt das Unterhautfettgewebe. Virchow sagte beim Anblick des weichen Schwanzes, daß es sich hier um eines der ausgeprägtesten Beispiele handele, die ihm je zu Gesicht gekommen seien. – Weiche schwanzähnliche Anhänge kommen hie und da an verschiedenen Stellen der Körperoberfläche vor; nach Schäfer handelt es sich dabei um Auszerrungserscheinungen der Haut. Aus den Berichten Klomms leuchtet das Entsetzen heraus, wenn er in seiner ostindischen Reisebeschreibung sagt: *unter unseren Sklavinnen hatten wir auch eine, die ähnlich einer schändlichen Bestie mit einem kurzen Stiel oder Ziegenschwanz ausgeschändet war.* Er hielt den Schwanz für das Anzeichen der beginnenden Verwandlung in einen Werwolf. Allerdings sind in diesem Punkt die Anschauungen der Forscher nicht immer gleich. So berichtet Oken, daß nach den Erzählungen von Oberst Elwood der Schwanz für etwas durchaus ehrenvolles gehalten wurde, für eine hervorragende Eigenschaft, wie Mack sagte, für eine gründliche Verlängerung des Menschen, eine Erweiterung im besten Sinne. Damit brechen wir die Betrachtungen des weichen Schwanzes ab, um sie, namentlich mit Rücksicht auf unsere verehrten Leser, an einer anderen Stelle wieder aufzunehmen und zu ergänzen.

Schwarze Strümpfe. Die in den letzten Jahren allgemein gewordene Mode der schwarzen Strümpfe ist eine höchst unsaubere Einrichtung; schwarze Strümpfe werden oft wochenlang getragen, sie sind dann immer noch schwarz. Selbstverständlich erhöht sich damit die Notwendigkeit der Fußwaschung: der Reinlichkeit und einfach der guten Gewohnheit wegen.

Schweigen. Wer mit Menschen verkehren will und zwar angenehm verkehren will, der lerne vor allem Schweigen. Damit ist natürlich nicht das Schweigen überhaupt gemeint, denn wer der guten Gesellschaft angehören will, der soll weder wortkarg noch einsilbig sein. Im Gegenteil muß ein angenehmer Gesellschafter auch angenehm zu plaudern wissen, er bringt sich sonst in den Verdacht der Schweigsamkeit oder gar der Beschränktheit. Die Kunst, angenehm zu reden, verständige und zufriedenstellende Auskunft zu geben, zeigt ihn als einen liebenswürdigen Menschen. Was wir unter Schweigen verstehen, ist das Schweigen am richtigen Ort, an der richtigen Stelle und zur richtigen Zeit. Diese Art des Schweigens meinen wir. – In der Welt wird viel gesprochen. Wer das hören und dazu schweigen kann, der macht sich zum Herrn der Lage.

Schweine, gefütterte. Ich erinnere hier zunächst an die in München von Collunder angestellten Versuche, bei denen es gelang, im Verlauf weniger Monate ein junges Schwein durch reichliche Nahrung auf das Doppelte seines ursprünglichen Gewichts und eine entsprechende Körpergröße zu bringen; während ein zweites ursprünglich gleichgroßes, aber mit einer mangelhaft zusammengesetzten Nahrung gefüttertes Schwein in derselben Zeit nur wenig an Gewicht und Größe zunahm und bei der Schlachtung ein krankhaftes Röcheln darbot. Ähnliche Resultate erzielte kürzlich der Forscher Klomm mit zwei Hunden.

Schweißfuß: siehe *Fußschweiß*

Schwerhörigkeit. Schwerhörige Leute sollten nicht vergessen, daß es für ihre Um-

gebung kein Vergnügen ist, fortwährend mit lauter Stimme ihre Neugier zu befriedigen; sie mögen darum Geduld und Freundlichkeit der Gesellschaft nicht mißbrauchen. Sie sollten auch nicht mit ihrem Schicksal hadern und dankbar sein, daß ihnen die herrliche Gabe des Augenlichts geblieben ist. Man bedenke auch, daß so manches unangenehme häßliche Wort nicht in ihr Ohr dringt, und sie dadurch allerlei Ärger enthoben sind. Und wie reichlich sind ihnen jene stillen Stunden geschenkt, nach denen so viele Personen in unserer lärmenden Welt sich sehnen.

Schwermut. Vor allem suche man die traurigen Gedanken zu verscheuchen und sich heitere Gedanken zu verschaffen. Das Verweilen in einer fröhlichen Gesellschaft ist sehr zu empfehlen. Siehe: *Frohsinn*.

Schwerwiegende Fälle. Darüber haben wir schon so viel geschrieben, daß es hier ausreicht, nur noch einiges hinsichtlich einer eigentlichen Einladung zu erwähnen. Sieht der Eingeladene, wie viel uns daran liegt, ihn bei uns zu sehen, dann erkennt er sofort, daß wir ihn bestimmt und unter allen Umständen erwarten; daß wir uns ganz auf seinen Besuch eingerichtet haben und daß es eine außerordentliche Verletzung aller denkbaren Gefühle bedeuten würde, wenn er die Einladung abschlägt; auch wenn zwingende Gründe, schwerwiegende Fälle etwa, ihn zur Ablehnung veranlassen. Der Eingeladene wird es nicht wagen, nicht zu erscheinen.

Schwindel. Schwindel ist das, wodurch wir in ein leichtes Schwanken geraten, aber das Schwanken kann so heftig werden, daß wir nicht mehr aufrecht zu gehen vermögen und hinstürzen. Einmal kann das passieren, ohne daß wir darüber nachdenken; geschieht es jedoch ununterbrochen, und das gehört keinesfalls zu den Seltenheiten, lese man Näheres in den entsprechenden Abschnitten.

Schwingungen. Nach langer Zeit kehrt die Familie zurück. Am ersten gemütlichen Abend setzt sich der Mann an das Piano, er spielt mit Technik und Zartgefühl, doch was ist das? Nein! sagt die Frau, das ist ja fürchterlich. Sie hat sogar eine unangenehme Empfindung, und wodurch? Nur durch die unregelmäßigen Schwingungen der abgespannten Saiten des Instruments.

Der Mann klappt den Deckel zu. Am anderen Tag kommt der Stimmer. Und von da an spielt der Mann die schwingenden Weisen, so daß alle Hörer heftig applaudieren. Alles Schwingungen.

ST

Stab. Ein runder polierter Stab wird nahe seinen Enden mit beiden Händen, die Greifflächen nach innen, erfaßt, wobei die beiden Arme schlank an den beiden Körperseiten herabhängen. Man führe nun beide Arme mit dem Stab in den Händen mit einem kräftigen Nachdruck nach oben.

Standpunkt. Mein Standpunkt in dieser Angelegenheit ist bekannt. Ich habe keine Veranlassung, ihn an dieser Stelle noch einmal zu erläutern.

Staub. Der Staub legt sich auf unsere Möbel und Kleider, sogar auf die Haut, wie das Waschwasser zeigt, und zwar keinesfalls nur in Ägypten, wo zeitweise ungeheure Massen von Staub durch die Luft gewirbelt werden. Was ist denn aber der Staub? Folgende kleine Übersicht gibt darauf die Antwort. Der Staub setzt sich zusammen aus Bestandteilen der Erdoberfläche, aus Sand, Lehm und Steinsplittern, Rußflocken, Rauchteilen, aus kleinen Teilen von Tieren und Pflanzen, aus Haaren und Fasern von Kleidern und Jacken, Mänteln und Hüten, aus der ganzen verwitterten Welt. Dort wird er vom Boden geblasen. Dort fliegt er und legt sich auf unsere Möbel und Kleider, sogar auf die Haut.

Stehen. Ein schlottriges Stehen ist zu vermeiden. Man stehe vielmehr gerade, stramm, Kopf hoch, Brust heraus. (Siehe auch *Haltung*). Allgemein anerkannt sind die Nachteile des in stehender Haltung ausgeübten geschlechtlichen Umgangs. So

berichtet Pissot von der Lähmung der Beine als Folge. Hammond erwähnt einen Herrn, der längere Zeit der in Frage stehenden Art des geschlechtlichen Verkehrs gehuldigt hat; er wurde bei dieser Gelegenheit von einem heftigen Zittern in beiden Beinen ergriffen, das zwei Tage anhielt. Riedel erzählt einen Fall, wo ein älterer Herr im Bordell tot aufgefunden wurde: stehend. Ein Gleiches wird vom Tod eines Generals versichert.

Stellungssuche. An und für sich ist es schon bitter genug, vorzüglich für Menschen mit Bildung, seine Dienste gegen Bezahlung anzubieten. Erst nach großer Selbstüberwindung entschließt sich der feinfühlige Mensch, sich selbst anzubieten. Im allgemeinen geschieht dieses Angebot durch die Zeitung. Hat man sich entschlossen, eine Stellung anzunehmen, so muß man auch entschlossen die Folgen tragen.

Sterben. Mit dem Sterben stellt sich das Kühlwerden von Wangen, Händen und Füßen ein, eine bläuliche Verfärbung von Lippen, Ohren, Fingern und Zehen, ein Einsinken der Augen, ein spitzes Hervortreten der Nase, ein Röcheln auch Sterberasseln genannt, ein Ausbruch von kaltem Schweiß und eine Unruhe, ein Zupfen an der Bettdecke: der Mensch will fort, ein rasches Atmen. Die Worte verschwinden. Eine große Schwäche beginnt. Ist schließlich der Tod eingetreten, der an den Totenflecken, der Totenstarre, dem Erkalten des Körpers erkannt wird, werden die Augenlider wenn nötig mit einem Geldstück derart beschwert, daß diese sich an den Wimpernrand lehnen. Den Mund schließt man dadurch, daß ein geeigneter Gegenstand, eine Schachtel, ein dickes Hölzchen, ein steif eingebundenes Buch, zwischen Brust und Kinn gesperrt wird. Durch dieses Vorgehen ist es möglich, den natürlichen Gesichtsausdruck zu erhalten. Nach zwei bis drei Stunden kann man Geldstück und Kinnstütze entfernen, ihr Zweck ist erfüllt. Man dreht nun den Kopf auf dem Kissen etwas zur Seite, wodurch der Eindruck des Starren und Steifen gemildert wird und bringt die Hände in eine passende Lage.

Stimme. Man kann auf der Suche nach der Stimme die Vorgänge im Hals mit einem kleinen geeigneten Spiegel betrachten. Man sieht dann zuerst den hinteren Zungenrücken, danach die Zungendeckelbucht, das Zungendeckelband, den Rand des Kehldeckels, den Kehldeckelwulst, die beiden Taschenbänder, die Spaltöffnung der Kehlkopftaschen und zwischen diesen die eigentliche Heimat, die Geburtsstätte, den Sitz der menschlichen Stimme. Gibt man nun einen Ton an, so verändert sich plötzlich das Bild: die beiden von mir als Stellknorpel bezeichneten Köpfe rücken mit den hinteren Enden der Stimmbänder von der Schlundwand ein wenig vor und zusammen, man erblickt im geschlossenen Kehlkopf eine dunkle Spalte, in der während des Tönens eine eigentümlich zitternde Bewegung wahrgenommen wird. Das ist die Stimmritze. Und hier sitzt die unsichtbare Zauberin, die wir gesucht haben: *die Stimme*.

Stimmritze. Auf die Bildung einer schön und schnell geschlossenen Stimmritze, also auf Form und Beweglichkeit der Stellknorpel, auf die schöne Plastik des Grund- und Spannknorpels, auf gradlinige Stimmbänder, auf die Saftfülle der verschiedenen Häute kommt bei der Erzeugung des Sing- und Sprachtones alles an. – Manchmal tritt, nach besonderen Anstrengungen, bei sehr dicken Kindern ein Stimmritzenkrampf auf, der einen erschreckenden Eindruck macht: der Atem setzt aus, das Kind läuft blau an und fällt einfach um. Man öffne in solchen Fällen die Kleider, bespritze die Brust und drücke den Zungenrand mit dem Zeigefinger nieder.

Stimmungskrankheit. Die Stimmungskrankheit ist eine Folge von langem zum Fenster hinausstarrenden Sitzen, fettem stummen Herumliegen oder von nächtlich ausschweifendem Lesen empfindsamer

Romane. Die Stimmungskrankheit äußert sich durch entweder zu traurige oder zu lustige Stimmung, durch Mißtrauen gegen die Welt oder zu große Vertraulichkeit gegenüber unbekannten Personen, die plötzlich hereintreten, durch Neigung zum Schweigen oder zum Schreien, zum unbegründeten Singen und Tanzen, durch Lust oder Schmerz undsofort.

Stirn. Die freie Stirn ist eine Hauptpartie des schönen Menschenantlitzes. Man nennt sie den Sitz der Gedanken, wie denn in der Tat geistvolle Menschen durch die Schönheit der Stirn, beziehungsweise durch ein höchst anziehendes Muskelspiel und einen gewissen transparenten Schimmer der Stirn sich auszuzeichnen pflegen. Das Verdecken der Stirn mit den Haaren ist daher geradezu eine Barbarei, ja es verleiht dem Antlitz etwas stupid Tierisches. Wem das Haar ausgegangen ist, der mag sich aus Gesundheits- wie aus kosmetischen Rücksichten eine Perücke zulegen. Über Haarpflege, Haarstärkungsmittel, Mittel gegen das Ausfallen des Haares, Haarsteifungsmittel, Haarfärbemittel, Haarpomaden undsoweiter findet sich eine ganze Reihe ausgezeichneter Artikel in dem sehr empfehlenswerten Buch von Lemm, einem praktischen Hand- und Nachschlagebuch für alle Angelegenheiten des Hauses und der Familie und für alle Bedürfnisse des Hauswesens.

Stock. Wenn ein alter Mann einen Stock mit sich führt, um sich zu stützen, oder wenn man sich bei Schnee und Eis eines solchen bedient, dann ist das in Ordnung. Weshalb aber viele Leute auch sonst einen Stock in der Hand tragen, ist schwer einzusehen. Sie sind womöglich der Ansicht, die menschliche Gestalt nehme sich schöner aus, wenn aus der Hand ein Stock herausragt.

Stockwerke. Das Parterre ist in der Regel kalt, von der Straße her hat man ebenso das neugierige Auge als auch den Staub zu erwarten, im Winter dringt dann das Ungeziefer des etwa vorhandenen Gartens in das Parterre. Freilich kann uns die imposante Höhe des dritten Stockwerks mit Rücksicht auf den Besuch vieler Damen noch weniger imponieren und für sich gewinnen. Wir ziehen es vor, aus gesundheitlichen teils auch aus anderen Gründen den ersten oder den zweiten Stock zu bewohnen.

Straße. Vom Benehmen auf der Straße war schon in vielen Artikeln die Rede. Hier wollen wir noch bemerken, daß das Essen auf der Straße, dringende Fälle ausgenommen, unpassend ist. – Es ist unstatthaft, beziehungsweise sogar polizeilich verboten, etwas durchs Fenster auf die Straße zu werfen.

Straßensänger, ein geheimnisvoller in London. Man kann kommen und gehen in London, untertauchen und verschwinden, ohne daß eine Hand sich rührt oder ein Hut sich hebt. Von der polizeilichen Überwachung, deren sich der deutsche Bürger erfreut, ist in London gar keine Rede. Ein mysteriöser Vorfall beschäftigt in letzter Zeit die Londoner Bevölkerung. Allabendlich produziert sich in den Straßen des Westens ein Straßensänger, der ebenso wie der ihn begleitende Klavierspieler stets in tadellosem Frackanzug auftritt, die Gesichter sind von schwarzen Masken bedeckt. Die beiden werden von einem Diener begleitet, der das Piano auf einem Karren von Ort zu Ort schiebt. Der Sänger verfügt über eine geschmeidige Tenorstimme und erntet für seine Vorträge nicht nur die Bewunderung der Zuhörer, sondern auch reichlichen klingenden Lohn. Über die

Identität des Sängers herrscht absolutes Dunkel. Er soll der Sohn eines Lords sein, der sich auf diese Weise aus einer momentanen Geldverlegenheit zu befreien sucht.

Streichhölzer. Man hüte sich, ein Streichholz fortzuwerfen, solange es nicht ganz verglommen ist. Im Zimmer ist das Wegwerfen eines Streichholzes überhaupt unstatthaft; man legt es entweder in den Aschenbecher oder wirft es in den Ofen. Von reitenden Streichhölzern, die in der Zerstreuungskunst eine gewisse Rolle spielen, wollen wir hier nicht reden.

Strumpf. Wer Gelegenheit hat, viele Tausende von unbekleideten Füßen zu betrachten, wird staunen, daß er unter allen kaum einen Fuß findet, der den Vorstellungen, die wir von einem vollendeten Fuß haben, entspricht. Namentlich die verstümmelten Fußspitzen fallen ins Auge. – Ich behaupte, daß an unseren Fußverunstaltungen die Strumpffabrikanten einen großen Anteil haben. Dann kommen die Stiefel, um das Werk der Mißhandlung zu vollenden. Das viele Straucheln und Gleiten, das Rutschen und Umknicken beruht größtenteils auf der ausfallenden Arbeit der Zehen, die künstlich in eine Spitze hineingezüchtet werden. Ich fordere hiermit alle Strumpffabrikanten auf, die gewöhnlichen Strumpfspitzen zu überprüfen. Das ist durchaus kein Kunststück. Ich trage seit einigen Monaten nur noch naturgemäße Strümpfe und bin vollständig überrascht über das Behagen, das ich empfinde, seit ich meine Zehen frei sich bewegend und ungezwängt in der Spitze fühle. Das Gehen ist eine Lust. Der gesunde Spaziergang macht keine Schwierigkeiten. Die erfrischende Fußreise kann beginnen.

Strumpfbänder. Hinweise habe ich genug gegeben, es bedarf an dieser Stelle keines neuen Hinweises auf die Nachteile der Strumpfbänder. Strumpfbänder haben dieselben Nachteile, wie alle zu engen Kleidungsstücke. Durch die Störung der Blutzirkulation geben sie die Veranlassung zu Blutaderschwellungen, zu Krampfadern am Unterschenkel mit all ihren unangenehmen Erscheinungen und nicht geringen Gefahren. Da aber die Strümpfe nun einmal befestigt werden müssen, empfehlen wir, die Bänder nicht zuzuschnüren, sondern zu knüpfen.

Stuhl. Man lege einen Stuhl *so* auf den Fußboden, daß die Vorderseite nach unten gekehrt ist, während die hinteren Beine und die Rückenlehne parallel zum Fußboden liegen. Nun bitte man einen Mann auf dem zwischen den beiden hinteren Beinen angebrachten Querstück niederzuknien und mit dem Mund ein auf dem Rand des Stuhlrückens liegendes Stück Zucker zu fassen. Die Sache erscheint auf den ersten Blick sehr einfach.

T

Tätigkeit. Ohne ernste, produktive Tätigkeit, ob körperlicher oder geistiger Art, ist weder ein gesittetes noch ein glückliches Leben denkbar. Sie ist die beste Würze des Genusses und ein köstlicher Balsam für die Wunden der Seele, nicht minder eine Anforderung seelischer Hygiene und die wirksamste Prophylaxis gegen Ausschweifung und Laster.

Tafel. Zum Gegenstand der Unterhaltung mache man nicht die gebotenen Speisen und Getränke. Auch spreche man nicht von Dingen, die einem den Appetit verderben können. Unschicklich ist es auch, mit in der Ferne sitzenden Tischgenossen eine längere Unterhaltung zu pflegen, so daß man zum lauten Sprechen genötigt ist. Was hier gesagt ist, gilt teilweise auch für ganz andere Fälle.

Tafeldecken. In diesem Abschnitt kann es sich nicht um die Art handeln, wie ein großes Mittagsmahl in der gefälligsten Weise hergerichtet werden soll, noch weniger um das, woraus es zusammengesetzt ist. Vielmehr geht es hier um das Vorbereiten oder Decken der Tafel. Eine künstlerisch gedeckte Tafel wird ohne Zweifel bei den Eingeladenen jene Wirkung ausüben, die notwendig ist, um die Magenstimmung zu heben. Es liegt daher stets in der Hand des Tafeldeckers, dem die Verantwortlichkeit für den äußeren Schmuck übertragen ist, welches Urteil die Gäste über den Gastgeber fällen. Der Tafeldecker wird seine Ehre darin suchen, alles zur vollsten Zufriedenheit herzustellen, nachdem man ihm seine Ansichten mitgeteilt und die zur Verfügung stehenden Sachen übergeben hat. In den meisten Fällen verwendet man einen sogenannten Ausziehtisch, der sich bis zu einer bestimmten Länge ausziehen läßt. Sollte er wackeln, so lege man Korkscheiben unter die Füße. Um das Klappern beim Aufsetzen der Teller zu vermeiden, wird unter das Tafeltuch ein Filztuch gelegt. Darüber breite man dann das eigentliche Tafeltuch aus. Erwähnt sei noch, daß das Tafeltuch keine Falten aufweisen darf, sondern glatt auf dem Tisch liegen muß. Nun kann es vorkommen, daß ein Tafeltuch nicht ausreicht, um den ausgezogenen Tisch zu bedecken. Der geschickte Tafeldecker weiß sich auch hier zu helfen. Nachdem nun der Tafeldecker auf diese Weise die Tafel gedeckt hat, beginnt das eigentliche Decken der Tafel. Es ist selbstverständlich, daß die Gegenstände, die auf dem Tisch stehen, nicht planlos aufgestellt oder hingelegt werden dürfen. Die Wirkung, die eine gedeckte Tafel erzielt, wird stets ein Echo auf den Tafeldecker zurückwerfen.

Tafelmusik. So natürlich es ist, Tischreden anzubringen, so unrichtig ist es, ein Mittagsmahl, und sei es das allerfröhlichste, durch Gesangsvorträge zu unterbrechen. Ist es für essende Zuhörer schon anstrengend, dem leichtverständlichen gesprochenen Wort zuzuhören, so wird ein halb zu erratender Gesangsvortrag zur Qual, ganz abgesehen davon, daß die Mitspeisenden stimmlich nicht aufgelegt sein können, oft auch nicht mitsingen wollen. Will man durchaus Musik haben, so möge man Per-

sonen damit beauftragen, Musik zu machen. Dies bringt uns auf die eigentliche *Tafelmusik*. Tafelmusik trägt ungemein zur Erhöhung festlicher Stimmungen bei. Sie muß aber so plaziert werden, daß ihr Geräusch keinem der Gäste lästig wird und nicht die Unterhaltung unmöglich macht.

Tanzen. Das Tanzen kann für Damen ein großes Vergnügen sein, vorausgesetzt, daß die Tanzmusik gut und für wirklich gute Tänzer gesorgt ist. Es wird aber zu einer verwerflichen Veranstaltung, wenn es nur dazu dient, durch Pomp und Putz Aufsehen zu erregen, und eine gemütliche Unterhaltung gar nicht erst aufkommen kann, weil sich Männer und Frauen fremd gegenüberstehen und das ganze Treiben ein äußerliches ist. Kein Mädchen von Charakter und Stolz wird sich dort hinsetzen und warten wollen, bis prüfende Männerblicke auch sie treffen und endlich ein Tänzer sie zum Tanz holt. Über den Einfluß des Staubes beim Tanzen lese man unter *Staub* nach.

Tanzen oder nicht. Muß einer voraussetzen, daß er nur des Tanzens wegen zu einer Gesellschaft geladen worden ist, und er tanzt nicht, so kann er sicher sein, daß man bereuen wird, ihn geladen zu haben; diese Ehre wird ihm schwerlich ein zweites Mal widerfahren. Wenn man seine Schwäche in bezug auf das Tanzen aber kennt und ihn dennoch einlädt, dann hat die Einladung der Person und nicht dem Tänzer gegolten. Noch schlimmer als ein Herr, der gar nicht tanzt, ist für die Gesellschaft einer, der schlecht tanzt. Ungeschicklichkeit ist weniger zu entschuldigen als Abwesenheit. Ein Herr, der schlecht tanzt, wird zum Kreuz für die tanzenden Damen, denn er macht nicht sich allein, sondern auch sie auffällig; sie werden unweigerlich in den lächerlichen Fall mit hineingezogen. Davon abgesehen aber hat jeder anwesende jüngere Herr die Verpflichtung, zu tanzen, solange die Tanzordnung nicht erschöpft ist. Ältere Herren sind berechtigt, sich in das Rauchzimmer zurückzuziehen, wo sie sich der Handschuhe entledigen und es sich bequem machen mögen.

Tanzen, das Verhalten beim. Personen, die zum gemeinsamen Tanzen zusammentreten, sollen sich vorher einander vorstellen, soweit sie noch nicht vorgestellt worden sind. Man kann aber nicht erwarten, daß ein Herr sich allen auf einem Ball gegenwärtig tanzenden Damen vorstellen läßt. – Die Aufforderung zum Tanzen geschieht mit den Worten: *darf ich um die Ehre bitten, mein Fräulein, mir den Tanz zu bewilligen?* Die Antwort lautet: *mit Vergnügen, mein Herr* oder *bedaure, ich bin für diesen Tanz schon versagt.* Die Dame gebrauche aber ja keine Ausflucht. Das wäre nicht nur ein Verstoß gegen den guten Ton; sie könnte sich damit auch Unannehmlichkeiten zuziehen, denn die Herren nehmen eine so beleidigende Zurückweisung sehr übel und lassen nicht mit sich spaßen. – Sobald das Signal ertönt, mit dem der betreffende Tanz beginnt, eilt der Herr zur Dame; er läßt sie nicht warten, Vergeßlichkeit ist eine unverzeihliche Ungezogenheit, er verneigt sich, sie erhebt sich, legt das Bouquet, da es beim Tanzen nur hinderlich wäre, auf ihren Sitz und nimmt den ihr dargebotenen rechten Arm. Man spreche nicht viel beim Tanzen. Der Herr legt die rechte Hand auf die Taille der Dame, ungefähr in die Mitte des Rückens, während die Dame die Hand leicht auf die Schulter des Herrn legt, in dieser Hand hält sie das Taschentuch. Die Hand des Herrn liegt bei gut tanzenden Paaren ganz leicht am Körper der Dame. Eine schlecht tanzende Dame muß es sich freilich gefallen lassen, daß der Herr etwas fester zufaßt. Versteht sie es aber, sich auf die Hand des Herrn zu verlassen und nachzugeben, gewissermaßen indem sie sich tragen läßt, so wird der gewandte Tänzer mit ihr keine allzu großen Schwierigkeiten haben und so ruhig über den Boden gleiten, wie mit einer bessertanzenden Dame. – Der Anblick eines mit Menschen gefüllten Raumes, die sich alle gelassen bewegen und gleichzeitig drehen, ist hocherfreulich. Doch das freundliche Schaukeln, das schmachtende Wiegen, das feine zierliche Schreiten ist beim Tanzen vielfach verlorengegangen und zu einem keuchenden rohen Stampfen herabgezogen. Die neuen allgemeinen Ballfreiheiten führen bekanntlich ganz leicht zu einem gewöhnlichen Tanzbodenverhalten, das Unannehmlichkeiten nach sich ziehen kann. Längeres sogenanntes Schassieren zum Beispiel wirkt nicht nur unschön, sondern auch störend: geschieht es seitens des Herrn vorwärts, so ist die Dame durch ihre Kleider behindert; geschieht es rückwärts, so hat der Herr keinen Überblick. Das Hindurchtanzen durch eine Reihe von Paaren darf eigentlich nicht geschehen, und es geschieht dennoch. – Es empfiehlt sich, beim Tanzen kein Bier zu trinken. Ebenso ist das Rauchen verboten. Jüngere lebhafte Damen mögen sich merken, daß sie beim Tanzen weder Blumen aus ihrem Haar, noch Stücke ihrer Bekleidung verlieren dürfen; das verrät immer ungestüme heftige Bewegungen, Mangel an Sorgfalt, Zartgefühl und der so notwendigen Zurückhaltung. Ungeschickt ist es auch, wenn der Tänzer beim Tanzen Unlust zur Schau trägt und die ganze Verachtung des Tanzens in seinem Gesicht. Will ein Herr, ein Tänzer, in einer Gesellschaft wirklich beliebt, will er gesucht und geschätzt sein, so sollte er mit Vergnügen tanzen. Das Sprechen beim Tanzen setzt allerdings einen gewissen Grad an Bekanntsein und Vertraulichkeit voraus, soll also dort, wo diese Tatsache nicht vorliegt, vermieden werden.

Taschentuch. Daß zwischen Nebel und Ruß ein enger Zusammenhang besteht, beweist uns an Nebeltagen das Taschentuch.

Taschenwärmer. Endlich ist auch der neue Taschenwärmer entdeckt entwickelt und eingetroffen. Keine Angst mehr vor Schnee Eis und Kälte. Der Winter ist jetzt für jeden erträglich.

Tauben. Ein enthirntes Tier kann nicht nur von der Haut aus, sondern auch vom Auge oder vom Ohr erregt werden. Eine vor längerer Zeit enthirnte, körperlich wieder vollkommen erholte Taube wurde neben einer anderen Taube so aufgestellt, daß beide Köpfe von Doktor Q abgewendet waren. Nun klingelte ein Mann namens Bischoff laut, und beide Tauben drehten den Kopf in die Richtung des Geräusches. Die enthirnte Taube tat das unabänderlich jedes Mal, wenn Bischoff klingelte; die gesunde Taube aber flog davon. – Bei ihren Wanderungen auf dem Zimmerboden, die sie oft ausführte, stieß die enthirnte Taube gelegentlich auf eine Fadenrolle: sie pickte und brachte sie durch das Picken in Bewegung, sie pickte und pickte. Wir haben damit ein allgemeines gesetzmäßiges Verhalten vor uns, das uns in Beruhigung zu setzen vermag. Damit wenden wir uns dem nächsten Artikel zu.

Teilung der Kleidung in vier Abschnitte. Wir können die Kleidung ohne weiteres in vier Abschnitte teilen: in die Morgenkleidung oder das Negligé; in die einfache Kleidung für das Haus, deren man sich manchmal auch auf der Straße, bei Einkäufen oder bei schlechtem Wetter bedient; in die Kleidung für die Straße, zu Besuchen und zum Empfang im eigenen Hause; endlich in die Kleidung, die bei Mahlzeiten, in Konzerten und Theatern, auf Gesellschaften und Bällen getragen wird. Das ist, in kurzen Umrissen, der augenblickliche Stand der Verhältnisse.

Teller. Ein Teller, von dem ein gebildeter Mensch mit Geschmack gegessen hat, zeigt nach dem Essen nicht eine bis an den Rand reichende braune Farbe, die von der Mischung aus Soße, Kartoffeln und Gemüse herrührt, sondern er bleibt verhältnismäßig sauber. Nur ein kleiner Fleck läßt erkennen, wo das Fleisch lag; ein anderer, wo sich Gemüse, Kartoffeln und Soße befunden haben.

Temperatur. Was wir durch das Fiebermessen erfahren wollen, ist die Temperatur des Blutes, und zwar nicht des Blutes im Moment, wo es durch kalte Füße fließt, sondern im Moment, wo es sich im Innern des Herzens befindet. Könnten wir das Thermometer durch eine Ritze des Brustkastens direkt in das Herz stecken, so wüßten wir es. Leider ist das unmöglich. Wir sind darauf angewiesen, das Meßinstrument in eine Hautfalte zu klemmen oder es einige Zentimeter weit in eine natürliche Körperöffnung hineinzustoßen. Es ergeben sich, zumal im Winter, oft unzuverlässige Werte. Man kann aber im allgemeinen das Steigen des Quecksilbers gut verfolgen; entweder sieht man es blitzschnell in großen Sprüngen in die Höhe schießen, oder ganz langsame seltene Schritte machen.

Theater, Gedränge und andere zuweilen vorkommende Unglücksfälle darin. Siehe: *Erdrücken* und *Schauspielkunst*.

Theaterbesucher. Über das Verhalten der Theaterbesucher verweisen wir im allgemeinen auf den Artikel *Konzert*. Das Plaudern während der Vorstellung auf eine für den Nachbarn hörbare Weise müßte zur Ausweisung der Plaudernden berechtigen. Wer sich dadurch gestört fühlt, wende sich an das zur Aufrechterhaltung der Ordnung aufgestellte Personal, da erfahrungsgemäß die Bitten um Stillschweigen vergebens sind. Allgemein sollte im Theater die Ordnung gelten und strikt durchgeführt werden, daß Damen so wenig wie Herren mit hoher Kopfbedeckung erscheinen dürfen, wodurch den Hintersassen die Aussicht auf die Bühne versperrt wird. Damen mögen ein sogenanntes Theatertuch aufsetzen; Herren, wenn sie die Zugluft zu scheuen haben, ein passendes Käppchen.

Theaterfrage. Ernste Theaterleiter, die gewillt sind, das Theater wieder zu einer Stätte der edlen erhabenen Kunst zu machen, stoßen leider auf die allergrößten Schwierigkeiten. Ihre Versuche, einwandfreie Stücke aufzuführen, sind fast durchweg gescheitert an der Teilnahmslosigkeit der Besucher, die sich, ohne mit der Wim-

per zu zucken, die heimlich oder offen fließenden Rinnsale einer perversen Phantasie vorsetzen lassen und sie mit Behagen aufschlürfen. Was soll man dazu sagen, daß heute bei gewissen Szenen, die eine angesehene Zeitung unsäglich anstößig und abstoßend nannte, ein gebildetes Publikum in Beifall ausbricht. Ihre Stütze und beste Nahrung findet die Gewissenlosigkeit der Theaterbesucher in den beispiellosen Produkten der heutigen Bühnenschriftsteller, denen das Theater nicht mehr und nicht weniger als ein Ablagerungsplatz für ihren Gedankendung ist. Ein auf dem Gebiet der Unanständigkeit besonders tätiger Mann, dem der Sinn für das Erhabene gänzlich abhanden gekommen ist oder der ihn nie besessen hat, ist ein Herr W aus München. Bei Herrn W feiert die Zote wahre Orgien; die allerfrechsten Entblößungen gehören zu den Selbstverständlichkeiten seiner Produkte. Mit diesem Herrn sind wir weit über die französischen Theaterzustände hinaus fortgeschritten; denn bei Stellen, an denen die Franzosen den Vorhang fallen lassen, spielt ein Drama dieses Herrn ruhig weiter. – Um den ganzen Tiefstand des Theaters zu ermessen und den furchtbaren Schaden zu erkennen, der unserer Volkskraft vom Theater droht, müssen wir noch einen Blick auf den Theaterbetrieb werfen. Er enthüllt uns ein erschreckendes Bild, das unsere Hoffnung auf eine baldige Besserung der Verhältnisse tief herabstimmen muß. Dabei spielt in seiner Verlumpung und Verlotterung wieder dieser soeben hoftheaterfähig gewordene Herr W eine Hauptrolle. – Freilich schöpft man gerade in diesen Tagen die Hoffnung, daß der ungeheure Wettersturm, der über unsere Köpfe braust und den deutschen Wald von allem brüchigen morschen Astholz säubert, auch die verschnittenen, verschnörkelten und schwülen Gärten unserer Bühnenliteratur mit all ihren künstlichen geil gewordenen Gewächsen gründlich durchfegt.

Theaterstück. Ist in einer Gesellschaft der Vorschlag gemacht worden, ein Theaterstück aufzuführen, so vermeide man vor allen Dingen, sich zum Mitspielen aufzudrängen. Womöglich entsprechen unsere Eigenschaften der Rolle ohnehin nicht, oder wir sind nicht imstande, sie im Sinne des Dichters durchzuführen. Hat man sich aber zur Annahme entschlossen, kann nur ein unvorhergesehenes Ereignis uns davon entbinden; auch wenn man nicht die Hauptrolle, sondern eine Nebenperson darzustellen hat, und zwar nicht steif, sondern mit ungezwungenen Bewegungen, die man am besten vor dem Spiegel einübt.

Tiefe. Was die Tiefe betrifft, so übersteigt die Tiefe alle unsere bisherigen Vorstellungen.

Tiere. Man vermeide jede Tierquälerei, auch wo man keine polizeiliche Ahndung zu fürchten hat. Man töte auch kein Tier unnötig, auch nicht eine winzige Spinne. Wir möchten darüberhinaus gegen das Gänsestopfen, das sogenannte Nudeln protestieren, wobei die Gans künstlich krank gemacht, wochenlang in der Dunkelheit gehalten und auf eine Weise gefüttert wird, daß sie, statt Genuß zu haben, nur Qual leidet. Demgegenüber ist die Zärtlichkeit zu loben, welche viele für Hunde und Katzen haben; nur möge sie nicht allzu weit gehen, was häufig von Damen gegenüber ihren Hunden geschieht.

Tiere, gesunde. Gesunde Schafe tragen den Kopf hoch, richten die Ohren auf und widersetzen sich dem Versuch, sie zu ergreifen. Gesunde Ziegen sind gewöhnlich lebhafter als Schafe, wenden sich herantretenden Personen zu, sind aber stets bereit, zu entweichen. Gesunde Schweine bewegen sich im Freien grunzend und schnüffelnd, meist mit gesenktem Kopf und geringeltem Schwanz. Bei gesunden Tieren liegen die Schamlippen blaßrot eng aneinander.

Tintenfaß. Das Tintenfaß soll einen doppelten Verschluß haben, man packe es am besten in einen Stiefel, wo im schlimmsten Fall ein Aufgehen und Auslaufen des Inhalts nicht viel schadet. Es sind übrigens heutzutage sehr praktische Behälter käuflich, von denen Unannehmlichkeiten, wie die angedeuteten, nicht zu befürchten sind. Doch Vorsicht ist trotzdem geboten.

Tisch, bei. Wohlerzogenen, belesenen Menschen werden so peinliche Augenblicke, wie wir sie hier in wenigen Zügen andeuten wollen, fremd bleiben. Aber es ist nicht unmöglich, daß sie bei Tisch mit jemandem zusammentreffen, dessen Erfahrungen nicht von unserem Buch geprägt wurden, der also durch Zufall in die ihm bis dahin verschlossene Gesellschaft geriet. In diesem Fall mögen ihm die Fehler verziehen sein oder nicht so hoch angerechnet werden; wir sind sogar in liebenswürdiger Weise bemüht, seine Fehler zu übersehen; aber nicht in diesem für die Gesamtheit des Buches wichtigen Augenblick. Da sitzt ein Mann, in unserem Kreis ein Neuling, der sich bis dahin vielleicht ganz leidlich zu benehmen gewußt hat, der, wenn auch mit Mühe und Not, uns nicht aufgefallen ist; denn er wagte weder zuzugreifen noch aufzublicken. Die hübschen Dinge auf dem Tisch wünscht er in die weite Ferne hinein und natürlich sich auch; denn er ist nicht Leser dieses *Ratschlägers* gewesen, obgleich wir ihm raten, es sofort zu werden. Seine Augen blicken in größter Verlegenheit nach allen Seiten, um zu erkennen, wie sich die Eßvorgänge abwickeln; und während er genug damit zu tun hat, soll er auch noch die Fragen beantworten, die man an ihn richtet. Das ist kein beneidenswerter Augenblick im gesellschaftlichen Leben. Glücklich ist der, der sich verhältnismäßig schnell zu fassen weiß und somit Herr über sich selbst wird, lieber zulangt und hineinstopft, was er nur haben kann, als etwa den steinernen Gast zu spielen, der Sättigung vortäuscht, nur um die Speisen nicht anfassen zu müssen. Der aber ist bedauernswert, dem die Lage über den Kopf wächst; er begeht eine Dummheit nach der anderen, die auch mit der größten Liebenswürdigkeit von Seiten der anderen nicht mehr zu übersehen ist. Wenn die Tafel aufgehoben ist, wird er sich im allgemeinen Getümmel in eine stille Ecke flüchten, um über diese neue Art von Elend nachzugrübeln. Im Leben macht sich eben nichts von selbst; alles muß gelernt werden und zwar mit Hilfe unseres für alle Fälle geeigneten *Ratschlägers*. Daß zum Essen eine gewisse Geschicklichkeit gehört, wird niemand verkennen. Wo aber soll sie geübt werden? Wenn es erst in Gesellschaft geschieht, dann geschieht es zu spät und auf die Gefahr hin, sich bis zur völligen Unmöglichkeit hin lächerlich zu machen.

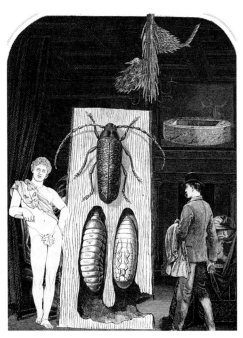

Tisch, vor. Vor Tisch spricht man stehend miteinander und wer noch nicht alle Personen kennt, der wird sie schon kennenlernen. Die Herren suchen alle oder doch die meisten Damen zu begrüßen und nähern sich insbesondere denjenigen Damen, die sie zu Tisch führen sollen. Die Anweisung haben sie vorher erhalten. Sind alle versammelt, so gibt die Herrin den Wink zum Beginn, wozu alles so vorbereitet sein muß, daß es sofort geschehen kann, und zwar ohne größeres Kopfzerbrechen, in Ruhe, Behagen, Würde und Zufriedenheit.

Tischgenossen. Gegen Tischgenossen, mit denen man trotz der gebotenen Zurückhaltung durch Zufälligkeiten immerhin in Berührung kommen kann, sei man artig und höflich. Alle jene Regeln, die der gebildete und von uns beratene Mensch immer und überall, beim Essen, Trinken wie auch beim Sitzen zu beachten hat, sind selbstverständlich auch in der Wirtschaft zu beachten. Die Gewohnheiten des geräuschvollen Räusperns und andere verwandte Kehlkopfäußerungen, namentlich auch das Bespucken des Fußbodens, kann für die Tischgenossen unerträglich werden.

Tischgespräche. Die Rücksicht auf den Wirt gebietet dem Gast, daß er mit seinen eigenen Meinungen zurückhält oder sie mit denen des Wirts in Einklang zu bringen sucht. Namentlich wird der Gast die politischen und religiösen Ansichten des

Wirtes achten müssen; auf keinem Gebiet gehen die Anschauungen bekanntlich so weit auseinander, auf keinem ist der Streit, und bewege er sich auch in den Schranken der feinsten Bildung, so unerquicklich, wie hier, zumal von keiner Seite nachgegeben wird und eine Überredung, wo es sich um Überzeugungen handelt, nicht stattfinden kann. Es würde eine schlechte Lebensart verraten, wollte man die Zeit der Gastfreundschaft mit politischen oder religiösen Streitfragen ausfüllen. Guten Ton verrät der, der auch bei gegenteiliger Überzeugung an sich hält und sich der Meinung des Wirtes unterordnet. Solange man also im Hause des Gastgebers weilt, hat man sich immer den Auffassungen der Allgemeinheit anzuschließen, die eigenen Neigungen zu unterdrücken und lieber kleine Unbequemlichkeiten zu ertragen, als Anstoß zu erregen.

Titulaturen. Kaiser und Könige haben das Prädikat Kaiserliche beziehungsweise Königliche Majestät. Die nächsten Mitglieder des kaiserlichen oder königlichen Hauses: Kaiserliche oder Königliche Hoheit. Großherzoge und Landgrafen: Königliche Hoheit. Herzoge: Hoheit. Fürsten und Prinzen: Durchlaucht, Durchlauchtigst. Grafen: Erlaucht, auch Hochgeboren und Hochwohlgeboren, oder Hochgräfliche Gnade, im mündlichen Verkehr auch Herr Graf. Freiherrn: Hochwohlgeboren oder Freiherrliche Gnaden. Den Papst redet man mit Eure Heiligkeit und Heiliger oder Heiligster Vater an. Kardinäle: Eminenz, und falls sie fürstlichen Rang haben, Hochfürstliche Eminenz. Erzbischöfe: Erzbischöfliche Gnaden, und falls sie fürstlichen Rang haben, setzt man Hochfürstliche Durchlaucht hinzu. Bischöfe: Bischöfliche Gnaden. Generalsuperintendenten und Rektoren der Universität: Magnifizenz. Domherren, Superintendenten, Dekane, Oberprediger aller Konfessionen, Äbte, Priorinnen: Hochwürden, mündlich mit ihren Amtstiteln. Gewöhnliche Geistliche: Hochehrwürden und Ehrwürden, mündlich Herr Pfarrer, Herr Pastor, Herr Rabbiner. Staatsminister, kommandierende Generäle und Generallieutenants: Exzellenz. Andere Beamte: Hochwohlgeboren und Wohlgeboren im schriftlichen Verkehr. Staatsbehörden erhalten keinen anderen Titel als den Rang des betreffenden Staates, also Kaiserliche, Königliche undsoweiter. Gemeindebehörden: Hoch-

wohllöblich, Hochlöblich, Wohllöblich. Privatpersonen von hervorragender Stellung: Hochwohlgeboren, Hochgeboren, Wohlgeboren. Damen werden meist mit dem Titel ihres Herrn Gemahls beehrt. Spricht man von abwesenden Angehörigen, so nennt man sie bei ihren Titeln; bei Privatpersonen: Die Frau Gemahlin, Ihre Gattin oder Frau undsoweiter, und Herr Gemahl, Herr X, Fräulein Tochter, Fräulein X, der Herr Sohn. Die Unterschrift der Briefe stuft sich folgendermaßen ab: Untertänig, Ehrerbietigst, Ehrerbietig, Verehrungsvoll, Mit ausgezeichneter oder vorzüglicher Hochachtung, Hochachtungsvollst, Hochachtungsvoll, Hochachtungsvoll und ergebendst, Mit hochachtungsvoller Ergebenheit, Achtungsvoll, Ganz ergebenst, Ergebenst. Auch wird je nach beiderseitigem Verhältnis kombiniert: Mit hochachtungsvoller Begrüßung oder Mit hochachtungsvollem oder achtungsvollem Gruß.

Tod. Wir haben uns überzeugt, daß es gar nicht so fürchterlich ist mit dem Tod: ein einfaches Einschlafen, ein langsames Vergehen, ein Abkühlen bis zur Todeskälte, ein vollständiges Ruhigwerden. Weiter nichts.

Todesfall. Ein Todesfall bringt nicht nur Kummer, sondern auch Pflichten und Mühen, die keinen Aufschub dulden: die Benachrichtigung des Arztes etwa, oder die Anordnungen, die man für das Begräbnis zu treffen hat. – Die Trauerversammlung muß anwesend sein, bevor der Prediger in das Zimmer tritt. Dieser beginnt sogleich mit der Rede und wendet sich erst nach Beendigung derselben mit einigen Worten an die Trauernden oder gibt ihnen wortlos die Hand, ehe er dem Sarge folgt. Nach der erfolgten Beerdigung wird man denjenigen, die man kennt, die Hand drücken. Das äußere Benehmen aller Anwesenden ist natürlich ganz der schmerzlichernsten Veranlassung der Versammlung gemäß einzurichten. In der Nähe des Sarges ist jedes laute Gespräch zu vermeiden, sowie ungestüme schnelle Bewegungen. Man mache weder die Verdienste des Toten, noch die Geschichte seiner Krankheit, noch auch den Schmerz der Leidtragenden zum Gegenstand der Unterhaltung. Ruhiger Ernst ist die Grundhaltung und Grundregel bei solchen Gelegenheiten. Durch Schweigen ehrt man den Schmerz mehr, als durch laut werdendes Mitgefühl. Ernste Würde soll die Teilnehmer auch während des Leichenzuges auszeichnen. Es macht keinen schönen Eindruck, wenn diejenigen, die vielleicht nur aus äußeren Anstandsrücksichten erschienen sind, dies auch in ihrem Benehmen zu erkennen geben, sich im Gefolge vergnügt unterhalten, lachen, Zigarren rauchen undsoweiter. Wenden wir uns damit den Erscheinungen zu, die wir noch nicht erwähnt haben.

Todfeinde, unsichtbare. Bekanntlich führt die heutige Medizin mit großer Einstimmigkeit die gefährlichsten Krankheiten auf kleine Lebewesen zurück, die durch die Atmung in unseren Körper gelangen und in unserem Blut durch rücksichtslose Vermehrung alles mögliche Unheil anrichten. Der moderne Mediziner geht mit dieser unheimlichen Gesellschaft äußerst familiär um, er züchtet sie und verändert sie, er färbt sie sogar, um sie besser betrachten zu können. Uns aber kann angst und bange werden.

Ton. Ein leeres lufthaltiges Gefäß gibt beim Beklopfen seiner Wand einen vollen hellen Ton, ein mit Flüssigkeit gefülltes Gefäß dagegen einen dumpfen Ton von sich. Der normale Mensch, der ja immer Luft enthält, ergibt beim Beklopfen ebenfalls einen vollen hellen Ton. Findet man beim Beklopfen der Menschenbrustwand eine Stelle, die einen leeren dumpfen Ton, eine Dämpfung ergibt, so schließt man daraus, daß an dieser Stelle die Luft aus dem Körper verdrängt worden ist.

Ton, guter. Der gute Ton ist der Inbegriff aller Sitten und Gebräuche, die als Ausfluß des guten Herzens, des geläuterten Geschmacks und des gesunden Empfindens in der gebildeten Gesellschaft anerkannt worden sind.

Topfheber. Die heißen Töpfe je nach Bedarf herüber und hinüber zu heben, das war schon immer eine schwere Aufgabe, bei welcher der Kochende sich sehr leicht die Finger verbrannte, den Inhalt der Töpfe verschüttete, überhaupt Unannehmlichkeiten und Unheil verschiedenster Art anrichten konnte. Um diesen Mißgeschicken zuvorzukommen, den Töpfen und ihren heißen Henkeln also auf eine höchst einfache sichere ungefährliche Weise beizukommen, ist nichts so sehr geeignet, wie der neue Topfheber. Kein Wunder, daß er sich bereits in meiner Hand befindet, und daß ich nun alle Töpfe mühelos hin- und herrücke, ohne Zweifel bei dieser Verrichtung pfeifend, froh über die Leichtigkeit und Ungefährlichkeit dieser Handlung, mit diesem unentbehrlichen Gegenstand in der Hand: *dem Topfheber.*

Tränenapparat. Die Tränendrüse ist ein selbstloses Organ: während sie alles menschliche Leid getreulich beweint, gibt sie selber zu Leid und Tränen wenig Anlaß, weil sie fast niemals erkrankt. Um so öfter erleben wir, daß der normale Abfluß der Tränen infolge Entzündung oder Verstopfung des Tränenkanals gestört ist. Behandelt wird dieser Fall mit der Durchspritzung des Kanals oder durch das Herausnehmen des Tränensackes.

Tragbeutel. Volle Übereinstimmung herrscht darüber, daß die gewöhnlichen

Tragbeutel ihre Bestimmung, die Hoden in die Höhe zu heben, den ganzen Geschlechtsapparat festzustellen und vor mechanischen Angriffen zu schützen, nur höchst unvollkommen erfüllen. Sie sind so konstruiert, daß ihr Leibgurt um die Hüftbeinschaufel wie ein Bruchband gelegt werden soll, es fehlt ihnen aber ein geeigneter Stützpunkt, von dem aus ein Zug nach oben stattfinden könnte. Es sei mir gestattet, auf ein von mir konstruiertes Suspensorium hinzuweisen, das sich seit längerer Zeit in der Praxis bewährt.

Tranchiren. Es gehört dazu ein dünnes aber starkes und scharfes Messer und eine zweizinkige Gabel. Man setzt das Messerheft an den Ballen der rechten Hand fest an, streckt den Daumen rechts aus und legt ihn am Ende der Messerschneide dicht an das Heft des Messers, schließt die anderen Finger um das Heft und hat nun das Messer ganz in seiner Gewalt. Die Schnitte werden bei sämtlichen Fleischarten quer durch die Fasern geführt.

Transport. Es würde den Rahmen meiner Arbeit zu weit überschreiten, wenn ich den Leser mit allen Ausrüstungsgegenständen bekanntmachen wollte, die dem Transport Verunglückter dienen. Das Wissenswerte ist schon gesagt und durch Abbildungen veranschaulicht worden.

Trauer. Die Sitte verlangt, daß die Trauer um verstorbene Angehörige äußerlich zum Ausdruck komme, gleichviel, ob der Todesfall schwer oder minder schwer empfunden wird. Als Heuchelei würde die Trauerkleidung erscheinen, wenn die Träger sich im Scherzen und Lachen ergehen und sich in großer Ausgelassenheit an öffentlichen Vergnügungsorten zeigen.

Trauerdauer. Die Trauer um Vater und Mutter dauert ein Jahr. Die Trauer um die Großeltern indes nur sechs Monate. Um einen Onkel pflegt man drei Monate, um Bruder und Schwester sechs Monate zu trauern. Alles andere ist in das Belieben des

Einzelnen gestellt; es wird sich ganz danach richten, wie wir zu ihm gestanden haben und ob uns durch seinen Tod eine Erbschaft zufällt oder nicht.

Treppensteigen. Treppensteigen ist gesund. Diese Behauptung habe ich als erster vertreten, auch wenn üble Nachahmer behaupten, sie hätten das vor mir gewußt. – Beim Gehen auf einer ebenen Fläche weicht auch der schlechteste Fußgänger nicht so leicht von der richtigen Haltung ab; obwohl man selten eine Person trifft, die sich im Hinblick auf ihre Körperhaltung nicht noch verbessern könnte. Beim Treppensteigen jedoch herrscht der gefährliche und fast allgemeine Fehler, den Oberkörper vornüber zu beugen, und zwar so weit, daß eine unnatürliche und höchst schädliche Wirkung auf die Rückenmuskeln ausgeübt wird. Der Schaden, der durch eine solche ungeschickte Haltung entsteht, ist beträchtlich. Ein Mann aber, der die Bewegungen, die dazu bestimmt sind, die Muskeln des Rumpfes, besonders die des Rückens, zu betätigen, richtig ausführt, findet keine Veranlassung, über Rückenschmerzen beim Treppensteigen zu klagen. So kann jede Person, ohne Schaden zu leiden, die Treppen hinauf und hinuntersteigen, ohne nennenswerte Mühe, wie ich behaupten möchte, es ist eine Frage der Haltung und des Gleichgewichts.

Triebkultur. Nicht ohne ernste Bedenken betrete ich das Gebiet der Triebkultur, ein Gelände, auf dem es sehr schwer ist, die Wahrheit zu sagen; bei dem es vor allem nötig ist, Mißverständnisse aufzuklären, Entstellungen zu vermeiden und Übertrei-

bungen auf ihren wahren Umfang zurückzuführen. – Es ist kein Vergehen, die Menschheit mit abnormen, krankhaften Vorgängen auf diesem Gebiet bekannt zu machen; nur darf man seine Veröffentlichungen nicht benutzen, um Angst und Verzweiflung hervorzurufen, oder die Umstände materiell auszubeuten, wie es Klomm in seinen Schriften ausführlich getan hat. Klomm arbeitet mit Abschreckungsmitteln, mit dem Entsetzen, er weckt die Furcht, den Schauder, den Ekel vor dem stickigen Dunst unserer Großstädte, wo, schreibt Klomm, die Masturbation direkt zur psychischen Impotenz, zum Wahnsinn, zum Selbstmord, ja zum Mord zwangsläufig führt. Weg von den Ausschweifungen in düsteren Hausfluren, fordert Klomm, den rauchenden Schnapskneipen, den kichernden kitzelnden Kinosesseln, fort von der parfümierten Unterwäsche der städtischen Damenwelt, hinauf in die reine Luft der Berge, der rauschenden Wälder, auf das weiche Moos der Almen, in die Heuschober und Getreidegarben. Soweit Klomm. Klomm verwendet in seiner Beschreibung ein interessantes Wort. Leider ist mir die Schrift, in der Klomm zuerst dieses Wort verwendet hat, nicht zugänglich. Aus den späteren Arbeiten desselben Autors scheint mir hervorzugehen, daß das Wort abgeleitet ist von einem anderen Wort, das mir aber entfallen ist.

Trinken. Das Trinken erfordert einige Geschicklichkeit. Es ist nämlich nicht gleichgültig, wie man ein Glas ergreift und zum Mund führt. Ein Weinglas ergreife man unten am Fuß. Ein derartiges Glas ist übrigens beim geringsten Stoß umgeworfen, die Folgen sind unangenehm. Trinkgläser umklammert man nicht mit der vollen Hand, man ergreife sie zierlich mit seinen Fingern. Man berühre den Rand eines Glases besser nicht mit dem inneren Teil der Lippen, sondern öffne den Mund, ohne die Lippen zu spitzen. Nichts ist unappetitlicher, als ein beschmutzter Weinglasrand. Die Handhabung der Tasse ist, entsprechend den Gelegenheiten, eine durchaus verschiedene.

Trinksprüche. Es gibt Leute, die ein so glückliches Reimtalent haben, daß sie überall imstande sind, gute Gedanken augenblicklich in leidlich gute Verse zu kleiden. Über den mangelnden Bau der Strophen sieht man bei dieser Gelegenheit gern hinweg. Niemand wird an das Erzeugnis augenblicklicher Stimmungen den Maßstab legen, den er an eine Dichtung zu legen gewohnt ist. – Auswendig gelernte Verse sind immer bedenklich. Eine wirklich schreckliche Lage entsteht, wenn der Sprecher, der sich vielleicht mit größter Mühe die Verse eingeprägt hat, im entscheidenden Augenblick das Gedächtnis verliert. Kurz: die einzig richtige Regel ist die: wer nicht die Begabung zum Reden hat, der rede nicht. Wird er aber dennoch genötigt zu reden, so tue er das mit kurzen deutlichen herzlichen Worten. Im übrigen gilt es als Regel, daß jeder unbedingt zu schweigen hat, wenn jemand durch Klopfen an das Glas das Zeichen gegeben hat, daß er zu sprechen wünscht. Jedes Gespräch ist sofort zu unterbrechen, auch Messer und Gabel sind so lange in Ruhestand zu versetzen, bis die Rede beendet ist. Am allerwenigsten sind Zwischenbemerkungen erlaubt, die Veranlassung zu großen Unannehmlichkeiten geben können.

Türen, verschlossene. Kommt man an verschlossene Türen so schiebt man einen Zettel durch den Türschlitz mit der Mitteilung, daß man da war und sich wieder entfernt hat. Die näheren Umstände erfährt man später.

Türen und Fenster. Das Öffnen der Türen und Fenster ist eine Maßregel, die ganz unerläßlich ist, um die Luft in ausgiebiger Weise ins Zimmer dringen zu lassen. Anders gestaltet sich die Sache im Winter, wenn Türen und Fenster dicht geschlossen werden. Glücklicherweise aber leben wir in Häusern, wo sogar gegen den unvernünftigen Willen der Zimmerbewohner Luft durch die Poren und Ritzen der Wände hereinfließt. Herr Pettenkofer in München hat unter anderem gezeigt, daß man imstande ist, durch einen Ziegelstein hindurch, durch eine Hauswand also, ein Licht auszublasen.

U

Überraschung. Eine ganz hübsche Überraschung bietet folgendes einfach zu arrangierendes Kunststück, welches zwei Personen mit einigen leicht zu beschaffenden Gegenständen vorführen können. Wie die erste Figur zeigt, steckt die eine Person ihre Hände und Arme in ein Paar Kanonenstiefel, die auf einem Tisch stehen. Die so künstlich geschaffenen Beine werden mit einer möglichst weiten Weste bedeckt, welche, wie die zweite Figur zeigt, später den Rock eines Zwerges auszumachen bestimmt ist. Ein Umhang, ein Hut und ein Bart vervollständigen die Figur des Zwerges. Die zweite Person steht auf einem Schemel oder Kasten, um die Arme bequem auf die Schulter des Vordermannes legen zu können. Hierbei ist natürlich darauf zu achten, daß der Mantel die Stelle, wo die Arme aufliegen, gut bedeckt, damit nicht die Illusion verloren geht. Wird jetzt der zwischen den beiden Personen befindliche Vorhang zugezogen, so erblickt man nur den Zwerg, dem jetzt die Aufgabe zufällt, eine kleine Rede zu halten und dabei mit einem Stock zu hantieren, damit den Zuschauern keine Zweifel aufsteigen über die Zusammengehörigkeit der Arme mit dem Körper. Sind die beiden Personen hinlänglich geübt, so kann der Zwerg ohne weiteres eine Reihe von Späßen ausführen, die nie verfehlen werden, das lebhafteste Gelächter hervorzurufen. Er beginnt zu tanzen, er schnupft oder raucht, er macht eine Verbeugung, um schließlich zum Abschluß der Vorstellung sich mit dem Fuß an der Nase zu kratzen, was stets unbändiges Vergnügen verursachen wird.

Über-Überrock. Der Über-Überrock ist bei den gegenwärtig beschwerlichen Reisen in der Eisenbahn ein vorzüglicher Ersatz für den unbequemen schweren Reisepelz.

Uhren. Es gibt große und kleinere Uhren, Turmuhren, Wanduhren, Standuhren, Tischuhren auf Tischen, in den Taschen steckende Taschenuhren und an den Armen befestigte Armbanduhren. Diese für die Ordnung aller menschlichen Beschäftigungen nötigen unentbehrlichen Maschinen in Betrieb zu halten, ist eben jener erwähnten Ordnung wegen von großer Wichtigkeit.

Umschlag. Der Umschlag ist für die Briefbeförderung von großer Bedeutung; er muß alles enthalten, was zur möglichst schnellen Ermittlung des Empfängers wünschenswert ist. Vergißt der Verfasser den Ort, so kann es passieren, daß er den Empfänger in die Unmöglichkeit versetzt, zu antworten, weil dieser nicht weiß, wohin er antworten soll. Auch wird er den Schreiber vielleicht für einen anderen halten, was schon vorgekommen ist und zu weiteren Verwirrungen geführt hat. Ein verhüllender Umschlag wird auch angebracht sein, wo Scherze, Andeutungen, zweifelhafte Zeichnungen ohne Einschränkungen und Erwägungen zum Versand kommen.

Umzug. Wer an bestimmten Tagen durch die morgendlich tropfenden Straßen wandelt und beobachtet, wie man aus einem Haus den beweglichen Inhalt auf die Straße wirft, wie derselbe von stämmigen Männern auf große Wagen geladen und weggefahren wird, wie andere Wagen mit anderen Männern kommen und andere Gegenstände in das Haus schleppen, der beobachtet einen Umzug.

Unbekannte Personen. Abends, bei Anbruch der Dämmerung, wenn das Licht verschwindet und die Haustüren nicht verschlossen werden, schleichen sich unbekannte Personen in unsere Häuser und verstecken sich so lange in einem Winkel, bis die Zeit zur Ausübung ihrer Absichten gekommen ist. Besonders vorsichtig sollte man in solchen Gebäuden sein, die einzeln, also entfernt von anderen menschlichen Wohnungen liegen. Je fester die Wände, Decken und Fußböden eines Gebäudes sind und je besser die Türen, Fenster, Gartengitter und Kellerlöcher geschützt sind, um so sicherer ist man vor unbekannten

Personen; denn allem, was sie bei ihrem nächtlichen Geschäften aufhält, gehen sie aus dem Weg. – Bei offenen, nicht durch Riegel und Schlösser geschützten Türen sollte kein Leser schlafen. Darüberhinaus kann eine Taschenlampe von großem Nutzen sein. – Der Gebrauch eines Revolvers ist nur dem zu empfehlen, der über die Entschlossenheit verfügt, damit zu schießen. Um Geräusche zu machen, reicht ein einziger Schuß allerdings selten aus. Besser sind in dieser Hinsicht Gegenstände, mit denen ein anhaltender Lärm gemacht werden kann: zum Beispiel Knallkugeln, die durch Darauftreten zum Knallen gebracht werden, große Glocken, eine Trompete, eine Klapper, ein Sprachrohr oder die von Wobser empfohlene patentierte Verscheuchungsmaschine. Es gibt genug Beispiele vom Auftreten unbekannter Personen in tiefen Wäldern, im Zentrum menschenleerer Ebenen, auf nächtlichen laternenlosen Straßen, im gepolsterten Coupé einsam dahintreibender Eisenbahnen. Beachtet man alles, was ich empfohlen habe, dann kann man unbekannten Personen gefaßt gegenübertreten, ohne gleich sein Leben zu verlieren.

Ungeziefer. Die Fernhaltung und Vertreibung des Ungeziefers von Körper und Wohnung geschieht auch in den feinsten Kreisen noch lange nicht entschlossen genug. Mäuse und Ratten, Wanzen und Flöhe

wären längst viel stärker dezimiert, wenn nicht gar ausgerottet, wenn man mit Energie an diese Aufgabe ginge. Luft und Licht und Reinigung von Schmutz und Schweiß sind auch für diesen Zweck dringend zu empfehlen. Auch gründliches Forträumen der Überreste von Speisen und Getränken hält manches Ungeziefer fern.

Unglück. Unglückliche sollten mit besonderer Rücksicht behandelt werden, denn der Unglückliche ist viel empfindlicher als der Glückliche. Fröhlich mit dem Frohen und betrübt mit dem Betrübten sein, gilt von jeher als gesellschaftliche Richtschnur.

Unglückliche Zufälle. Unglückliche Zufälle, wie man sie in früherer Zeit oft beobachtet hat, kommen heute nur selten vor. Wir sind überzeugt, daß dadurch manches Leben gerettet wird; allerdings läßt sich darüber nichts für alle Fälle Bestimmtes angeben.

Unheimliche Situation. Es ist besser, nicht aus dem Wagen zu springen und lieber sitzen zu bleiben. Will man jedoch durch den Sprung sich einer unheimlichen Situation entziehen, so beachte man, daß der Körper, der einen schnell dahinsausenden Wagen plötzlich verläßt, in die gleiche Richtung fliegt, in die sich der Wagen bewegt, daß man also bitte nicht rückwärts oder seitwärts, sondern möglichst mit dem Gesicht nach vorn springt. Ferner bedenke man, daß in dem kurzen Zeitraum zwischen Entschluß und Ausführung der Wagen wiederum einige Meter weiterrollt, man also nicht dorthin fällt, wo man sich gerade befindet. Es ist demnach notwendig, den geeigneten Punkt in der Umgebung schon vorher zu suchen.

Unmäßigkeit. Unmöglich vermag man alles das von der Unmäßigkeit im Trinken angestiftete Unheil besser zu charakterisieren, als mit den Worten eines auf dem Gebiet des Alkoholismus verdienten Forschers, der sich in einem auf der Versammlung deutscher Naturforscher in Olm gehaltenen Vortrag unter anderem in folgender Weise ausdrückt.

Unmanierlichkeiten. Ein Mann soll sich weder anlehnen, noch sonst, ohne den Anstand zu beachten, hinsetzen. Rittlings auf einem Stuhl zu sitzen oder bei einer Unterhaltung die Hände in die Taschen der Beinkleider zu stecken, ist nicht erlaubt. Langausstrecken der Beine, Unruhe mit den Füßen, Spielereien mit den Fingern oder mit ähnlichem ist unanständig und kann leicht sehr lästig fallen. Ungeschicktes Tragen von Spazierstöcken und Regenschirmen, Umherfuchteln in der Luft, Abschlagen von Blättern bei gemeinschaftlichen Spaziergängen, Ausspeien: das alles sind Unmanierlichkeiten, die geeignet sind, den Ausführenden gesellschaftlich geradezu unmöglich zu machen. Ebenso unnütze Geräusche, wie leises Pfeifen und Trommeln mit den Fingern. Leise zu lachen erweckt den Verdacht, als lache man über irgend etwas in der Welt: und zwar leise.

Unordnung: siehe *Ordnung*

Unpersönlichkeit. Unpersönlichkeit ist das Zeichen allen großen Verkehrs. Wer es versteht, unter allen Umständen unpersönlich zu bleiben, der wird im Verkehrsgetriebe der Welt und in der Öffentlichkeit am weitesten kommen.

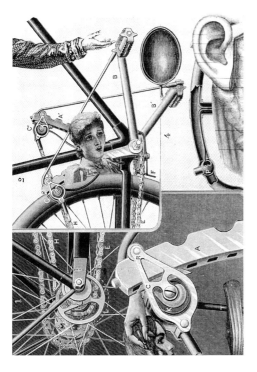

Unruhe. Nicht nur der Körper soll ruhen, auch das Gemüt muß vor jeder Aufregung und Unruhe bewahrt werden.

Unterhaltung. Merkt man während einer Unterhaltung, daß ein Mann schläfrig ist, so stelle man unauffällig das Gespräch ein, entferne sich sacht und sorge für die nötige Stille.

Unterhaltung beim Essen. Wir müssen noch einmal betonen, daß es dem Gast untersagt ist, über die gereichten Speisen weitschweifige Gespräche zu führen. Handelt es sich um ein wirklich seltenes oder außerordentlich feines Gericht, so ist eine flüchtige Bemerkung zur Nachbarin erlaubt. Auch ernsthafte Gespräche sollten von der Tafel fernbleiben; hier gilt es zu plaudern. Die Unterhaltung kann alle Gebiete berühren, über die eine Gesellschaft, in der sich Damen befinden, gesprochen wird. Sie hat freilich auch ihre Nachteile; denn bei dem Geräusch, das an der Tafel gewöhnlich herrscht, muß der einzelne schon erheblich lauter sprechen, als das sonst üblich ist, um sich entfernter sitzenden Menschen verständlich zu machen; zuweilen muß er die Stimme erheben oder gar schreien. Das hat die Folge, daß die umsitzenden Gäste entweder verstummen und unfreiwillig zuhören müssen, oder daß auch sie zu schreien beginnen, woraus dann ein Lärm und Getöse und allgemeines Geschrei entsteht, das unseren Vorstellungen von Würde nicht enspricht. Eine diskrete wenn auch angeregte und lebhafte Unterhaltung dagegen verleiht dem Mahl eine ganz besondere Würze.

Unterhaltungsgegenstände. Damen glauben zusammenschrecken zu müssen, wenn von einem Frosch oder einer Maus die Rede ist. Also sollte es ein Herr vermeiden, das Gespräch auf einen Frosch oder eine Maus zu bringen oder auf andere Sachen, die die Damen unangenehm berühren könnten; dabei kann man leicht in die unangenehmste Lage kommen. Man belästige die Damen auch nicht mit Unterhaltungsgegenständen, die nicht von Bedeutung sind oder ihr Zartgefühl verletzen. Dennoch kann die Unterhaltung zwischen Damen und Herren über viele Dinge stattfinden. Es ist dabei allein das Verhältnis maßgebend, in denen die

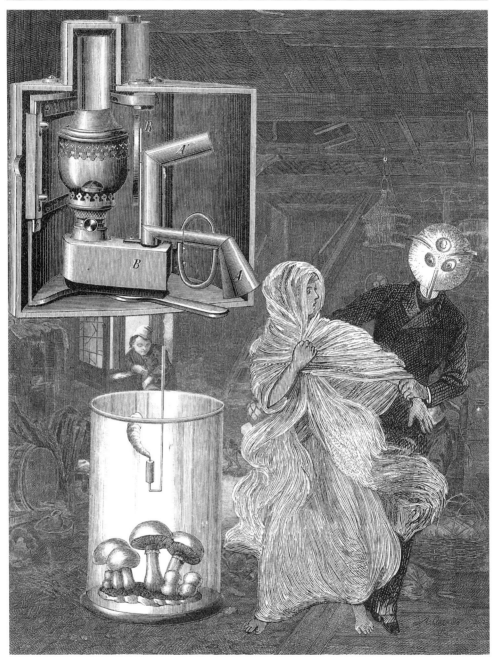

Redenden zueinander stehen. Vorsicht ist geboten, wenn dem Herrn die Ansichten, Kenntnisse, der Geschmack und der Lebenswandel der Dame unbekannt sind. Der Ton, mit der die Herren mit Damen verkehren, sei harmlos und höflich. Sich über Dinge des Gefühls und des Körpers zu unterhalten, ist unpassend. Die Bemerkungen Lemms, die wir an anderer Stelle erwähnen werden, bestätigen das Gesagte übrigens vollkommen.

Unterschieber. Unterschieber oder Stechbecken müssen sich leicht unterschieben lassen und ihrer Form nach so gebildet sein, daß sie beim Unterschieben keine Schmerzen verursachen.

Unzufriedenheit. Bei Unzufriedenheit betrachte man den engen feuchten Aufenthalt armer Leute und denke dabei an sein eigenes Wohlbefinden. Bei Ehrgeiz, Habsucht, Neid, Stolz, Selbstsucht, auch bei schwerem Kummer, bei Sorgen und Niedergedrücktsein und dergleichen mehr besuche man einen Friedhof und lese die Grabschriften. Auch die schweren Sorgen werden dann verschwinden.

V

Verabschiedung. Leser unseres *Ratschlägers* entlassen oft durch feinandeutende Worte ihren Besucher, und dieser darf dann nicht versäumen, sich sofort zum Gehen anzuschicken. Als Andeutungen dieser Art hat man Bemerkungen aufzufassen wie: *Ich darf Sie jetzt aber nicht länger aufhalten, bei Ihrer knapp bemessenen Zeit* undsoweiter. Solche Hinweise sollte der Besucher nicht unbeachtet lassen. Er entfernt sich nun mit einer regelrechten Verbeugung, geht bis zur Tür, wiederholt die Verbeugung und achtet darauf, daß er rückwärts über die Schwelle tritt, so daß sein Gesicht bis zum letzten Augenblick dem Leser unseres *Ratschlägers* zugekehrt bleibt.

Veränderung der Verhältnisse. Was würden wir von einem Herrn sagen, der an einem Sommertag schwitzend in der heißen Stube sitzt und nun auf die Idee kommt, das Zimmerthermometer in ein mit Eisstücken gefülltes Glas zu stellen? Wir würden sagen: mein Herr, dadurch machen Sie die Sache auch nicht besser, die Stubenhitze ist deshalb doch so groß wie vorher. Ein gewaltsames Herunterdrücken der Temperatur der Welt, ebenso die Bekämpfung des Wetters und der Eßlust von diesem Standpunkt aus, wir wollen es hier der Kürze halber eine Maßnahme gegen die Verhältnisse nennen, ist also nutzlos und zu unterlassen; denn in Wirklichkeit ist es eine Maßnahme zur Unterstützung der Verhältnisse. Zur Lösung der Probleme trägt sie nicht bei.

Verband. Eine kunstgerechte, zu Heilzwecken vorgenommene Umhüllung eines leidenden Körperteils nennt man Verband. Die dazu verwendeten Gegenstände heißen Verbandsstücke. Je nach der Gestalt des Körperteils, den die Verbandsstücke umschließen sollen, müssen sie verschiedenartig zusammengesetzt sein und auf verschiedene Weise angelegt werden. In diesem Artikel wollen wir uns nur mit dem äußeren Verband beschäftigen, der sich wegen seiner vielseitigen Verwendung einer großen Beliebtheit erfreut.

Verbeugung. Es gibt nichts, was einen angenehmeren Eindruck auf die Umwelt macht, als eine tadellose Verbeugung, verbunden mit einer Anzahl gut gewählter Ausdrücke, mit dem Gebrauch der Sprache überhaupt; aber nicht mit unpassenden, also keinesfalls mit übel hervortretenden oder gewöhnlichen Worten. Bei der Verbeugung soll der Körper aufrecht gehalten werden, die Füße mit den Fersen sind aneinandergezogen. Die Verbeugung besteht hauptsächlich in einer Neigung des Kopfes, bei einer tiefen Verbeugung wird außerdem der Oberkörper geneigt. Es folgt sofort wieder die aufrechte Haltung mit gehobenem Haupt. Jede Krümmung des Rückens muß vermieden werden. Die Verbeugung darf nicht schnell und hastig, sondern muß ruhig und gemessen ausgeführt werden. Einen Unterschied zwischen der Verbeugung im Zimmer und der auf der Straße oder überhaupt im Freien gibt es nicht, vorausgesetzt, der Grüßende stand still oder er saß, erhob sich und zog den Hut. Im Vorübergehen fällt die Verbeugung fort. Dann begnügt sich der Herr damit, den Hut zu lüften, ihn mit der Hand bis etwa zur Brusthöhe hinabzuführen und ihn so lange schwebend zu erhalten, bis die begrüßte Person vorüber ist. Er kann bei diesem Gruß den Oberkörper der gegrüßten Person zuwenden und im Vorbeigehen leicht neigen. Außergewöhnliche Bewegungen beim Abnehmen des Hutes, wie zum Beispiel das Herausbiegen des Ellenbogens, wobei der Hut mit dem Futter nach innen am Gesicht vorüber nach dem Magen geschwungen wird, sollen vermieden werden.

Verboten. Verboten ist der harte Schritt, das knackende Auftreten auf den Treppen, das Trommeln mit den Fingern auf den Tischen, das mit dem Stuhl Kippen beim Sitzen, die Bewegungen mit Armen und Schirmen, das Sehen durch Türspalten oder durch Schlüssellöcher, aber auch das angespannte Horchen auf das Gespräch anderer Leute oder die Beobachtungen mit den Augen, sei es von offener oder gedeckter Stellung aus. Der Leser weiß nun, was er zu tun hat.

Verbrecherfüße. Hier ist der Ort, um die außerordentlich wichtigen Resultate zu erwähnen, die Collunder, der Erfinder des sogenannten anthropometrischen Signalements der Verbrecher, bei seiner Studie über die Körperproportionen erhalten hat. Er hat herausgefunden, daß, wenn *ein* Körperteil wächst, auch die anderen wachsen. Dieses Collundersche Gesetz wurde vom Autor selbst gewonnen in der Vergleichung der Fußlänge mit der absoluten Körpergröße. Die Richtigkeit wurde durch Messungen nachgeprüft. Danach haben die größeren Verbrecher längere Füße als die kleineren, aber der Fuß ist bei größeren Verbrechern im Verhältnis zur Körpergröße kürzer, als bei kleineren.

Verbrennungen. Angesichts des überaus häufigen Vorkommens von Verbrennungen will ich einiger der vielfachen Veranlassungen gedenken, die diese herbeizuführen imstande sind. Neben den Theaterbränden, die so massenhafte Opfer fordern, sind es vor allem die Gasexplosionen, die durch gedankenloses Offenstehenlassen der Gashähne entstehen, und die Petroleumbrände, die durch den leichtsinnigen Gebrauch des Petroleums zum Feueranmachen hervorgerufen werden. Niemals dürfte es auch geschehen, daß abends, bei brennendem Licht, Flecke aus Kleidern oder aus Lederhandschuhen mit Benzin entfernt werden. – Eine kurze Besprechung des Verhaltens gegenüber einer Person, deren Kleider in Brand geraten sind, möge den Schluß meiner Ausführungen bilden. Zunächst hindere man die brennende Person am Davonlaufen, denn der Luftzug verstärkt die Flammen. Man laufe ferner nicht selbst fort, um Wasser zu holen, sondern ergreife die erste beste Decke oder ziehe rasch seinen Rock aus, um damit den Brennenden zu umwickeln. So eingehüllt werfe man ihn auf den Fußboden, um die Flammen durch Hin- und Herrollen seines Körpers zu ersticken. Ist das geschehen, hole man etwas Wasser herbei und begieße damit den am Boden liegenden recht gründlich, da die verkohlten Kleider noch weiter ins Fleisch hinein zu brennen pflegen. Danach trage man den Verbrannten vorsichtig in ein warmes Zimmer und lege ihn auf den Tisch, keinesfalls aber ins Bett. Die verbrannten Kleidungsstücke müssen nunmehr mit einer scharfen Schere vom Leib geschnitten werden, dabei müssen sie aber von selbst vom Leib fallen, denn durch ziehen und zerren entstehen die heftigsten Schmerzen. Was nicht von selbst abfällt, lasse man an der Haut

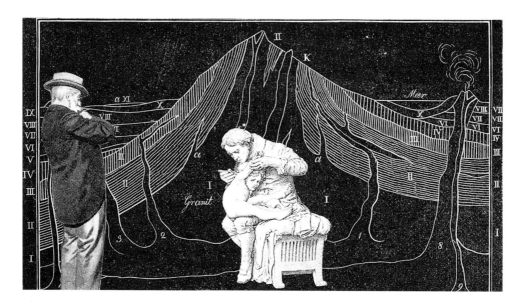

sitzen; man schneide also um festgebackene Kleidungsstücke herum.

Verdunstung. Wir wissen aus den Berechnungen Wobsers, daß die Wärmeabgabe aus schmalen spitzen Körpern schneller und leichter stattfindet. Übereinstimmend mit dieser allgemeinen Erfahrung fühlen wir Nasenspitzen, Ohren, Finger, überhaupt Extremitäten sich leichter und rascher abkühlen, als den Körperstamm. Am mächtigsten aber wirkt für die Abkühlung in der Luft die Verdunstung.

Vergeßlichkeit. Selbst der gescheiteste Mensch kann in einer gewissen Lage aus reiner Vergeßlichkeit Fehler begehen, die er mit kühlem Kopf niemals begangen hätte. Hier helfend einzugreifen erachte ich als eine dringende Notwendigkeit. Deshalb habe ich mich zur Herausgabe dieses Werkes entschlossen. Mit Hilfe des *Ratschlägers* ist jedermann in der Lage, vergessene Kenntnisse sich schnell wieder anzueignen.

Vergnügen. Vergnügungssüchtige Menschen, welche den höchsten Zweck des Lebens in Vergnügungen aller Art erblicken und suchen, wird das Leben bald zum Überdruß. Wer der übermäßigen Genußsucht frönt, wird auch selten großes leisten für das Allgemeine. Wir werden später noch sehen, warum.

Vergnügungen. Es macht einen unangenehmen Eindruck, wenn die als Musiktreibende bekannten Mitglieder der Gesellschaft sich lange bitten lassen, etwas vorzutragen. Der wirkliche Künstler tut das nie, denn er weiß, daß seine Ausbildung derart ist, daß er sich hören lassen kann und mit Hilfe seiner musikalischen Fähigkeiten einen wesentlichen Beitrag zum Vergnügen der Anwesenden zu leisten imstande ist, soweit es seine Kräfte erlauben. Nur dadurch entsteht jene Behaglichkeit, die es uns in der Gesellschaft wohl sein läßt. Damit diese Behaglichkeit nicht gestört wird, empfiehlt es sich, nur kürzere Stücke zum Vortrag zu bringen und für Abwechslung zu sorgen. Auf ein ernstes Stück lasse man also ein heiteres folgen, denn die Gleichartigkeit stumpft die Gefühle ab. Besteht allerdings der größte Teil der Gesellschaft aus Personen, die der Musik keinen Geschmack abgewinnen können, so unterlasse man sie am besten und musiziere nicht. Wo aber musiziert wird, beginne man nicht zu früh damit, lasse auch die Stücke nicht atemlos aufeinander folgen,

sondern gönne den anderen Vergnügungen, namentlich den Gesprächen, die während der Musik unterbrochen werden müssen, etwas Spielraum.

Verhältnisse, andere. In neuerer Zeit treibt die Sucht, andere Verhältnisse kennenzulernen, manche Frau aus dem Haus. Selbst eine Frau, die auf Verdienst nicht zu sehen hat, der aber das gezwungene Nichtstun, das Zeitverbringen in Unbedeutendheiten und oberflächlichen Besuchen zum Verdruß geworden ist, sehen wir plötzlich fortgehen. Es ereignet sich danach recht oft, daß sie die häßlichsten Neigungen der Herren mit Gleichmut und Ruhe zu ertragen hat; daß sie, immer in freundlichster Art, ohne Widerstand, den Vertraulichkeiten, den Berührungen und Absichtlichkeiten der Herren, ihren Händen, Blicken und Worten, oft flüsternd hinter dem Rücken der Gattin, raschelnd und knisternd, selbst nachts noch in ihrer Kammer den kratzenden Wünschen an ihrer Tür unweigerlich ausgesetzt ist; lächelnd still hauchend, wenn sie aus einem Raum durch die übrigen Räume getrieben wird und zurück in ihr Zimmer, wo sich das Unvermeidliche schließlich ereignet. Sie hat unausgesetzt zur Verfügung zu sein und keine Stunde am Tag, die ihr selber gehört. Aus Höflichkeit läßt sie es knarren und über sich keuchen, aus Demut und Zartheit, wobei sie durch Nichtnennung der Namen die Herren verschwinden läßt und damit auch einen Teil ihres Lebens, das schlaflos, schreilos und lustlos vergeht, und dabei vergeht es so langsam, in der nachdrücklichsten Unbestimmtheit, auf eine eigentlich schleichende Weise. Um aber richtig verstanden zu werden, betonen wir hier: es liegt darin keine Härte, sondern es ist die natürlichste Folge solcher Verhältnisse. Und jede Frau, die von der Sucht, solche Verhältnisse kennenzulernen, aus dem Hause getrieben wird, muß sich darüber im klaren sein.

Verirrungen. Was wir unter Verirrungen zu verstehen haben, mag sich jeder selbst klarmachen, der unsere vorstehenden Abschnitte aufmerksam gelesen hat. Solche Verirrungen bringen für den Augenblick zwar Befriedigung, aber auch Verstimmung, Erschöpfung, Gereiztheit hervor, weiche Geschwüre und Schwellungen, nervöse Verdauungsleiden, ziehende

Schmerzen, Gemütsverschiebungen und Abgeschlagenheiten. Heitere Frauen werden zu verbitterten unangenehmen Lebensgefährtinnen. Brave gemütliche Männer verwandeln sich durch tiefgehende traurige Veränderungen. Es folgt ein Zustand, in dem man Organe fühlt, denen man sich im ruhigen Zustand nicht bewußt sein sollte, und die Empfindungen erzeugen, die in alles hineinspielen, was uns umgibt. Es sind dies für natürlich denkende, sittlich gebildete Menschen ganz unbegreifliche Äußerungen und Zustände. Die in unserer Zeit so häufig auftretenden Lustmorde gehören in dieses Gebiet. Auch das tierische Verhalten im Bett, das Schreien und Beißen unmäßiger Personen. Kann man angesichts solcher Tatsachen schweigen und die Frauenwelt unaufgeklärt, die Männerwelt ungewarnt lassen? Nein, die Gefahr ist zu groß. Der Geschlechtstrieb ist ja an sich nichts nennenswert Böses, sondern ähnlich wie der Bewegungstrieb hineingelegt in den Leib; allerdings nicht zum Zweck der niedrigen Belustigung: in solchen Fällen entwürdigt und verunreinigt er unser Leben. Man befreie sich unter Aufbietung aller Kräfte von ihm und von den Verirrungen, die er mit sich führt. Die Enthaltsamkeit ist das sicherste und unschädlichste Mittel, um Entzündungszuständen, kränklichem Aussehen, jahrelangem Siechtum und hysterischen Anfällen bei den oft ahnungslosen Opfern ihres naturwidrigen Verhaltens vorzubeugen. Natürlich ist es in schwachen Stunden schwer, eines Abends, nach vielleicht tapfer ertragener Entbehrung, die Enthaltsamkeit fortzusetzen, ohne die Nachkommenschaftsfrage in Betracht zu ziehen. Aber die oft bis an den Rand der Erschöpfung führenden Verirrungen sind gesundheitswidrig und geschmacklos. Wir wollen hier keine Zahlen nennen, obwohl sie leider eine sehr große Rolle zu spielen scheinen.

Verkehr. Wirklich keusche Frauen weigern sich, Schriften zu lesen, die ihre Gefühle verletzen. Leider ist es aber oft anders: sie haben von allerlei Schmutz und den außerordentlichsten Unmäßigkeiten gehört; ihre heimlich erregte Phantasie spiegelt ihnen vom Verkehr die unglaublichsten Dinge vor; sie haben wohl auch schlüpfrige Romane gelesen oder Abbildungen auf öffentlichen Aborten betrachtet, aber niemals ihr naturwissenschaftliches Wissen zu vergrößern gesucht. Dieser Vorgang ist für sie mit Schwellungen und Versteifungen verbunden, mit unmäßigen Geräuschen und unappetitlichen Ausscheidungen. Sie haben in der Tat kaum

Vorstellungen von den tatsächlichen Proportionen und ahnen nicht, daß der Verkehr auch lautlos und fast bewegungslos vor sich gehen kann. In unserem *Ratschläger* wird der Frauenwelt die nötige Aufklärung angeboten; möge sie diese auch würdigen und beherzigen, im geselligen Miteinander und in anderen Lebensverhältnissen. – Vom Übermaß der Männer, von denen zuweilen behauptet wird, daß sie den Verkehr bis zu vierzig Mal täglich auszuführen in der Lage wären, wenn es nur Gelegenheit dafür gäbe, reden wir nicht. Wir behandeln hier nur die normalen Verhältnisse. Der heutige Mann, das steht fest, ist auf dem besten Weg, den Verkehr zu einem tierischen Akt herabzuwürdigen, zu seiner Befriedigung, zu seinem Genuß, ohne Rücksicht auf die Belange der Frau. Aber in vielen Fällen ist die Rücksichtslosigkeit des Mannes eine Folge der Schwäche, der Schamlosigkeit und Würdelosigkeit der Frau. Damit haben wir angedeutet, was wir meinen.

Verkehr, schriftlicher. Wie viele Fehler gerade in bezug auf die allereinfachsten Bedingungen des schriftlichen Verkehrs gemacht werden, ist erstaunlich. Der Schreibende mache sich, ehe er sich zum Schreiben niederläßt, klar, was er eigentlich schreiben will. Die Punkte, die er beim Schreiben zu berühren beabsichtigt, sind vorher zu ordnen, damit jeder an seinem richtigen Platz steht und keiner vergessen wird. In verwickelten Sätzen klar und verständlich zu schreiben, ist allenfalls Goethe und Schiller gegeben. Wir machen den Vorschlag, ohne Umschweife, kurz und bündig zu schreiben. Manche Briefe verfolgen den Zweck, über das Wohlbefinden, die kleinen Ereignisse und Erlebnisse zu unterrichten, die im Leben eine Rolle spielen. Oft fühlen wir uns aber verpflichtet, Mitteilung zu machen über Krankheit und Zusammenbruch, über Sterbefälle und andere Ereignisse. Es geht also beim schriftlichen Verkehr um erfreuliche und um schmerzliche Nachrichten: auch um das Ende. Und der Tod kommt immer zu früh; selbst wenn der Empfänger gar keine Ahnung hat von der Möglichkeit. Wer einen Todesfall mitteilt, verbreitet womöglich Schrecken beim Öffnen des Briefes. Das ist nicht zu vermeiden.

Verkleidung, scherzhafte. Im Kreis sehr guter Bekannter werden kleine Scherze oft dankbar aufgenommen. Zum Beispiel wenn jemand plötzlich in einer Verkleidung in die Gesellschaft tritt, um einen Vortrag zu halten oder etwas zum Verkauf anzubieten vorgibt. Ein Redner ist hier so gut wie ein Vertreter oder eine andere Figur. Die angenommene Verkleidung kann

ganz beliebig gewählt werden: Verkleidete werden immer mit Jubel begrüßt. Dergleichen kleine Scherze erhöhen die Munterkeit der Anwesenden und bringen Bewegung in die Gesellschaft, wenn sie ungezwungen und mit gutem Humor vorgebracht werden.

Verlegenheiten. Es gibt genug Leute, namentlich in bürgerlichen Kreisen, die in der Meinung leben, daß die gesellschaftlichen Regeln nur für die vornehme Welt erfunden seien, und die darum glauben, die Mühe, sich dieselben anzueignen, sich ersparen zu können. Welch ein Irrtum. Wie falsch diese Meinung ist, braucht nicht erst nachgewiesen zu werden. Die Fälle sind ja häufig dagewesen, daß solche Leute plötzlich in Verhältnissen auftauchen, in denen die Forderungen des guten Tons ihre Rechte geltend machen und ihnen die allergrößten Verlegenheiten bereiten. Ein Ratgeber ist nun dringend erforderlich; und wir geben ihn diesen Leuten gern in die Hand. Es sind ja bekanntlich meist die kleinsten Dinge, deren Unkenntnis die allergrößten Verlegenheiten herbeiführen. Und aus wie vielen solcher kleinsten Dinge ist das gesellschaftliche Leben zusammengesetzt.

Verlobung. Liegen zwingende Gründe vor, eine Verlobung aufzulösen, so geschieht das am geeignetsten schriftlich durch den Bräutigam selbst, wenn die Auflösung von seiner Seite ausgeht; durch Vater, Mutter oder Vormund der Braut, wenn von ihrer Seite: unter schonender Erörterung der Gründe, aber ja nicht durch ein öffentliches Inserat. Eine Beantwortung der Zuschrift soll stets erfolgen, gleichfalls höflich und ohne Vorwürfe. Siehe *Vorwürfe*. Die Verlobten mögen in dem achtungsvollsten Benehmen, in der zartesten Aufmerksamkeit gegeneinander den besten Beweis ihrer gegenseitigen Neigung sehen: damit nichts vom Glück abgewischt wird.

Vermummung. Nur sehr unvernünftige Menschen vermummen sich. Es gibt Beispiele genug, wo durch Vermummungen große Verwirrungen angerichtet wurden, und zwar überall, an allen Stellen der Welt, sowohl in Olm, meinem früheren Wirkungskreis, als auch hier, wo ich mich jetzt aufhalte.

Vernachlässigung. Die Vernachlässigung von Haltung, Anzug und Sprache zeigt einen Mangel an Erziehung und Bildung. Natürliche Beachtung des Anstandes ist das beste Kennzeichen wirklicher Vornehmheit. Verfehlungen gegen diese Seite des guten Tones entspringen oft einer lückenhaften Erziehung, ihr verdanken wir Angewohnheiten, die später oft lästig werden: das Schaukeln mit dem Stuhl, das Übereinanderschlagen der Beine, das Hin- und Herreiben mit den Füßen, das Anlehnen an Stuhllehnen Wände Möbel und die ganze übrige Welt; auch die unangenehmen Arten des Hustens, das Räuspern und Schlürfen, das Bohren in den Ohren, das lästige Gähnen, das jeder gebildete Mensch möglichst zu verbergen sucht, das Fortwerfen angebrannter Streichhölzer und Zigarren, das Hinlegen des Taschentuches auf den Tisch und was dergleichen Dinge mehr sind.

Verschiedenheit. Wenn wir die Männer, die auf uns zukommen und ihre Mützen schwingen, miteinander vergleichen und einen haltbaren Begriff von der Verschiedenheit bekommen wollen, dann gehen wir von den Abweichungen aus. Auffallend sind zum Beispiel die Abweichungen bei der Länge der hängenden Arme; aber die Arme der Männer, die auf uns zukommen, weichen nicht voneinander ab, sie sind vollkommen gleich und in der Mitte geknickt. Unter normalen Umständen ist auch die Entfernung der Beine von oben

bis hinunter zum Boden verschieden, die Länge der Beine vom unteren Rand der durch die Hervorragung der Sitzmuskeln gebildeten Wölbung abwärts bis hinunter zur Straße, auf der uns die Männer mützenschwingend entgegenkommen; aber auch diese Beine sind nicht verschieden, sie entsprechen in allem unseren Begriffen von Beinen und sind vollkommen gleich, wie die Köpfe oder die Knöpfe der Männer, die auf uns zukommen; und auch sonst ist fast gar nichts verschieden: die Entfernung vom Kinnrand bis zur Herzgrube gleicht der Entfernung von der Herzgrube zum Bauchnabel und der Entfernung vom Bauchnabel zum unteren Rumpfende der auf uns zukommenden Männer; es ist alles gleich auf dieser Straße, die auf gar keinen Fall abweicht von anderen Straßen, an die wir uns gerne erinnern; selbst die Mützen der Männer, die mützenschwingend auf uns zukommen, sind gleich an diesem Abend, der ebenso ist wie jeder andere Abend, ihre Schritte sind gleich, ihre Stiefel sind gleich; selbst das Öffnen der Münder, aus denen sie jetzt heraussingen, ist so gewöhnlich und so alltäglich wie das Öffnen der Münder beim Singen.

Verschönerungsmittel. Aus A wird die Sitte gemeldet, die Kopfform in eine dem herrschenden Geschmack entsprechende Form umzugestalten. Lemm, der Verfasser des Werkes *Schöne Köpfe*, erwähnt Leute mit künstlich gedehnten Köpfen, er hat sie in B gesehen, in der Nähe von Kertsch. In C findet man Köpfe, die zylinderhutartig nach hinten schief in die Länge gezogen sind; andere sind zuckerhutförmig in die Höhe gestreckt; wieder andere von oben und vorn her niedergedrückt. Aus D erreicht uns die Nachricht von Lippen-, Nasen- und Ohrendurchbohrungen zum Einstecken von Gegenständen. Von ungeheuren Hauraufürmungen ist die Rede in E, von riesigen mit Gemüse gefüllten Haarnestern. In F, namentlich im Nordwesten des Landes, sind umgeformte Stirnen nichts seltenes, das geschieht mit Hilfe von Mützen; wir verdanken vor allem Wobser darüber geeignete Mitteilungen. Von den Versuchen, dem Gesicht ein schöneres Aussehen zu verleihen, spielt die Bearbeitung der Zähne, die in der ganzen bewohnten Welt anzutreffen ist, eine bedeutende Rolle. Als einfachsten Fall nennt Lemm die Färbung der Zähne, schwarz in der Nähe von G. Der Reisende Jagor beschreibt das Anspitzen der Zähne in H, die Zahnbehauung: der Zahnkünstler setzt eine Messerklinge gegen den Zahn und sprengt, indem er mit einem Hammer dagegenschlägt, kleine Stücke ab; die behandelten Menschen ähneln nun Krokodilen. In I bedienen sich Damen silberner Futterale, um ihre gefährlichen Fingernägel zu schützen. Das Korsett aus der Gegend von K, als dessen Druckresultat wir die wespenartige Taille bewundern, schildert Colluder in anderen Zusammenhängen und unter anderen Umständen.

Versehen. Wobser, ein Kenner und Gewährsmann, sah ein Mädchen, dessen Haut mit kleinen braunhaarigen Flecken bedeckt war, die viel Ähnlichkeit mit einem Tigerfell zeigten. Die Mutter war, bevor sie gebar, beim Anblick eines Tigers heftig erregt worden. – Der Ehemann einer schwangeren Frau kam eines Tages vom Fischen heim und trug noch am Haken seiner Angel einen Frosch, dessen Kopf durch die Fische angefressen war. Um sich einen Scherz zu machen, nahm er den Frosch vom Haken und legte ihn hinter den Stuhl seiner Frau, so daß sie ihn beim Aufstehen bemerken mußte. Als sie das Tier sitzen sah, erschrak sie so heftig, daß sie ohnmächtig umsank. Das zur Zeit geborene Kind trug einen Kopf, der bis in seine Einzelheit dem Froschkopf ähnlich war. Bei einem anderen Kinde fehlte der große Zeh des rechten Fußes. Die Mutter hatte in ihrer Schwangerschaft geträumt, daß eine Ratte den Zeh abgebissen hatte, wobei sie schreiend erwachte. – Eine französische Dame, die in Charleston lebte, besah eine grüne Schildkröte, die ihr ein Fischer zum Verkauf brachte. Sie trug ein Paar Hausschuhe und berührte mit diesen das Tier derart, daß es zuschnappte und ihr den Schuh vom Fuß zog, wobei sie heftig erschrak. Das Kind, daß sie gebar, war später vollständig an Gestalt des Körpers, des Kopfes und der Glieder einer Schildkröte gleich. Es lebte nur einige Tage. Klomm sah ein Kind mit einem Kuhkopf, dessen Mutter durch eine Kuh erschreckt worden war. Dies ist einer von vielen Fällen, die Klomm gesehen hat. Ich selbst verfüge nur über einen einzigen von mir beobachteten Fall.

Versprechen. Hat man jemand etwas versprochen, beträfe es auch eine Sache von untergeordneter Wichtigkeit, etwa zu einer gewissen Zeit mit ihm da und dort zusammenzutreffen, so halte man streng darauf, sein Versprechen pünktlich zu erfüllen. Die Wirkung eines nicht gehaltenen Versprechens ist nicht bloß unangenehm für den anderen Teil, sondern oft von größerer Tragweite, als man denkt, manchmal sogar mit tragischen Folgen. Der andere hat sich auf das Versprechen verlassen und seine Dispositionen danach getroffen und kann den größten Schaden erleiden, wenn er sich enttäuscht sieht.

Verstopfung. Der Leser ist nicht imstande, zu beurteilen, ob die Ursache seiner Verstopfung auf mangelhafter Schleimabsonderung, auf entzündlichen Zuständen oder auf Erschlaffung beruht; oder ob zur Behebung seiner Verstopfung verhärteter angesammelter Kot zu erweichen und auszuscheiden ist.

Verstoß. Ein Verstoß gegen den guten Ton ist oft nichts als eine Nachlässigkeit, ein gewisser roher Zustand der Seele, ein Verse-

hen, das jeder vermeiden kann, wenn er nur die nötige Aufmerksamkeit auf unser Buch, das wir ihm hiermit zum Weiterlesen dringend empfehlen, ausführlich wendet.

Vertraulichkeiten, körperliche. Körperliche Vertraulichkeiten sind auch zwischen Damen zu vermeiden.

Verunreinigung der Atemluft. Verunreinigt wird die Atemluft durch die Atmung des Menschen und der Tiere, durch ihre Hautausdünstungen, die künstliche Beleuchtung und die luftverschlechternden Fabriken. Es kommen hinzu die Ausdünstungen von Anhäufungen faulender oder modernder Substanzen, von menschlichen und tierischen Abgängen, von Tabaksrauch und von Staubmassen, die teils ohne unsere Schuld, teils durch unser Mitwirken sich entwickeln. Diese Staubmengen, die in der Außenluft und der Innenluft vorkommen, enthalten Rußstückchen, Pollenkörnchen, Hautschüppchen, Härchen, Fäserchen und Keime aller Art; ein Übermaß derselben erzeugt Kopfweh, Übelkeit, Benommenheit, Betäubung, sogar plötzliches Zusammensinken und Tod.

Verwirrung. Wer vollkommene Kenntnis der Formen und Festigkeit im Auftreten besitzt, kann nie in Verwirrung geraten. Wer sich erst einmal beunruhigt fühlt, mit dessen Geistesgegenwart ist es dann in der Regel vorbei, er begeht einen Fehler nach dem anderen und setzt sich der Gefahr aus, lächerlich zu erscheinen. Wir wollen nicht unterlassen, hier darauf hinzudeuten, daß Blödigkeit und Scheu durch Übung größtenteils beseitigt werden kann. Ohne hier von Turnkunst ausführlich sprechen zu wollen, halten wir es doch für geboten, deren großen Einfluß auf Haltung und Sicherheit zu betonen und auf ihren Nutzen für die Welt hinzuweisen.

Verzehr. Nehmen wir an, daß ein Mensch in 60 Jahren eine halbe Million Erbsen verzehrt und denken wir uns diese Erbsen in eine Hülse eingeschlossen, so würde sie eine Länge von mehr als einer Wegstunde zu Fuß erreichen. Außergewöhnlich umfangreich wäre auch die verspeiste Rübe; die verbrauchten Lattichblätter würden den Boden von zwölf Zimmern bedecken, während man mit dem Blumenkohl zwanzig Eisenbahnwagen füllen könnte; die verzehrten Speckseiten wären beinahe eine dreiviertel Meile, die Hammelkoteletten etwa zwei Stunden lang. Vergleicht man nun einmal den Herrn, der auf unserem Bild an einem Eimer hinaufsteigt, mit dem Eimer, so wird man feststellen, daß er sich in Anbetracht der Flüssigkeitsmenge, die er in 60 Jahren zu sich nimmt, ziemlich klein ausnimmt. Erwähnenswert sind rund zehntausend Eier, ein Käselaib von etwa drei Zentnern und ein Brot, vierzehn Tonnen schwer; weiter Senf und Pfeffer, denn

wenn man bedenkt, daß das regelmäßige Eintauchen in Senf und das Ausschütteln der Pfefferbüchse 60 Jahre lang geschieht, so macht das auch einhundert Senftöpfe und vierzehn Pfund Pfeffer. Darüberhinaus würde eine Zigarre von über fünf Meter Länge und zwei Drittel Meter Dicke sowie zwanzig Zentnern Gewicht entstehen, sie hätte zum Anzünden eine Dampfmaschine nötig, obwohl das Rauchen natürlich nicht in jedem Fall zum Verzehr gehört.

Vibrationsmaschine. Die Versuche der letzten Jahre haben ergeben, daß man durch feine Erschütterungen des ganzen Leibes ungewöhnliche Wirkungen erzielen kann. Die menschliche Hand vermag zwar für Augenblicke diese Erschütterungen, anschwellend und abschwellend, auszuführen, aber es fehlt ihr an der nötigen Ausdauer, um in die Tiefe und für längere Zeit auf ganze Organe einzuwirken. Diese Tatsache führte zu der Erfindung der Vibrationsmaschinen. Auf unserem Bild führen wir den Pretzschen Apparat vor, eine elektrisch betriebene Erschütterungsmaschine zur Ausübung der Vibrationsmassage, die sich den verschiedenen Körperteilen durch die Einlage von Bällen, Kolben und Rollen anpassen läßt. Der ganze Leib wird erschüttert und die Durchblutung vermehrt. Durch zahllose feine Bewegungen wird das Blut in allen Partien angeregt, die Stockungen werden behoben, sogar in den Ohren, indem man eine kleine feine Keule in den äußeren Gehörgang einführt. Dennoch warnen wir vor den Überschätzungen solcher Maschinen und sind entschiedene Gegner der einseitigen Anwendung. Tägliche Erschütterungen durch Vibrationsmaschinen führen keinesfalls immer zu dem gewünschten Ergebnis. Dagegen sind leichte Streichungen von einer weichen und warmen Frauenhand, manchmal auch nur das Auflegen dieser Hände unter sanftem eintönigen Zusprechen sehr zu empfehlen.

Vier nackte Gestalten. Hier werden vier nackte Gestalten beschrieben. Warum sind sie nackt? Weil nur in unbekleidetem Zustand die Fehler der Haltung vollständig erkannt werden können. Die Betrachtung des Nackten schärft unseren Blick, der schließlich selbst kunstvoll gehäufte Kleiderschichten durchdringt. Deshalb schildern wir also vier Damen ohne Bekleidung in ganz alltäglichen Stellungen, die nur ausnahmsweise Beachtung finden. Dennoch bilden auch sie Gewohnheitsstellungen heraus, welche allmählich zur Verbildung auch eines schönen Körpers, also zur Häßlichkeit führen. Das erste Bild stellt ein nähendes Mädchen dar, aufrecht sitzend, die Hände in angemessener Entfernung von den gesunden Augen, und nur den Kopf leicht geneigt. Das zweite zeigt uns die faule Haltung, wie sie oft zu beobachten ist, wobei sich der runde Rücken, die kurzsichtigen Augen, die unschöne ungeschickte Beinhaltung herausentwickeln. Das dritte belehrt, daß man beim Geschäft des Haarekämmens nicht krumm und lässig zu stehen hat, wie es das vierte Bild vorführt, sondern ebenso aufrecht und anmutig wie auf dem ersten Bild seinen Zweck erreicht. Wenn wir uns nun Figur zwei und vier angekleidet vorstellen, so würden sie längst nicht so drastisch auf uns wirken. Man mache die Probe.

Vokale. Die Vokale kommen aus der tiefsten Stätte der Stimmwerkzeuge, und zwar von den Stimmbändern. Ungehemmt und frei schweben sie zum Ohr. Beim A ist die Stellung der Mundhöhle trichterförmig, Hals und Bauch sind ungefähr gleich lang. Beim U ist sie wie eine Flasche mit enger Öffnung, ohne Hals mit großem Bauch. Beim I wie eine Flasche mit engem Hals, deren Bauch tief in der Schlundhöhle steckt. Das sind A, U und I in der Mundhöhle, von den anderen will ich gar nicht erst sprechen, denn ich kann jetzt voraussetzen, daß man weiß, was Vokale sind. Welche Fülle von schönen Voraussetzungen ergibt sich aus diesen Worten für das Sprechen, welch unerschütterliche Grundpfeiler der Sprecherkenntnis sind damit aufgerichtet, welche sicheren Stützen und wahrhaften Stäbe geben sie der empfangenden Phantasie.

Vorderfußumknicken. Das Vergnügen einer ganzen Reisegesellschaft wird oft durch einen kleinen Unfall gestört. Bei Menschen aus den Städten, die schlechte Wege nicht gewohnt sind, passiert es sehr leicht, daß sie bei kleinen Fußtouren mit dem Vorderfuß umknicken und plötzlich von so heftigen Schmerzen befallen werden, daß sie den übertretenen Fuß nicht mehr benutzen können und das Gehen nach Wochen wieder erlernen müssen. Gewöhnlich ist damit das ganze Vergnügen beendet. Diese Zeiten sind jetzt vorbei, wenn nur jemand anwesend ist, der die Fertigkeiten der Massage beherrscht. Die Massage bewirkt bei dem oben geschilderten Fußumknicken geradezu staunenswertes. Man beginnt einfach, die teigige Geschwulst zu drücken zu reiben zu kneten zu klopfen, schon nach kürzester Zeit verliert sich der Schmerz, der Verunglückte kann, von zwei Männern geführt, ohne große Verzögerung gehen und das nächste Gasthaus erreichen, wo sich die ganze Gesellschaft heiter niederläßt und einen Imbiß bestellt. Alles ist hocherfreut, alles freut sich, weil man nun keine traurige Miene mehr sieht. Wobser schildert die Wirkung der traurigen Miene sehr treffend in seinen Gedichten.

Vorfall. Ein Vorfall ist eigentlich nichts anderes als der hohe Grad einer bereits beschriebenen Senkung. Anfangs ist es nur die schlaff gewordene Schleimhaut der Scheide, die vorfällt, etwa so, wie ein schlecht genähtes Rockfutter unter dem Rand des Rockes hervorragt. Nach und nach aber sinkt auch die Gebärmutter innerhalb des Scheidenkanals immer tiefer, bis sie schließlich frei aus dem Körper herausschaut und am Ende fast mit ihrem ganzen Umfang in der Luft hängt, so daß durch ein unvermeidliches Scheuern an Beinen und Kleidern Geschwüre entstehen, die schließlich platzen und sich entlee-

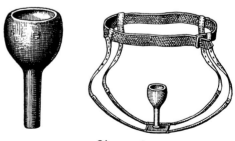

Apparate
zum Zurückhalten der Gebärmutter
bei höchstem Grade der Senkung.

ren. Zur Verbesserung dieses im ganzen unerfreulichen Zustands hat man Stützapparate konstruiert, die an einem Gürtel hängen, der wiederum durch eine Art Hosenträger von den Schultern getragen wird. Deshalb ist es buchstäblich wahr, was Doktor Wobser über den Vorfall gesagt hat.

Vorgang. Einen Vorgang ziehe man nicht in die Länge.

Vorgesetzte und Untergebene. Dies ist das erste und oberste Gebot zwischen Vorgesetzten und Untergebenen: die gemeinsame Arbeit steht über beiden; ihr dient der eine wie der andere. Von diesem Gesichtspunkt aus ist jede Empfindlichkeit von vornherein ausgeschlossen. Jeder leistet seinen Teil im Interesse der Sache freudig und pflichtgetreu. Daß dem einen dabei das Anordnen zufällt, dem anderen das Ausführen der Anordnung, ist die natürliche Folge der notwendigen Arbeitsteilung.

Vorleser. Man unterscheidet den Salonvorleser und den Saalvorleser; letzterer baut auf einem breiteren Schallgehalt auf. Wo der eine flüstert, muß der andere schon leise sprechen, bis die Zuhörer ihre Uhr aus der Tasche ziehen.

Vorsicht. Im Umgang mit Hüten ist Vorsicht geboten. Hüte muß man durch sanftes Bürsten staubfrei halten, man muß sie vor Drücken und Stoßen und, wenn sie nicht im strengen Sinn wasserdicht sind, auch vor Regen und Schnee bewahren. Zum Ablegen der Hüte muß man einen sauberen Platz suchen, womöglich einen gepolsterten Stuhl oder einen anderen

weichen Körper. Wäre das Hutabnehmen nicht üblich, würden die Hüte viel länger frisch bleiben; man liefe auch nicht Gefahr, sich den Kopf zu erkälten. Mancher Hut sieht anfangs schön schwarz aus. Wenn er aber nur kurze Zeit in der Luft und im Wetter getragen wurde, wird er bleich und fahl, lappig, schlaff, in besonderen Fällen brüchig, er zerfällt auf dem Kopf und wir stehen schließlich hutlos im Regen. Das kann nicht unsere Absicht sein.

Vorstellen. Treten wir nun aus der weiten Welt in den engeren Kreis des Gesellschaftsraumes hinein, so sehen wir hier, daß der Eintritt von der Feierlichkeit des Vorstellens begleitet wird. Man geht in der gebildeten Gesellschaft von dem Grundsatz aus, daß erst mit der Vorstellung der Mensch für uns gesellschaftlich zu bestehen anfängt. Jemand, der uns nicht vorgestellt ist und der sich bei wiederholtem Begegnen nicht vorstellen läßt, den kennen wir nicht, den grüßen wir nicht, den sehen wir nicht. Sobald hingegen die Vorstellung erfolgt ist, ist auch die Bekanntschaft gemacht. Nun steht uns das Recht zu, die betreffende Person anzureden und zu grüßen, zu besuchen und einzuladen. Ein gebildeter Mensch wird freilich von dieser in aller Schroffheit aufgestellten Regel nicht unbedingt Gebrauch machen; aber er wird sie kennen und ihre Nützlichkeit begreifen. Es ist eine ebenso störende wie durchaus falsch verstandene Höflichkeit, wenn in einer Gesellschaft bei Eintritt und Vorstellung jeder ankommenden Person ein allgemeines Aufstehen erfolgt und alle Gespräche abgerissen werden. Störung und Unruhe durch eintretende Personen ist also zu vermeiden. In sehr großen Gesellschaften kann der Fall eintreten, daß es unmöglich wird, sich sogleich nach dem Eintritt allen Anwesenden vorzustellen. Man mache sich in diesem Fall nur mit dem Nächststehenden bekannt und warte im übrigen die Gelegenheit ab, sich weiter vorzustellen. Auf diese Weise lernt man schließlich die Welt kennen, ohne Hast und übertriebene Eile.

Vorstellung. Eine Vorstellung bringt oft Leute in Berührung, die gar nicht den Wunsch haben, einander näherzutreten. Man begrüßt sich, man sagt ein paar Worte, und damit hat es schon sein Bewenden.

Vorträge. Selbstverständlich sind Vorträge ernsten und heiteren Inhalts ganz ohne Bezug auf den Gegenstand hochwillkommen. Daß hier freilich ein besonderes Geschick notwendig ist, versteht sich von selbst, teils um allen Anwesenden verständlich zu sein, teils um diejenigen Erlebnisse mit Hilfe anderer Personen auszuwählen, die eine scherzhafte Seite haben oder die Beteiligten mit Genugtuung erfüllen. Man hüte sich aber, schmerzhafte Dinge in weichmütiger Art zu berühren. Die Späße müssen immer fein bleiben. Unangenehme Ereignisse, die Verstimmungen erregen können, dürfen nicht erwähnt werden. Während des Vortrags ist es Pflicht jedes Anwesenden, Ruhe und Stillschweigen zu bewahren und Aufmerksamkeit zu zeigen. Höchst unartig ist es, kurz vor Schluß sich zu erheben und das Lokal oder auch nur seinen Platz zu verlassen, um Hut und Stock zu ergreifen oder dergleichen.

Vorwürfe. Vorwürfe zu machen hat nur dann einen Sinn, wenn damit eine Besserung für künftige Fälle erzielt werden soll oder kann. Ehegatten sollen einander nur in der schonendsten Weise Vorwürfe machen.

W

Wände. Man muß sich vor dem Berühren der Wände sorgfältig hüten. Die Verhältnisse sind allerdings unendlich verschieden, so daß wir sie hier nicht weiter erörtern wollen.

Wände, nasse. Nasse Wände pflegen ein Gegenstand großen Schreckens und Abscheus zu sein. Man muß aber nur unterscheiden, ob die Nässe von außen oder von innen kommt. Nässe von außen hat gar nichts zu sagen; bei Nässe von innen ist immer noch Hoffnung. Nässe dagegen, die aus den Grundmauern aufsteigt, ist sehr bedenklich.

Wärmflasche. Die Wärmflasche bekämpft unangenehme Frostempfindungen. Der Vater ist schlotternd nach Hause gekommen, er hat sich draußen im kalten klatschenden Regen erkältet. Schnell hilft ihm die Mutter ins Bett, flößt ihm ein heißes Getränk ein und legt eine wohlgefüllte Wärmflasche neben die Füße des Vaters. Ein heftiger Schweißausbruch folgt und schon ist der Vater wieder gesund. – Zur Verwunderung der Welt hielt der Bürgermeister von Cork einen Hungerstreik im Gefängnis volle zehn Wochen aus, nur weil das Bett dieses Mannes ständig erwärmt worden war, so daß auch derjenige Teil der Körperkraft, der sonst in Form von Wärme verschwindet, dem Körperhaushalt erhalten blieb; erst in der elften Woche starb der Bürgermeister von Cork. Man kann anstelle von Wärmflaschen auch heiße trockene Tücher, einen erhitzten Stein oder einen mit Kirschkernen gefüllten im Ofenrohr erwärmten Sack verwenden. Die neuste Erfindung auf diesem Gebiet ist bekanntlich ein durch elektrischen Strom erwärmtes Kissen: Heizkissen genannt, das man an jede Steckdose anschließen kann.

Wagenfenster. Jeder, der in einen Eisenbahnwagen steigt, nimmt nach kurzem Gruß den Platz ein. In bezug auf das Öffnen und Schließen der Wagenfenster wird sich jeder den Wünschen der Mitreisenden möglichst fügen. Jeder Mitreisende hat das Recht, zu verlangen, daß ein Fenster offen ist, daß aber andererseits ein Fenster geschlossen wird, falls beide Fenster geöffnet sind.

Wahl. Wählen. Es mag vielleicht seltsam erscheinen, daß wir hier auch die Wahl und das Wählen erwähnen, aber wir tun das sehr gern.

Wahrheit. Es ist eine merkwürdige Erscheinung, daß die Wahrheit erst durchdringen kann, nachdem die meist albernen Gründe ihrer Gegner widerlegt worden sind und die Menschheit geistig so weit fortgeschritten ist, daß sie die Wahrheit zu begreifen vermag. Ein glänzendes Beispiel für die Bestätigung dieses Satzes bietet uns die Lektüre des *Ratschlägers*. Doch weichen wir nicht von unserem eigentlichen Thema ab und begeben wir uns in die Dinge hinein, zumal uns der noch zur Verfügung stehende Raum zunehmend knapper wird.

Wald. Wer die Gelegenheit hat, im Wald zu baden, der lasse sie nicht unbenutzt.

Was ist jedoch dabei zu beachten. – Um nur einiges herauszugreifen, was meinen obigen Satz zu bestätigen geeignet ist, erinnere ich an die Untersuchungen von Lemm. Seine Äußerungen über den Wald sind zu interessant, als daß wir sie hier übergehen dürfen.

Warten lassen. Man lasse niemand ohne zwingenden Grund länger warten als nötig.

Warze. Ein Unkraut der menschlichen Haut, das zwar nicht gefährlich, aber recht unangenehm zu sein pflegt. Ein rätselvolles Gewächs, eine Art verschleierter Dame, die ihr Geheimnis bis auf den heutigen Tag gewahrt hat. Sie kommt unversehens über Nacht, niemand weiß warum und woher, dann bleibt sie einige Wochen, vielleicht auch einige Jahre, manchmal das ganze Leben lang, um plötzlich ohne jede Ursache ebenso geräuschlos zu verschwinden, wie sie gekommen ist.

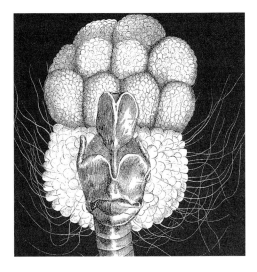

Waschschüssel. Jeder kann sich an einer Schüssel davon überzeugen, daß ein winziges Blasen genügt, um das Waschwasser in Bewegung zu setzen. Wenn man auf die ruhige Wasserfläche bläst, dann ergeben sich aufeinanderfolgende Wellen. Das ist es, was wir an jeder Schüssel, an jeder Pfütze, jedem Teich, jedem See und endlich am Meer wahrnehmen: die Wellenbewegung, wie Wobser sagt, die Bewegung der Wellen. Sie wird durch den Stoß der Luft, durch den Wind und den Sturm hervorgebracht. – Über die Wellenbewegungen hat man gewöhnlich ganz falsche Vorstellungen. Klomm ist der Meinung, die Wellen schreiten fort; er weiß nicht, daß das eine einfache Täuschung ist, er ahnt nicht, daß sie vielmehr nur aufsteigen und absteigen. Seine Beobachtungen am Waschbecken sind oberflächlich und falsch. Ich habe ihn in das Wasser hineinschlagen sehen, mit der Hand, mit der Haarbürste, sogar mit dem Hammer. Es entsteht da, wo er hineinschlägt, der Eindruck einer Vertiefung, der sofort auf jeder Seite Erhöhungen entsprechen. Eine solche Erhöhung ist eine Welle, aber Klomm ahnt das nicht. Er sieht nur Vertiefungen, er sieht zwanzig und dreißig Vertiefungen, fünfunddreißig Vertiefungen, aber keine Wellen. Obwohl alle anderen es deutlich sehen, Wobser, Collunder, Lemm, die Gebrüder Weber, sogar Scheizhofer, Klomm sieht es nicht. – So wie es im kleinen bescheidenen Waschbecken zugeht, so geht es auch auf den Weltmeeren zu. Klomm sieht das nicht. Klomm sieht nicht, daß die Wassermasse an irgendeiner Stelle der Welt einen Stoß empfängt, einen Druck durch die Luft, und daß sich sogleich rundum ein Wellenberg erhebt. Klomm sieht das nicht. – Wenn nun die Ursache dieser Bewegung nicht aufhört, sondern ihren Einfluß dauerhaft ausübt, so wird man zum Beispiel vom Meerbusen von Biscaja aus die Wellen sich weit verbreiten sehen und immer neue Wellen werden den vorausgegangenen Wellen nachgeschoben, die nun wieder andere Wellen in die Ferne hinein erzeugen und endlich wird man in Boston, New York, Philadelphia Wellen ankommen sehen, deren Entstehen man sich nicht erklären kann, da man von einem Sturm nichts bemerkt hat. Wir wissen es schon, aber Klomm weiß es nicht: Die Wellen, gleichgültig ob die des Meeres oder der Waschschüssel, sind Schwankungen der durch einen äußeren Eindruck bewegten Wassermasse, die nun aufsteigt und absteigt und zwar gewöhnlich in einem sehr beschränkten Raum und natürlich hauptsächliche an der Oberfläche. Denn während die Oberfläche des Meeres vom Sturm gepeitscht wird, während sie schäumt und sich tobend überstürzt, wissen wir: in der Tiefe läßt es sich ruhig leben. Nur Klomm weiß es nicht.

Wasser. Fällt ein Mann irgendwo in ein tiefes Wasser, so halte er rasch den Atem an und versuche die Stellung eines Schwimmenden einzunehmen. Vom Untersinken und von verschluckten Wassermassen haben wir schon gesprochen. Oft treibt das Wasser den Körper des Mannes wieder hinauf an die Oberfläche; allerdings: wer nicht schwimmen kann, ist auch dort übel dran, obwohl wir nicht sagen wollen, daß er verloren ist.

Wasserdampf. Daß wir Wasserdampf ausatmen, sehen wir an den Fensterscheiben, die unser Atem trifft, oder an den Tropfen in unserem Bart, wenn wir durch die Kälte gegangen sind.

Wehen. Ohm sagt in seiner Abhandlung über das Wehen, er habe nie eine Spur von Licht wehen sehen. Hätte er, als er diese Abhandlung geschrieben hat, schon die Abhandlung von Lemm gekannt, dann würde er das Wehen vollkommen anders erklärt haben, zumal seiner Abhandlung, so geistreich und scharfsinnig sie sein mag, auch die Frage nach der Ursache fehlt. Lemm beschreibt das Wehen herabsinkender oder aus dem Inneren der Erde herausströmender Dünste, das Wehen aus dem hohlen Inneren der Erde, aus den Poren und Öffnungen der Erde. Ohne diesen Abschnitt zu beschließen, gehen wir zum nächsten Abschnitt über, in dem wir die Lösung der Frage nach der Ursache des Wehens suchen werden.

Weinflasche als Luftpumpe. Man nimmt eine gewöhnliche Weinflasche in die rechte Hand und schließt die Öffnung mit dem Ballen der linken Hand, so daß der Rand der Hand den Rand der Flaschenöffnung bedeckt. Mit Leichtigkeit ist man nun imstande, den Verschluß so weit zu öffnen, daß man mit dem Mund leicht in die Flasche hineinblasen und dadurch absperren kann, indem man den Handballen wieder andrückt. Befindet sich die durch den Mund komprimierte Luft in der Flasche, so dreht man sie um und hält sie über eine Lichtflamme, welche sofort ausgeblasen wird, sobald man den Ballen rasch öffnet. Der Luftzug muß freilich direkt den Docht treffen, wenn dieses Kunststück, das jeden frappiert, der es zum ersten Mal sieht, gelingen soll.

Welt. Für den Mann geschieht der Übergang zur Welt allmählich. Er reicht schon aus dem Haus heraus dem Leben und der Welt so vielfach die Hand, daß der erste Hut gleichbedeutend ist mit seinem Eintritt in die Welt. Es bedarf dafür weder besonderer Vorbereitungen noch Feierlichkeiten, sein Auftreten muß nur einen einheitlichen Eindruck machen. Die Meinung, die er in der Welt hinterläßt, wird dann für ihn eine ebenso günstige sein wie die, die er selbst von dort mitnimmt. Dabei wird natürlich vorausgesetzt werden müssen, daß schon die Lektüre des *Ratschlägers* das ihrige getan hat, um den Mann mit all den Dingen vertraut zu machen, die nötig sind, um in der Welt etwas vorzustellen; denn wer erst anfangen will, sich diese Ratschläge und Einzelheiten in der Welt selbst anzueignen, der ist schon verloren. Es gibt allerdings glücklich angelegte Menschen, die mit einem so außerordentlichen Beobachtungs- und Nachahmungstalent ausgezeichnet sind, daß sie in kürzester Zeit eine Sicherheit des Auftretens erlangen. Aber solche Menschen sind selten; jedenfalls möge niemand so töricht sein, sich für eine Ausnahme zu halten, er könnte sich leicht täuschen, und die Gesellschaft würde, ehe dieser Mensch noch zur Erkenntnis gekommen ist, sich seiner entledigen.

Weltschere. Die Weltschere läßt sich zu zwölf verschiedenen Zwecken verwenden. Sie übertrifft alle anderen Scheren und bittet das Publikum um gefällige Benutzung als Zigarrenabschneider, Knopflochschere, Nagelschere, Nagelfeile, Gaszange, Drahtschneider, Federauszieher, Maßstab und Lineal. Zu jeder Weltschere gibt es zwölf verschiedene Gebrauchsanweisungen gratis. Diese Schere ist ein nützliches Geschenk und läßt sich bequem in jeder Westentasche verbergen.

Weltverkehr. Mit diesem Teil treten wir ruhig, gemessen und gleichmäßig in das große Getriebe der Welt. Die Fehler, die Leute aus niedrigen Kreisen oft begehen, werden dem im großen Weltverkehr geübten Menschen ebensowenig unterlaufen, wie jene Fehler, die von Menschen aus gesellschaftlich hohen aber begrenzten Verhältnissen begangen werden, die, aus kleinen Orten stammend, wo jeder ihre Verhältnisse kannte und anerkannte, nur schwer die völlige Bedeutungslosigkeit be-

greifen, die sie für das Getriebe des öffentlichen Lebens haben. Die feste Forderung für jeden, der sich in der Welt außerhalb des Hauses bewegt, ist eine strenge Einhaltung der für alle aufgestellten Vorschriften. So sind zum Beispiel die Fußwege für die Fußgänger da und nicht für die Radfahrer. Auch müßig plaudernde Gruppen auf den Trottoirs beeinträchtigen andere. Das Gehen zu zweien oder zu dreien nebeneinander zwingt Entgegenkommende, einen Umweg zu machen. Nicht selten gehen solche Verstöße gegen den Weltverkehr gerade von Personen höherer Kreise aus, die die Vorstellung ihres gesellschaftlichen Ranges mit auf die Straße hinausnehmen, wo sie nicht hingehört.

Weste, nasse. Die nasse Weste ist eine Erfindung des Naturarztes Scheibler aus Berlin.

Wettrennen. Bei solchen Veranstaltungen sollten sich Damen nicht von ihren Plätzen erheben; ihr Benehmen muß bei allem erlaubten Interesse an der Sache ruhig bleiben, man könnte sonst leicht einen wenig günstigen Schluß auf die Eigenschaften der Dame ziehen. Verluste hat sie mit Ruhe und Ergebung zu tragen.

Willenskraft. Ein erhebendes Wort, das uns zeigt, daß wir etwas vermögen, wenn wir nur wollen; daß eine Kraft in uns wohnt, über die wir nach Belieben verfügen. Durch die Kraft unseres Willens überwinden wir Schwierigkeiten und Hindernisse, Berge und Wüsten und sämtliche unfruchtbaren Gebiete, in denen wir Hunger und Durst überwinden. Körperliche Schmerzen übergehen wir, ebenso Zorn Rührung Trauer; denn die Willenskraft steht über allen Regungen und gestattet kein Überwuchern, kein Übertreiben, auch im Bereich des Fleischgenusses und der sexuellen Betätigung. Erziehung in diesem Sinn fehlt vor allem dem weiblichen Geschlecht, seine Willenskraft ist zu wenig geübt und entwickelt. Das wird besser werden nach der Lektüre unseres Buches.

Windsucht. Wenn angesammelte Speisemengen sich zersetzen und in Gärung geraten, entwickeln sich große Gasmengen im Darm, welche ihn aufblähen und heftige stechende Schmerzen verursachen. Nervenschwache Menschen und solche, die zu viel sitzen, leiden an einer Trägheit des Darmes, in deren Folge die ganze Verdauung stockt. Die Atmung und auch die Stimmung wird störend beeinflußt, es kommt dann zur Windsucht. Hier empfehlen wir Rumpfbeugen oder Rumpfkreisen, was jeder allein in sitzender Stellung ausführen kann; ferner auch stehend seitliches Rumpfneigen und Kniebeugen mit Rumpfneigung langsam morgens und abends.

Winke, kosmetische. Finnen, sagt Klomm, bestreiche man mit dem Blut weißer Hennen und lasse es trocknen. Bei Hühneraugen nehme man eine schwarze Waldschnecke, am besten bei abnehmendem Mond, lege sie solange auf den Fuß, bis sie tot ist und vergrabe sie dann, auch das Auflegen eines gespaltenen Herings oder eines Rabengehirns ist zu empfehlen. Die Sommersprossen bestreiche man mit zerstampftem Froschlaich, oder man fahre

mit einer ganz jungen gerade ausgekrochenen Taube darüber oder mit Stutenmilch oder dem Blut einer Schwalbe, und wenn alles getrocknet ist, wasche man es mit Schweinemilch ab. Die Flechten reibe man freitags mit Asche ein. Über Warzen und Geschwüre ziehe man die abgeschnittene Hand eines Toten, oder man beschmiere die Warzen mit ungesalzenem Speck bei abnehmendem Mond und vergrabe den Speck unter der Traufe und werfe danach soviele Erbsen in den glühenden Ofen, wie man Warzen hat. Muttermale lasse man einfach durch Bestreichen mit der Hand eines im Sarg liegenden Kindes verschwinden, oder man nehme ein halbes Pfund rohes Schweinefleisch, sagt Klomm, lege es einer frischen Leiche unter die Achselgrube und binde es dann einige Stunden auf das Muttermal; dann vergrabe man alles.

Winkel. Als Wink für Hausfrauen hat zu gelten, nirgends im Haus einen dunklen Winkel zu dulden. Leider findet man wenige Häuser ohne derartige Winkel.

Winter. Die Gefahr des Erfrierens rückt plötzlich in die Nähe des Möglichen. Wir sehen, wie jeder versucht, seine Oberfläche zu verkleinern; jeder ballt die Hände und zieht sie über der Brust zusammen. Frösteln und Zittern wirkt nach dem oben Gesagten steigernd auf die allgemeine Wärmeproduktion, das weiß jeder, und darum erfriert auch nicht jeder; die Todesfälle im Winter beziehen sich in der Mehrzahl auf mangelhaft bekleidete Betrunkene und abgezehrte Personen.

Wirklicher Durst. Gegen wirklichen Durst und zur Vermeidung rasch brausender Getränke koche man zwei Löffel Schrotmehl in einem viertel Liter Wasser zu einem Schrotmehltrank. Erfreuliche Wirkungen haben auch Reiswasser, Pflaumenbrühe und Sauerkrautsaft.

Wirt. Der Wirt ist seinen Gästen ein höfliches, zuvorkommendes, freundliches Benehmen schuldig. Er hat auch seine

Räumlichkeiten so zu arrangieren und sein Personal so zu überwachen, daß die berechtigten Erwartungen und Wünsche der Gäste vollkommen erfüllt werden und ihr Behaglichkeitsgefühl sich vollständig befriedigt fühlt. Der Wirt dulde aber keine Unanständigkeiten und halte streng darauf, daß mit den Kellnerinnen keine geschmacklosen Scherze getrieben werden. Er belausche seine Gäste nicht und mische sich nicht in unpassender Weise in ihre Gespräche. Er sehe stets auf gute Beleuchtung, angenehme Temperaturen und gute Ventilation, aber mit gänzlicher Vermeidung jeglicher Zugluft.

Wirtschaft. Der Eintritt in eine Wirtschaft geschehe mit möglichst wenig Geräusch. Damen überschreiten zuerst die Schwelle, lassen aber innerhalb der Tür ihrem Begleiter, der für einen bequemen Platz zu sorgen hat, den Vortritt. Nachdem man seine Garderobestücke – Damen behalten den Hut und die Überkleider an – abgelegt und an den Kleiderhaken, den man im Auge behalten sollte, untergebracht hat, setze man sich so geräuschlos wie möglich an den Tisch. Den Kellner mit Glasklappern oder Tellerklappern herbeizuholen, wäre unschicklich; ebenso hüte man sich, denselben in gar zu vertraulicher Art zu behandeln. Beides kann unangenehme Erfahrungen im Gefolge haben.

Wirtschaftsleben. Zarte Rücksichtnahme wird hier nicht erwartet. Wer aber bei seinen Bewegungen alles umstößt und nach amerikanischer Art den Hut unter allen Umständen auf dem Kopf zu behalten wünscht, darf sich nicht wundern, wenn ihm Ausrufe des Unwillens nachschallen. Das Ablegen des Hutes, Stockes, Überziehers muß geräuschlos und ohne Belästigung der Anwesenden geschehen. Ähnliches gilt auch für das Handhaben der Bestecke, die Geräusche beim Essen und schließlich die ganze Haltung: hier tritt infolge der Ungezwungenheit der innere Mensch zutage. Mit dem Messer Tische und Stühle zu bearbeiten, wie das in Amerika geschieht, ist hier die Ausnahme, auch das dort übliche Ausspucken, mit dem man sich unliebsame Bemerkungen zuziehen kann. – Welche Quelle von Krankheiten und Vergiftungen die Gasthäuser oder Wirtschaften sind, kann sich kaum einer oder aber jeder selbst sagen, der das Treiben der Abendgäste in qualmender, durch Tabak und sonstige Ausdünstungen verpestete Luft, bei Bier und Weingenuß, nüchtern beobachtet. Erwägt man noch das sehr oft ungenügende Reinigen der Eßgeräte und die Verfälschung der alkoholartigen Getränke, dann möchte man nicht glauben, daß es so viele Männer gibt, die täglich ihre drei vier und mehr Stunden in solchen Räumen verbringen. Nicht nur die Zurückhaltung der Männer im häuslichen Kreis, auch die Reform der Wirtschaften sollte hier Besserung schaffen. Die Wirte freilich werden sie nicht einführen: das Publikum muß sie verlangen. Sie beginne erstens mit offener Ventilation, damit niemand durch den Tabakrauch seines Nachbarn belästigt wird, zweitens mit der Abschaffung des Trinkzwangs, drittens viertens fünftens; dies würde mit Sicherheit andere Verhältnisse schaffen. So viele Frauen hassen das Wirtschaftsleben und sind unglücklich geworden durch dasselbe.

Witwe. Während der Trauerzeit hat eine Witwe die Gesellschaft zu meiden. Anerkennenswert ist es, wenn sie nicht sofort nach beendeter Trauer in die Gesellschaft zurückkehrt, sondern damit geraume Zeit wartet. In bezug auf die Annäherungen der Herren beachte sie die Regeln, die für jüngere Mädchen gelten, so lange sie noch im jugendlichen Alter steht.

Witwenkleidung. Der Schmerz und der Verlust des geliebten Mannes findet äußerlich seinen Ausdruck in der schwarzen Kleidung. In dieser Beziehung stellt die Trauer die höchsten Ansprüche an die Witwe, die den verstorbenen Gemahl beweint. Ein volles Jahr erscheint sie in tiefer Trauer, in langen Kleidern von dichtem schwarzen wollenen Stoff. Die heißen Sommermonate erlauben auch schwarze Seide. Außerdem trägt sie schwarze Halskragen und schwarze Handschuhe mit schwarzen Nähten. Häufig sieht man auch ihre schwarz geränderten Taschentücher.

Der Hut mit dem langen Kreppschleier und der Sonnenschirm sind ebenso schwarz wie die Strümpfe.

Witwer. Für Witwer ist eine Trauerzeit vorgeschrieben, die um die Hälfte kürzer ist, als die Trauer der Witwe. Der Witwer trägt um den Hut einen breiten Krepp und um den linken Ärmel des Überziehers eine schwarze Binde. Die Handschuhe sind immer schwarz.

Witz. Sehr vorsichtig sei man mit dem Witz, er ist ein spitziges Ding, mit dem man leicht jemanden verwundet. Man vermeide auch allgemeine Bemerkungen, durch welche sich Anwesende getroffen fühlen können. Ist aber unversehens eine solche entschlüpft, so entschuldige man sich mit einem geflügelten Wort.

Wobsers Ansicht. Wobsers Ansicht, daß Sprechen dem Singen und Singen dem Sprechen schade, ist längst durch andere Ansichten widerlegt.

Wohltun. Ist jemand aus unserem Bekanntenkreis in einer schwierigen Lage, so warte man nicht, bis er ganz darniederliegt, um ihm dann mit Unterstützung unter die Arme zu greifen; man warte nicht, bis er gesunken ist, sondern stehe ihm bei, damit er nicht sinkt. Man suche ihm auf jede mögliche Weise aufzuhelfen, besonders dadurch, daß man ihm Arbeit zu verschaffen sucht. Man beschränke sein Wohltun nicht bloß auf diejenigen, die der Zufall uns in den Weg führt, sondern suche die Behausungen des Elends auf und spende von seinem Überfluß. Man stehe auch nie zurück, wo es gilt, wohltätige Anstalten ins Leben zu rufen und zu unterhalten.

Wohnzimmer. Von Wobsers Standpunkt aus wollen wir das den allgemeinen Interessen dienende Zimmer, das sogenannte Wohnzimmer betrachten, das in fast allen Häusern vorhanden ist. Als Regel sollte hier gelten, daß Familien, deren Stellung einen regen Besuchsaustausch fordert, Sitzgelegenheiten für Besucher aufstellen; man halte jedoch alles fern, was den Anschein erwecken könnte, als greife der Besucher störend in unser Leben ein. Selbst der fernstehende Eintretende sollte sogleich einen ähnlich angenehmen Eindruck erhalten, wie wir ihn oben, namentlich im Anschluß an Wobsers Betrachtungen, ausführlich beschrieben haben.

Worte. Beim Zurückströmen durch die Luftwege hat die Atmungsluft eine wichtige ehrenvolle Arbeit zu leisten: sie muß die Sprechmühle treiben. Wenn wir nämlich die Luft nicht frei ausströmen lassen, sondern ihr an bestimmten Stellen durch Stimmbänder, Gaumen, Zunge und Lippen Engpässe oder kurzdauernde Verschlüsse entgegensetzen, so entstehen beim langsamen oder plötzlichen Durchtritt der Luft an diesen Stellen Geräusche, die wir Laute nennen. Diese Laute setzen wir nun zusammen zu Wörtern und Sätzen; es entstehen so durch das einfache Mittel von allenfalls fünfundzwanzig Lauten hundert Sprachen mit ihren ungeheuren Wortschwallen und Wortschätzen, die dem Reichtum aller Gedanken Ausdruck zu geben vermögen, vermittels einiger weniger Geräusche, die durch die Ausat-

mungsluft im Munde entstehen und die wir am Ende die Worte nennen: *die Worte*.

Würmer. Um Würmer aus Blumentopferde zu vertreiben, lege man rohe Kartoffelscheiben auf die Erdoberfläche. Die Würmer fressen davon und gehen zugrunde. Wenn nicht, dann lege man einen fauligen Apfel neben die Pflanze. Die Würmer kriechen nun aus der Erde heraus hinein in den Apfel, sie werden von da entfernt und der Apfel wird wieder neben die Pflanze gelegt. Auf diese Weise gelingt es, sämtliche Würmer nach und nach aus der Erde zu ziehen.

Würste. Säuerlich schmeckende Würste sind unbedingt zu vernichten. Man warte aber nicht erst, bis die Würste sauer werden.

Wulst. Die Mutter erschrickt, wenn sie plötzlich einen großen hochrot gefärbten Wulst aus der Afteröffnung des Kindes hervorquellen sieht. Glücklicherweise ist der Fall nicht so schlimm, wie es den Anschein hat; es handelt sich nur um einen Darmvorfall, der sich mit einiger Geschicklichkeit wieder zum Verschwinden bringen läßt. Man drücke mit den Fingerspitzen nicht zu zaghaft auf die Geschwulst, worauf sie ebenso plötzlich, wie sie erschienen ist, wieder in der Tiefe verschwindet. Danach werden die Beine für einige Zeit mit Stricken zusammengebunden.

Wunde. Jede Trennung von lebendem Körpergewebe, die durch mechanische Ursachen bewirkt wird, nennt man eine Wunde. Die Trennung harter Körperteile bezeichnet man als Knochenbruch. Man unterscheidet Hieb-, Schnitt-, Stich-, Riß-, Schuß-, Brand- und Quetschwunden. Die Gefährlichkeit einer Wunde richtet sich nach deren Größe und Tiefe, vor allem aber nach der Wichtigkeit des verletzten Körperteils.

Wunden, blutende. Bei einer klaffenden Wunde, aus der das Blut in weitem Bogen fortspritzt, soll die Verletzung erst mit einer Fingerspitze zugehalten und dann zugebunden werden. Watte paßt dafür nicht, weil sie das Blut einsaugt und die Wunde fortbluten läßt. Man muß ein Stück rohes Fleisch, einen Korken, ein Geldstück verwenden, etwas, das kein Blut einschluckt, ein Kissen am besten so groß wie ein halbes Hühnerei. Die weitere Behandlung wird sich nach den sich darbietenden Erscheinungen zu richten haben. Man führe sie mit großer Aufmerksamkeit aus. Wir haben oft gesehen, daß sich Menschen aus zerrissenen sehr kleinen Adern verblutet haben, weil niemand auf den Gedanken kam, das Spritzen mit einer Fingerspitze zuzuhalten.

Z

Zähne. Die Zähne zerschneiden, zerquetschen und zerreißen die fest aufgenommenen Nahrungsbestandteile. Wir könnten, wenn wir wollten, gerade über die Zähne noch eine Menge sagen. Beispielsweise könnten wir die Ansichten Klomms über die Zähne erwähnen. Ich brauche wohl nicht zu sagen, daß ich die Ansichten Klomms über die Zähne nicht teile, halte sie aber für interessant.

Zärtlichkeit. Höchst notwendig wird nach den vergangenen Äußerungen und gebotenen Äußerlichkeiten ein genaues Beobachten der Formen im Verkehr untereinander. Nichts macht einen peinlicheren Eindruck auf den fremden Zuschauer, als die Zärtlichkeit in Gesellschaft.

Zartgefühl. Einen Rat zu geben, erfordert viel Zartgefühl. Meistens wird der Ratsuchende etwas verschweigen, womöglich das Wichtigste. Weiter ist anzunehmen, daß er einen Rat wünscht, der mit seinem schon längst gefaßten Entschluß übereinstimmt, und daß er einen anders ausfallenden Rat doch nicht befolgt. Setzen wir aber nun einmal diese Möglichkeiten zur Seite und nehmen wir an, daß wir es mit einem Mann zu tun haben, der tatsächlich einen Rat von uns wünscht, den wir ihm auch gegeben haben und den er wirklich befolgt hat: dann fragt es sich, ob die Angelegenheit günstig ausgeht oder nicht. Im letzteren Fall sind *wir* diejenigen, denen die ganze Verantwortung zufällt. Also vermeiden wir jegliche Ratschläge. Wir fordern unsere Leser an dieser Stelle nachdrücklich auf, dieses Buch zuzuklappen und es nur bei einer erneuten beklemmenden Lage zu Rate zu ziehen. Gelingt ihnen das aber nicht, so machen wir sie darauf aufmerksam, daß alles, was von jetzt an passiert, nicht unsere Schuld ist.

Zartheit. Leider artet die Zartheit neuerdings mitunter ins Kränkliche, Schwächliche, Kümmerliche und Dürre aus. Das ist natürlich, was die Gesundheit betrifft, eine unerfreuliche Mitteilung.

Zatraste. Dieses Wort taucht neuerdings häufig in den Ratschlägern auf, hat aber nichts zu bedeuten. Es gibt sogar Leute, die nicht einmal wissen, wie es geschrieben wird; wir wissen es auch nicht genau. Wir vermuten, daß es sich hier wie mit ähnlichen Worten verhält. Vielleicht will das Wort *Zatraste* nur sagen, daß alle schädlichen Einflüsse, vieles Sitzen, Stehen, Gehen und Liegen, heftiges Drücken durch harte Korsette, schleichende in die Tiefe gekrochene Katarrhe, aufgescheuerte Stellen an Herrenhälsen, Rasiermesserverletzungen im Gesicht und kleine unbeachtete Wunden wie aufgesprungene Lippen, Schlitze und Risse, Speisemassen im Magengrund, glühende Entzündungszustände, Gewächse im Becken, fleischwasserähnliche Ausflüsse, Schlundkrämpfe, Gemütsaufregungen in ungelüfteten Stuben und eine Reihe weiterer trauriger Erscheinungen unbedingt zu vermeiden sind. Das ist unsere Meinung; verbürgen können wir uns dafür allerdings nicht.

Zehen. Die Zehen entsprechen den Fingern, sie dienen aber für gewöhnlich nicht zum Ergreifen und Festhalten von Sachen, sondern nur zur Verlängerung und Verbreiterung der Unterstützungsfläche des Körpers.

Zeichensetzung. Wichtig ist vor allem die Zeichensetzung, was sich besonders Damen merken mögen. Als Beispiel diene ein Ausschnitt aus dem Brief einer Dame, der mich im Herbst dieses Jahres erreichte: . . . *nach ihm kam Wobser auf dem Kopfe, einen weichen Hut an den Füßen, große aber gutgeputzte Stiefel auf der Stirn, eine dunkle Wolke in seiner Hand, den unvermeidlichen Spazierstock in den Augen, einen drohenden Blick in finsterem Schweigen* . . . Es gibt sicherlich bessere Beispiele, aber das angeführte muß hier genügen.

Zeitungen. Das Zeitungspapier ist ein weiches Material, man kann es zusammendrücken und zum Abwischen verschiedener Gegenstände verwenden. Feuchtet man es an, so wischt es wie ein Tuch. Angefeuchtetes in kleine Stücke zerrissenes Zeitungspapier auf Teppiche gestreut ersetzt alle anderen Reinigungsmittel wie Sauerkraut, Kaffeegrund, Teeblätter und Sägemehl. Die außerordentliche Vielseitigkeit des Zeitungspapiers hält heiße Speisen in heißem, kühle dagegen in kühlem Zustand. Zur Verpackung von Glas und Porzellan sowie als Mottenschutzhülle ist es ebenso unersetzlich, wie als Brust- oder Fußwärmer.

Zeitungsleser. Die Zeitungsleser machen sich oft in recht fühlbarer Weise lästig. An sich sind es harmlose Menschen, die weder durch Lärm noch auch eigentlich durch ihr Betragen stören; aber es gibt unter ihnen solche, die die Gewohnheit haben, eine Zeitung geradezu durchzugrübeln. Dagegen läßt sich nichts machen. Selbst dem gröbsten Leser gegenüber sind Bemerkungen zuweilen nicht zu empfehlen.

Zerkleinerung von Speisen. Die Bewegungen des Unterkiefers gegen den feststehenden Oberkiefer besorgen die Zerkleinerung der in fester Form aufgenommenen Speisen; sie werden zwischen die Schneide- und Quetschapparate der Zähne, durch die Bewegungen der Lippen, Wangen und vor allem der Zunge gepreßt, um endlich zwischen dem hohlen Zungenrücken und dem harten Gaumen zum Bissen geformt zu werden: das Verdauungsgeschäft beginnt.

Zerschneiden. Es muß nicht gleich alles zerschnitten werden. Durch die zahlreichen geschickt erfundenen Speisewerkzeuge wird zwar der bisher bei einigen Speisen zulässige Gebrauch der Finger immer mehr beschränkt; es gibt aber Speisen, bei denen man auf das Zerschneiden verzichten kann, weil man sie mit den Fingern ergreifen darf: so etwa Lerchen, Krebse, Austern, kleine Pasteten und Spargeln; auch Krammetsvögel zerschneidet man nicht, sondern ißt sie unzerschnitten bis auf den Schnabel, den Magen, die Füße; aber nicht, indem man sie abnagt, sondern indem man die Teile im Munde zermalmt. Ebenso kann man bei anderen Dingen, wenn sie mit dem Besteck schwer zu traktieren sind, die Hände zur Hilfe nehmen: zum Beispiel bei Hasenziemer, Gansschlegel, Fisch. Zu letzterem gebraucht man ohnehin nur die Gabel. Man nimmt in die eine Hand ein Stück Brot und hält den Fisch fest, während man mit der Gabel die

Stücke abpflückt, den Fisch sozusagen zerreißt. Das Zerschneiden mit einem gewöhnlichen Messer ist hier ganz überflüssig, wenn nicht sogar ungeheuerlich. Auch manche Mehlspeisen werden nicht zerschnitten, weil sie dadurch an Schmackhaftigkeit einbüßen, sondern zerrissen: Klöße zum Beispiel und Eierkuchen, aber auch Blumenkohl. Erlauben Sie mir, bei dieser Gelegenheit noch einen persönlichen Gedanken zu äußern, aber nicht in kopfloser Weise, wie es heute so oft geschieht.

Zerstreuungen. Mancher Mensch nimmt die Zerstreuungen, wie sie kommen, und am vergnüglichsten sind oft die Unterhaltungen, die mit dem gesellschaftlichen Leben gar nichts mehr zu tun haben; etwa der Aufenthalt im Caféhaus, der Besuch von Varietés und von Lokalen, in denen man sich ohne Bedenklichkeiten und Vorsichten amüsiert. Die leichteren Arten der Unterhaltung werden zur Gewohnheit, die Erfordernisse der Ordnung und Reinlichkeit vergessen. Es gibt aber bekanntlich kaum eine üblere Erscheinung, als den Menschen aus gutem Hause, der seine Zerstreuung ausschließlich in solchen Umgebungen sucht und sich wohl noch einbildet, ein Mann von Welt zu sein. – Er darf sich nicht wundern, wenn sich die Türen der guten Gesellschaft vor ihm schließen, schon lange, bevor er es selbst bemerkt. Er sinkt weiter und tiefer von schmachtenden Damen gezogen ins minderwertige und verschmutzte und scharf riechende Unglück hinein.

Zigarre. Ohne Frage haben die hohen Anforderungen, die das Leben an den gebildeten Mann stellt, ihren Einfluß auch auf seine Haltung im Haus geltend gemacht. Das alles einzeln hier anzuführen, was eine Rolle spielt, würde keinen Zweck haben, es ist so selbstverständlich, daß wir darüber hinweggehen können. Aber auf etwas müssen wir die Aufmerksamkeit lenken: auf den Tabak. Der Tabak ist ein Welteroberer; das Rauchen ist ein Bedürfnis im menschlichen Leben, mit dem wir zu rechnen haben. In bezug auf die Zulässigkeit oder Unzulässigkeit des Rauchens stehen sich

die Meinungen schroff gegenüber: der eine will nichts von Zigarren wissen; der andere will unter gar keinen Umständen von den Zigarren lassen. Nach diesen einfachen Gesetzen lassen sich alle Fragen über Zigarren beantworten. Es fallen somit alle zarteren Rücksichten fort.

Zigarre, verzauberte. Man zieht mit einer feinen langen Stopfnadel ein langes Frauenhaar durch eine Zigarre, so daß das Ende des Haares am Ende der Zigarre wieder erscheint. Dann wird die Zigarre durch den Hals einer Flasche hinabgelassen in den Flaschenbauch und zwar mit der Spitze nach oben. Das Ende des Frauenhaares hängt aus dem Hals heraus. Nun setzt man die Flasche zwischen sich und den Zuschauer auf einen Tisch, und zwar hart an den Rand dieses Tisches, nimmt das Haarende unter der Tischplatte in die Hand und kann nun durch ruckweise stärkere oder schwächere Bewegungen der Hand die Zigarre beliebig hüpfen lassen, ohne daß der Zuschauer ahnt, weshalb die Zigarre hüpft. Die Bewegungen der Zigarre müssen genau dem Kommando des Kunststückmachenden gemäß ausgeführt werden. Ich sage also: *hüpfen!* und die Zigarre hüpft tatsächlich zum größten Erstaunen des Zuschauers.

Zischen. Zischen als Gegenteil von Applaudieren sollte in allen Fällen unterbleiben. Hat der Künstler seine Sache schlecht gemacht, so wird ihm schon durch den ausbleibenden Applaus die schlechte Aufnahme seiner Leistung hinlänglich zum Bewußtsein gebracht.

Zittern. Was unter Zittern zu verstehen ist, sagt deutlich der Name: Zittern. Eine Person friert und schüttelt sich und das Schütteln ist ohne Zweifel das Resultat eines unwillkürlichen Zuckens der Muskeln, das den Namen Zittern trägt.

Zorn. Der Zorn ist einer der schlimmsten Dämonen unter den menschlichen Affekten, denn er tritt mit einer solchen Heftigkeit auf, daß er die Vernunft vollkommen verdunkelt. Darum ist die Selbstbeherrschung *(siehe da)* ganz besonders dem Zorn gegenüber nötig. Der gesittete Mensch darf den Zorn niemals zum Siedepunkt steigen lassen, sondern muß seine Affekte im Zaun halten. – Bei einem Anfall von Zorn wandle man sogleich hinaus in die Natur und suche sich dort zu erbauen und ein Lied anzustimmen.

Zucker. Wer zwanzig Pfund Preißelbeeren mit sechs Pfund Zucker einmacht, erhält sechsundzwanzig Pfund nahrhafte Kompottmasse.

Zuhören. Die Welt verlangt von uns, daß wir Herr über die Regeln des guten Tones sind. Sie gönnt uns Zeit, die etwaigen Lücken mit Hilfe dieses *Ratschägers* auszufüllen und drückt dabei gern ein Auge zu. Sie gestattet uns sogar ein wenig Keckheit und Dreistigkeit, wenn wir darin nur nicht die Schranken überschreiten, die der gute Ton von uns fordert. Ein gewisses Maß von Bescheidenheit steht uns gut. Es wird sich namentlich darin zeigen, daß wir mit Anmut schweigen und einen aufmerksamen Zuhörer abgeben, mit einer leichten Hinwendung zum Sprechenden, einem elegant vorgebeugten Kopf, geneigt, jedoch nicht zu tief, mit einem angenehmen Lächeln. Die Kunst des Zuhörens empfehlen wir hier auf das nachdrücklichste. Durch das Zuhören erwerben wir uns das Wohlwollen der Welt und vielleicht auch manche günstige Gelegenheit für die eigene Zukunft, in der uns dann andere zuhören. Ältere Leute hören sich nicht nur gern selbst sprechen, sondern sind auch meist von der Unfehlbarkeit ihrer Ansichten überzeugt. Das darf ein junger Mann, der es in der Welt zu etwas bringen will, niemals vergessen; und selbst da, wo er gerade zum Widerspruch herausgefordert wird, sollte er lieber annehmen, daß diese Herausforderung nur eine Art der Aufforderung ist, die soeben gehörte Ansicht nicht zu widerlegen und anmutig zu schweigen. Es ist nicht Heuchelei, sondern nur lobenswerte Rücksichtnahme, die ihn schweigen und die Schwächen des Alters schonen läßt. Besitzt er diesen Grad von Einsicht nicht, so kann er sicher sein, daß er sich sehr bald in den Ruf bringt, ein rechthaberischer eigenwilliger Mensch zu sein. Er wird bald die Erfahrung machen, daß diejenigen, die ihm zuerst wohlwollend entgegentraten, kühl werden und ihn beiseite schieben. Aber nicht nur schweigen können muß der junge Mann, sondern er muß auch interessiert scheinen bei dem, was ihm gesagt wird. Redet ihn jemand an, so muß er liebenswürdig sich vorbeugend zuhören, seine Antworten müssen zuvorkommend, ausführlich und deutlich abgegeben werden. Lässiges Wesen und schläfrige Antworten mißfallen ungemein.

Zuhörerpflichten. Wir haben nun noch die Aufmerksamkeit auf die Pflichten der Zuhörer zu richten. Tritt man in eine Gesellschaft, in welcher bereits musiziert wird, so schließt man leise die Tür, tritt leise auf und vermeidet auch sonst jedes Geräusch, das den Vortrag stören könnte. Noch besser ist es, draußen zu warten, bis eine Pause eintritt. Voraussetzung ist, daß man dem Musikspendenden seine vollste Anteilnahme schenkt. Viele Leute betrachten indessen den musikalischen Vortrag als Deckmantel für eine ungestörte Unterhaltung. Das ist ein Verstoß nicht nur gegen den Vortragenden, sondern auch gegen die Gesellschaft. Durch ein leichtes Zeichen macht die Herrin des Hauses die Plaudernden aufmerksam; sie legt einen Zeigefinger auf den Mund und winkt und so fort; Gesten, die natürlich auch keine Störung verursachen dürfen. So wird die Musik ein wirklich belebendes Unterhaltungsmittel.

Zunge. Die Zunge ist ein wunderbar gewebtes Netz vielfach verschlungener Muskelfasern, sie dient zur Zerquetschung der Mahlzeit und zur Hervorbringung der Sprache. Sie übergibt dem Schlund den durch die Kauwerkzeuge in der Mundhöhle zerkleinerten und mit den Absonderungsflüssigkeiten der Drüsen vermischten Bissen, der von hier aus unwillkürlich in den Magen hinabgleitet.

Zungenoberfläche. Manche Menschen zeigen auf der Zungenoberfläche landkartenähnliche Flecken, andere weisen stark zerklüftete eingekerbte Seitenränder auf. Dennoch sind die Besitzer frohe gesunde Menschen. Man sollte also beim Anblick

von geografischen rissigen Zungen nicht gleich erschrecken; die Natur liebt die Abwechslung wie wir.

Zungenübungen. Anfangs stellt sich die Zunge stumm, als ob sie ein Vorgefühl von der Last hätte, die ihr im Leben zufallen wird; später tritt sie oft stundenlang als Redner auf und fertigt rastlos mit dem sich hebenden senkenden Kehlkopf, mit Stimme, Mundhöhle, Gaumen, Zähnen, Lippen und Nase Vokale und Konsonanten an. Sie ist die muskulöseste Formgeberin der Sprache. Beim A legt sie sich für den vornehmsten aller Vokale wie ein Ruhepolster breit auf den Boden, und selbst ihre Seitenränder schmiegen sich, den Vokal umfangend, locker den unteren Backenzähnen an. Beim Ä hebt sie die vorwärts geschobene Spitze an die Schneidezähne, ihre Fläche erscheint jetzt wie eine Schneppe an einer Milchkanne und bietet Raum zu einem bequemen Durckblick für unsere Leser. Beim U wölbt sich der hintere Zungenrücken nach oben, die Zungenspitze zieht sich zurück, um die Schlundhöhle recht geräumig und die Mundöffnung klein und rund werden zu lassen. Beim I wölbt sich die Zunge am höchsten und zieht den Kehlkopf mit in die Höhe. Alle diese kleinen Bewegungen und Arbeiten gewinnen natürlich an Interesse, wenn man sie selbst mit der Zunge ausführt und beobachtet. Ich muß deshalb den Leser bitten, mir bei diesem Zungenspiel seine Mithilfe nicht zu versagen. Wie die Finger des Violinisten auf den Saiten hin und her gehen, so wandert die Zunge im Mund herum. Sie stemmt zur Hervorbringung des T ihren vorderen Teil gegen den vorderen Teil des Gaumens und die Oberzähne, um dadurch den andringenden Lufthauch, den sie absperrt, elastisch zu sammeln, und um selbst die nötige Federkraft zu gewinnen. Plötzlich schnellt sie in ihre gewöhnliche Lage zurück und das T ist fertiggestellt. Mit noch größerer Kraft tritt das K ins Leben, seine Entstehungsstelle am Gaumen wird noch genauer als beim T zugunsten der verschiedenen Vokale geändert. Zur Erzeugung eines CH legt sich die Zunge leicht an den Gaumen und läßt den nicht völlig abgesperrten Lufthauch mit sanftem Widerstand über sich hinweggehen. Man fühlt, vorausgesetzt daß man sich keinen Zwang antut, das Vorrücken der Zunge am Gaumen entlang beim K am deutlichsten. Das K ist der härteste Verschlußlaut; aber gerade deshalb bleibt dieses K, bei aller Nachgiebigkeit, unaufgelöst in seinem harten Charakter. K bleibt K in Ku Ko Ka Ke und Ki. Es gibt aber einige Konsonanten, denen die Ortsveränderung teuer zu stehen kommt: wenn wir ein hinteres CH in dem Wort BauCH sprechen, klingt es ganz dumpf und angestrengt; der Lufthauch darf nicht wie beim H ungehemmt, sondern muß, damit er zu hören ist, mit einigen Hemmungen hinausstreichen. Spricht man aber iCH, so erscheint ein weiches und spitzes CH, das nicht mehr im Rachen, sondern ganz oben am Gaumen gesprochen wird. Zu noch größeren Konzessionen entschließt sich das G. Wir sprechen mit einem weicheren, dem K verwandten Verschlußlaut: Gans WaGe; aber wir sprechen williG wie williCH. Nun soll das T explodieren. Dazu ist nur ein plötzlicher Hochdruck von Zungen- und Hauchkraft nötig, um das klanglose T mit abschnellender Federkraft ins Leben zu rufen. Ähnliches geschieht von Seiten der Lippen bei der Erzeugung des P. Beide Konsonanten sind sofort tot, nachdem sie explodierten. Nur ein überschüssiger Hauch bleibt zurück. Überaus fein sind Wobsers Bemerkungen über die Aussprache der Konsonanten beim Gesang, aber wir schweigen jetzt, wir erwähnen sie nicht. Unsere Wanderungen durch den Mund sind beendet.

Zurufen von Gegenständen. Rufen Sie Ihre Familie oder Ihre Freunde. Ganz nach Belieben sollen sie Ihnen zwölf Gegenstände zurufen. Damit sie auch nichts vergessen, sollen sie die genaue Reihenfolge der Gegenstände auf ein Papier schreiben. Und während Ihnen die Freunde nun die zwölf Gegenstände zurufen, wenden Sie einfach unser System an, mit dem Sie in Ihrem Gedächtnis jede Einzelheit festhalten können. Sie werden also diese zwölf Gegenstände sofort und automatisch frei aus dem Gedächtnis aufsagen, lückenlos und geordnet, derart, als würden Sie die geschriebene Liste in der Hand ihrer Freunde ablesen. Sie werden nun einen der aufregendsten Momente Ihres Lebens erleben, wenn Sie den Ausdruck auf den Gesichtern Ihrer Umgebung betrachten.

Zusammenschlafen. Das Zusammenschlafen ist nicht ganz einwandfrei und läßt sich mit unseren heutigen Zuständen nicht mehr vereinigen. Die heutigen Menschen sind reizbar und unmäßig und nur zu oft schwächlich und kränklich; da ist es weder angebracht, daß sie gegenseitig ihre Ausdünstungen einatmen, noch viel weniger, daß sie sich gegenseitig durch das intime Zusammenleben erregen. Stehen nicht zwei Zimmer zur Verfügung, so stelle man wenigstens die Betten an verschiedene Wände und führe einen verschiebbaren Bettschirm ein, der das Bett der Frau schützt. Manches unglückliche Kind wäre nicht ins Leben gesetzt worden, wenn seine Mutter die Macht eines solchen Bettschirms gekannt hätte. Möge unsere Anregung Nutzen bringen.

Zusammensturz. Der Zusammensturz eines Berges, einer Grube, eines Schachtes, einer Brücke, eines Gewölbes, einer Zimmerdecke, einer Galerie, eines Hauses, eines Turmes, kann einem Menschen, sogar vielen Menschen augenblicklich das Leben oder wenigstens die Gesundheit kosten. Zuweilen geht dem Einsturz ein Krachen voran. Wenn man also ein Krachen hört, sollte man sich auf der Stelle entfernen.

Zusendung, diskrete. Welche Flut von Anpreisungen für die Mittel zur Verhütung der Empfängnis sich über das Land ergossen hat, davon haben die wenigsten eine Ahnung. Die Anzeigenteile unserer schlüpfrigen Presse sind ein Sumpf von Kot und Gummiartikeln. Man schließe ruhig auf eine ganz außerordentlich hohe Nachfrage für Schutz- und Schmutzgegenstände, die zur Verbreitung französischer Zustände dienen werden. Seit etwa dreißig Jahren, sagt Klomm, haben französische Familien die Kinder systematisch abgewiesen: damit haben die französischen Frauen Frankreich von der Weltkarte gelöscht.

Z

Zutrinken. Es ist ein ganz hübscher Brauch, einem fernsitzenden Bekannten zuzutrinken, um damit einen gewissen geselligen Rapport mit ihm zu unterhalten, aber es geschehe nur einige Male und ohne ihm ein bestimmtes Quantum an Bier aufzudiktieren. Der andere ergreift alsdann sofort sein Glas und sagt: *ich komme sogleich mit*, oder er sagt: *ich komme nach*, und trinkt das nächste Mal den Gegentrunk, indem er uns zuwinkt. An der Tafel kann man allenfalls durch Winken mit dem Glas jemandem zutrinken. Will man Personen vortrinken, so sage man: *darf ich mir erlauben, Ihnen etwas vorzutrinken?* worauf der andere sein Glas ergreift und mittrinkt. Damen und Höhergestellten gegenüber hat das Zutrinken zu unterbleiben.

Zwanglosigkeit. Es ist natürlich viel leichter und bequemer, sich in Kreisen zu bewegen, die nicht auf der Höhe der eigenen gesellschaftlichen Bildung stehen. Ein solcher Verkehr ist aber nicht der richtige. Es fällt da zu leicht der Zwang fort, auf sich selbst zu achten; die Folge ist dann die Vernachlässigung und Zwanglosigkeit. Am deutlichsten tritt das zutage, wo es sich um Verkehr handelt, der als gesellschaftlicher überhaupt nicht mehr angesehen werden kann; in Wirtschaften, an Wirtstischen, abendlich oft lange ausgedehnt, mit einem dort herrschenden freien Ton, der schon für manchen Mann der Ruin für sein ganzes Leben war: die Gewöhnung an Zwanglosigkeit und übermäßigen Biergenuß, der alle feineren Empfindungen allmählich tötet, bis ins Bett hinein, ohne das Gefühl für Ordnung, in einem schlecht gelüfteten Zimmer, dunkel und knarrend, in der von Küchengerüchen durchwehten Luft, auf demselben Flur mit nachlässig gekleideten Wirtsleuten, in einem Haus mit beschmutzten Treppen und Fenstern.

Und so darf man wohl mit den Worten schließen, mit denen ich begonnen habe.

Zweikampf. Ist ein Mann entschlossen, einen Zweikampf auszutragen, so hat er sich an die Bestimmungen zu halten, die darüber in der guten Gesellschaft bestehen. Der Zweikampf soll spätestens zwei Tage nach der Beleidigung vor sich gehen. Zum Zweikampf erscheinen außer den beiden Gegnern die Sekundanten und die Ärzte, alle selbstverständlich pünktlich auf die Minute. Die Gegner tragen Gehrock und Zylinder, die übrigen kleiden sich ebenfalls dem ernsten Anlaß entsprechend. Die Gegner begrüßen sich höflich, sprechen aber nicht miteinander. Im letzten Augenblick wird nochmals eine friedliche Lösung herbeizuführen gesucht. In der Regel wird sie scheitern. Man sucht einen geeigneten Platz und schreitet die Abstände ab.

Zwerchfellkrampf. Er charakterisiert sich durch plötzlich auftretende, rasch vorübergehende spastische Kontraktionen der Zwerchfellmuskeln, wobei die eingeatmete Luft geräuschvoll in die Luftwege eindringt und danach durch eine urplötzlich eintretende Stimmritzenverengung abgesperrt wird. Hierdurch entsteht der bekannte Zustand des Schluchzens.

Zwerge. Über Zwerge wissen wir außerordentlich wenig. Der Zwerg General Mite wog nach Angaben seines Vaters bei der Geburt zwei Pfund; Miß Millie O. angeblich nur eineinhalb Pfund. Wir verstehen unter eigentlichen Zwergen erwachsene Menschen, die eine Körperhöhe von einem Meter nur sehr wenig überschreiten. Der erwähnte General Mite wäre danach, wenn seine Körpergröße richtig angegeben worden ist, ein wirklicher Zwerg gewesen. – Der Reisende Lemm fand in der Nähe von M das zwerghafte Volk der Abongo. Er weist die vielfach vertretene Ansicht zurück, daß die Kleinheit durch den dauernden Einfluß der Luftverdünnung hervorgerufen werde.

Zwillinge. Die in Berlin gezeigten Zwillinge Rosa und Lisa Blazek sind in vielfacher Beziehung hochinteressant. Sie beschäftigen auf das Nachdrücklichste die Zuschauer, während die Anatomen vergeblich über die Lösung des Rätsels grübeln. – Zusammengewachsene Menschen sind in neuerer Zeit wiederholt beobachtet worden. Wir erinnern nur an die beiden ungarischen Schwestern Helene und Judith, sowie die beiden Neger, die unter dem Namen *zweiköpfige Nachtigall* die Welt durchzogen. Freilich war keines dieser seltenen Paare von solcher körperlicher Regelmäßigkeit, wie Rosa und Lisa, die außerdem einen so reizenden Gesichtsausdruck zeigen, daß die Berliner Damenwelt über die Schönheit der unzertrennlichen Schwestern geradezu entzückt ist. Die Zwillinge sind vortrefflich entwickelt, von ruhigem, friedliebendem, liebenswürdigem Wesen und scheinen über ihr Schicksal nicht weiter nachzudenken. Mit wunderbarer Geschicklichkeit und klugem Austausch der Kräfte bewegen sie sich schnell durch die Welt und benutzen die Treppen ohne besondere Schwierigkeiten. Eine eigentümliche Erscheinung bietet der Schlaf der beiden. Während Lisa schläft, wacht Rosa etwa drei Stunden; nach dieser Zeitdauer werden die Rollen getauscht bis zum Morgen. Dieser Umstand erfordert eine besondere nächtliche Beaufsichtigung, da der wachende Teil nicht ohne Gesellschaft und Unterhaltung bleiben will. Tagsüber sind sie gegen jedermann freundlich und dankbar für kleine Geschenke. Mit besonderer Liebe hängen sie an dem sie auf ihren Reisen begleitenden Freund, dem Impresario Fuchs. Es macht einen wehmütigen Eindruck, wenn eine von ihnen bei einem kleinen, eigentlich mehr scherzhaft gehaltenen Streit dem anderen Teil die drohenden Worte zuruft: *Wenn Du mir das nicht gibst, lasse ich mich von Dir abschneiden.*

Zwischenträger. In der Maske freundschaftlicher Gesinnung kommt der Zwischenträger oder Gebärdenspäher zu dir und erzählt, der und der oder die und die habe das und das über dich gesagt. Du wirst in die größte Aufregung versetzt, wütest und tobst, schmiedest allerlei Entwürfe, deine Ruhe ist hin, sogar des Nachts flieht dich der Schlaf aus Verdruß, es gibt Szenen und Feindschaften, vielleicht auch Prozesse. Und das alles hat mit seiner Zwischenträgerei der Zwischenträger oder Gebärdenspäher getan. Er färbt und bauscht auf und reißt alles aus dem Zusammenhang; ein oft gar nicht so böses Wort läßt er anschwellen. Darum meide ihn und vergiß seine Worte.

REGISTER

Abbeißen
Abbrechen der Beziehungen
Abende, feste
Abendgesellschaft
Abendmahl
Abendstunden
Abgrund
Abkühlung
Ablehnung
Abmagerung
Abnehmen des Hutes
Abreise
Absätze, hohe
Absage einer Einladung
Abschied
Abschiedsveranstaltung
Abschneiden
Abspannung
Abwaschungen
Abzapfen
Adern
Äußere, das gefällige
Äußerlichkeiten im Briefverkehr
After
Alkohol
Alleingehen
Alpenbewohner
Alpenstöcke
Alter
Alter, menschliches
Ameisen
Ameisenkriechen
Anatomie
Anbieten
Anekdoten
Anfall
Anfrage
Angewöhnungsverstopfung
Ankleiden eines Herrn
Anklopfen
Anlehnen. Siehe: *Sitzen*
Annäherung
Annahme. Siehe: *Ablehnung*
Anrede
Anreden
Anschauungen
Anspielung
Ansprechen
Ansprüche
Anstoßen, eins
Anstoßen, zwei
Antwort
Anzeigen
Anzündung eines Lichtes
Apfelschälmaschine
Applaudieren
Arbeit
Arbeiter
Arm in Arm gehen
Armbewegung
Arme, ihre Verwendung beim Gehen
Asche. Siehe: *Rauchen*
Aschenbecher, hustender
Atem, übelriechender
Atembedürfnisse
Atembeklemmungen
Atmung
Aufblasen
Aufbruch
Auf der Straße
Aufdringlichkeit
Aufforderung zum Bleiben. Siehe: *Besuch*
Auflegen der Ellbogen. Siehe: *Haltung*
Aufmerksamkeiten, kleine
Aufregung. Siehe: *Leidenschaft*
Aufrichtigkeit
Aufrichtung
Aufschlüsse
Aufstehen
Aufstoßen
Augapfel
Augen
Ausdrücke. Siehe: *Sprechen*
Ausdünstungen
Auseinandersetzung
Ausflüge ins Freie
Ausfluß
Ausfragen
Ausgußrand
Auskehren
Ausschlürfen. Siehe: *Speisen*
Ausschweifungen
Ausspülen des Mundes
Austrocknen
Ausweichen
Ausziehen

Backen
Badebekanntschaften
Badeleben
Badereise
Badewäschewärmer
Balancieren
Ball
Ballonfahrer
Bandwurm
Barometer
Bauch

Bauchwassersucht
Bauchweh
Bedienung
Befangenheit
Befehlen. Siehe: *Dienstboten*
Beflecken. Siehe: *Speisen*
Begattung: Siehe: *Beischlaf*
Begegnungen
Begierden
Begießen
Begleitung
Beglückwünschungen
Begräbnis
Behilflich
Behörden, Umgang mit
Beifall
Beileid
Beine
Bein, offenes
Beischlaf
Bekannte, nähere
Bekanntmachung
Bekleidung
Bekleidung, leichte
Belästigung
Beleidigung
Beleuchtung
Benehmen
Benekes Behauptung
Bergsteigen
Beschreibungen
Beschwerden
Besenstiel
Beste
Besteigen
Bestreichen
Besuch, kurzer
Besuch auf längere Zeit
Besuch von Damen

Besuch von Herren
Bett
Beule
Bevorzugung
Bewegungen
Bewegungen, alltägliche
Bewegungen, innere
Bewegungsgeschwindigkeiten
Bier
Bild
Bildung
Billett
Bittschriften
Blase
Blasen, das
Blasen, die
Blasenzerreißung
Blick
Blitz
Blumen
Blumentöpfe
Blut
Blutegel
Blutspucken
Blutverlust
Blutwürste
Brause
Brausepulver, neues
Brautaustattung
Brechbewegungen
Brief
Briefe an unbekannte Personen
Briefunterschrift
Brillen, gefärbte
Brot
Brot, gutes
Brotfrage
Brotwasser

Bruch
Brüste, weibliche
Brustdrüsen, überzählige
Brustwarzen, zurückgezogene
Bücher
Bücken, Erleichterung beim

Café
Champagner
Charakter
Conrads Schwitzmantel

Dach
Dachshund
Dame, alleinstehende
Damen
Damenfinger
Damenfüße
Damengespräche
Damenwünsche
Dampfkochapparat
Dank
Darmmädchen
Decken, bunte
Deklamation
Denken
Diener
Dienstboten
Dienstbotenkost
Dienstmädchen
Diskretion
Doktor
Druck und Kitzel
Druckkraft
Durchnässung
Durst
Dusche

Ehe
Ehre
Eier
Eieröffnen
Eifersucht
Eigenliebe
Eigennutz
Eigensinn
Einbrechen im Eis
Einfluß der Damen
Einführung
Eingang
Einheit
Einkaufen
Einladung
Einmischung
Einschnürung
Eintreten
Eisbeutel
Eisenbahngeschwindigkeit
Eisenbahnreisen
Eiter
Elefant
Elefantiasis
Empfang des Besuchers
Empfang durch den
  Diener
Empfindlichkeit
Empfindungen,
  unangenehme
Ende
Englische Gebräuche
Entdeckung
Entdeckungen
Entfernung des Besuchs
Entfettung
Enthaarung
Entkräftung. Siehe:
  Erschlaffung
Entschuldigung

Enttäuschung
Erblassen
Erbsen
Erdbad
Erdrücken
Ereignislosigkeit
Erfolg, ausbleibender
Erfrieren
Erhängen
Erheben der Hand
Erlaubnis
Ermüdung
Erschlaffung. Siehe:
  Erschöpfung
Erschöpfung. Siehe:
  Entkräftung
Ersticken
Ertrinken
Erzählen
Essig
Etikette
Exzesse

Fahrgelegenheiten, öffentliche
Fahrrad
Fallobst
Falsche Haare. Siehe:
  Haare, Zähne, Kopf
Falschheit. Siehe: *Aufrichtigkeit*
Familienverhältnisse
Farben
Farbfrische
Farnkraut
Fehler
Feinde
Fenster
Fernerstehende
Festlichkeiten

Festschnüren
Fett
Fettammer
Fettgeschwulst
Feuchtigkeit
Feuer
Filzlaus
Finger
Fische
Flaschenstöpsel
Flaschenzüge
Flecke
Fleisch
Fleisch, Glockenläuten
  und Sohlenflächen
Fleisch, menschliches
Fleischansichten
Fleischgenuß
Fliegenschmutz
Flüstern
Frack
Frau
Frauengesichter, krankhaft
Frechheit
Fremde
Fremdkörper
Fremdwörter
Freunde
Freundlich
Frieden im Hause
Frisör
Fruchtbarkeit. Siehe:
  Furchtbarkeit
Frühstück
Führer
Füße, geschwollene
Füße, kalte
Füße, offene
Furchtbarkeit
Fuß

Fußboden
Fußreisen
Fußschweiß. Siehe:
    Schweißfuß

Gabel
Gabelkunststück
Gähnen
Gänsehaut
Galanterie
Gang
Gans
Ganzes
Garderobe
Garderobehalter
Gardinen
Garten
Gase
Gasthof
Gaumensegel
Gebäude, zusammen-
    brechendes
Gebirge, im
Gebrüder Rossow
Geduld
Gefahren
Gefälligkeit
Gegenbesuch
Gegenstand
Gegenstände, stecken-
    gebliebene
Geheimmittelschwindel
Geheimnisse
Gehirn
Gehörgänge
Gehrock
Gelehrte zum Beispiel
Gemüse
Gemüt
Gepäckhalter

Gepäckstücke
Geräusche
Geräusche, gedämpfte
Geräuschschützer,
    kugelförmige
Gesäßgegend
Gesang
Geschäftsbriefe
Geschenk
Geschlechtskrankheit
Geschlechtsleben
Geschwollene Füße. Siehe:
    Füße, geschwollene
Geschwülste und Ge-
    schwüre
Gesichtsausdrücke
Gesichtsgestaltung
Gespräch
Gesundheit
Gewohnheiten, mensch-
    liche
Giftflaschen
Glasstöpsel, eingetrock-
    nete
Glückwünsche
Goldfisch
Gottesdienst
Gratulation
Grönland
Größe
Grübeln
Grübelsucht
Grüßen
Grundluft
Gürtelgefühl
Gummistrümpfe
Gurgeln
Gymnastik

Haare

Haarmenschen
Hände, blaugefärbte
Hände, rauhe
Händeschütteln
Halbschuhe
Hals
Haltung
Haltung, abwartende
Haltung, schiefe
Hand
Handarbeit
Handbewegungen
Handkuß
Handschlag
Handschuhe
Harnröhre
Hartleibigkeit
Hauptfreudenquellen
Haus, im
Hausbesitzer
Hausgenossen
Hausschlüssel
Hausschwamm
Haut
Haut und Hose
Hautfärbungen
Heiratsantrag
Heiterkeit
Heizen
Heizung
Hemdsärmel
Hemdhose
Herausziehung
Herr
Herrenbekleidung
Herrenbesuche
Herrenzimmer
Herz. Siehe: *Gemüt*
Heuchelei. Siehe:
    Aufrichtigkeit

Hilfe
Himmel
Hinabstürzen
Hirnzelt
Hochzeit
Hochzeitstag
Höflichkeit
Hörrohrspazierstock und ähnliches
Hof, im
Hofkreise
Hohlräume, menschliche
Honorar
Horchen. Siehe: *Lauschen*
Hühneraugen
Hülle
Humor
Hund
Hund und Mund
Hundekrankheiten
Hundewurm
Hunger
Hungergefühl
Husten, unter anderem
Hustengeräusch
Hut
Hut des Besuchers

Imbiß
Im Dunkeln
Im Freien
In Begleitung
Inneres

Jongleurkunststücke
Jucken
Jugend. Siehe: *Alter*

Kälte
Kaffee

Kahlheit
Kalbskopf
Kalte Füße. Siehe: *Füße, kalte*
Kartenspiel
Kartoffeln
Kaumuskelkrampf
Kavaliersdienste
Kehlkopf
Kein Gegenüber
Keller
Kellerasseln
Kenntnisse, gesellschaftliche
Keuchen
Kinoseuche
Kirche
Klappern
Klaviatur
Klavierbehandlung
Klavierspiel
Kleidung
Kleinhirn
Klemmwunden
Klistier
Klomms Pflanzenleben
Klosett
Knall
Kniescheibe
Knochenbrüche
Knochengerüst
Knoten im Haar
Kochen
Körper
Körper, fallende
Körperbewegungen
Körperhaltung von Damen
Körperoberfläche
Körperwärme
Koffer

Kohlengase
Kohlkopf
Kommen und Gehen
Konsonanten
Konzert
Kopf
Kopfguß
Korpulenz
Korridortür
Korsett
Krätze
Krankenbesuche
Kratzen
Krawatten
Kropf, Kröpfe
Küchenkoller
Küssen
Kugel im Halse
Kunstgespräch
Kurze Unterhaltung
Kurzsichtigkeit

Lachen
Lachender Sack
Lachkrampf
Lage, hohe
Lampen
Landleben
Laufen
Lauschen. Siehe: *Horchen*
Lebende Bilder
Lebensbeschreibung
Lebensfunktionen
Leber
Leichen, gefrorene
Leichenschmaus
Leidenschaften
Lesen
Liebe
Liegen

Literatur
Lob der Ortschaft
Loch
Löcher, fehlende
Löffel
Löffelstiel
Lokomotive
Lüftung
Luft, eins
Luft, zwei
Luft, drei
Luft, vier
Luft, fünf
Luft, sechs
Luftballon
Luftstoß
Luftverbesserung
Lunge
Luxus

Machtlosigkeit
Magen
Mann, liegender
Maschinengewehr
Maske, nasse
Massage
Massage des Gummischlauchs
Mausefalle, automatische
Mausefalle, praktische
Meeresgrund
Meereslust
Menschen, geschwänzte
Menschen, tierähnliche
Menschenfuß
Menschheit
Messer
Miene, höhnische
Mischlinge
Mischungen

Mitgift
Mitgrüßen
Mitteilungen
Möbel
Mönch
Morgenerbrechen
Morgenstunden
Mückensehen
Mütze
Mull
Mund
Mundsperre
Mundstück
Musik
Musizieren
Muskeln
Mut
Mutterwut

Nabel
Nabelschnur
Nachbarn
Nachgiebigkeit
Nachlässigkeit
Nachschrift
Nachsicht
Nachts
Nachtstuhl
Nachtwandeln
Nacktheit
Nägel
Nagelbrühe
Nahrung
Namen
Nasenbluten
Naturmenschen
Nebeneinandersetzen
Nebenmann
Neigungen, tiefe
Neues

Nichterscheinen
Niesen
Normalsteg

Oberfläche
Öffentliche Orte
Öffnung des Mundes
Ofen
Offenheit
Ohren
Ohren, erfrorene
Ohrenbewegungen
Ohrenkriecher
Ohrensausen
Ohrensausen weiter
Ohrenschmerzen
Ohrphantasie
Ohrtrompete
Onanie
Oper
Opernglas
Orden
Ordnung im Zimmer
Ortsveränderungen

Palme
Parfüm
Parlamentarische Form
Patentnußknacker
Pause, zufällige
Peitschen
Personen, ankommende
Personen, eintretende
Personen, sitzende
Personen, unbekannte
Personen, viele
Pfeifen
Photografieren
Pixavon
Plaid

Platz
Platznehmen
Plaudern
Podest
Politik
Pollutionsring
Portieren
Postkartenindustrie
Promenade
Prostitution
Publikum
Pudern
Punkt, dunkler

Qualm
Quellmasse

Rachenmandel
Radfahren
Radfahrkunst
Räuspern
Rangverhältnisse
Ratschläge
Rauch
Rauchen
Raum, mit Gas gefüllter
Regenbrause
Regenschirm
Regenwurm
Reinigung verschiedener
　Gegenstände
Reinlichkeit
Reise
Reisegespräche
Reiselaterne
Reiseverzeichnis
Rest
Restaurant
Rettung
Riechen. Siehe: *Parfüm*

Riesen
Riesenwemme
Riesenwuchs
Rinder
Ringkampfkunst
Risse
Ritzen, in den
Rotz
Rückwärtsgehen
Rütteln
Ruhe
Ruhebank

Sackaufhalter, praktischer
Säugetiere
Salbeitee
Salon
Salonmusik
Salzbüchsen
Samen
Sand
Seekrankheit
Selbstvorstellung
Senfbrunnen
Servieren
Serviette
Singen
Sittenzustände
Sitzen
Skelett
Sockenrohre
Sonntagsausgänge der
　Dienstboten
Sophaplatz
Soßenflecke. Siehe: *Fleisch-
　brühe*
Spanferkel
Spaziergänge auf der
　Straße
Spaziergänger

Speichelfluß
Speisen
Speiseraum
Spezialitätenbühne
Spielen
Spieltisch, am
Sport
Sprache und Behaarung
Sprechen
Sprechwerkzeuge
Springen
Spulwurm
Suppe
Suppenteller, gefüllte

Schädel
Schädelbetrachtungen
Schall
Scham
Scharnierbewegung
Schatten
Schaukeln
Schauspielkunst
Scheintod
Schlaf
Schlaflosigkeit
Schlafsucht
Schlafzimmer
Schlauch
Schleier
Schleppe
Schluchzen und Zucken
Schlucken
Schlucksen
Schlürfen
Schluß
Schlußwort
Schmatzen
Schmeichelei
Schmerz

Schminke
Schmuck
Schnarchen
Schneeabreibungen
Schnelligkeit
Schnepfenstrauß
Schnupfen
Schnurrbärte
Schönheit
Schöpferin
Schreibkrampf
Schreibkrücke
Schrittlänge
Schützenkunst
Schuhe, knarrende
Schuhzeug
Schulterausrenkungen
Schutzmittel
Schwanz
Schwanz, weicher
Schwarze Strümpfe
Schweigen
Schweine, gefütterte
Schweißfuß. Siehe:
    Fußschweiß
Schwerhörigkeit
Schwermut
Schwerwiegende Fälle
Schwindel
Schwingungen

Stab
Standpunkt
Staub
Stehen
Stellungssuche
Sterben
Stimme
Stimmritze
Stimmungskrankheit

Stirn
Stock
Stockwerke
Straße
Straßensänger, ein geheim-
    nisvoller in London
Streichhözer
Strumpf
Strumpfbänder
Stuhl

Tätigkeit
Tafel
Tafeldecken
Tafelmusik
Tanzen
Tanzen oder nicht
Tanzen, das Verhalten
    beim
Taschentuch
Taschenwärmer
Tauben
Teilung der Kleidung in
    vier Abschnitte
Teller
Temperatur
Theater, Gedränge und an-
    dere zuweilen vorkom-
    mende Unglücksfälle
    darin. Siehe: *Erdrücken,
    Schauspielkunst*
Theaterbesucher
Theaterfrage
Theaterstück
Tiefe
Tiere
Tiere, gesunde
Tintenfaß
Tisch, bei
Tisch, vor

Tischgenossen
Tischgespräche
Titulaturen
Tod
Todesfall
Todfeinde, unsichtbare
Ton
Ton, guter
Topfheber
Tränenapparat
Tragbeutel
Tranchiren
Transport
Trauer
Trauerdauer
Treppensteigen
Triebkultur
Trinken
Trinksprüche
Türen, verschlossene
Türen und Fenster

Überraschung
Über-Überrock
Uhren
Umschlag
Umzug
Unbekannte Personen
Ungeziefer
Unglück
Unglückliche Zufälle
Unheimliche Situation
Unmäßigkeit
Unmanierlichkeiten
Unordnung. Siehe:
    Ordnung
Unpersönlichkeit
Unruhe
Unterhaltung
Unterhaltung beim Essen

Unterhaltungsgegenstände
Unterschieber
Unzufriedenheit

Verabschiedung
Veränderung der Verhältnisse
Verband
Verbeugung
Verboten
Verbrecherfüße
Verbrennungen
Verdunstung
Vergeßlichkeit
Vergnügen
Vergnügungen
Verhältnisse, andere
Verirrungen
Verkehr
Verkehr, schriftlicher
Verkleidung, scherzhafte
Verlegenheiten
Verlobung
Vermummung
Vernachlässigung
Verschiedenheit
Verschönerungsmittel
Versehen
Versprechen
Verstopfung
Verstoß
Vertraulichkeiten, körperliche
Verunreinigung der Atemluft
Verwirrung
Verzehr
Vibrationsmaschine
Vier nackte Gestalten
Vokale

Vorderfußumknicken
Vorfall
Vorgang
Vorgesetzte und Untergebene
Vorleser
Vorsicht
Vorstellen
Vorstellung
Vorträge
Vorwürfe

Wände
Wände, nasse
Wärmflasche
Wagenfenster
Wahl. Wählen
Wahrheit
Wald
Warten lassen
Warze
Waschschüssel
Wasser
Wasserdampf
Wehen
Weinflasche als Luftpumpe
Welt
Weltschere
Weltverkehr
Weste, nasse
Wettrennen
Willenskraft
Windsucht
Winke, kosmetische
Winkel
Winter
Wirklicher Durst
Wirt
Wirtschaft
Wirtschaftsleben

Witwe
Witwenkleidung
Witwer
Witz
Wobsers Ansicht
Wohltun
Wohnzimmer
Worte
Würmer
Würste
Wulst
Wunde
Wunden, blutende

Zähne
Zärtlichkeit
Zartgefühl
Zartheit
Zatraste
Zehen
Zeichensetzung
Zeitungen
Zeitungsleser
Zerkleinerung von Speisen
Zerschneiden
Zerstreuungen
Zigarre
Zigarre, verzauberte
Zischen
Zittern
Zorn
Zucker
Zuhören
Zuhörerpflichten
Zunge
Zungenoberfläche
Zungenübungen
Zurufen von Gegenständen
Zusammenschlafen

Zusammensturz   Zwanglosigkeit   Zwerge
Zusendung, diskrete   Zweikampf   Zwillinge
Zutrinken   Zwerchfellkrampf   Zwischenträger

BEMERKUNGEN ZUR NEUAUSGABE

Raoul Tranchirers Vielseitiger großer Ratschläger für alle Fälle der Welt erschien erstmals 1983, in einer limitierten Ausgabe von 1000 Exemplaren, bei Anabas und war viele Jahre vergriffen. – Der Text der Neuausgabe wurde überarbeitet und mit 53 bisher unveröffentlichten Stichworten erweitert. Zehn Stichworte der ersten Ausgabe haben der Überprüfung nicht standgehalten und wurden vom Autor gestrichen. – Der Bildteil wurde mit in der Mehrzahl unveröffentlichten Collagen Ror Wolfs für diese Publikation neu zusammengestellt.

Der *Vielseitige große Ratschläger* ist der erste Band der vierteiligen *Enzyklopädie für unerschrockene Leser*. Die drei weiteren Bände: *Raoul Tranchirers Mitteilungen an Ratlose* (1988/1997), *Raoul Tranchirers Welt- und Wirklichkeitslehre aus dem Reich des Fleisches, der Erde, der Luft, des Wassers und der Gefühle* (1990), *Tranchirers letzte Gedanken zur Vermehrung der Lust und des Schreckens* (1994), liegen im Anabas-Verlag, Frankfurt, vor.